Benny Génsbøl

Walther Thiede

Greifvögel

**Alle europäischen Arten,
Bestimmungsmerkmale, Flugbilder,
Biologie, Verbreitung, Gefährdung,
Bestandsentwicklung**

Dritte, überarbeitete und erweiterte Auflage (Neuausgabe)

Farbtafeln von Bjarne Bertel

Die Deutsche Bibliothek –
CIP-Einheitsaufnahme

Greifvögel : alle europäischen Arten,
Bestimmungsmerkmale, Flugbilder,
Biologie, Verbreitung, Gefährdung,
Bestandsentwicklung /
Benny Génsbøl ; Walther Thiede. –
3., überarb. und erw. Aufl. /
Farbtafeln von Bjarne Bertel. –
München ; Wien ; Zürich : BLV, 1997

  Einheitssacht.: Rovfuglene i Europa,
  Nordafrika og Mellemøsten <dt.>
  ISBN 3-405-14386-1
NE: Génsbøl, Benny; Thiede, Walther; EST

BLV Verlagsgesellschaft mbH
München Wien Zürich
80797 München

Titel der dänischen Originalausgabe:
Rovfuglene i Europa
Nordafrika og Mellemøsten
© 1984 G.E.C.Gads Forlag, Kopenhagen
© 1995, 3d. edition

Deutschsprachige Ausgabe:
© BLV Verlagsgesellschaft mbH,
München 1997

Übersetzung und Bearbeitung der
deutschen Ausgabe: Dr. Walther Thiede

Zeichnungen: Bjarne Bertel

DTP: Satz + Layout Fruth GmbH,
München
Einbandgestaltung: Studio Schübel,
München
Einbandfoto: P. Zeininger (Fischadler)
Druck und Bindung:
South Sea International Press Ltd.,
Hong Kong

Printed in China · ISBN 3-405-14386-1

Inhaltsverzeichnis

Allgemeiner Teil

Artbeschreibungen

Bestimmungsteil

Zeichenerklärung

ad. = adult = erwachsen
    (ab der Geschlechts-
    reife)
imm., immat = immatur
    = halbwüchsig
juv. = juvenil = Jungvogel
K. = Kalenderjahr

subad. = subadult =
    kurz vor der
    Geschlechtsreife
♂ = Männchen
♀ = Weibchen
Sp. = Spannweite
< = weniger als
> = mehr als

~ = ungefähr
max. = maximal
mind. = mindestens
n = Zahl der untersuchten
    Individuen (bei
    statistischen Angaben)
M = Mittelwert

S   = Schwedisch
N   = Norwegisch
DK = Dänisch
GB = Englisch
F   = Französisch
I   = Italienisch
ES = Spanisch

Bedeutung der Farben in den Verbreitungskarten

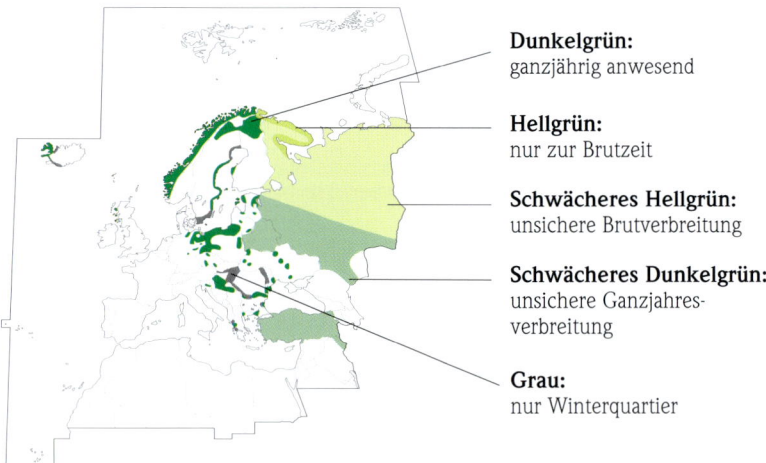

Dunkelgrün:
ganzjährig anwesend

Hellgrün:
nur zur Brutzeit

Schwächeres Hellgrün:
unsichere Brutverbreitung

Schwächeres Dunkelgrün:
unsichere Ganzjahres-
verbreitung

Grau:
nur Winterquartier

Vorwort zur 3. Auflage

Heutzutage ändern sich die Verhältnisse schnell. Als ich vor 10 Jahren das Vorwort zur 1. Auflage dieses Buches schrieb, litten wir und die Greifvögel immer noch unter den Nachwirkungen der großen Umweltgift-Katastrophen der 50er und 60er Jahre, und die Entwicklung draußen war in hohem Maße geprägt von Entwässerungs- und Landgewinnungs-Interessen. Heute werden die Chemikalienausbringung in der Landschaft und der Gebrauch von Industriegiften in den meisten Ländern Europas so stark im Zaum gehalten, daß man normalerweise nur die Tiere und Pflanzen gezielt tötet, die man zu bekämpfen wünscht. Und mit der Überschußproduktion von Nahrungsmitteln, u. a. innerhalb der EU, ist Neulandgewinnung etwa vom Wattenmeer Gott sei Dank nicht mehr aktuell. Im Gegenteil, man nimmt heute große Areale aus der Bearbeitung heraus und läßt sie Brache werden.

Auf andere Weise gesagt: Die Verhältnisse haben sich generell gesehen für die westpaläarktischen Greifvögel in den letzten 10 Jahren günstig entwickelt. Aber bevor diese Botschaft allzu große Euphorie auslöst, möchte ich darauf hinweisen, daß für viele Greifvögel die seitherige Bestandsentwicklung von sehr niedrigen Ausgangswerten her erfolgte, Folgen der Sünden der Vergangenheit.

Für ein Buch dieser Art ist es sowohl wichtig als auch spannend, ständig den Bestandsentwicklungen in den einzelnen Ländern zu folgen und daraus Schlüsse zum aktuellen Gedeihen zu ziehen. Ich habe daher innerhalb des letzten Jahres im persönlichen Kontakt zu Greifvogelexperten gestanden, u. a.

in sämtlichen europäischen Ländern, um Angaben zur Anzahl der Brutpaare, zum Gedeihen der Arten und zu möglichen Arealverschiebungen zu erhalten. Nicht zuletzt waren die Kontakte zu den vielen neuen Staaten in Europa spannend. Auf der Basis der eingegangenen Auskünfte wurden daher auch neue, den heutigen Stand darstellende Verbreitungskarten gezeichnet.

Die Bestimmung von Greifvögeln ist ein Teilgebiet der Ornithologie, in dem ständig neues Wissen hinzukommt. Es ist heute kaum noch vorstellbar, daß wir noch vor 20 Jahren für mehrere europäische Greifvogelarten nicht das Wissen besaßen, um sie im Fluge bestimmen zu können. Dem wurde abgeholfen, nicht zuletzt dank des Einsatzes der dänischen Ornithologen, von denen vor allem Sten Christensen und Bent Pors Nielsen zu nennen sind. Ihre Arbeit hinterließ u. a. ihre Spuren in der Mitverfasserschaft von »Flight Identification of European Raptors«, dessen 1. Ausgabe 1974 herauskam. Später haben u. a. Lars Svensson (Schweden) und Dick Forsman (Finnland) in Artikeln und Büchern wesentliches Wissen hinzugefügt, so daß wir heute auf dem Gebiet der Greifvogelbestimmung gut gerüstet sind.

Dieses neu gewonnene Wissen hat dazu geführt, daß der gesamte Bestimmungsteil umgeschrieben wurde. Der Text dazu entstand in engster Zusammenarbeit mit dem Zeichner dieses Buches, Bjarne Bertel. Besonders bei südlichen und östlichen Arten, wo meine Erfahrung begrenzt ist, war sein Wissen von ausschlaggebender Bedeutung. In der neuen Ausgabe sind auch einige Fotos gegen neue, bessere ausgewechselt worden.

Benny Génsbøl, November 1994

Vorwort zur deutschen Ausgabe

Wie in Skandinavien, so hat auch bei uns in Deutschland das Bestimmungshandbuch von Benny Génsbøl begeisterte Aufnahme gefunden, und daher ist es nur folgerichtig, daß nun auch die durch die Einführung von Farbtafeln und noch umfassenderen Kennzeichen-Beschreibungen wesentlich verbesserte 3. Auflage in Deutsch erscheint.

Wie bei den bisherigen Auflagen habe ich für den allgemeinen Text insbesondere die mitteleuropäischen Verhältnisse berücksichtigt, wiederum aber auch die seit dem dänischen Redaktionsschluß November 1994 bis September 1996 erschienene Literatur zur Biologie und zu den Bestandszahlen für die deutsche Ausgabe genutzt und auf den neuesten Stand gebracht.

Ein solches Buch dient nicht nur der Freude am genauen Bestimmen von Greifvögeln, sondern es ist gerade durch seine Präzision die Basis für viele wertvolle Feldarbeit. Denn erst jetzt kann man etwa Fragen zum Altersaufbau von Greifvögelbeständen, zum Verhalten der Altersklassen mit einer Genauigkeit angehen, die es bis vor kurzem nicht gab.

Walther Thiede, September 1996

Einleitung

Während man bis vor wenigen Jahren alle Greifvögel in einer Ordnung vereinigte (= Falconiformes), teilt man sie heute nach K.H. Voous' »List of recent holarctic bird species« (1977) in 3 Ordnungen auf: Cathartiformes (die Neuweltgeier), Accipitriformes und Falconiformes. Die letzte Ordnung umfaßt heute nur die eigentlichen Falken und die Geierfalken in Südamerika. Die 3 Ordnungen zählen ca. 290 Arten, die in sämtlichen Erdteilen verbreitet sind, außer in der Antarktis. Die genaue Zahl der Arten kann deshalb nicht angegeben werden, weil die Forscher in einigen Fällen sich nicht einig sind, ob eine Population den Status einer Art haben soll oder lediglich als Rasse einzustufen ist.

Weltweit betrachtet sind die Arten ungleich verteilt. Die Lebensbedingungen der einzelnen Klimazonen sind sehr unterschiedlich. Die Tropen beherbergen die meisten Arten mit einer etwa gleichmäßigen Verteilung auf Savanne und Regenwald. Hier trifft man als Brutvögel und als Gäste ca. 130 bzw. 125 Arten, und insgesamt brüten ca. 210 Arten regelmäßig. Das entspricht 72 % der gesamten Artenzahl. Ganz anders in der arktischen Tundra, wo man nur 4 direkt angepaßte und 4 andere regelmäßig brütende Greifvogelarten antrifft, die nicht speziell an das Leben in dieser kalten Umgebung angepaßt sind: Das sind nur 1,5 % oder knapp 3 % aller Greifvogelarten, wenn wir die 4 letztgenannten dazuzählen. Ein deutlicher Hinweis auf den Unterschied der Beutetierzahlen in den beiden Gebieten.

Betrachten wir die Verteilung der Arten auf die verschiedenen geographischen Großräume, zeigt sich darin eine überraschende Übereinstimmung der drei größten: Amerika, Eurasien und Afrika. In den ersten beiden brüten je ca. 100, in Afrika knapp 90 Arten. Die etwas geringere Anzahl rührt vielleicht daher, daß Afrika nur tropisches und subtropisches Klima besitzt. Das etwas kleinere australische Gebiet beherbergt viel weniger Arten: knapp 50.

Einige Arten brüten in mehr als einem der geographischen Großräume. Die meisten Greifvögel sind ausgezeichnete Flieger, die problemlos weite Entfernungen zurücklegen. Überdies gibt es zwischen einigen der Kontinente Landbrücken, die eine Einwanderung von einem Gebiet in das andere ermöglichen. Bei diesen Voraussetzungen ist es vielleicht noch bemerkenswerter, daß nur rund 40 der 290 Arten in mehr als einem Kontinent brüten und daß von diesen nur ganz wenige – insgesamt 4 – drei Großräume besiedeln konnten. Nur 2 Arten, Fischadler und Wanderfalke, sind wirkliche Kosmopoliten und brüten in sämtlichen vier Großräumen. Die Verbreitungsüberlappung zwischen den verschiedenen Erdteilen ist zwischen Afrika und Eurasien am größten mit rund 20 Arten und zwischen Eurasien und Australien mit gut 10. Bemerkenswert ist, daß lediglich 9 Arten sowohl in der Neuen als auch in der Alten Welt leben. Außer den genannten zwei Kosmopoliten sind es die gut bekannten Arten Habicht, Rauhfußbussard, Steinadler, Seeadler (Grönland), Kornweihe, Merlin und Gerfalke – alles Vögel, welche hochnordisch brüten, dort, wo der Abstand zwischen den Kontinenten am geringsten ist.

In der Westpaläarktis brüten 46 Arten (zwei davon unregelmäßig), verteilt auf die Ordnungen Accipitriformes (34) und Falconiformes (12). Von den 46 Arten sind nur drei auf die Westpaläarktis beschränkt: Rotmilan, Kurzfangsperber und Eleonorenfalke. Alle anderen haben eine größere Verbreitung.

Steppenadler, ad. im Winterquartier nach Beute ausschauend.

Die Anpassung der Greifvögel an ihre Umwelt

Der Selektionsdruck führt in der Natur dazu, daß die Anatomie der Lebewesen sich an die tatsächliche Lebensweise anpaßt. Die Greifvögel gleichen in ihrem Bauplan anderen Vögeln, doch das Leben ständiger Jagd nach Beute erfordert spezielle anatomische Einzelheiten. Diese sind von Gattung zu Gattung verschieden, denn es erfordert z. B. andere Eigenschaften, blitzschnelle Schwalben zu jagen als die Suche nach Aas. Was uns unmittelbar auffällt als Besonderheit gegenüber anderen Vogelarten, sind die Ausgestaltungen von Schnabel, Flügel, Schwanz und Augen.

Steinadler

Der Schnabel des Greifvogels

Greifvögel haben einen krummen und spitzen Schnabel, der Oberschnabel ist länger als der Unterschnabel. Die einzelne Ausformung richtet sich nach der Beute, die von dem betreffenden Vogel gefangen wird. Eine Art wie der Mäuse-

Brown untersuchte Einzelheiten. Er studierte 6 Geierarten im Serengeti Nationalpark in Kenia und fand eine genaue Übereinstimmung zwischen Schnabelgestaltung und der bevorzugten Nahrung.

Betrachtet man Vogelfänger wie Falken und Habichtartige, kann man ableiten, daß hierfür ein kurzer Schnabel von Vorteil sein mag. Die Falken haben darüber hinaus eine besondere Feinheit entwickelt: einen Haken am Oberschnabel, genannt der Falkenzahn. Er ist sehr gut geeignet zum Töten der Beute.

Aus diesen generellen Beobachtungen hat man bei einer Reihe wenig bekann-

Mäusebussard

Wanderfalke

bussard ist nicht besonders spezialisiert. Sein Schnabel darf also kein Spezialwerkzeug sein, sondern muß für verschiedene Tätigkeiten geeignet sein.

Anders verhält es sich mit den Arten, die mit größerer Beute umgehen. Geier, die große Säugetiere aufschlitzen, Arten wie Seeadler und Steinadler, die auch Aas fressen, brauchen Schnäbel gewaltiger Ausmaße. Sie müssen stark genug sein, um ein Loch in ein totes Schaf oder Rentier zu reißen – eine wichtige Futterquelle für die zwei Letztgenannten. Der britische Ornithologe Leslie

ter Habichtartigen versucht, auf die Beute zu schließen, auch unter Einbeziehung der Fußform. Obwohl diese Methode recht grob ist und zu Fehlschlüssen führen kann, ist sie doch Ergebnis und Ausdruck eines richtigen biologischen Gedankenganges, der ohne Zweifel durch genauere Studien fortentwickelt werden kann.

Die nackten Hautpartien

Die Geier zeigen mit ihren nackten Partien am Kopf und Hals einen hohen Grad der Spezialisierung auf. Einige der

Bartgeier

Mönchsgeier

größeren Arten stecken Hals und Kopf tief in den Kadaver hinein. Eine Federkleidung würde dabei mit Blut, Magensaft und ähnlichem verschmiert werden – eine höchst unerwünschte Situation. Die Evolution hat dazu geführt, daß die exponierten Partien entweder nackt oder mit kleinen steifen Borsten bekleidet sind. Diese Anpassung gibt uns einen Hinweis darauf, inwieweit sich die einzelnen Geierarten im Fleisch tummeln. Der Schmutzgeier hat nur eine nackte Partie rund um den Kopf, während der Gänsegeier Kopf und Hals mit Dunen bedeckt hat. Andere, nichteuropäische Arten sind an Hals und Kopf fast nackt, so daß sie ohne »hygienische Bedenken« diese etwa in die Bauchhöhle eines größeren Säugetieres stecken können.

Das Sehvermögen

Vögel haben im allgemeinen ein sehr gutes Sehvermögen. Für die Greifvögel insbesondere ist ein überlegenes Sehvermögen von lebenswichtiger Bedeutung. Die Beute muß aus möglichst großer Entfernung oder unter schwierigen Verhältnissen entdeckt werden. Wahrscheinlich hat eine Reihe von Greifvögeln die Spitze dessen erreicht, was das Sehvermögen leisten kann. Die Anzahl von Sehzellen beim Mäusebussard z. B. ist pro mm^2 ca. achtmal so groß wie bei uns Menschen. Geier können aus mehreren Kilometern Höhe selbst kleines Aas erkennen, und der Wanderfalke geht auf Vogeljagd, wenn wir gerade in der Lage sind, den Beutevogel mit dem Fernglas zu entdecken.

Die Augen der Greifvögel sind so plaziert, daß sie zweiäugig (binokular) in einem Gesichtswinkel von 35 bis 50° sehen. Monokular deckt jedes Auge jedoch einen Winkel von rund 150° ab, ausgespart bleibt somit nur ein Winkel von 20° hinter dem Kopf, wo der Vogel nichts sehen kann, ohne den Kopf zu wenden.

Das Auge hat als Besonderheit zwei Zentren auf der Netzhaut, wo Bilder entstehen – eines, das hauptsächlich arbeitet, wenn der Vogel binokular sieht, und eines, welches besonders beim

Der imponierende Schnabel des Kaiseradlers.

9

monokularen Sehen benutzt wird. Es ist dazu verhältnismäßig groß und wird teils durch die Nickhaut geschützt, teils – bei einer Reihe von Arten – durch hervorstehende Augenbrauen.

Das Riechvermögen

Die Nasenöffnungen bei den Greifvögeln befinden sich auf der oft gelben Wachshaut (deren Funktion man übrigens nicht kennt) an der Basis des Oberschnabels. Das Riechvermögen hat man bisher bei Vögeln als gering eingestuft. Neuere Untersuchungen haben aber gezeigt, daß es eine bedeutend größere Rolle spielen kann, als man glaubte. Dies wurde z. B. bei den Neuweltgeiern festgestellt, von denen sich einige wahrscheinlich zum Aas »hinriechen«.

Das Greifvogelohr

Beim Geier mit nacktem Kopf kann man das Ohr als kleines Loch sehen, aber normalerweise ist es durch Federn geschützt. Bei den meisten Arten hat das Hören im Zusammenhang mit der Jagd keine zentrale Bedeutung. Dennoch hören Greifvögel ausgezeichnet, und es ist wahrscheinlich, daß z. B. Weihen das Gehör bei der tiefen Suchjagd über offenem Gelände einsetzen. Eine Maus, die in der Vegetation raschelt, kann so durch die Zeitdifferenz, mit der die Lautimpulse die Ohren treffen, genauestens lokalisiert werden. Es ist ein klarer Vorteil, wenn während der Jagd Sehen und Hören miteinander kombiniert werden können.

Es gibt jedoch Arten, bei denen das Hören zu den Hauptsinnen gehört. Die südamerikanischen Waldfalken *(Micrastur),* die im Zwielicht des Regenwaldes jagen, haben sehr große Ohröffnungen, so daß anzunehmen ist, daß sie wie Eulen vor allem mit Hilfe des Gehörs jagen.

Der Greifvogelflügel

Die Art des Jagens umspannt bei Greifvögeln einen weiten Bogen an Metho-

den – vom Schlagen einer Schwalbe in der Luft bis hin zum stundenlangen Absuchen der Landschaft nach Aas. Notwendigerweise sind daher die Flügel ganz unterschiedlich gestaltet.

Im Prinzip sind die Flügel der Greifvögel wie die anderer Vögel gebaut (vgl. Abb. S. 287). Die Handschwingen sind an den Fingern und der Mittelhand befestigt. Es sind im ganzen 9 bis 11, doch in der Form unterscheiden sie sich von Gattung zu Gattung, am stärksten in der Ausformung ihres Spitzenteiles. Bei vielen Arten ist dieser schmaler als der Rest der Handschwingen. Je ausgeprägter, desto freier liegen dann die Handschwingen am äußersten Teil des Flügels: Das ergibt den charakteristischen gefingerten Adlerflügel – am ausgeprägtesten bei den großen Geiern und Adlern. Die eingekerbte Handschwingenfeder wirkt wie die Klappen eines Flugzeugflügels – als Regulator für den aufwärts gerichteten Luftstrom. Das System ist nur noch feiner, da die Handschwingenfedern individuell eingestellt werden können, wodurch sie als kleine, unabhängige Tragflächen fungieren.

Der innere Teil des Flügels besteht hauptsächlich aus den Armschwingen, die an der Elle befestigt sind. Die Zahl der Armschwingen variiert stärker als die der Handschwingen. Ein Vogel wie der Mäusebussard mit einer mittleren Flügellänge hat 10, während die großen, langflügeligen Geier ca. 25 haben.

Vereinfacht ausgedrückt, kann man bei den Greifvögeln von zwei Haupttypen der Flügel sprechen. Einmal der Typ des Gleitfliegers, die breiten Flügel kombiniert mit einem recht kräftigen Schwanz, der zu einem Fächer ausgebreitet werden kann und so das Flächenmaß erweitert. In seiner charakteristischen Form sehen wir ihn beim Geier (besonders beim Bartgeier), bei Adlern und Bussarden, weniger ausgeprägt bei Milanen und Weihen. Der zweite Typ, der des Stoßfliegers, besitzt lange und spitze Flügel, geeignet zu rasantem Stoßflug; er wird repräsentiert durch die Falken. Einen Zwischentyp findet man bei den Habichten. Sie jagen durch dichte Vegetation mit schnellen Bewegungen, und ihre Flügel sind breit, kurz und abgerundet.

Die unterschiedlichen morphologischen Typen haben sowohl Vor- als auch Nachteile. Die ausgeprägten Gleitflieger sind nicht dafür gebaut, längere Zeit aktiv zu fliegen. Ihre Brustmuskulatur ist zu schwach für eine solche Belastung. Diese Arten zeigen sich daher erst spät am Vormittag in der Luft, nachdem Thermik (warme, aufsteigende Luft) eingesetzt hat, die sie nach oben trägt.

Rauhfußbussard

Steinadler

Habicht

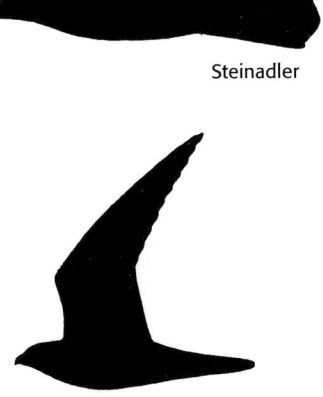

Wanderfalke

Wiesenweihe

11

Mäusebussard, kreisend

Mäusebussard, schnell gleitend

Sollten sie über lange Strecken fliegen, z. B. auf dem Zug, folgen sie Leitlinien, die sie um die großen Wasserflächen ohne thermische Aufwinde herumführen. Über Landbrücken erreichen sie ihren Zielort.

Wenn ein Mäusebussard zum Zug aufbricht, geschieht das in der Regel am Vormittag. Er sucht sich Aufwind und läßt sich von ihm im Kreisflug höher und höher tragen. Flügel und Schwanz sind ausgebreitet und bilden fast eine Einheit, die Tragflächen damit vergrößernd. Wenn der Aufwind ausgenutzt ist und nicht höher trägt, wechselt der Mäusebussard in Gleitflug über. Der Schwanz wird zusammengelegt, die Flügel werden im Handgelenk leicht nach hinten gebogen, und so gleitet er geradeaus und langsam dabei abwärts. Über einem Tal oder einem Abhang findet er so den nächsten Aufwind, und der Vorgang wiederholt sich. In der Praxis kann er sich so Hunderte von Kilometern fortbewegen, ohne Energie zu verbrauchen. Die Arten, die gewohnt sind, aktiv zu fliegen, können auch gleiten. Allerdings wenden sie ihr Gleitvermögen in der Regel nicht während des Zuges an. Sie sind somit nicht im gleichen Maße abhängig von der Gestaltung der Landschaft, die Aufwinde erzeugt, und daher nicht an Leitlinien gebunden. Sie überqueren gerne große Wasserflächen, wenn sie sich ihnen in den Weg stellen. Das gilt besonders für Falken und Weihen.

Die Bedeutung des Schwanzes

Bei den Greifvögeln sieht man Schwänze in verschiedenster Form: lange und kurze, schwach eingekerbte und ausgeprägte Schwalbenschwänze, abgerundete und keilförmige. Die Bedeutung der Schwanzformen ist im Detail noch nicht erforscht. Doch ist es deutlich, daß die Arten, die sehr manövrierfähig sein müssen, lange Schwänze haben, z. B. Falken, Habichte und Weihen.

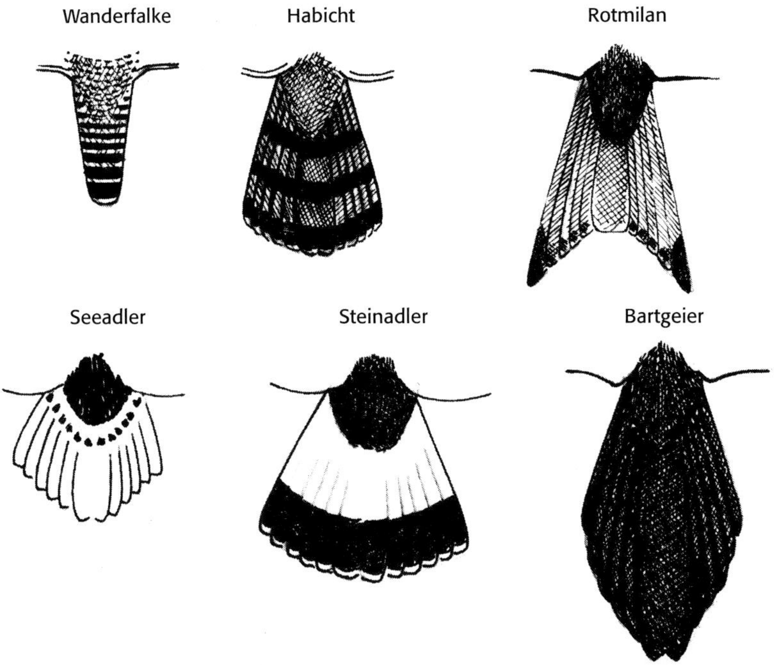

Wanderfalke   Habicht   Rotmilan

Seeadler   Steinadler   Bartgeier

Der Fang des Greifvogels

Der Fuß des Greifvogels ist entweder zum Töten (z. B. Habicht, Seeadler) oder zum Fangen und Halten eingerichtet. Eine Schlange ist am besten mit kurzen, kräftigen Krallen zu halten, wie wir sie beim Schlangenadler vorfinden. Daß es sich hierbei nicht um eine zufällige Ausprägung handelt, wird dadurch wahrscheinlich, daß andere Arten, die Schlangen fangen, gleichartige Fänge haben.

Soll ein Vogel im Flug gegriffen werden, sind lange, schlanke Fänge mit Krallen von entsprechender Länge gut geeignet. Stirbt die Beute nicht beim Zusammenstoß mit dem Greifvogel, können die nadelspitzen Krallen, etwa beim Habicht, die Arbeit vollenden.

Die Wissenschaftler haben einige generelle Regeln festgestellt: Kurze Beine mit recht kurzen, kräftigen Fängen deuten darauf hin, daß die Art ihre Beute am Boden schlägt. Lange Beine mit langen Fängen und nadelspitzen Krallen bedeuten, daß die Beute fliegende Vögel sind. Diese Arten haben oft eine lange Mittelzehe. Eine kräftige Hinterzehe mit einer großen Kralle deutet auf das Schlagen größerer Säuger hin.

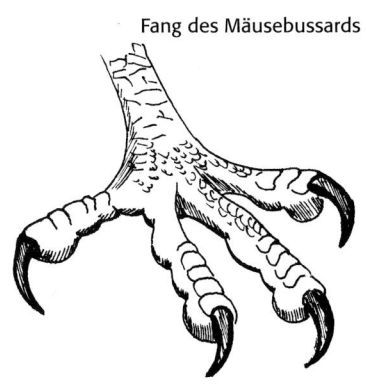

Fang des Mäusebussards

Natürlich gibt es abweichend von dieser Verallgemeinerung eine Reihe von Zwischenformen. Die einzelnen Arten haben ja oft ein größeres Beutespektrum als das genannte, begrenzte Muster, z. B. im Winterquartier.

Andere Spezialisierungen sind eindeutiger. Arten, die auf der Erde jagen, haben längere Beine als andere. Am ausgeprägtesten ist dies beim Schlangen fressenden afrikanischen Sekretär, der jeden Tag etliche Kilometer läuft. Aber auch in Europa gibt es Arten, die oft nach Beute suchend spazierengehen: Schelladler und Schreiadler.

Noch spezieller ausgestaltet ist der Fang des Fischadlers. Eine Wendezehe erlaubt ein besseres Festhalten des schlüpfrigen und oft noch lebenden Fisches. Aber wahrscheinlich noch wichtiger ist es, daß die Zehenunterseiten mit eigenartigen, rauhen Schuppen ausgestattet sind.

Aber nicht alle Greifvogelnahrung wird durch Töten beschafft. Bei den meisten Geierarten sind die Krallen zu recht unschädlichen Instrumenten reduziert, da sie ihre ursprüngliche Funktion verloren haben.

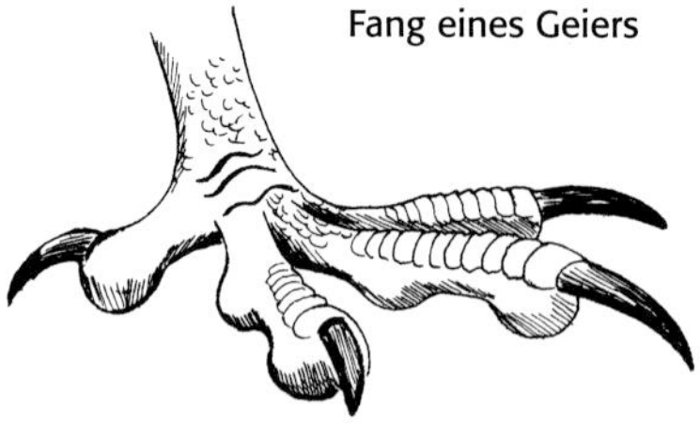

Nahrung

In der Natur kann jede nur zugängliche Nahrungsquelle ausgenutzt werden. Sicherlich ist dies – neben der Artentstehung durch geographische Isolierung – eine der Hauptursachen für die Artenvielfalt. Durch Spezialisierung entstehen Möglichkeiten, sowohl allgemein vorkommende Nahrung als auch ungewöhnliche Nahrungsprodukte auf rationelle Weise zu nutzen. Innerhalb der Greifvögel hat das dazu geführt, daß gut 290 Arten entstanden sind, teils dadurch, daß jede eine bestimmte Nahrungsart jagt und sich an deren Fang angepaßt hat, teils dadurch, daß sie sich den verschiedenen klimatischen Verhältnissen anpassen mußten.

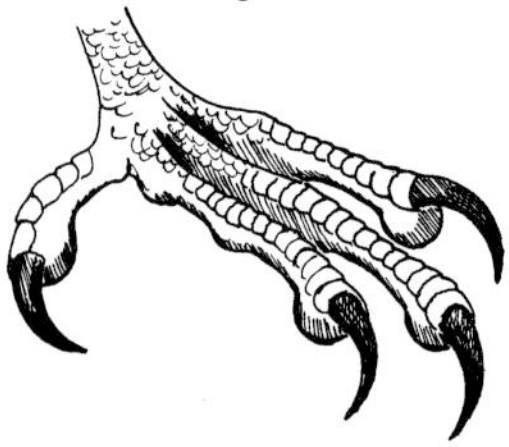

Wenn auch viele Nahrungsquellen genutzt werden, so sind es doch zwei, die klar dominieren: Säuger (hauptsächlich kleinere Nagetiere) und Vögel. Bei 38 von 46 westpaläarktischen Greifvögeln spielen diese beiden Tierklassen eine zentrale Rolle. Insekten, Reptilien, Amphibien, Fische, Aas und Abfall sind zweitrangige Nahrungsquellen, wenn sie auch für einige Arten wichtig sind.

Fang des Wanderfalken

Fang eines Geiers

»Spezialisten«

Einige Arten haben sich auf Nahrung spezialisiert, die wir normalerweise nicht mit Greifvögeln in Verbindung bringen. Das gilt z. B. für den Schmutzgeier, der hauptsächlich Abfall frißt (z. B. Exkremente), und den Bartgeier, der in der Lage ist, Knochen zu verdauen und eine besondere Bearbeitungstechnik entwickelt hat. Der Vogel läßt aus großer Höhe jeden einzelnen Knochen fallen, so daß er aufsplittert.

Insekten als Beute

Es erweckt oft Staunen, daß ein so großer Greifvogel wie der Wespenbussard sich auf Insektenfang spezialisiert hat – und das in einem so hohen Grade, daß sein ganzer Lebensrhythmus auf diese Beute hin eingerichtet ist: späte Ankunft aus dem Winterquartier und zeitige Abreise im Takt mit dem Vorkommen der Wespen; spätes Erwachen und Jagdbeginn am Tage, weil die Beute erst im Laufe des Morgens mit zunehmender Wäre aktiv wird.

Daß Arten wie der Rotfußfalke und der Rötelfalke auch Insektenspezialisten sind, erstaunt schon weniger aufgrund ihrer geringen Größe. Eine ganze Anzahl von Arten fängt regelmäßig Insekten, vorzugsweise große wie Heuschrecken und Käfer. Für bestimmte Arten wie Baumfalke, Eleonorenfalke und Schieferfalke sind Insekten eine wesentliche Nahrungsquelle, während sie z. B. für Weihen, Milane, Bussarde, Adler und Falken im allgemeinen nur ein Zubrot sind. Unter den 46 westpaläarktischen Arten sind es nur wenige, von denen Insekten nicht als Beute nachgewiesen sind.

Junger Baumfalke mit Beute, die er in der Luft verzehrt.

Reptilien als Beute

Nur eine Art hat sich zum Reptilienspezialisten entwickelt: der Schlangenadler. Es sind überwiegend ungiftige Schlangen, die ihm zur Beute werden. Doch nutzen auch andere Arten Reptilien als wesentliche Nahrungsquelle. Das gilt für den Zwergadler, den Singhabicht, den Schikra und – in Südeuropa – den Turmfalken. Sie fangen besonders Eidechsen. Darüber hinaus sind Reptilien bei 75 % unserer Greifvogelarten als Nahrung nachgewiesen worden.

Amphibien als Beute

Amphibien nehmen als Nahrungsquelle eine etwas bescheidenere Rolle ein. Nur eine Art betrachtet sie als Hauptbeute, aber wie für die Reptilien gilt, daß die meisten sie gelegentlich fangen – besonders Frösche, weniger gerne Kröten. Unter den westpaläarktischen Greifvö-

geln ist der Schreiadler derjenige, der sich im größten Umfang von Fröschen ernährt (lokal bis zu 42 % der gesamten Beute). Eine wesentliche Rolle spielen Frösche auch beim Schelladler und bei der Rohrweihe.

Fische als Beute

Eine so weitverbreitete Nahrungsquelle wie Fisch erfordert offensichtlich eine starke Spezialisierung, um richtig von den Greifvögeln genutzt zu werden. Ein einziger, der Fischadler, hat hierfür eine Fangtechnik entwickelt – für ihn ist Fisch die nahezu einzige Nahrungsquelle. Fisch ist auch wichtig für den Seeadler, aber er kann sich von anderer Nahrung ernähren, wenn Fisch nicht ausreichend zur Verfügung steht. Weitere Fischfänger sind Schwarzmilan und Bindenseeadler. Rotmilan und Rohrweihe fangen ebenfalls Fisch, doch nicht in gleich starkem Umfang.

Säugetiere als Beute

Beim Fang von Säugetieren liegt das Hauptgewicht auf den kleinen und mittelgroßen Nagetieren. Diese sind so artenreich und kommen in so vielen verschiedenen Biotopen und in so großer Anzahl vor, daß sich eine große Zahl von Greifvogelarten auf ihren Fang hat spezialisieren können. Für Arten wie Kornweihe, Steppenweihe, Mäusebussard, Rauhfußbussard, Adlerbussard, Steppenadler, Kaiseradler und Turmfalke bilden sie schlicht die Existenzgrundlage mit einem Anteil an der Gesamtbeute, der in guten Nagetierjahren oft über 90 % liegt.

Darüber hinaus spielen Nagetiere eine zentrale Rolle für eine Reihe anderer Arten. Wesentlich, aber nicht allentscheidend sind Nagetiere für Gleitaar, Rot- und Schwarzmilan, Rohr- und Wiesenweihe, Kurzfangsperber und Habicht, Zwergadler, Habichtsadler, Steinadler, Schelladler und Schreiadler sowie Würgfalke und Gerfalke (in Lemmingjahren).

In dieser letzten Gruppe finden wir einige wenige Arten, z. B. Habicht, Steinadler, Kaiseradler und Habichtsadler, die häufig jagdbares Wild nehmen, wie Hasen und Kaninchen, und dadurch leicht in Konflikt mit Jägern geraten.

Unter den Kleinnagern sind Mäuse und Lemminge die wichtigsten Nahrungsquellen. Die größeren Arten, Ziesel, Murmeltier, Eichhörnchen und Hamster, werden ebenfalls in wesentlichem Umgang gefangen. Darüber hinaus werden eine ganze Menge Spitzmäuse und Maulwürfe gejagt, seltener aber kleine Raubsäuger wie Wiesel und Marder genommen. Die meisten Greifvögel sind einfach nicht kräftig genug, um mit ihnen fertigzuwerden, mit Ausnahme des Steinadlers.

Die Haustierhaltung ist im Hinblick auf die Erbeutung von Säugetieren nur in sehr geringem Maße betroffen, auch wenn das Gegenteil oft behauptet wird. Unbestritten ist jedoch, daß der Steinadler ab und zu neugeborene Lämmer oder Rentierkälber greift. Hierbei han-

Steppenweihe, ad. Weibchen mit erbeutetem Reiher.

delt es sich in der Regel um geschwächte Tiere nach den allgemeinen biologischen Jagdprinzipien der Raubtiere und Greifvögel. Auch der Seeadler war im hohen Maße unbeliebt, da man ihn verdächtigte, neugeborene Lämmer zu schlagen. Doch sind seine »Sünden« auf diesem Gebiet wesentlich geringer. Man hat sein Interesse für gefallene Tiere und für Aas mißdeutet.

Vögel als Beute

Vögel als überwiegende Beute sind eine Spezialität vieler Falken. Es hat sich eine Reihe von verschieden großen Falkenarten entwickelt; die Nutzung der Vogelwelt als Nahrungsquelle kann so nach dem artspezifischen Fangmuster vor sich gehen. Darüber hinaus erfolgte eine geographische Verteilung auf die verschiedenen Klimazonen. Falken sind in der Hauptsache Jäger der offenen Landschaft. Die Vogeljagd in geschlosseneren Lebensräumen haben sie den Habichten überlassen. Von ihnen ist der Sperber am meisten, ja fast total abhängig von Vögeln als Beute, aber auch der Habicht selbst ist ein ausgeprägter Vogelfänger.

Selbst wenn Falken generell als Vogelfänger anzusehen sind, so sind sie es doch in stark variierendem Umfang. Die größte Rolle spielt die Vogeljagd für den Wanderfalken und den Wüstenfalken. Beide Arten betreiben kaum etwas anderes. Ausgeprägte Vogelfänger sind auch Gerfalke, Lanner, Eleonorenfalke, Schieferfalke, Baumfalke und Merlin; aber sie können sich lokal oder in bestimmten Jahreszeiten auch von anderen Beutetieren ernähren.

Neben den Spezialisten haben wir eine große Anzahl von Arten, für die Vögel als Ernähungsgrundlage eine zwar große, aber dennoch nicht lebensnotwenige Rolle spielen – Arten, die entweder dann Vögel fangen, wenn sich die Gelegenheit dazu bietet, oder die lokal Vögel als recht wesentliche Beute

nutzen, wenn es sich vor Ort als besonders einfach anbietet. Es handelt sich dabei um Gleitaar, Rotmilan, Wiesenweihe, Rohrweihe, Kurzfangsperber, Singhabicht, Steinadler, Schelladler, Habichtsadler und den Gerfalken.

Eine Reihe von Arten jagen normalerweise keine Vögel, auch wenn es dabei örtliche Abweichungen gibt. Dies sind Schwarzmilan, Kaiseradler, Seeadler, Bindenseeadler, Mäusebussard, Rauhfußbussard, Zwergadler, Rotfußfalke und Turmfalke. Im ganzen sind 33 Greifvogelarten als Vogelfänger anzusehen in dem Sinne, daß Vögel als Beute für diese Arten von besonderer Bedeutung sind. Über diese Arten hinaus gibt es weiterhin eine Anzahl von Arten, die Vögel als sekundäre Beute nutzen. Nur 5 Arten – die Geier – fangen überhaupt keine Vögel. Und auch bei diesen ist noch die Frage offen, ob nicht der Bartgeier gelegentlich doch lebende Vögel schlägt. Bestimmte Vögel warnen auf alle Fälle, wenn er sich sehen läßt.

Vögel als Greifvogelbeute reichen in ihrer Größe vom Goldhähnchen bis zum Auerhahn. Selbstverständlich sind es meistens die häufigen Arten oder örtliche Vogelkolonien, die betroffen sind. Eine große Anzahl der genannten Arten sind jedoch so schwache Jäger, daß sie praktisch nur Vogelkinder oder stark geschwächte Altvögel schlagen können.

Vogelfang und Jagd

Die Tatsache, daß Greifvögel Vögel fangen, hat Anlaß zu gewaltsamen Konfrontationen gegeben. Jäger, Wildhüter und Wildzüchter fühlten ihre Interessen bedroht. Von Mitte des vorigen Jahrhunderts bis Mitte des unsrigen war das Verhältnis zwischen Greifvogel und Jäger am schlimmsten, was zu einem systematischen Abschießen der Greifvögel führte. Heute wissen wir, daß bei der Jagd auf Flugwild, an dem auch der Mensch interessiert ist, nur 3 Arten wirkliche Konkurrenten sind: Steinadler, Habicht und Wanderfalke. Diese vor allen, weil sie wilde Hühnervögel, Fasanen und Hausgeflügel inklusive Haustauben nehmen.

Allgemein muß jedoch festgehalten werden, daß die Greifvögel die wildlebenden Bestände ihrer Beutevögel nicht so stark belasten, daß es irgendeinen merkbaren Einfluß hätte. Man kann höchstens von einem Irritationsmoment des Jagdeigners sprechen. Die meisten Greifvögel haben nur echten Jagderfolg bei bereits geschwächten Tieren.

Die Situation kann im Umfeld unnatürlich großer Fasanenbestände etwas anders sein, wo der Habicht tatsächlich den Bestand drücken kann. Besondere Verhältnisse bestehen auch in bezug auf zahme Tiere. Man sollte – auch wenn es schwerfällt – Verständnis und guten Willen aufbringen, um sich mit dem häufigen Besuch des Habichts im Hüherauslauf abzufinden. Besonders für junge Habichte ist die leichte Beute im Gehege eine Versuchung. Und der Wanderfalke erregt manchmal örtlich

in Taubenzüchterkreisen arge Verbitterung, wenn er eine große Zahl von Haustauben schlägt.

Die Konkurrenz mit dem Menschen auf diesem Gebiet führte – wie gesagt – in früheren Zeiten fast immer zum Abschuß. Die Einstellung war klar: Können die Greifvögel sich nicht von dem fernhalten, was wir Menschen nutzen wollen, müssen sie ihr Leben lassen – ohne Rücksicht auf die Versuchungen, die wir ihnen selbst präsentieren.

Heutzutage ist die Einstellung der Natur gegenüber glücklicherweise positiver – speziell bei den gut ausgebildeten Völkern Nord- und Mitteleuropas. In vielen Kreisen siegte jene Ansicht, die besagt: Wenn ich Hühner halten oder mit Tauben oder Fasanen spielen will, muß ich selbst dafür sorgen, daß Greifvögel nicht daran kommen können – oder sonst den Verlust tragen. Es kann nicht angehen, daß ein heimatliches Naturelement etwa in Konkurrenz mit einem aus Asien eingeführten Hühnervogel sein Leben lassen soll!

Gänsegeier an gefallenem Schaf.

Aas

Von den besonderen Nahrungsquellen bleibt noch das Aas zu nennen. Daß in diesem Bereich gewaltige Ernährungsmöglichkeiten liegen, sehen wir allein schon an der Anzahl der Arten, die sich auf diesem Gebiet spezialisiert haben, besonders in den Tropen. Geier sind für uns die typischen Aasfresser, aber von den 5 Arten unseres Raumes, Ohren-, Gänse-, Mönchs-, Bart- und Schmutzgeier, sind es auch nur die ersten 4, die ausgeprägte Spezialisten in diesem Bereich sind.

Der Schmutzgeier ernährt sich überwiegend von Abfall. Neben den Geiern sind es Schwarzmilan und Rotmilan, die wesentliche Aasfresser sind. Besonders der Schwarzmilan erfreut sich dieser Nahrung. Eine bedeutende Rolle spielt das Aas auch für den Seeadler, besonders im Winter. Das gleiche gilt für den Bindenseeadler. Überhaupt ist es typisch für eine große Anzahl von Bussard- und Adlerarten, daß sie in Zeiten der Nahrungsknappheit – häufig im Winter – an Aas gehen.

Jagdweisen

Greifvögel wenden drei verschiedene Jagdweisen an: den Suchflug, die Ansitzjagd und das Umherziehen. Diese sind selbstverständlich von Art zu Art verschieden. Der Suchflug kann für bestimmte Arten in großer Höhe vor sich gehen (z. B. beim Gänsegeier), für andere mittelhoch (z. B. beim Steinadler) oder recht tief über der Erde (z. B. bei den Weihen). Er kann als Kreisflug (Adlerbussard u. a.), als vorwärts gerichteter Aktivflug (häufig bei Milanen) oder als Rüttelflug über einem Punkt (typisch u. a. für Turmfalke und Rötelfalke) vor sich gehen.

Die Ansitzjagd erfolgt typischerweise von einem recht niedrigen Ansitz aus: einem Pfosten, Ast, Heuhaufen, erhöhtem Terrain oder ähnlichem, aber häufig werden auch höhere Positionen wie Elektrizitätsleitungen und Masten benutzt. Diese Technik wird von vielen Arten, in der Regel bei der Jagd auf Beute am Boden, angewandt.

Die Jagd zu Fuß, die in der Regel nur sekundäre Bedeutung besitzt (eine Ausnahme machen jedoch Schell- und Schreiadler), hat vor allem Säuger, Insekten und Frösche zum Ziel. Allgemein wendet jede Greifvogelart mehr als eine Jagdform an, nicht zuletzt in Relation zur breiten Palette ihrer Beute.

Charakteristische Jagdweisen

Gewisse Gattungen der Greifvögel sind aber charakterisierbar anhand bestimmter Jagdweisen: die Milane und der Gleitaar durch einen langsamen Suchflug in sehr niedriger Höhe; die Weihen ebenso, aber etwas höher, mit typisch angehobenen Flügeln während der Gleitflugperioden; die Habichtartigen mit einem extrem tiefgehenden Überraschungsflug in schnellem Tempo, wobei sie natürliche Deckungsmöglichkeiten der Landschaft ausnutzen; und schließlich die Falken in typischer Ausformung eines Sturzflug-Angriffs.

Unterschiedliche Jagdweisen

Aber es gibt auch Beispiele dafür, daß einander nahestehende Arten verschiedene Jagdweisen anwenden. So benutzt der Mäusebussard die Ansitzjagd. Der Rauhfußbussard sucht hingegen als typischer Vogel offener Landschaft die Nahrung beim Rütteln, und der Adlerbussard zieht wie erwähnt den Kreisflug vor. Aber alle drei können auch von der typischen Jagdweise abweichen, wenn es als zweckmäßig erscheint. Im Winter sehen wir daher häufig den Mäusebussard die charakteristische Jagdweise des Rauhfußbussards anwenden: den rüttelnden Suchflug über offener Landschaft. Der Grund: Zu dieser Jahreszeit verheißt der Wechsel von Jagdgebiet und damit der Jagdweise mehr Jagdglück .

Der Ablauf der Jagd

Wenn man an die Zahl der Greifvögel denkt, die der Ornithologe im Laufe des Jahres sieht, ist es doch bemerkenswert, wie selten man eine Jagd miterlebt. Ich rechne hier nicht die Male mit, in denen man einen Turmfalken beim Beuteschlagen sieht oder Rotfuß- und Baumfalken beim Insektenfang, sondern Jagden mit dramatischeren Verläufen.
Diese Erfahrung kann man gewiß verallgemeinern. Die Ursache liegt darin, daß viele Arten nur jagen, wenn sie sich ganz sicher fühlen, d. h. wenn keine Menschen in ihrer Nähe sind. Ferner geht die Jagd oft in unübersichtlichem Terrain vor sich und ist in wenigen Sekunden schon vorbei. Der Ablauf der Jagd verläuft in einem Tempo, daß Einzelheiten kaum auszumachen sind.

Amerikanische Untersuchungen

Der amerikanische Ornithologe G. E. Goslow hat einige Greifvögel während der Jagd mit einer Spezialkamera mit der fantastischen Geschwindigkeit von 800–1000 Bildern pro Sekunde gefilmt. Er war freilich gezwungen, zahme Vögel dafür zu nehmen; aber es ist unwahrscheinlich, daß diese Untersuchungen deshalb keine allgemeine Gültigkeit haben sollten. Goslow untersuchte u. a. zwei Habichtarten: den Rundschwanzsperber *(Accipiter cooperii)* und eine amerikanische Rasse unseres Habichts *(A. gentilis)*. Es zeigte sich, daß beide Arten dieselbe Technik anwandten. Die Jagd wurde eingeleitet mit einem kräftigen Gebrauch der Flügel. In einem Abstand von 3,5–4,5 bzw. 7,5–9,0 Metern von der Beute aber stoppte der Schwingenschlag, und der Angriff selbst erfolgte gleitend. Ziemlich dicht vor der Beute wirft der Vogel die Beckenpartie vor, so daß sie sich unterhalb des Kopfes befindet, bremst ab durch Spreizen des Schwanzes und stößt mit großer Geschwindigkeit die Beine vor und in die Beute.

Goslow konnte an seinen Aufnahmen sehen, daß die verschiedenen Körperteile des Greifvogels im Augenblick des Schlagens verschiedene Geschwindigkeiten haben. Beim Rundschwanzsperber betrug die allgemeine Geschwindigkeit (am Kopf) 4,8 Meter pro Sekunde, während die des Beckens 9,5 und die der Beine 11,4 Meter pro Sekunde dank des Vorwerfens und der schnellen Beinbewegungen ergaben. Das Ergebnis ist ein sehr kräftiger Schlag gegen die Beute, ausgeführt mit der doppelten Geschwindigkeit, mit der der Greifvogel eigentlich auf seine Beute zufliegt. Beim Zusammenprall wirft der Vogel die ausgebreiteten Schwingen und den gespreizten Schwanz vorwärts, so daß er selbst aufrecht vorwärts stößt – in einigen Fällen lag der Jäger im Augenblick des Schlagens fast auf dem Rücken. Die Krallen werden eingebohrt, und durch ihr mehrmaliges Zusammendrücken versucht der Habicht seine Beute zu töten. Gelingt es nicht auf diese Weise, tötet der Greifvogel seine Beute nach der Landung durch Nackenbiß.

Der Habicht schwingt die Beckenpartie vor, bremst ab durch Spreizen des Schwanzes und stößt die Fänge nach vorne und in die Beute.

Auch der Bussard wurde untersucht: der Rotschwanzbussard *(Buteo jamaicensis)*. Die Fangtechnik war im Prinzip sehr ähnlich der der Habichte, doch war die entwickelte Geschwindigkeit wesentlich geringer: 4,25 Meter pro Sekunde für den Kopf und 6,5 Meter für die Beine. Zum Vergleich kann gesagt werden, daß der Habicht mit einer Geschwindigkeit von 14,0 bzw. 22,5 Metern pro Sekunde schlug. Der Habicht schlägt somit mit einer Geschwindigkeit, die bezogen auf die Beine rund 3,5mal so groß wie die des Bussards ist. Da die Stärke des Schlags mit dem Quadrat der Geschwindigkeit wächst, bedeutet das, daß der Schlag, mit dem der Habicht seine Beute trifft, ca. 10mal stärker ist als der Schlag des Mäusebussards bei fast gleichem Körpergewicht (der Habicht ist jedoch etwas leichter, was den Faktor etwas verringert).

Durch die Untersuchungen von Goslow haben wir nun eine logische Erklärung, warum der Habicht imstande ist, eine Beute zu schlagen, die relativ groß ist und wesentlich größer als jene, die der Bussard erlegen kann.

Wie erwähnt, verwendete Goslow amerikanische Greifvögel für seine Untersuchungen und dazu noch zahme. Freifliegende werden vielleicht noch besser in Form sein und dementsprechend höhere Geschwindigkeiten erreichen. Wir haben mittlerweile allen Grund anzunehmen, daß die Fangtechnik einigermaßen universal und unter verwandten Arten oft im wesentlichen identisch ist, selbst bei unterschiedlichen Einzelheiten des Ablaufs. Wir können daher mit gutem Gewissen das so gewonnene Wissen – mit einigen Abänderungen – auf die westpaläarktischen Arten übertragen.

Greifvogelzug

Die Westpaläarktis umspannt alle vier Klimazonen. Die gemäßigte und die

Mäusebussard-»Schraube« bei Eilat, Israel.

subtropische decken den größten Teil ab. Arktisch sind nur der Hauptteil Islands und die Inseln im Polarmeer, tropisch bloß die südwestliche Ecke und einige atlantische Inseln.

Trotz sehr kurzer Tage, Schnee und starker Kälte verbleiben einzelne Greifvögel auch über den Winter im Brutgebiet selbst weit im Norden des europäischen Festlandes. Erwachsene Steinadler verlassen beispielsweise ungern ihr Revier, aber Hunger kann sie in strengen Wintern dazu zwingen. Gerfalke und Habicht können auch den Winter über in den nördlichsten Gebieten im Revier verbleiben. Doch ein Teil der russischen Gerfalken und die am nördlichsten wohnenden Habichte verlegen ihr Quartier in südlichere Gefilde. Die genannten 3 Arten können im Brutgebiet bleiben, solange ihre Nahrung in akzeptabler Menge zur Verfügung steht. Da aber ein großer Teil der Kleinvögel nach Süden zieht, fehlt es in diesen Gebieten an der Existenzmöglichkeit für vögelfangende Arten wie Sperber und Merlin. Sie müssen den Kleinvögeln folgen. Die Nahrung des Rauhfußbussards – Kleinnager – befindet sich versteckt unter Schnee, so daß auch sie das Brutgebiet verlassen müssen. So kann man sich Art für Art die nordeuropäischen Greifvögel vornehmen und feststellen, ob ihre Nahrungsquellen ausreichen und zugänglich sind oder ob sie so an Zahl verringert sind, daß die Greifvögel gezwungen sind, die Heimatregion zu verlassen.

Es sind nicht nur die arktischen Bestände und jene am nördlichen Rand der gemäßigten Zone, welche wegen Nahrungsmangel zum Abwandern gezwungen werden. Eine ganz Reihe südlicher Arten verlassen ebenfalls die Brutgebiete. Das gilt z. B. für Schlangenadler, Zwergadler, Schmutzgeier, Eleonorenfalken, Schieferfalken und Rötelfalken – Arten, die auf die eine oder andere Weise so stark spezialisiert sind, daß sie ihren Nahrungsbedarf im Winter nicht decken können, selbst nicht in diesen klimatisch gesehen milderen Gegenden. Betrachten wir die westpaläarktischen Arten im ganzen, so machen die ausgeprägten Zugvögel etwa die Hälfte aus, nämlich 24 von 46.

Eine zweite Gruppe bilden die Arten, bei denen die nördlichen Populationen wegziehen, die südlichen jedoch Stand- oder Strichvögel sind und daher ihr Bestand teils aus Zugvögeln, teil aus Standvögeln besteht.

Es handelt sich dabei um 12 Arten, und da diese Gruppe auch Vögel wie Gänsegeier und Kaiseradler umfaßt, wird damit illustriert, daß der Begriff »nörd-

liche Populationen« ein relativer ist. Schließlich seien die sehr seßhaften Arten genannt, bei denen die Altvögel im hohen Grade im Revier oder dessen Nachbarschaft überwintern. Die Jungen können im unterschiedlichen Ausmaß Zugvögel sein oder öfter Strichvögel. Diese entfernen sich vom Geburtsort zufällig in die eine oder andere Richtung im Unterschied zum Zug, der durch gerichteten und vorausbestimmten Verlauf charakterisiert ist. Stand- und Strichvögel sind im ganzen 10 Arten: Raubadler, Kaffernadler, Habichtsadler, Gleitaar, Singhabicht, Mönchsgeier, Ohrengeier, Bartgeier, Wüstenfalke und Lanner – also ausgeprägt südliche Arten.

Gleitzieher

Besonders die großen, breitflügeligen Arten wie Bussarde, Geier und Adler, aber in hohem Grade auch andere weigern sich, über das Meer zu ziehen. Dort gibt es nämlich keine Thermik, ihre Zugtechnik basiert jedoch gerade auf diesen aufwärts gerichteten Luftströmen. Mit deren Hilfe schrauben sie sich bis zu einer Höhe von etwa 300 Metern hinauf und streichen so im Gleitflug vorwärts – abwärts in Zugrichtung bis zum nächsten thermischen Aufwind: eine besonders energiesparende Flugtechnik, wobei im großen ganzen die Flügel nicht aktiv benutzt werden.

Sie haben, um den Meeresüberquerungen zu entgehen, ein Zugmuster entwickelt, das sie über Landbrücken führt. Außerdem kreuzen sie die Meere an ihrer schmalsten Stelle. Diese Gleitzieher folgen daher stark bestimmten Leitlinien. Eine der wichtigsten verläuft über Gibraltar.

Eine zweite Haupt-Leitlinie nach Afrika verläuft östlich des Mittelmeeres (vgl.

Steinadler in Winterlandschaft.

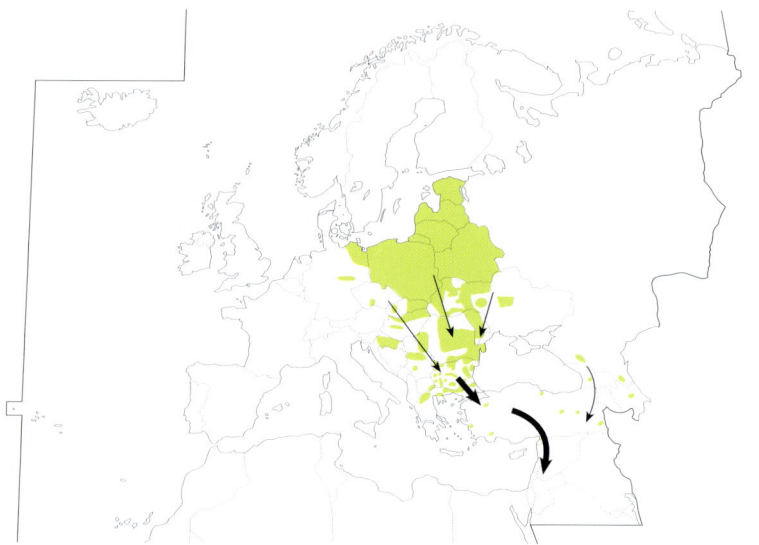

Der Schreiadler repräsentiert die Gleitzieher. Deren Zugmuster führt sie über Landbrücken: Der gesamte Bestand (ohne Kaukasus-Vögel) passiert im Herbst den Bosporus.

nächsten Absatz). Diese wird überwiegend von den osteuropäischen Greifvögeln genutzt. Eine dritte, am stärksten von den russischen Vögeln benutzte Leitlinie geht durch den Kaukasus und längs der Ostseite des Schwarzen Meeres. Anzahlmäßig ist es die wichtigste Leitlinie. 1976 zogen hier 370 000 Greifvögel vorbei, gegenüber typischen Zahlen für den Bosporus von 75 000 bzw. Gibraltar von 190 000. Andere zweitrangige Wege führen über Italien mit Absprung von Sizilien, über Griechenland mit Kreta als Zwischenstation sowie über Zypern.

Der Greifvogelzug im Nahen Osten

Für Greifvogel-Enthusiasten unter den Ornithologen ist besonders der Massenzug durch den Nahen Osten faszinierend. Aus praktischen Gründen erleben die Ornithologen diesen Zug vor allem in Israel, wo bei Eilat im Frühjahr u.a. 75 000 Steppenadler, ca. $1/2$ Million Mäusebussarde im besten Jahr durchzogen, und wo man im Herbst bei Tel Aviv (bei Kfar Kasem) u.a. bis zu 141 000 Schreiadler, gut 400 000 Wespenbussarde und 44 000 Kurzfangsperber beobachten kann.

Der Herbstzug im Nahen Osten folgt zwei Hauptzugrouten. Die eine verläuft vom Bosporus und dem Kaukasusgebiet hin zur Mittelmeerküste im Libanon und in Israel, dann nördlich des Roten Meeres zum Sinai. Diese Route wird u.a. vom Schreiadler, Wespenbussard und Kurzfangsperber genutzt. Entlang der anderen Route, die besonders Vögel östlicher Brutgebiete betrifft, kommen die Greifvögel via Kaukasus und dem Gebiet südlich des Kaspischen Meeres, ziehen südwärts durch Saudi-Arabien und kreuzen das Rote Meer bei der Bab-el-Mandeb-Enge vor dem Jemen. Ein Teil der Steppenadler zieht auch über Eilat und Suez.

Der Frühjahrszug verläuft für die meisten Arten über Suez und den Sinai und breitet sich hier in Richtung auf die Brutgebiete aus, so über den Bosporus, den Kaukasus und das Gebiet am Südrand des Kaspischen Meeres. Ein Teil Steppenadler scheint jedoch über die Bab-el-Mandeb-Enge zu ziehen.

Aktive Flieger

Die zweitrangigen Mittelmeerpassagen werden von Gleitziehern selten genutzt. Eine Ausnahme macht der Wespenbussard, der in großer Zahl Zypern, Sizilien und Malta passiert. Der Breitfrontenzug wird von den aktiv fliegenden Ziehern genutzt: Fischadler, Weihen und Falken, die es mit ein paar Kilometern mehr oder weniger über das offene Meer nicht so genau nehmen. Wir können das auch indirekt daran sehen, daß sie an den großen Zugengen nur in bescheidener Zahl auftreten.

In den Tabellen auf Seite 27–29 sind die Gesamtzahlen von den bekannten Zugengen wiedergegeben.

Die Frühjahrszugwege

Während des Frühjahrszuges werden in der Hauptsache die gleichen Leitlinien im Mittelmeerraum benutzt, doch ein Teil der Greifvögel verläßt Afrika auch über das Kap Bon in Tunesien, nach Beobachtungen der Jahre 1974 und 1975 mindestens 40 000. Die größten Kon-

Der Baumfalke repräsentiert jene Greifvögel, die aktiv fliegend ziehen. Die Baumfalken ziehen nach Afrika über die Landbrücken Spanien, Italien und Balkan. Aber sie können das Mittelmeer auch ohne Rücksicht auf die schmalsten Passagen überqueren. Das Resultat ist ein Breitfrontzug. Die Zahl der Baumfalken ist daher an den großen Zugtrichtern gering. Die Pfeile weisen den wahrscheinlichen Zugverlauf.

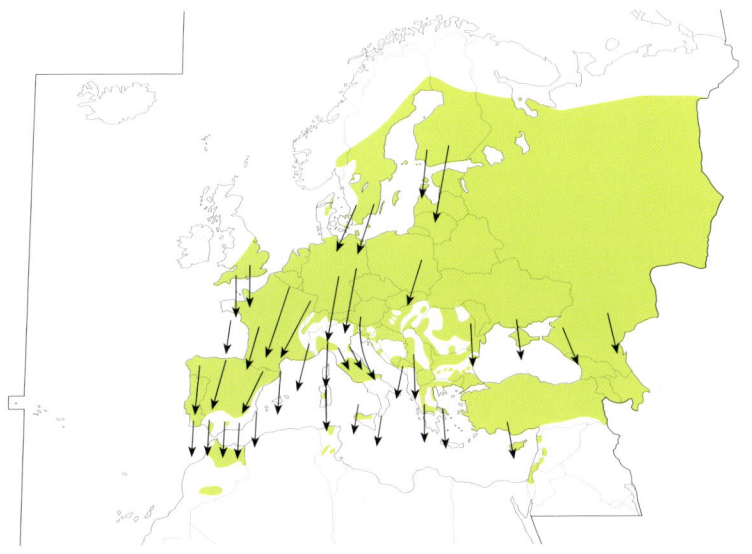

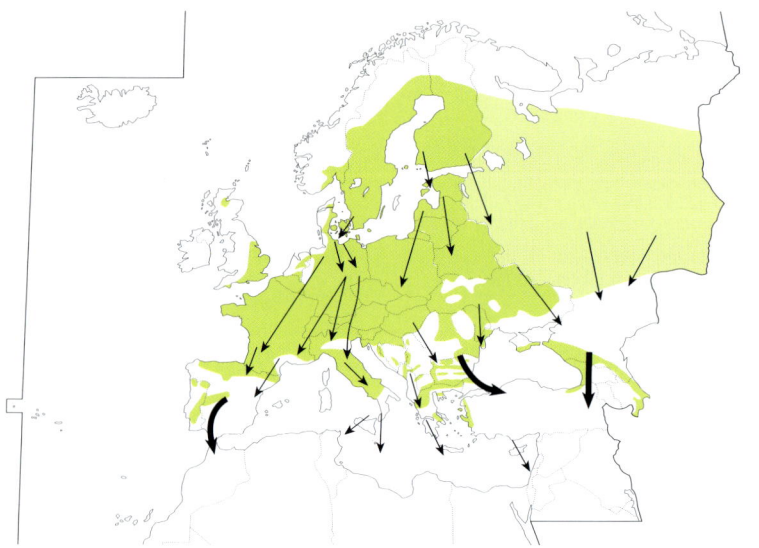

Der Wespenbussard stellt eine Zwischenform dar. Er kann sowohl Gleitflug anwenden als auch aktiv über längere Strecken ziehen. Starke Pfeile weisen auf Zugkonzentrationen hin, während dünne Pfeile Gegenden angeben, wo der Zug zweitrangig ist, in absoluten Zahlen jedoch in größerem Umfang verläuft – auch über Meeresflächen hinweg.

zentrationen im Mittelmeerraum sieht man bei Eilat/Israel (siehe Tabelle S. 28). Die skandinavischen Bestände erreichen die Brutplätze entweder über die dänischen Inseln und den Öresund oder nordwärts durch Jütland, um im allgemeinen das Meer bei Skagen zu überfliegen.

Die unterschiedlichen Zugmuster dreier Arten sind hier dargestellt: eines typischen Gleitziehers (S. 24), eines aktiven Breitfrontziehers (S. 25) und einer Zwischenform (siehe oben).

Der Tageslauf eines Gleitziehers

Die Thermik entsteht später am Morgen, wenn die Sonne die Luftmassen erwärmt hat. Man sieht daher Gleitzieher erst einige Stunden nach Tagesanbruch, zwischen 8 und 10 Uhr. Oft ziehen sie den ganzen Tag durch, bis so gegen

17 Uhr. Ihre Zugtechnik bringt sie normalerweise mit 25–50 Stundenkilometern vorwärts. Die Geschwindigkeit hängt wesentlich von der Windrichtung in bezug auf die Zugrichtung ab. Es ist klar, daß Mitwind eine größere Zuggeschwindigkeit bringt als Gegenwind. Wir wissen sehr wenig darüber, wieviele Kilometer der einzelne Greifvogel am Tag zurücklegt. Aber die Erfahrung mit dem Mäusebussardzug über Dänemark scheint zu zeigen, daß ca. 200 km die durchschnittliche Strecke ist.

Der Zug des Adlerbussards

Man kann jedoch ausrechnen, daß einige Gleitzieher sich über weitere Tagesstrecken bewegen müssen, um ihre Winterquartiere zeitgerecht zu erreichen. Ihre Ankunftszeiten dort sind ja bekannt. In seinem Buch »Birds of

Anzahl der Greifvögel auf dem Herbstzug an Zugengen im Mittelmeerraum und im Kaukasus

	Gibraltar 1972 u. 1974	Malta 1969-73	Bosporus ausgewählte Jahre 1966-78	Arhavi/ Borcka 1976	Suez 1981
Wespenbussard	57 600–114 000	455–824	900–23 600	137 600	79
Schwarzmilan	24 500–39 000	7–20	1280–2730	5775	106
Rotmilan	60–100	–	max. 10	–	–
Schmutzgeier	2100–4000	1–7	max. 600	5	437
Gänsegeier	420	–	max. 200	–	1284
Schlangenadler	4800–9000	2–11	1230–2340	243	9447
Rohrweihe	150–350	–	max. 10	385	–
Kornweihe	10–110	–	max. 10	–	–
Wiesenweihe	790–1700	2–5	max. 10	124	–
Steppenweihe	–	1	1–3	133	–
Sperber	560–950	1–2	max. 500	–	–
Kurzfangsperber	–	–	2800–7200	290	–
Mäusebussard	2700–2800	2–7	13 000–32 900	205 000	640
Adlerbussard	–	–	max. 10	5	1816
Kaiseradler	–	–	max. 20	3	556
Steppenadler	–	–	–	271	64 880
Schreiadler	–	1–2	4300–17 200	736	21 552
Schelladler	–	–	max. 20	10	86
Aquila-Arten	–	–	–	–	31 430
Zwergadler	6870–15 140	1–2	max. 550	473	761
Fischadler	40–60	7–16	max. 10	–	–
Baumfalke	200–220	147–233	max. 125	–	–
Rotfußfalke	–	2–5	max. 250	–	462
Turmfalke	800–1200	109–730	max. 25	–	–
Rötelfalke	260–550	33–80	–	–	–

Quellen: Bericht der Weltkonferenz über Greifvögel (Wien 1975); verschiedene MS-Berichte über den Zug am Bosporus; Beaman & Galea (1974): The visible migration of raptors over Maltese Islands. – Ibis **116:** 419–431; Bijlsma (1983): The migration of raptors near Suez, Egypt, autumn 1981. – Sandgrouse **5:** 19–44; Cramp & Simmons: Birds of the Western Palearctic, Bd. 2 (1979).

Prey« berichtet Leslie Brown vom Langstreckenzug der östlichen Rasse des Mäusebussards, dem Falkenbussard. Von seinen nördlichen Brutplätzen zieht er in 6–8 Wochen 13–16 000 km ins südliche Afrika.

Die durchschnittliche Weglänge müßte demnach 240–400 km pro Tag sein, vorausgesetzt, er zieht an allen Tagen. Dies ist aber nicht wahrscheinlich, denn es muß auch noch Zeit zur Nahrungsaufnahme bleiben, und auch das Wetter ist nicht immer zum Zug geeignet. An bestimmten Tagen müßte er daher größere Strecken als zuvor genannt zurücklegen, was auch im Bereich des Möglichen liegt.

Welche Tagesstrecken aktiv fliegende Zieher unter den Greifvögeln zurücklegen, wissen wir überhaupt nicht.

Die Nahrungsaufnahme während des Zuges

Leslie Brown erwähnt in seinem Buch eine interessante Theorie. Wir sehen oft die aktiv Ziehenden, wie Weihen,

Anzahl der Greifvögel während des Herbstzuges über Falsterbo und über Stignaes (Minimum – Maximum)

	Falsterbo 1986–92	Stignaes 1985–91
Wespenbussard	2738–7357	815–6116
Schwarzmilan	1–15	0–2
Rotmilan	291–653	26–104
Seeadler	5–18	0–2
Rohrweihe	261–928	53–196
Kornweihe	150–356	50–219
Wiesenweihe	3–19	3–15
Sperber	9315–17 240	2125–5523
Habicht	15–81	3–18
Mäusebussard	7094–13 264	6864–21 047
Rauhfußbussard	601–1480	41–562
Steinadler	1–4	0–1
Fischadler	102–286	36–72
Gerfalke	0–3	0–1
Wanderfalke	15–28	4–13
Baumfalke	29–71	3–14
Merlin	158–286	27–87
Rotfußfalke	0–3	4–30
Turmfalke	312–608	70–157

Quellen: N. Kjellén in Anser **32** (1993): 106; Jahresberichte der Vogelstation Stignaes in Dänemark.

Die Anzahl der Greifvögel auf dem Frühjahrszug bei Eilat (Israel) 1977 und 1983–87 (Minimum – Maximum)

Wespenbussard	225 952–851 598		Steppenadler	10 922–75 053
Schwarzmilan	24 728–31 774		Kaiseradler	12–95
Schmutzgeier	263–802		Zwergadler	105–175
Gänsegeier	2–22		Habichtsadler	1–6
Schlangenadler	67–345		Fischadler	49–130
Rohrweihe	71–371		Würgfalke	0–2
Kornweihe	0–1		Lanner	0–7
Wiesenweihe	7–55		Wanderfalke	0–4
Steppenweihe	13–44		Eleonorenfalke	0–21
Kurzfangsperber	905–49 836		Schieferfalke	0–2
Mäusebussard	142 793–465 827		Baumfalke	7–54
Adlerbussard	28–105		Rotfußfalke	0–12
Schreiadler	21–67		Turmfalke	11–190
Schelladler	4–10		Rötelfalke	0–55

Quelle: H. Shirihai & A. Christie (1992): Raptor migration at Eilat. – British Birds **85**: 141–186.

Die Anzahl der Greifvögel auf dem Frühjahrszug in Skagen, der Nordspitze Jütlands, 1986–92 (Minimum–Maximum)

Wespenbussard	121–6138	Rauhfußbussard	245–1871
Schwarzmilan	2–19	Steinadler	0–3
Rotmilan	7–18	Fischadler	175–382
Seeadler	1–11	Gerfalke	0–4
Rohrweihe	129–299	Wanderfalke	18–38
Kornweihe	80–206	Baumfalke	47–218
Wiesenweihe	7–46	Rotfußfalke	2–460
Sperber	1222–5010	Merlin	141–512
Habicht	17–32	Turmfalke	255–724
Mäusebussard	584–2000		

Quelle: Jahresberichte der Nordjütischen Ornithologischen Kartothek, Dänemark.

Habichtartige und Falken, während der Zugpausen Beute jagen. Sie nehmen anscheinend Nahrung in gewohnter Menge auf. Demgegenüber scheinen Gleitzieher das nicht im gleichen Maße zu tun. Für den Wespenbussard etwa, der einen langen Weg von Europa bis nach Afrika vor sich hat, wäre es ein Vorteil, während des Zuges an Gewicht zu verlieren. Verliert er 10–20 % seines Körpergewichtes, wird er schneller von der Thermik hochgehoben und der Zug kann schneller vor sich gehen. Dies ist – wie gesagt – nur eine Theorie, wenn auch eine faszinierende.

Der Herbstzug im Raum der westlichen Ostsee

Der Herbstzug im Raum der westlichen Ostsee verläuft zwischen Südwest-Schonen (Falsterbo!) und der Insel Fehmarn in einem gut 50 km breiten Korridor südwärts über die dänischen Inseln. Der Korridor setzt sich südwestlich in Richtung Hamburg fort, fächert sich dann jedoch bald auf. Gut 50 000 skandinavische Mäusebussarde und 10 000 Wespenbussarde passieren so alljährlich in kurzer Zeit Ostholstein.

Schwenkt der vorherrschende Westwind in Ostwind um, veranlaßt die Abdrift eine Zugabweichung westwärts.

Auf diesem sog. Alsenzug können z. B. Wespenbussarde über der Hohwachter Bucht bis über die Nordsee verdriftet werden, wo sie dann ihre Kurs gegen den Wind korrigieren, zum Festland zurückfliegen und über Dithmarschen südwärts weiterziehen.

Beim Wespenbussard kommen zwei Drittel der über Fehmarn und Ostholstein Ziehenden zwischen 26. August und 7. September durch. Die Hauptdurchzugszeit am Fehmarnbelt lag nach langjährigen Beobachtungen morgens zwischen 10 und 14 Uhr. Der Wespenbussard zieht überwiegend in kleinen Trupps, am häufigsten waren es zwischen 1 und 100 Vögel.

Im Gegensatz dazu verläuft der Herbstzug des Mäusebussards später. Nach zögerndem Einsetzen in den ersten Septembertagen beginnt der deutliche Zug Mitte September und erreicht seinen Höhepunkt in den letzten Tagen dieses Monats und in der ersten Oktoberwoche. vom 26. September bis 16. Oktober passieren gut 85 % die Fehmarnroute und Ostholstein. Große Zugverbände sind häufiger als beim Wespenbussard, doch auch der Mäusebussard zieht überwiegend in kleineren Trupps bis zu 100 Vögeln. Allerdings fehlen bis heute systematische Auszählungen.

Der Frühjahrszug im Raum der westlichen Ostsee

Der Frühjahrszug verläuft in Schleswig-Holstein nach gleichem Muster wie der Herbstzug. In einem ungefähr 50 km breiten Korridor überfliegen Wespen- und Mäusebussard Ostholstein und verlassen Deutschland über Fehmarn. Kleinere Bewegungen berühren vor allem beim Wespenbussard wiederum die Marschen im Westen und verlassen Schleswig-Holstein über die Schlei und Gelting. Der Zugkorridor von Fehmarn verläuft weiter über Lolland/Falster/Mön, Seeland nach Schonen und damit etwas westlicher als im Herbst. Dann trifft man je nach Windrichtung auf guten Zug bei Rörvig, Helsingör oder über Kopenhagen. Bei anhaltenden Ostwinden scheint ein Breitfrontenzug nordwärts über Schleswig und Jütland abzulaufen, der sich bei Skagen verdichtet, ehe er den Sprung über das Meer wagt.

Der Frühjahrszug des Wespenbussards konzentriert sich in Schleswig-Holstein auf die Zeit vom 15. Mai bis 3. Juni. Der Mäusebussard zieht nun weit vor dem Wespenbussard durch: ab 5. März bis 25. April, mit einem Höhepunkt in der zweiten Märzhälfte.

Die anderen ziehenden Greifvögel fallen auf ihrem Herbst- und Frühjahrszug weder in Dänemark noch in Schleswig-Holstein sonderlich auf. Ihre Zahlen sind weitaus geringer, es sind überwiegend Einzelzieher, und bei der einzigen Art, die man noch wegen ihrer Zahl erwähnen muß, dem Sperber, liegt der Durchzug östlicher. Die über die See Falsterbo verlassenden Vögel (ca. 6000) erreichen Deutschland vor allem in Mecklenburg (Rügen ca. 1500). Quantifizierbare Zahlen für die Ostküste Schleswig-Holsteins fehlen bisher.

Brutbiologie

In der Regel verbinden wir gedanklich die Brutzeit mit dem Frühjahr. Im allge-

meinen stimmt das auch für Greifvögel. Da jedoch ein Brutzyklus bei den großen Arten bis zu 8 Monaten dauern kann, ist dies nicht die ganze Wahrheit. Bereits im Oktober beginnen die Bartgeier Südspaniens, sich für die Brutstätte zu interessieren, und zum gleichen Zeitpunkt hat eine große Zahl von Eleonorenfalken noch Junge im Nest. Nehmen wir alle diese speziellen Fälle dazu, haben wir in der Westpaläarktis das ganze Jahr hindurch Brutzeit. Da Greifvögel jedoch wie andere Vogelarten auch notwendigerweise ihre Jungen zu Zeiten größten Nahrungsangebotes aufziehen müssen, stimmt das generelle Bild der Brutzeit mit Jungen im Horst zu Ende des Frühjahres und zu Sommerbeginn.

Wann wird ein Greifvogel erwachsen?

Die Unterschiede dieses Zeitpunktes sind zwischen den Arten sehr groß. Anscheinend hat das einiges mit der Größe zu tun. Die großen Adler und Geier müssen rund 5 Jahre alt werden, bevor sie zu brüten beginnen. Für die mittelgroßen Arten scheinen 3 Jahre die Norm zu sein. Und die kleinsten Falken brüten in einem Alter von knapp einem Jahr.

Aber die Verwandtschaft spielt ebenfalls eine entscheidende Rolle. Alle Falken scheinen demnach in der Lage zu sein, bereits in ihrem ersten Lebensjahr zu brüten. Es muß jedoch präzisiert werden, daß sie in diesem Alter brüten **können.** In welchem Umfang sie es dann wirklich tun, weiß man nicht.

Ein ausgeglichener Bestand läßt die jüngsten Vögel gar nicht zum Brüten kommen. Es ist offenbar kein Platz für sie. Aber unter extremen Bedingungen geschieht es doch. Nach dem harten Winter 1978/79 befanden sich im jütländischen Brutbestand des Habichts unnormal viele Einjährige unter den Brutpaaren. Sie erhielten ihre beson-

Kaiseradler, östliche Rasse, landet auf dem Horst.

dere Chance durch starke Altvogelver-
luste. In Schleswig-Holstein ergaben
10jährige Aufzeichnungen (1967–1976)
einen durchschnittlichen Einjährigen-
Anteil von 10 % bei Weibchen und 7 %
bei Männchen.

Die erwähnte Situation nach harten
Wintern gibt jedoch keinen Anlaß zur
Sorge. Solche Verluste werden in einem
gesunden Bestand schnell wieder ausge-
glichen. Wenn wir dagegen bei den
großen Adlern angepaarte Jungvögel an-
treffen, ist dies ein Ausdruck für etwas
anderes: daß die Population nicht gedeiht. Die meisten Seeadlerbestände in

Europa produzierten 1960–1980 zuwe-
nige Jungvögel, um Ersatzvögel für alle
freiwerdenden Horstplätze zu stellen.
Deshalb treten solche gemischten Alt-
vogel-Jungvogel-Paare auf.

Zusammenfassend kann man zum individuellen Brutbeginn sagen, daß er,
soweit wir wissen, **nicht** mit dem
Zeitpunkt zusammenfällt, in dem der
einzelne biologisch fähig ist, sich fort-
zupflanzen. Das ist offenbar nicht
zweckmäßig. Genauso wenig, wie wir
Menschen im allgemeinen die 11- bis
17jährigen an der »Produktion« unserer
Nachkommen teilnehmen lassen.

Vogelgröße – Gelegegröße

Man kann sich spontan darüber wundern, warum es bei den Greifvögeln so große Unterschiede im Lebensalter bei Beginn der Fortpflanzung gibt. Aber es handelt sich dabei um ein allgemeinbiologisches Prinzip mit dem Ziel, dem Bestand gerade eben die notwendige Anzahl von Jungen zuzuführen, die ihn im Gleichgewicht hält.

Es sind die großen Arten, die spät mit der Vermehrung beginnen, jene mit wenigen oder keinen Feinden. Zugleich legen diese Arten kleine Gelege. Eine sehr geringe jährliche Jungenproduktion reicht für den Erhalt der Art aus, besser gesagt: könnte ausreichen, wenn es den Menschen nicht gäbe. Diese Produktionsnormen wurden Jahrtausende vor der Zeit geschaffen, in der der Mensch zu einem bedeutenden Faktor für das Gleichgewicht der Natur wurde. Mit diesem »Feind« hatte die Natur nicht gerechnet. Die großen Greifvögel sind demnach für ein langes Leben mit einer geringen jährlichen Fortpflanzungsrate geschaffen.

Anders ist es bei den kleinen Arten. Sie können einjährig brüten, sie legen Gelege von 4–6 oder mehr Eiern, und sie können selbst zur Beute größerer Greifvögel werden. Der Individuenumsatz ist hoch, das durchschnittliche Lebensalter entsprechend niedrig. Sie müssen viele Jungen hochbringen, um den Bestand zu erhalten. Für sie ist die frühe Geschlechtsreife notwendig.

Standvögel

Bei bestimmten Arten lebt das Paar in seinem Revier das ganze Jahr. Bei einigen von ihnen (z. B. Steinadler) kann man eine mehr oder weniger starke ganzjährige Bindung an den selben Brutplatz finden. Dies zeigt sich durch gelegentliche Besuche des Horstes und periodenweise Zuführung neuen Nestmaterials. Die Ehegatten sehen sich regelmäßig. Bei Beginn der Brutzeit können sie schnell die verschiedenen Rituale entwickeln, die eine Synchronisierung des gesamten Brutablaufes nach sich ziehen.

Zugvögel

Handelt es sich um Zugvögel, erscheint im allgemeinen das Männchen als erster zu Hause. Er stellt das Revier (wieder) her und markiert oft mit kräftigen Schreien seine Anwesenheit. Leben beide Ehegatten, ist es wahrscheinlich, daß sie sich im Revier wiedertreffen, um eine neue Brutsaison gemeinsam zu durchleben – nicht aufgrund eines Gefühls der Zusammengehörigkeit, sondern aufgrund der gemeinsamen Verbundenheit mit der alten Horstumgebung.

Für eine Art wie den Wespenbussard sind die Zeitspannen so kurz, daß die jungen, erstmals fortpflanzungsfähigen Vögel sich im Winterquartier verloben müssen. Darauf deuten Beobachtungen von gleichzeitiger Ankunft am Brutplatz hin. Da die Ehegatten sich kennen, können sie bereits wenige Tage nach der Reviereinnahme Eier im Horst ablegen.

Balzflüge

Bei allen Arten gibt es zu Beginn der Brutsaison ein Paarungsspiel, welches mit seinen lauten, außergewöhnlichen Bewegungen, dem Vorzeigen von Federpartien, Flugübungen und dergleichen zur Hauptaufgabe hat, das Brutverhalten der Ehepartner aneinander anzugleichen.

Im allgemeinen sieht man nur die Flugspiele. Bei vielen Arten imponieren sie sehr. Hier bemerken wir die nahe Verwandtschaft, denn das Grundmuster ist deutlich dasselbe und wird nur in wenigen Typen von Art zu Art variiert.

Am eindrucksvollsten sind die breitflügeligen, gleitfliegenden Arten. Sie weisen zwei Typen auf. Der eine ist ein wellenförmiger Flug. Hierbei unternimmt der Vogel einen kurzen Sturzflug

Junge Seeadler beim Spiel, das an das Balzspiel der erwachsenen Vögel erinnert.

mit mehr oder weniger zusammengefalteten Flügeln, kehrt mit einigen wenigen energiereichen Flügelschlägen zurück in die Starthöhe, sturzfliegt dann wieder, steigt wieder auf und so fort. Diese Form zeigen u. a. Fischadler, Wespenbussard, Schmutzgeier, Schlangenadler, die 4 Weihenarten, Steinadler und mit weniger ausgeprägtem Sturzflug auch Milane und Habichtartige.

Der zweite Typ ist in seiner Ausführung sehr dramatisch. Der Vogel schraubt sich in große Höhe hinauf, legt die Flügel an den Körper und wirft sich im Sturzflug nach unten. Der Fall wird abgebremst, wenn die Flügel ausgebreitet werden,

und mit Hilfe der erreichten Geschwindigkeit schießt der Vogel hoch. Wenn die Geschwindigkeit abnimmt, aber ohne daß der Vogel die Ausgangshöhe wiedererlangt hat, kippt er vornüber zu neuem Sturzflug. Dieses Manöver kann wiederholt werden, so daß der Vogel sich zum Schluß in einer Höhe befindet, die mehrere hundert Meter unter dem Startniveau liegt. Diese Form ist charakteristisch für eine Reihe von Bussard- und Adlerarten. Sie ist z. B. recht leicht zu Beginn der Brutsaison beim Mäusebussard zu sehen.

Bei diesen zwei Balztypen ist es normal, daß das Weibchen teilnimmt, oft aber

Kaffernadler, ad. mit Nistmaterial.

Welche Funktion dieser Balzflug eigentlich hat, ist nicht ganz klar. Daß wir den sehr schwer zu definierenden Begriff »Synchronisierung des Brutverlaufs« benutzen, scheint angemessen. Wenn das Fischadlermännchen sofort nach der Ankunft seinen Balzflug ausführt, in hohen Tönen über dem Revier schreiend, ist es sicher, daß es sich teils um eine Reviermarkierung, teils um die Funktion des Anlockens handelt. Und wenn das Mäusebussardpaar über dem Brutplatz gleitet, ebenfalls hell schreiend, und gleichzeitig das geschilderte Flugspiel ausführt, handelt es sich wahrscheinlich außer um die geschlechtliche Stimulation auch um eine Revierbehauptung. Daß aber die Erklärung nicht immer so leicht ist, zeigt auch die Tatsache, daß bei mehreren Arten der Balzflug auch außerhalb der Brutzeit beobachtet werden kann.

Horstbau

Die nächste Phase im Brutzyklus – auf alle Fälle für die Mehrheit der Arten – ist der Horstbau. Die Falken kennen hingegen keine solche Aktivität. Sie übernehmen die Nester anderer Arten, legen direkt auf Felsenbänke, wo eine Nestkuhle ausgekratzt werden kann, finden einen Hohlraum oder legen sogar ihre Eier direkt auf die Erde.

Aber alle anderen westpaläarktischen Arten bauen eigene Horste, am häufigsten in einem Baum. Einige Arten bevorzugen eine Felsbank und einige wenige (Weihen) bauen auf die Erde.

In vielen Fällen wählt der Vogel ein altes Nestfundament für den Horst dieses Jahres. Vielleicht ist dies ältere Nest das eigene des Paares aus einem früheren Jahr, aber es kann auch von einer anderen Art gebaut worden sein. Darüber hinaus ist es häufig, daß die einzelnen Brutpaare mehrere Nester haben, zwischen denen sie wählen. Beim Steinadler hat man bis zu 14 festgestellt, aber das Normale für diese Art sind doch

geschieht dies als recht passives Zusehen. Direkte Teilnahme sieht man auch in einer sehr faszinierenden Weise. Dabei unternimmt das Männchen einen Ausfall gegen das Weibchen. Dieses dreht sich auf den Rücken und zeigt seine Fänge, und in bestimmten Fällen ergreift das Männchen ihre Fänge. Da er aber nicht stark genug ist, um das Weibchen auf diese Weise zu tragen, sinken die Vögel langsam erdwärts, bis sie den Griff lösen.

Für alle Balzflüge ist es charakteristisch, daß sie von kräftigen Schreien begleitet sind.

Außer den beschriebenen markanten Typen treffen wir als häufige Form bei Falken einen etwas weniger ins Auge fallenden Verfolgungsflug und, u. a. bei den großen Geierarten, eine Art Kreisflug.

2–3, mit einem bevorzugten. Da auf diese Weise Jahr für Jahr einigen Nestern neues Nistmaterial zugefügt wird, können Horste bei großen Arten bis zu 6 m Höhe und 2 m Durchmesser annehmen.

Im allgemeinen ist das Weibchen der fleißigere Nestbauer. Bei den Seeadlern scheint das Verhältnis umgekehrt zu sein. Im übrigen ist es aber auch hierbei charakteristisch, daß von Paar zu Paar innerhalb derselben Arten große individuelle Unterschiede existieren können.

Reviere

Die meisten Greifvögel bewohnen ihr eigenes Revier. Es wird gegen Artgenossen, in einigen Fällen auch aus verständlichen Gründen gegen andere, konkurrierende Arten verteidigt.

Die großen Arten mit einem Tagesbedarf von mehreren hundert Gramm

Zwergadler, ad. auf dem Horst mit 2 Jungen.

35

Nahrung haben enorm große Jagdgebiete – je schlechter das Nahrungsangebot in ihnen ist, desto größer das Revier. Der Steinadler kann daher in Südeuropa über mehr als 600 km² herrschen, das entspricht 2/3 der Insel Rügen. Aber man sieht etwa im wildreichen Schottland, daß sie nicht unbedingt ein so großes Gebiet benötigen. Hier ist das Revier an gewissen Orten nur 20 km² groß und das regelmäßig abgesuchte Jagdrevier bloß 10–12 km². Am anderen Ende der Skala befindet sich der Turmfalke. In günstigem Gelände kommt er mit nur 1 km² zurecht.

Koloniebrüter

Einige wenige Arten können in Kolonien brüten. Betrachten wir diese Gruppe weltweit, dann ist es charakteristisch, daß sie im großen Maße aus Aasfressern oder Insektenfressern bestehen und aus Arten, die nomadisch leben. Unter den westpaläarktischen Arten handelt es sich konkret um Gänse-, Mönchs- und Schmutzgeier, Schwarzmilan, teilweise um Weihen sowie um 5 Falkenarten: Eleonorenfalke, Schieferfalke, Rotfußfalke, Turmfalke und Rötelfalke. Für mehrere dieser Arten gilt unterdessen, daß sie auch einzeln brüten können. Dies ist z. B. das Normale für Rohrweihe, Schmutzgeier, Mönchsgeier und Turmfalke.

Es scheint so, als ob die bevorzugte Nahrung der Koloniebrüter während der Brutzeit an den betreffenden Stellen in großer Menge vorkommt, etwa in Form großer Kadaver, Abfallmengen, Insektenkonzentrationen oder – bei Eleonorenfalke und Schieferfalke – durch die Zugbewegungen der Kleinvögel im Herbst. Ob das konzentrierte Nahrungsangebot bei der Kornweihe ebenso die Ursache der gelegentlichen Koloniebildung ist, ist schwerer zu sagen. Sie lebt gelegentlich polygam, und vielleicht liegt hierin die Erklärung ihrer Flexibilität.

Asynchrones Schlüpfen

Die Eier werden normalerweise mit 2 oder 3 Tagen Zwischenraum gelegt, aber auch 1-, 4- und 5-Tagesintervalle kommen vor. Generell ist bei den größten Arten auch der Zeitunterschied am größten.

Im Normalfall sitzt das Weibchen auf dem Nest vom 1. Ei an. Man kann jedoch anhand des Schlüpftermins der einzelnen Jungen sehen, daß die Bebrütung normalerweise nicht mit voller Intensität bei Beginn ausgeführt wird. Ein Fünfergelege des Sperbers wird so in rund 8 Tagen gelegt, aber die Jungen schlüpfen gewöhnlich alle im Laufe von 1 bis 3 Tagen. Oft sieht man jedoch in den Gehecken einen markanten Größenunterschied zwischen den Jungen. Kommt es zu Futtermangel während der Aufzuchtzeit, erkämpft sich der Größte ohne Mühe die zugängliche Nahrung, und der Kleinste stirbt – eine Erscheinung, welche besonders in den ersten Wochen der Lebenszeit der Jungen auftritt. Ein rauhes, biologisch aber wohlbegründetes Prinzip, das sicherstellt, daß nur die Jungen überleben, welche von den Eltern zu einem »akzeptablen Standard« ernährt werden können.

Bebrütung

Während die Zeit der Eiablage von Flugübungen geprägt ist und von geräuschvollem Verhalten bei zahlreichen Paarungen und Paarungszeremonien, ist die Bebrütungszeit eine stille Periode. Stunde auf Stunde kann am Horst totale Ruhe herrschen.

Arbeitsteilung

Während dieser Zeit ist bei den Greifvögeln eine bestimmte Arbeitsteilung üblich. Bei den meisten Arten brütet das Weibchen, während das Männchen dafür die Jagd ausübt und dem Weibchen die notwendige Nahrung bringt – eine Einteilung, die auch nach dem

Eine Brut junger Merline.

Schlüpfen der Jungen weiterläuft. Normalerweise verteilt dann das Weibchen das heimgebrachte Futter, bewacht die Jungen und beschützt sie gegen die Witterung. Erst wenn die Jungen 2–3 Wochen alt sind, nimmt das Weibchen an der Jagd wieder teil.

Zur Norm gehört auch, daß das Männchen in bescheidenem Ausmaß an der Bebrütung teilnimmt, z. B. wenn das Weibchen die Beute verzehrt, die er mitgebracht hat.

Doch gibt es Abweichungen. Wahrscheinlich finden wir bei den Geiern die geringste Arbeitsteilung beim Brüten und Heranschaffen der Nahrung für die Jungen. Der Anteil des Weibchens am Brüten scheint hier zwar am größten zu sein, aber das Männchen sitzt auf dem Horst weit länger, als für eine Ablösung nötig wäre, und umgekehrt hat das Weibchen auch großen Anteil am Herbeiholen der Nahrung.

Das Schlüpfen

Bei einigen Arten brauchen die Jungen bemerkenswert lange, um sich aus dem Ei herauszuarbeiten. Beim Habicht dauert es oft 3 Tage vom ersten schwachen Sprung bis zur »Geburt« – ein Prozeß, der z. B. beim Wespenbussard innerhalb 24 Stunden überstanden sein kann.

Dunenperiode

Das Junge kommt auf die Welt, gekleidet in seidenartige, in der Regel weiße Dunen. Zu Anfang ist es kaum imstande seinen Kopf zu heben. Die meiste Zeit der ersten Tage liegt es mit halbgeschlossenen, stumpfen Augen. Nach einigen Tagen beginnt der Austausch des ersten Dunenkleides gegen ein dickeres, mehr wollartiges. Die Jungen sind nun auch lebhafter. Sie bewegen sich im Horst auf den Laufgelenken und lernen am Schluß der Dunenperiode auch auf den Beinen zu stehen und vorsichtig rückwärts zum Horstrand zu kommen, um die Exkremente vom Horst wegzuspritzen.

Die Dunenperiode dauert ca. ein Drittel der Nestlingszeit. Es ist kennzeichnend, daß einer der Altvögel in dieser Periode die ganze Zeit in der Nähe ist, u. a. um die heimgebrachte Beute zu zerteilen und sie in kleinen Bissen an die Jungen auszuteilen.

Entwicklung des Federkleides

Normalerweise sind es die Flügel- und Schwanzfedern, die zuerst hervorbrechen und den Übergang zur zweiten Entwicklungsphase markieren. Diese bringt in der Hauptsache die volle Befiederung, doch oft gucken hier und da Dunen noch hervor, üblicherweise am Kopf. Grob gesagt, nimmt diese Entwicklung ca. 25 % der Nestlingszeit ein. Schnabel und Beine sind am Ende der zweiten Periode voll entwickelt. Normalerweise ist erst dann das Junge imstande, selbst die angebotene Nahrung zu verzehren.

Letzte Phase

Die dritte und letzte Phase der Entwicklung ist der Entwicklung der Schwungfedern gewidmet. Meistens jagen beide Eltern in dieser Zeit, und die Jungen trainieren als Abschluß der Nestlingszeit ihre Flügel. Diese Phase kann beim Merlin in nur 23 Tagen ablaufen und beim Gänsegeier 130 Tage betragen.

Selbständigwerden

Das Ausfliegen ist jedoch nicht das Ende der Brutzeit. Die Jungen müssen erst lernen, selbst zu fangen, bevor sie fähig sind, selbständig zu leben. Rotfußfalken schaffen das in 10–14 Tagen, aber der Insektenfang muß auch als recht einfacher Prozeß angesehen werden. Unter den Steinadlern gibt es Beispiele, daß sich die Jungen noch etwa ein halbes Jahr nach dem Ausfliegen im Revier aufhalten. Von Geiern weiß man,

daß sie ihre Jungen etliche Monate nach dem Ausfliegen füttern – der Kalifornische Kondor immerhin ganze sieben –, und aus den Tropen kennt man Beispiele, in denen Jungvögel von ihren Eltern rund ein Jahr gefüttert werden.

Die Brutzeit hat auch eine sehr unterschiedliche Länge bei kleinen und bei großen Arten. Die kleinen Falken benötigen üblicherweise rund 90 Tage, um Brüten, Nestlingszeit und Selbständigkeitstraining zu überstehen – verteilt auf je ca. 30 Tage. Am anderen Ende der Skala finden wir den Kalifornischen Kondor mit der Verteilung 55, 220 und 210, im ganzen 485 Tage, um ein Junges auf die Flügel zu kriegen. Das macht natürlich ein jährliches Brüten unmöglich.

Der Geschwistermord

Es hat seinen guten Grund, daß die Erwachsenen ihre Jungen lange führen. Diese sind sehr unerfahren beim Fang und erleiden, trotz der Fürsorge in der ersten Lebensphase, oft den Hungertod. Jede Statistik weist deutlich auf, daß die Sterblichkeit während der ersten Monate der Selbständigkeit sehr groß ist.

Aber bis der junge Vogel dahin gekommen ist, ist er bereits durch einen Ausleseprozeß hindurchgegangen. Bei vielen Adlern z. B. herrscht ein sonderbares Prinzip. Unabhängig davon, ob genug Nahrung vorhanden ist, reagiert das größere Junge gegenüber dem kleineren gewalttätig und aggressiv. Es hindert es am Fressen durch so langes Tyrannisieren, bis es still liegt, jagt es über den Nestrand oder hackt es zu Tode. Einige Arten (z. B. Schreiadler) bringen aus diesem Grund nur jeweils ein Junges hoch, andere (z. B. Steinadler) nur in wenigen Fällen zwei.

Die meisten kennen jedoch den Geschwistermord nicht. Bei ihnen handelt es sich um Nahrungsmangel, der das Jüngste ausliest. Todesfälle aus dieser Ursache sieht man besonders unter den

Nahezu flügge grönländische Seeadlerjunge.

ersten Phasen: Dunenperiode und der Zeit, in der die Federn wachsen. In der letzten Phase können die Jungen selbst fressen und sich einen ausreichenden Nahrungsmittelanteil erkämpfen.

Erfolg der Jungenproduktion

Bei den Verlusten, denen die Vögel während der ganzen Brutzeit ausgesetzt sind, ist es klar, daß die Zahl der Jungen, die den Horst verlassen, im Durchschnitt deutlich unter der Zahl gelegter Eier liegt. Eine niederländische Untersuchung an 413 Turmfalkengelegen zeigte einen Verlust vor dem Ausfliegen von 43,3 %. Obwohl der Steinadler normalerweise zwei Eier legt, kommen doch als Folge des Geschwistermordes höchstens in einem Drittel der durchge-

führten Bruten zwei Jungen hoch. Eine Untersuchung in den Schweizer und österreichischen Alpen ergab eine Jungenproduktion von 1,13 pro durchgeführter Brut und nur 0,97 pro angefangener. In diesem Gebiet mißglücken mindestens 15 % der ursprünglich begonnenen Bruten.

Im übrigen ist es für viele Arten bezeichnend, daß die Jungenproduktion von Jahr zu Jahr schwankt, nicht zuletzt aufgrund der Witterung und des unterschiedlichen Nahrungsangebotes. In Deutschland hat man beim Rotmilan Schwankungen von 0,5 bis 2,4 pro angefangener Brut gefunden. Beim Wespenbussard liegt die Jungenproduktion in Mitteleuropa normalerweise zwischen 1,3 und 1,5, kann aber in nassen

Sommern total ausfallen. Einen extremen Fall finden wir beim Rauhfußbussard. Er brütet scheinbar nur in zwei von vier Jahren. Aber in den zwei Jahren im vierjährigen Nagetierzyklus, in denen die Nahrung reichlich ist, ist die Jungenproduktion dafür sehr hoch. Einiges deutet darauf hin, daß der Rauhfußbussard in schlechten Nagetierjahren andere Gegenden mit besserem Nahrungsangebot aufsuchen und dort brüten kann.

Das brutfreie Jahr

Man weiß seit langem, daß nicht alle Vögel eines Bestandes jedes Jahr brüten. Heute wissen wir auch einiges über die Ursache. Vor dem Beginn der Eiablage muß das Weibchen in guter Verfassung sein. Das erreicht es durch besonders große Nahrungsaufnahme in der Zeit kurz davor. Dies führt z. B. beim Sperberweibchen zu einer Gewichtszunahme von ca. 15 %. Diese erhöhten Reserven werden teils zur Eierproduktion, teils während der Brut- und Jungenaufzuchtperiode benötigt, um dieses schwierige Geschäft erfolgreich zu beenden.

Ermöglicht das Nahrungsangebot keine Gewichtszunahme oder kommt der Vogel aus anderen Ursachen nicht in Kondition, legt er keine Eier. Es hat sich außerdem gezeigt, daß eine große Anzahl von Greifvogelarten leicht bei Störungen durch den Menschen das Brüten aufgibt, vor allem in beutetierarmen Jahren, während sie in guten Jahren größere Unruhe tolerieren.

Man hat diesen Vorgang beim nordamerikanischen Königsbussard *Buteo regalis* untersucht, der auf Störungen sehr empfindlich reagiert. In einem Jahr, in dem Nahrung knapp war, wurden 7 von 13 Bruten aufgegeben, da diese während der Brutzeit durch Klettern im Brutbaum untersucht worden waren. In einem anderen »guten« Jahr reagierte hingegen keines der 13 kontrollierten

Paare auf diese Weise gegen die gleiche Art der Störung.

Für eine Reihe großer Arten scheint es die Regel zu sein, daß sie nicht die Kondition für jährliches Brüten haben.

Bedrohung der Greifvögel durch Umweltgifte

Die moderne Welt ist mit all ihren Veränderungen der Landschaft, ihrer teilweisen Überbevölkerung und dem weitverbreiteten Einsatz chemischer Mittel bestimmt nicht naturfreundlich. Eines der wichtigsten Themen in der internationalen Vogelschutzdebatte der letzten zwei Jahrzehnte war die Frage, in welchem Grade es heute möglich ist, einen Greifvogelbestand aufrechtzuerhalten – besonders im Hinblick auf die beunruhigende Anzahl von Bedrohungen, die noch auf uns zukommen. In dieser Debatte dominierte die Problematik der Umweltverschmutzung. Aber auch andere veränderte Lebensbedingungen sind berührt worden, z. B. Biotopveränderungen, verschiedene Formen der Umweltzerstörung, Hochspannungsleitungen und Stacheldrähte als Gefahr für einzelne Vögel. Die Besprechung der aktiven Verfolgungen nahm ebenfalls einen zentralen Platz ein. Dies betrifft u. a. die Jagd, die legale wie die illegale, und die Plünderung von Horsten mit Eiern und Jungen.

Die Debatte um die Umweltverschmutzung hat dazu geführt, daß wir mit einer Menge von Begriffen bekannt wurden, die den meisten Menschen nicht geläufig waren. Da diese komplizierten chemischen Begriffe noch ständig Verwirrung stiften, sollen die wichtigsten kurz besprochen werden.

Umweltgifte (Biozide)

Sie treten in der Natur in zwei Formen auf, als Reste und Abbauprodukte von Bekämpfungsmitteln (Pestiziden) und als Industriegifte.

Ein vermutlich an Pestiziden verendeter Wanderfalke.

A Pestizide (Schädlingsbekämpfungsmittel)

Sie werden aufgrund ihrer Funktion unterteilt. Die am meisten erwähnten sind:

I. Insektizide

Diese Mittel, die zur Bekämpfung von Schadinsekten eingesetzt werden, sind aufgrund ihrer chemischen Zusammensetzung wiederum in kleinere Gruppen aufgeteilt.

Chlorierte Kohlenwasserstoffe

Unter ihnen ist DDT das am häufigsten genannte. DDT ist seit mehr als 100 Jahren bekannt, wurde aber richtig erst im Zweiten Weltkrieg im Kampf gegen die Malaria eingesetzt. Zu Beginn schienen wenige oder keiner auf die gefährlichen Nebenwirkungen aufmerksam geworden zu sein, welche in hohem Maße dadurch auftreten, daß die Substanz nur langsam abgebaut wird und sich demnach summiert. Hat ein Tier auf die eine oder andere Weise die Substanz in sich aufgenommen, ist es schwierig, sie wieder loszuwerden. Über die Beutetiere erfolgt eine langsame Anreicherung des Giftes bis zu einem kritischen Niveau.

Heute haben viele Länder die Anwendung von DDT gesetzlich verboten. Verbesserungen der Umwelt waren die sofortige Folge. Obwohl viele Schädlinge recht schnell gegenüber DDT eine Resistenz entwickelten, wird es jedoch noch ständig in manchen Teilen der Welt angewandt.

Daß die Problemstellung sehr komplex ist, sieht man allein schon daran, daß in Afrika jährlich rund 2 Millionen Menschen an Malaria sterben. Sowohl in Afrika als auch in Indien verwendet man z. B. ständig DDT in großen Mengen.

DDT wirkt tödlich in einer Dosis von ca. 30 ppm im Hirngewebe (ppm = »parts per million«, in diesem Fall also 30 mg pro kg Hirngewebe). Es veranlaßt außerdem die Leber zur Bildung von Enzymen, die bei der Verschiebung der Geschlechtshormon-Balance mitwirken. Und DDT selbst kann wie eine Art Geschlechtshormon wirken.

Beim Abbau verwandelt sich DDT in eine andere chemische Substanz: DDE. Diese Substanz scheint im besonderen Maße die Fähigkeit des Vogels, Eierschalen in notwendiger Stärke zu bilden, zu schädigen. Die Erfahrung zeigte, daß eine Verminderung der Schalendicke um 15–20 % kritisch wird. Die Folge ist dann, daß der brütende Vogel leicht die Schale mit seinen Füßen beschädigt.

An weiteren chlorierten Kohlenwasserstoffen können Dieldrin und Aldrin genannt werden. Sie wirken auf gleiche Weise wie das DDT, sind aber zehnmal giftiger. In den 60er Jahren konstatierte man einen gewaltigen Rückgang des Bruterfolges beim Steinadler in Schottland (von 72 % auf 29 %), nachdem man in der Schafzucht begonnen hatte, Dieldrin zu verwenden. Aldrin wurde

u. a. für das Beizen von Saatgut benutzt. Als Ablösung für DDT und damit als insektenvernichtendes Mittel wendet man heute vielfach Lindan an. Die schädliche Wirkung auf die Umwelt ist geringer als bei DDT.

Alkylphosphate

Diese Substanzen werden ebenfalls zur Insektenvernichtung angewandt. Sie sind zwar sehr giftig, werden dafür aber schnell abgebaut. Umweltschäden zeigten sich auch hier durch Todesfälle.

II. Herbizide

Diese große Gruppe von Substanzen steht zur Unkrautbekämpfung zur Verfügung. Es sind sehr unterschiedliche Stoffe, sowohl in ihrer Giftigkeit als auch in ihrem Abbau. Sie wirken auf die Pflanzen durch Wachstumshormone, d. h. sie veranlassen diese zum »Todwachsen«. Die unerwünschten Nebenwirkungen auf die Umwelt sind nicht voll geklärt. Aber beim Sprühversuch in normaler Dosierung auf das bebrütete Fasanenei mit einer der Substanzen (2,4 D) kam es zum Embryotod sowie zu mißgebildeten Individuen in einer Größenordnung von 50–60 %.

B Industriegifte

Es handelt sich meist um Abfallprodukte, die in die Natur gelangen, z. B. über die Abwässer. Eine besondere Rolle spielen dabei:

I. Schwermetalle

Diese Substanzen werden in der Industrie, teilweise in der Landwirtschaft und teilweise zur Nagerbekämpfung verwendet.

In einer ganzen Reihe von Jahren stand das Quecksilber im Scheinwerferlicht, angewandt in der Industrie (z. B. im großen Stil in der Papierindustrie) und zur Saatbeize. Die Substanz wird langsam abgebaut. Kontrollen an Menschen, die Quecksilber durch vergifteten Fisch in den Körper bekommen hatten, zeigten, daß 50 % des Quecksilbers nach 70 Tagen ausgeschieden war, 75 % nach 140 Tagen und daß sie giftfrei nach Ablauf eines Jahres wurden, vorausgesetzt, daß sie in der abgelaufenen Zeit keinerlei quecksilberhaltige Nahrung aßen – eine Situation, die wir leider den infizierten Greifvögeln nicht bieten können.

Quecksilber ist in recht kleinen Mengen tödlich, und ins Ei übergehend, bringt es die Embryonen um. Beim Sperber haben sich 6 ppm als kritische Schwelle gezeigt.

In den letzten Jahren hat man entdeckt, daß Blei starke schädliche Wirkungen hat. Blei verunreinigt die allgemeine Umwelt als Zusatz zum Benzin und spezieller durch den Bleihagel der Jäger. Die letzte Form kann zu direkten Todesfällen führen, wenn z. B. ein Seeadler ein Stück Fallwild mit Bleihagel im Körper frißt. Die schleichende Bleiverunreinigung scheint eine stark negative Wirkung auf die Bildung von Eischalen zu haben.

Im Hinblick auf die Verwendung von Blei ist vielleicht ein gewisser Optimismus angebracht. Neue Untersuchungen haben gezeigt, daß Blei bei Menschen intelligenzmindernd wirkt und zu Verhaltensstörungen führt. Solche Entdeckungen pflegen verständlicherweise größere Wirkungen zu haben als der Nachweis von Schäden in der Natur. Wir haben in den letzten Jahren eine Verminderung des Bleigehaltes in der Luft durch den ständig zunehmenden Gebrauch bleifreien Benzins erlebt.

Außerdem ist Thallium zu nennen, das als Rodentizid (zur Vernichtung von Nagetieren) genutzt wurde.

II. PCB

Viel wird auch das Industriegift PCB (Polychlorbiphenyl) genannt. Es ist zehnmal weniger giftig als DDT, aber unglaublich stabil. Forscher hegen den

Verdacht, daß die Mengen PCB, die sich bereits in der Natur befinden, ausreichen, um nicht wieder gutzumachende Schäden zu setzen. Bei Vögeln wirkt das Gift auf die Eierschalenbildung ein. Auch die Anwendung von PCB ist heute in vielen Ländern verboten oder bedarf einer besonderen Genehmigung.

Die Entdeckung und Folgen der Schadwirkungen

In Europa vergingen 15 Jahre ungehemmten Einsatzes von Umweltgiften, ehe man einen Zusammenhang zwischen ihrer Anwendung und langfristigen Schadwirkungen auf die Natur nachwies. In Großbritannien hatte man in den 50er Jahren einen plötzlichen Niedergang in der Anzahl brütender Greifvögel festgestellt. Aber erst zu Beginn der 60er Jahre wurde die Verbindung zu den Giftsubstanzen wahrscheinlich gemacht. Wissenschaftler aus mehreren Ländern, vor allem aus Großbritannien, den Niederlanden und Schweden, brachten die Forschung über diese Art von Umweltgiften in Gang, die man ohne Übertreibung eine Bedrohung gegen das Leben auf der ganzen Erde nennen kann, sowohl der Tiere als auch des Menschen.

Aus den Arealen, in denen man ein gutes Wissen von Größe, Verteilung und Zusammensetzung der Greifvogelfauna besaß, lief eine alarmierende Meldung nach der anderen ein über die außergewöhnlich starke Verminderung bei einer Reihe von Arten. Zu Beginn war diese Entwicklung am auffallendsten beim Wanderfalken. Im Laufe rund eines Jahrzehntes wurde die Grundlage seines Bestandes in ganz Nord- und Mitteleuropa, außer den Britischen Inseln, total vernichtet.

Der Wanderfalke in Schweden

Am schwedischen Beispiel kann dies am besten demonstriert werden. 1945

brüteten dort rund 350 Paare, 1965 zählte man noch 35 Paare, und 1985 waren nur noch knapp 10 Paare verblieben. Und diese produzierten damals noch zu wenige Jungen, um dieses Niveau zu halten. Die Gründe des Niederganges der deutschen Populationen sind wahrscheinlich vielschichtiger und damit wegen ihrer Kompliziertheit schwer einzelnen Faktoren ganz zuzuordnen.

Die Seeadler im Ostseeraum

Eine weitere ebenso katastrophale Meldung kam aus mehreren Ländern mit brütenden Seeadlern. Die Vögel bekamen hier nur noch wenige oder gar keine Jungen. 1966 brachten z. B. die 40 finnischen Paare nicht ein einziges Junges hoch.

Der recht große Ostseebestand war anscheinend mit Quecksilber kontaminiert, während die Wanderfalken auch in hohem Grade von verschiedenen chlorierten Kohlenwasserstoffen betroffen waren.

Giftpolitik

Über ganz Europa raste diese unvorhergesehene Ausrottung. Dort, wo die Behörden zeitig die Sache in die Hand nahmen und eine weniger unvernünftige Giftpolitik als anderswo betrieben, wie z. B. in Dänemark, erreichte der Schaden nicht den extremen Umfang, selbst wenn einige Arten in ernster Weise betroffen wurden. Dort, wo man die Sache schleifen ließ, ging es böse zu. Wir können mehrere europäische Länder finden, in denen fast alle Greifvogelarten katastrophal zurückgingen.

Schutzmaßnahmen

Die bedrängte Situation der Greifvögel erbrachte jedoch auch einiges Gutes. Als in den 60er Jahren die ernste Lage klar wurde, führte man in fast allen Ländern Schutzmaßnahmen für die Greifvögel ein – eine ausgesprochen notwendige Reaktion auf die negative Entwicklung. Heute wird es wohl fast jedem grotesk vorkommen, daß z. B. noch 1967, etwa in Norwegen, Abschußprämien für Adler ausgelobt und ausbezahlt wurden.

Verbote

Aber auch im Hinblick auf die Gifte zeigte sich eine positive Entwicklung: Eine Anzahl stark wirkender Substanzen wurde in vielen Ländern verboten. Dies gilt für DDT, Aldrin, Dieldrin, PCB und Quecksilberverbindungen.

Heutzutage ist man in den hochentwickelten Ländern Europas in bezug auf die Wirkung dieser Stoffe in der Natur sehr problembewußt. So hat z. B. Dänemark 1994 »der Welt schärfste Bestimmungen« erhalten im Umgang mit Umweltgiften (u. a. wurde Lindan verboten). Sie wurden zur Rettung des Grundwassers vor weiterer Giftbelastung mit Spritzmitteln erlassen. Aber diese Politik nutzt selbstredend auch der Natur und damit den Greifvögeln.

Die Wiederherstellung der Bestände

Die positiven Wirkungen dieser Einschränkungen zeigten sich bald an den wachsenden Greifvögel-Beständen. Doch besitzt die Verunreinigung der Umwelt globale Perspektiven. Es hat wenig Auswirkung, wenn wir z. B. in Schleswig-Holstein der Wiesenweihe wieder eine angemessene reine Umwelt schaffen, wenn die Vögel im Winterquartier an Vergiftung sterben; oder wenn andere Greifvögel so giftbelastet aus dem Winterquartier heimkehren, daß sie entweder nicht imstande sind, sich zu paaren, oder kleine Gelege bekommen oder aber zu dünnschalige Eier legen.

Fortschritte sieht man in den letzten Jahren u. a. bei Seeadler, Fischadler, Rotmilan, Rohrweihe, Sperber, Habicht, Mäusebussard, Rauhfußbussard und Wanderfalke. Die Ursachen der Bestandszunahmen können nicht immer erklärt werden; aber z. B. beim Sperber,

Seeadler, imm. fertig zum Aussetzen in Schottland.

Seeadler und Wanderfalken ist es völlig klar, daß es sich um eine Reaktion auf die verbesserten Lebensbedingungen handelt.

Die Bestandsentwicklungen sind abhängig von den lokalen Verhältnissen. Eine Art kann in einem Gebiet zunehmen und in einem anderen zurückgehen. In bezug auf die Verunreinigung besteht ein genereller Unterschied zwischen Nord- und Südeuropa, mit der saubersten Umwelt im Norden.

Nach den in Bezug auf den Umweltschutz teilweise katastrophalen Zuständen in den 50er und 60er Jahren hat unsere Umwelt es heutzutage deutlich besser – aufgrund größeren Wissens und des politischen Willens zum Eingreifen, wenn die Alarmsirenen schrillen. Die stärkste Triebkraft ist dabei wohl nicht der Wille, die Natur zu beschützen, sondern der Menschen (wohl begründete) Sorge um ihre eigene Zukunft auf der Erde.

Vergiftete Köder

In einigen Gegenden Europas hat das Auslegen von vergifteten Ködern den Greifvogelbestand dezimiert und in einigen Fällen zur Ausrottung geführt. Überwiegend war es Strychnin, welches gebraucht wurde. Das Gift wurde über verendete Haustiere oder Fallwild gegossen, Beute, über die sich sehr gern Geier und Adler, Milane und Bussarde hermachen.

Besonders auf dem Balkan hat diese Methode zur Ausrottung von Wölfen und Füchsen einen sehr starken Einfluß auf die Greifvogelbestände gehabt. Auf dem Balkan führte dieser »Wolfskrieg« dazu, bzw. war auf alle Fälle hauptverantwortlich dafür, daß außer in Griechenland der gesamte Bestand des Bartgeiers ausgerottet wurde. Ebenso wurde der Bestand des Gänsegeiers in Rumänien und Bulgarien vernichtet (er ist in Bulgarien inzwischen wieder eingewandert) und der des Schmutzgeiers

in Rumänien. In Serbien, Mazedonien und der Herzegowina ist heute der Gänsegeier eine Seltenheit. Es ist darüber hinaus klar, daß ein bedrohter Seeadlerbestand den zusätzlichen Verlust durch eine Strychninvergiftung schwerlich verkraften kann.

Aber nicht nur auf dem Balkan existierte dieses Problem. Man kennt es aus ganz Südeuropa, und auf Island hat es fast den Seeadlern das Leben gekostet. Heutzutage ist dieser Gebrauch von Strychnin wohl im größten Teil Europas verboten.

Biotopveränderungen

Die moderne Gesellschaft ist durch die Anwendung rationeller Methoden gekennzeichnet. In den Wäldern wachsen überwiegend schnellwüchsige Nadelbäume auf Kosten der Laubbäume. In der Landwirtschaft werden die Arbeitsweisen ständig effektiver, was negative Einflüsse auf den Artenreichtum in der Kulturlandschaft hat. Riesige Feuchtgebiete sind in den letzten hundert Jahren trockengelegt und zu intensiv bewirtschaftetem Ackerland geworden.

Alles zusammengenommen ist die Rede von so durchgreifenden Änderungen der Umwelt, daß ein fundamentalen Einfluß auf das Leben um uns hat – und damit auch auf die Existenz unserer Greifvögel.

Die Zeit vom Mittelalter bis zum Ende des 18. Jahrhunderts und dem Beginn des 19. Jahrhunderts war in großen Teilen Europas gekennzeichnet durch die Rodungen. In vielen Gebieten wurden Bäume Mangelware, und das Anpflanzen neuer Wälder begann. Außerdem wurden die früheren Laubwälder in hohem Maße durch biologisch arme Kiefer- und Fichtenmonokulturen ersetzt. Wo es früher eine Waldlandschaft aus gemischten Beständen gab, mit kleinen Äckern, feuchten Wiesen und kleinen Seen – eine biologisch sehr produktive

Umwelt –, entstanden nun Plantagen mit geringer Lebensvielfalt. Das Resultat sieht man nicht zuletzt bei den Greifvögeln. In einem Gebiet, in dem früher viele Arten brüten konnten, wie Rot- und Schwarzmilan, Seeadler, Schreiadler, Mäusebussard, Wespenbussard, Baumfalke, Turmfalke, Habicht und Sperber, beschränkt jetzt die intensive Bewirtschaftung die Artenzahl auf 2 oder 3 der verbreitetsten Arten bei gleichzeitiger Abnahme der gesamten Individuenzahl.

Die Ursache hierfür ist zweifach: Die großen Nadelwaldgebiete bieten nicht die gleichen Möglichkeiten an Horstplätzen. Den großen Arten fehlen völlig die großen, einzeln stehenden, alten starken Bäume. Darüber hinaus findet in solchen Plantagen nur ein Bruchteil der Beutetiere einen geeigneten Lebensraum, die in der »Idealumwelt« vorhanden wären.

Weiterhin werden die Greifvögel in hohem Maße von der Unruhe moderner Waldwirtschaft beeinträchtigt. Viele Greifvogelgelege gehen auf diese Weise verloren. Ein grelles Beispiel erlebte man 1968 in der Bundesrepublik Deutschland. Zwei der sechs Seeadlerpaare verloren ihre Horste aufgrund von Störungen durch Waldarbeiten. Besonders zu Beginn der Brutsaison sind Greifvögel gegenüber Unruhe nahe der Horste empfindlich.

Über die weit verbreiteten Veränderungen im Waldcharakter hinaus, ist eine Verarmung unserer Umwelt durch das Trockenlegen riesiger und wertvoller Gebiete eingetreten. Feuchtgebiete, Sümpfe, Flachwasserseen und -teiche sind oft sehr produktive Areale mit gutem Nahrungsangebot für jegliche Tierwelt, und sie beherbergen im allgemeinen auch ein reiches Vogelleben. Einige wenige Greifvogelarten brüten in diesen Gebieten (Weihen), viele andere benutzen sie als Nahrungsraum. In und um Feuchtgebiete herum werden nor-

malerweise Mengen von Fröschen, Eidechsen, Schlangen, Nagern, Vögeln, Fischen und Insekten produziert. Ein breites Spektrum an Greifvogelarten kann an solchen Stellen seinen Nahrungsbedarf decken.

In ganz Europa hat man in den letzten 100–150 Jahren mit großer Energie versucht, neues Bauernland zu gewinnen. Am Ende des vorigen Jahrhunderts gehörten z. B. große Gebiete längs der Donau zu Europas wertvollsten Lebensräumen für Vögel, u. a. mit großen Beständen an Greifvögeln. Flußregulierungen zum Vermeiden der alljährlichen Überschwemmungen haben diese heute vogelarm gemacht. Flußdeltas werden überall trockengelegt, so auch große Teile des berühmten Donaudeltas, und selbst heute werden die Arbeiten etwa in Südeuropa fortgesetzt. Areale, die man aufgrund neuester Vogelliteratur besucht, sind bereits in Ackerland verwandelt und als Naturgebiete wertlos geworden.

Wenn wir zu den zwei genannten Einschränkungen noch die moderne Landwirtschaft dazurechnen, die durch ihre Methoden die Entfaltung einer reichen Flora und Fauna hemmt, dann wird es völlig klar, daß wir die Bedingungen für das Leben um uns verändert haben.

Nach einer laufenden Verarmung der Natur innerhalb der letzten rund 200 Jahre geht jedoch die Entwicklung in unserem Teil der Erde heute glücklicherweise in eine andere Richtung. Das resultiert überwiegend daraus, daß heutzutage Landwirtschaft auf vielen marginalen Böden nicht mehr lohnt. Vielleicht hat sich der Boden eines trockengelegten Sees über die Jahre so stark gesetzt, daß die Kosten für die Pumpenanlage die Trockenhaltung unrentabel macht. Durch Renaturierung werden so Seen in ihren ursprünglichen Zustand zurückgeführt. Frühere Heideböden können so arm sein, daß ein Anbau gegenstandslos wird. Der Staat z. B. kauft den Boden und bepflanzt ihn vielleicht mit Wald oder läßt ihn wieder zu Heide werden. Und vernünftig betrieben, können die großen Projekte der EU zur Brachlegung von Landwirtschaftsflächen der Natur einen merkbaren Auftrieb geben.

Gelenkt von den herrschenden ökonomischen Verhältnissen gibt es daher derzeit klare positive Signale in der Landschaftsentwicklung in den wirtschaftlich gut situierten Ländern Europas. Aber wir sind noch weit weg von der »Ideallandschaft« der Vergangenheit.

Das bedeutet u. a., daß wir niemals wieder die Bestandsdichten früherer Zeiten erlangen können, selbst wenn kein Greifvogel mehr geschossen würde, keiner bei der Brut gestört würde, keiner an Gift stürbe oder seine Fortpflanzungsfähigkeit verlöre, also paradiesische Bedingungen einträten. Es gibt schlicht und einfach nicht mehr genug Nahrung für sie in der modernen, aufgeräumten Welt. Wir müssen uns mit weniger begnügen und haben es bereits Jahrzehnte gemußt.

Da die Wiesenweihe ihr Nest in Getreidefelder setzt, drohen dem Gelege und den Jungen oft die großen Landmaschinen als Verhängnis.

Weitere Gefahren

Eine Reihe anderer Vorgänge, die nicht die gleiche Bedeutung besitzen, aber dennoch die Bedingungen für Greifvögel verschlechtern, müssen ebenfalls genannt werden.

Am ernstesten ist die zunehmende Nutzung der Natur. In bestimmten Gegenden können Vögel überhaupt keine Ruhe mehr zum Brüten finden, in anderen keine zum Fressen. Fischadler haben viele Bruten durch Touristen verloren, die sich unter die Horstbäume legten, Seeadler durch Freizeitangler, die zu nahe am Horst saßen. Auch das Interesse der Ornithologen an den Horsten seltener Greifvögel hat dazu geführt, daß diese verlassen wurden. In Rußland hat man den Rückgang des Schwarzmilans in Verbindung gebracht mit dem Massentourismus an seinen Nahrungsplätzen, den Seen und Flüssen. Insgesamt gesehen sind Störungen am größten an Seen, Flüssen und Buchten.

Die Lösung dieser Probleme liegt natürlich nicht darin, Menschen den Zugang zur Natur zu verbauen, wohl aber darin, sie in vernünftige Bahnen zu lenken. Als der Fischadler Ende der 50er Jahre wieder Brutvogel wurde, führte man eine strenge Bewachung der Horste durch, lud aber gleichzeitig das Publikum ein, aus passendem Abstand einen der Horste zu beobachten. Das Interesse war enorm. Tausende »normaler Menschen« bekamen einen Einblick in das Familienleben der Adler – und psychologisch hatte das einen gewaltigen Einfluß auf die Greifvogelfrage in Großbritannien. Das Beispiel verdient an anderen Orten nachgeahmt zu werden, insbesondere bei uns dort, wo die großen Adler jetzt wieder Fuß fassen wollen.

Ein abnehmender Jagddruck hat mit sich geführt, daß Greifvögel generell gesehen weniger scheu wurden. Wir sehen das u. a. an den Mäusebussarden entlang der Straßen. Sie sitzen dort und warten auf Fallwild, oder daß sich eine Maus sehen läßt. Der Verkehrstod ist damit auch unter den Greifvögeln eingezogen. In Nordskandinavien werden Steinadler getötet, wenn sie an totgefahrenen Rentieren fressen, und das gleiche geschieht auch bei uns mit anderen Greifvögeln, wenn man als Autofahrer nicht aufpaßt.

Ein weiterer begrenzender Faktor sind die Kollisionen mit Hochspannungsleitungen und Masten jeglicher Art. So fand man in der Schweiz von 1952 bis 1964 mindestens 16 tote Wanderfalken, 5 davon hatten Leitungen gerammt. Große Fensterflächen fordern ebenfalls ihre Opfer. Ganz besonders trifft es den Sperber, wenn er ungeniert ums Haus herumjagt. Stacheldraht ist ebenfalls eine Gefahr. Viele Greifvögel sind dadurch umgekommen, daß sich ihre Flügel in ihm verfangen hatten – ein Problem, das man weitgehend dadurch lösen kann, indem man den Abstand zwischen den Drähten groß genug macht.

Die Jagd

Die bisher genannten bestandsreduzierenden Faktoren sind Nebenprodukte anderer Verhältnisse gewesen, eine in der Regel nicht gewünschte passive Ausrottung. Der Gebrauch von Quecksilberverbindungen hatte ja z. B. nicht zum Ziel, Greifvögel zu töten.

Aber wir stoßen auch in unserer Zeit auf eine aktive direkte Beseitigung von Greifvögeln aus der Natur. Dies geschieht in der Regel durch Leute, die ihre Interessen durch Greifvögel bedroht sehen, z. B. Fasanenzüchter, – oder von Leuten, die sich Greifvögel als Trophäen, möglichst ausgestopft, wünschen.

Die Jagd auf Greifvögel kann durch alte Akten 200 bis 300 Jahre zurückverfolgt

Greifvögel kommen oft an Stacheldraht zu Schaden; hier eine Wiesenweihe.

werden. Aus ihnen geht hervor, daß die große Ausrottungskampagne vor rund 250 Jahren begann. Die damaligen Jagdberechtigten glaubten ihre Jagdinteressen von den Greifvögeln bedroht. Und das geringe Wissen um die einzelnen Arten traf auch die an der Jagd völlig »unschuldigen«, wie z. B. Wespenbussard und Turmfalke.

Abschußprämien

In der Praxis ging die Ausrottung durch die Jagdgehilfen und Jagdaufseher vor sich. Sie erhielten gegen Ablieferung von z. B. abgeschnittenen Fängen eine Abschußprämie ausbezahlt. Oder es wurde eine Art Steuer erhoben, bei der jeder Mann oder jede Familie verpflichtet war, eine bestimmte Anzahl Greifvögel im Jahr abzuliefern. Ganz Europa machte mit. Im

18. Jahrhundert noch im begrenzten Maßstab im Verhältnis zu dem, was man früher erleben mußte.

Bereits in den Jahren 1684–1685 tötete man allein in der englischen Grafschaft Kent 100 Rotmilane. Wenige Jahre später erschien die Art nur noch in wenigen Exemplaren in den Abschußlisten. Man glaubt, daß man in Wales, wo der Rotmilan in Großbritannien überleben konnte und heute einen kleinen Bestand besitzt, die »Wildpflege« nicht besondern energisch betrieben hatte, denn sonst . . .

Anhand alter Rechenschaftsberichte über ausbezahlte Abschußprämien kann man die Ausrottungskampagne an vielen Orten verfolgen – bis zurück ins 18. Jahrhundert. Im Königreich Hannover wurden in der Zeit von 1705 bis 1800 Prämien für 624 087 erlegte Greifvögel ausgezahlt. Interessant ist dabei, daß in diesen 95 Jahren der Bestand nicht abnahm. Ein Greifvogelbestand, der biologisch gesehen gute Bedingungen vorfindet, kann demnach einen hohen Jagddruck tolerieren ohne abzunehmen. Im 18. Jahrhundert waren die Biotope, ganz besonders die Feuchtgebiete, noch intakt.

Im 19. Jahrhundert eskalierte dann der Kampf gegen Greifvögel in Verbindung mit der Zunahme der Fasanenhaltung. Besonders in der letzten Hälfte des Jahrhunderts geschah ein Massenniederschießen. Das Hinterladergewehr war erfunden und machte die Jagd effektiver. Der Staat finanzierte oft die Abschußprämien, aber es war auch weit verbreitet, daß die Gutseigner selbst dafür sorgten.

Gegen Ende des Jahrhunderts, als man begann, zwischen »schädlichen« und »weniger schädlichen« »Raubvögeln« zu unterscheiden, machte der Staat in einigen Ländern nicht mehr mit. Oft übernahmen die Jagdorganisationen die Ausbezahlung oder auch Haustaubenzuchtvereine.

Verrückt ging es zu, denn das Wissen, das man zur Verfügung hatte, war sehr gering. Selbst Vogelschutzvereine bezahlten Abschußprämien für »schädliche« Arten wie Habicht und Sperber. Es gab daher keinen Grund für Jäger, Fischteichbesitzer, Landwirte oder Fasanenzüchter, sich zurückzuhalten. Wie phantastisch das auch klingen mag, so ist es doch eine Tatsache, daß z. B. der »Verein für Vögelkunde und Zucht« in Kassel um 1877 im ganzen 215 Mark für u. a. 20 Habichte und 30 Sperber auszahlte.

Es gab Prestige, wenn man als Verantwortlicher sagen konnte, daß man die Raubvögel in der Gegend ausgerottet hatte. Und es war gerade das, was an vielen Orten in den dichter bevölkerten Gegenden geschah. Berichte aus dieser Zeit sind rauhe Lektüre. Tausende und Abertausende von Greifvögeln wurden in ganz Europa erlegt. Ein berühmter Adlerjäger konnte in der 2. Hälfte des 19. Jahrhunderts von 100 erlegten Steinadlern jubilieren. In Schweden schoß man in den 90er Jahren jährlich ca. 325 Adler, von denen rund 70 % Seeadler waren. Man nimmt an, daß in Deutschland um 1860 jährlich etwa 400 Seeadler geschossen wurden. In Spanien führte man den Kampf gegen den Kaiseradler mit großem Erfolg. Horste wurden zerstört, Vögel erlegt und eingesammelt. In Rumänien wurden noch vor 20 Jahren in einem Monat mindestens 400 tote Seeadler weiterverkauft zum Ausstopfen.

Auf den Beständen lag ein kolossaler Druck, und dieser wurde durch die Jahrhunderte so groß, daß die Greifvögel ernstlich bedroht sind. Am schwersten traf es die großen Arten: Adler, die sich mit ihrer späten Geschlechtsreife und langsamen Reproduktion kaum erhalten können.

Aber auch die mittelgroßen Arten wie Milane, Weihen, Habichte und Bussarde hatten es schwer, und ihre Bestände wurden in des Wortes buchstäblicher Bedeutung dezimiert oder örtlich total weggeschossen.

In der zweiten Hälfte des 19. Jahrhunderts begann der Schutz für einzelne der offenkundig harmlosen Arten einzusetzen oder in Einzelfällen, wo eine Art kurz vor der Ausrottung steht. In der Regel geschieht das durch Schutz während der Brutzeit. Aber dieser verbreitete Schutzversuch hilft nicht. Die Haltung der Jäger im allgemeinen und die der Fasanenzüchter war eindeutig feindlich gegenüber den Greifvögeln. Unser Jahrhundert begann daher im selben Stil, wie das vorherige abschloß.

Die Beute eines Jägers (aus der Zeit, da man Greifvögel rücksichtslos verfolgte).

Die Greifvögel werden geschützt

Für Europa als Ganzes bedeutete der Erste Weltkrieg eine Erholung für die Greifvögel. Man hatte anderes zu bedenken als Wildpflege oder Jagd. Und dasselbe geschah während des Zweiten Weltkriegs. Wir kommen zu den 50er und 60er Jahren, denn da wurde es ernst mit dem Schließen der Jagd auf Greifvögel. In ganz Europa wurde es zu diesem Zeitpunkt gebieterisch notwendig, effektive Schutzmaßnahmen zu ergreifen, sollten die Greifvögel nicht völlig verschwinden. Sie konnten nicht den Kampf gegen Jäger *und* Umweltgifte *zugleich* bestehen. Das Ergebnis ist heute, daß die Greifvögel einen umfassenden Schutz durch gesetzliche Maßnahmen haben.

Aber eine Sache sind bekanntlich die Gesetzesparagraphen, eine andere deren Befolgung. Trotz der Schutzbestimmungen werden Tausende von Greifvögeln während ihres Zuges z. B. über Süditalien und Malta geschossen, überwiegend Wespenbussarde. Erst in allerletzter Zeit – nach ständigen Protesten seitens der ornithologischen Gesellschaften von Malta und Italien – wurde einiges zum Schutz des Wespenbussards getan, einer Art, die u. a. aus Aberglauben ihr Leben lassen muß.

Generelle Aussage nennen immer noch das Abschießen von Greifvögeln in Südeuropa – auch dort, wo diese geschützt sind. Besser verläuft es anscheinend in unseren Breiten Europas. Hier hat sich das Verständnis für Greifvögel im letzten Jahrhundert merklich geändert und ungesetzliche Abschüsse von Greifvögeln seltener werden lassen. Aber sie haben nicht aufgehört. Dänische Ornithologen haben bei intensiven Bestandserfassungen festgestellt, daß die Anzahl der flugfähig gewordenen Greifvögeljungen in den Privatwäldern nur $1/3$ der Anzahl in Staatswäldern entspricht.

Die Ausrottung ging mit großer Energie bis in unsere Zeit hinein weiter. Die Statistik weist für Norwegen aus, daß ca. eine halbe Million Greifvögel zwischen 1900 und 1966 erlegt wurden. Die dänischen Wildstatistiken beweisen deutlich, daß es dort nicht besser verlief. Von ihrem Beginn im Jahre 1942 bis 1966/67 wurden insgesamt 300 000 erlegte Greifvögel gemeldet.

Viele Länder besitzen keine Sammelstatistiken, aber es gibt Zahlen für bestimmte Gebiete. Wahrscheinlich sind danach in Westdeutschland in den 50er und 60er Jahren rund 70 000 Greifvögel jährlich erlegt worden. Für Frankreich veranschlagt man 100 000 bis 300 000 Greifvögel pro Jahr in derselben Periode. Man nimmt daher den Mund nicht zu voll, wenn man sagt, daß man für den genannten Zeitraum annehmen muß, daß jährlich in Europa eine halbe bis eine Million Individuen geschossen wurden, zu einem Zeitpunkt mithin, wo sie außerdem gegen verzweifelnd schlechte Lebensbedingungen aufgrund chemischer Umweltgifte ankämpfen mußten.

Es ist daher auch nicht unverständlich, daß ein Teil der Arten in den 70er Jahren einen Zuwachs vorweisen konnten, obwohl die Umweltbedingungen ständig nicht die besten sind. Wenn man einen derartigen Ausrottungsversuch stoppt bzw. dämpft, muß man natürlich eine Reaktion darauf merken. Das darf jedoch nicht verleiten zu glauben, daß die Zeit für eine erneute Jagd auf Greifvögel angebrochen sei.

Andere Formen direkter Verfolgung

Daß die Jagd die Hauptverantwortung trägt für den Niedergang in der Reihe der direkten Formen der Verfolgung, ist offenkundig. Örtlich können jedoch andere Faktoren eine Rolle spielen, noch dazu verursacht durch Leute mit Interesse für (Greif)vögel.

Falknerei

Die rund 4000 Jahre alte Falknerei, die zwischenzeitlich in Europa nahezu ausgestorben war, hat nun in bestimmten Gegenden eine starke Renaissance erlebt. Der Begriff Falkner kann einen verleiten zu glauben, daß es sich um das Abrichten nur von Falken handelt. Mittlerweile gehören dazu u. a. auch Adler und Habichtartige, und wenn wir an die in Westdeutschland häufigen Greifvogelparks denken, haben wir das ganze Artenspektrum vor uns.

Für bestimmte Arten unserer Greifvögel besteht eine massive Gefahr von seiten der Falknerei durch den Versuch, neue Vögel herbeizuschaffen. Der Wanderfalke ist in großen Räumen Europas ständig von der Ausrottung aufgrund der Umweltverhältnisse bedroht. Die wenigen erfolgreichen Bruten, die dem Wanderfalken glücken, müssen oft rund um die Uhr bewacht werden, damit sie nicht von Falknern ausgeraubt werden. Oologen (Eiersammler) sind dann auch noch im Spiel. Das letzte Mal, daß es einem Wanderfalkenpaar in Dänemark gelang, Junge auszubrüten (1969), wurden diese aus dem Nest gestohlen. In Ungarn hat man ein besonders wachsames Auge auf die Horste des Lanners, und in Island, Norwegen und Schweden begegnen die Einheimischen jeder Person mit Mißtrauen, die sich in der Nähe der Falkenhorste aufhält. 1967 stahl ein deutscher Falkner 23 Junge des seltenen Lanners aus Nestern in Italien, und die einzige wesentliche Bedrohung des skandinavischen Gerfalken, die meistgefragte Art unter den Falknern, stammt auch von ihnen.

In Deutschland gibt es viele Falkner. Allein in Niedersachsen halten 170 Personen Greifvögel in Gefangenschaft, und einer von ihnen hat sogar 130 Gerfalken gekäfigt. In Großbritannien gibt es ungefähr 10 000 registrierte Greifvogelhalter – mit zusammen gut 13 000 Vögeln.

Bei einem Interesse dieses Ausmaßes verwundert es nicht, daß z. B. Wanderfalkenhorste in diesen Gegenden jedes Jahr geplündert werden. In Großbritannien werden jedes Jahr die Hälfte aller Habichthorste ganz oder teilweise geleert. Und es ist allgemein bekannt, daß besonders deutsche Falkner in Europa herumstreifen, um neues »Material« heimzubringen. Deutsche Zollbehörden schätzen, daß von Deutschland aus jedes Jahr 8000–10 000 Falken in die Golfstaaten exportiert werden. Ein erheblicher Teil der Vögel wird mit der Behauptung »weiß gewaschen«, sie stammten aus Gefangenschaftszuchten. Dadurch können sie ein Cites-Zertifikat erhalten und in den legalen Handel gelangen.

Selbst Grönland wurde heimgesucht. Hier gibt es nämlich die Trumpfkarte: den weißen Gerfalken.

Behauptete und tatsächliche Aufzucht

In den vergangenen Jahren haben die Falkner generell versucht, ihre Interessen durch die Zucht zu legitimieren. Gefangenschaftsaufzucht hat auch in einem gewissen Umfang stattgefunden. In vielen europäischen Ländern (nicht aber im Norden) ist die Falknerei erlaubt, wenn die Vögel auf legale Weise beschafft wurden – möglichst durch Zucht in der Gefangenschaft. Die Anzahl dieser legalen Vögel stieg jedoch Ende der 80er und zu Beginn der 90er Jahre so markant, daß es z. B. in Frankreich den Argwohn der Behörden erregte. Mehreren Greifvogelhaltern drohte man, daß man DNA-Tests bei ihren Vögeln ausführen würde – und mit einem Schlag fiel die Anzahl angemeldeter Aufzuchten um fast 90 %.

Der behauptete große Erfolg mit Gefangenschaftszuchten war also reiner Schwindel. Die Vögel stammten in großem Umfang von in der Natur gestohlenen Eiern und Jungen. Leider ist

Habicht, juv. auf der Faust des Falkners.

das Risiko, beim Plündern eines Greif-vogelhorstes entdeckt zu werden, in vielen Ländern recht klein. Und es be-steht kein Zweifel, daß man die umfang-reiche Naturkriminalität, die es in die-sem Bereich gibt, nur durch DNA-Tests wird eindämmen können, die die Ab-stammung jedes einzelnen Vogels klärt. Aber die Drohung damit wirkt offenbar schon vorbeugend.

Eiersammler

Die Frühzeit der Ornithologie war ge-prägt vom Sammeln. Als Wissenschaft ist sie inzwischen längst aus diesem Sta-dium herausgewachsen. Im großen und ganzen hat man Bälge und Eier genug für die heute notwendigen Studien.

Aber leider Gottes sind nicht alle or-nithologisch Interessierten mitgewach-sen. Selbst wenn heute die Zahl der Oologen (Eiersammler) klein ist, so gibt es sie ständig. Und da jegliche Sammler-manie offenbar zu allen Zeiten nach dem Prinzip verfährt: je seltener, desto besser, finden wir zahlreiche Beispiele dafür, daß Greifvogelarten, von denen man weiß, daß sie ein Gebiet wiederbe-siedeln, ihrer Eier beraubt werden oder daß die letzten Bastionen weichen-der Arten von Eiersammlern zerstört werden.

Die Furcht vor den Verwüstungen der Eiersammler führt in steigendem Maße dazu, daß seltende Brutvorkommen ge-heim gehalten werden. Die Konsequenz des Bekanntgebens wäre normalerweise die Bewachung der Horste rund um die Uhr – wenn ein Ergebnis aus dem Brut-versuch hervorkommen soll.

Trophäen

Zu den Interessen früherer Zeit gehörte es auch, einen ausgestopften Greifvogel aufzustellen und in der Wohnstube oder vielleicht im Herrenzimmer anzu-bringen. Die großen waren besonders gefragt.

Energische Aufklärungskampagnen ha-ben, auf alle Fälle in den Ländern mit dem größten Verständnis für die Proble-matik, diese Sitte reduziert. Auch Schu-len waren früher Großabnehmer für ihre biologischen Sammlungen. Inzwi-schen werden sie aber deutlich auf-gefordert, anderes Material und moder-ne Methoden im Unterricht zu ver-wenden.

Bestandsaufbesserung durch künstliche Aufzucht

Die künstliche Aufzucht von Greifvogeljungen wird mit dem Argument zu rechtfertigen versucht, daß sie eine Hilfe für die freilebenden Greifvögel wäre. Dieses Argument ist gefährlich und nur gültig in jenen Fällen, wo die Aufzucht unter wissenschaftlicher Kontrolle vor sich geht. Privatpersonen weiterhin ihre ungesetzlichen Aufzuchten unter Hinweis auf dieses Argument fortsetzen zu lassen, würde unübersehbare Folgen haben. Wilde Greifvögel sind selbst die besten Züchter kommender Generationen. In speziellen Fällen kann es jedoch notwendig sein, daß der Mensch in den Fortpflanzungsablauf eingreift.

Die Situation heute

Man kann zusammenfassend zur heutigen Situation der Greifvögel sagen, daß sie auch einige positive Züge einschließt. Der Jagddruck ist in Europa erheblich reduziert worden, jedoch wird illegale Jagd ständig betrieben, besonders in Südeuropa. Die Umwelt ist seit den Katastrophenjahren der 50er und 60er Jahre so stark verbessert worden, daß sie für die meisten Arten akzeptabel geworden ist. Das Ergebnis dieser zwei Faktoren sehen wir an den wachsenden Beständen an vielen Orten in Europa. Aber in einigen Ländern – wiederum speziell in Südeuropa – läuft das bekannte Strickmuster vom Beginn dieses Jahrhunderts weiter, mit permanentem Bestandsniedergang, hauptsächlich aufgrund der illegalen Jagd. Dies gilt z. B. für Italien und Griechenland.

Die meisten Arten haben sich der modernen Umwelt recht gut angepaßt, aber einige haben es schwer, besonders dort, wo die Landschaft und ihre Nutzung zu ihren Ungunsten verändert wurde. Wie die einzelnen Arten zurechtkommen, geht aus den Artkapiteln hervor.

Die Greifvogelbestände der Westpaläarktis – geordnet nach ihrer Häufigkeit

Anzahl Brutpaare

Mäusebussard	800 000–850 000
Turmfalke	350 000–400 000
Sperber	320 000–360 000
Habicht	150 000–160 000
Wespenbussard	140 000–150 000
Rauhfußbussard	115 000–120 000
Schwarzmilan	88 000–93 000
Baumfalke	60 000–70 000
Rohrweihe	60 000–68 000
Merlin	40 000–45 000
Schreiadler	35 000
Wiesenweihe	32 000–35 000
Rotmilan	32 000–33 000
Kornweihe	23 000–25 000
Rotfußfalke	23 000
Kurzfangsperber	15 000
Rötelfalke	10 000–15 000
Steppenadler	20 000
Gänsegeier	10 000–12 000
Wanderfalke	9000–11 000
Fischadler	8200–8300
Schlangenadler	8000–16 000
Adlerbussard	6000–15 000
Zwergadler	5700–7400
Steinadler	5000–6500
Schmutzgeier	5000–12 000
Eleonorenfalke	4700–6000
Seeadler	3200–3600
Lanner	3000
Habichtsadler	2000–3000
Steppenweihe	2000
Wüstenfalke	1500 ?
Gleitaar	1000–2500
Mönchsgeier	1000–1400
Schelladler	900
Gerfalke	800–1100
Kaiseradler	600–800
Bartgeier	400–1200
Würgfalke	400–700
Schieferfalke	>200
Singhabicht	10–100
Raubadler	10 ?
Ohrengeier	10 ?
Kaffernadler	5 ?

Die negative Seite der Entwicklung betrifft die Arten, die besonders empfindlich auf Veränderungen ihrer Umwelt reagieren, wie das Verschwinden ihrer Biotope, sowie auf den Menschen, der ohne Rücksicht auf die Bedrohung, der die Vögel ausgesetzt sind, nur für seine eigenen kurzsichtigen Interessen agiert. Positiv an diesem Bild ist, daß der Naturschutz in steigendem Maße mit Gegenmaßnahmen arbeitet, um zum Beispiel Eiersammler und Falkner am Erreichen ihres Zieles zu hindern. Gleichzeitig werden den Ornithologen und anderen, vielleicht zu eifrigen Naturinteressenten Grenzen gezogen, so daß sie so wenig wie möglich der Natur schaden können.

Traurig und aufmunternd zugleich ist es auch, daß wir heute Greifvögel wie Seeadler und Geier füttern, damit sie trotz der Umweltgifte und dem Nahrungsmangel überleben können. Traurig, da es zeigt, wie weit wir in unserer unsachgemäßen Behandlung der Natur gekommen sind – aufmunternd, da es trotz allem positiv ist, daß unter diesen schlechten Verhältnissen für einige Greifvögel etwas getan wird, was günstige Wirkung zeigt.

Wespenbussard

Pernis apivorus

Verbreitung

Über die gezeigten Gebiete hinaus brütet der Wespenbussard ostwärts bis in die Gegenden zwischen Ob und Jenissei, ferner im Iran südlich des Kaspischen Meeres. Keine Rassengliederung.

Bestandsschätzung

Generell ist der Wespenbussardbestand sehr schwer zu registrieren. Die Vögel kommen nach dem Ausschlagen der Bäume an und führen ein recht schweigsames Leben.

Man muß daher annehmen, daß die Größe des Wespenbussardbestandes in vielen Ländern unterschätzt wird. Das wurde z. B. im letzten Jahrzent in Dänemark deutlich. Bei den Atlasuntersuchungen 1971–1974 wurde die Anzahl der Brutpaare mit 200–300 veranschlagt. Spätere besonders gründliche Untersuchungen in Jütland 1973–1981 zeigten, daß der dänische Bestand rund 600–700 Paare zählt – also etwa dreimal so groß ist –, ohne daß es in der Zwischenzeit zu einer Zunahme kam. Schwedische Untersuchungen sprechen ebenfalls dafür, daß der Wespenbussard dreimal so zahlreich ist wie vermutet.

In der Tabelle (S. 61) finden sich die Bestandszahlen für nahezu alle Länder. Die Westpaläarktis beherbergt demnach einen Bestand von 140 000–150 000 Paaren. Doch beachtet man die dänisch-schwedischen Erfahrungen, so wird der Weltbestand in einer Größenordnung von 300 000–350 000 Brutpaaren liegen – errechnet u. a. auf der Basis des Frühjahrszuges der Wespenbussarde durch Israel von rund 850 000 Vögeln 1985.

Bestandsentwicklung

Der Wespenbussard wurde anscheinend nicht von dem enormen Bestandsrückgang als Folge der Abschußmanie getroffen, denen andere Arten von Ende des 18. Jahrhunderts bis in die Mitte des 20. Jahrhunderts ausgesetzt waren. Er kommt spät an, reist früh ab

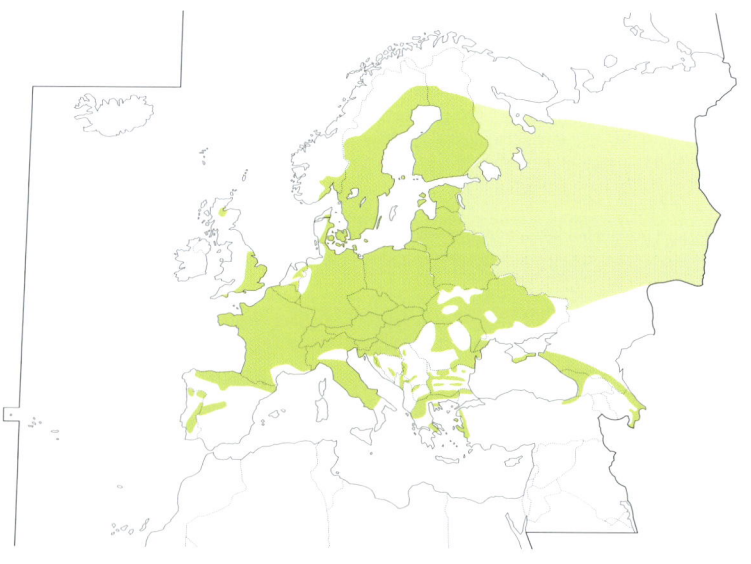

und lebt versteckt. So war er keine auffallende Beute für die Greifvogeljäger der Vergangenheit.

Illegale Jagd auf den Wespenbussard erfolgt heute in Südeuropa während des Zuges, besonders in Süditalien, Malta und im Libanon – und hier ist die Art oft eine leichte Beute. Ob dieses Abschießen eine Wirkung auf die Bestandsgröße hat, weiß man nicht. Jedenfalls haben andere Greifvogelarten, die bis vor kurzem intensivem Jagddruck ausgesetzt waren, seitdem sie geschützt sind deutliche Zunahmen zu verzeichnen – und dies gilt wohl auch für den Wespenbussard.

Der Wespenbussard ist anscheinend auch nicht von Umweltgiften betroffen worden. Seine Nahrung speichert diese nicht in nennenswertem Umfang.

Das Gesamtbild ist stabil, andererseits jedoch charakterisiert durch gewaltige jährliche Schwankungen in Abhängigkeit vom Wetter bei Brutbeginn. Nasse und kalte Frühsommer ergeben wenige Wespen und damit wenige brütende Wespenbussarde.

In einigen Ländern befürchtet man als Folge des wirtschaftlichen Überganges von Laub- zu Nadelwaldproduktion einen negativen Einfluß auf den Bestand des Wespenbussards. Dies bedarf näherer Untersuchungen. In bestimmten Gegenden (u. a. in Nordschweden) gedeiht der Wespenbussard ausgezeichnet im Nadelwald.

Vielleicht spielt für die augenblicklich negative Beurteilung der Möglichkeiten des Nadelwaldes eine Rolle, daß dieser früher auf mageren Böden angepflanzt wurde, wo die Produktion an Beutetieren ohnehin gering ist. Eines ist jedoch klar: Der Wespenbussard gedeiht nicht in den einförmigen dunklen FichtenMonokulturen.

Zug

Ausgeprägter Zugvogel mit Winterquartier in Afrika südlich der Sahara. Der

Wespenbussard, ad. Männchen.

Herbstzug beginnt Mitte/Ende August und kulminiert Ende August/Anfang September nahezu gleichzeitig an den nord- und südeuropäischen Zugengen. Die Vögel haben im großen und ganzen bis Ende September Europa verlassen. Zuerst passieren Altvögel, die nicht gebrütet haben oder die Brut aufgaben. Später folgen die erfolgreichen Altvögel und ihre Jungvögel.

Der Wespenbussard ist Leitlinienzieher und überquert die Meere meist an den engsten Stellen (siehe S. 26). Der Zug durch Dänemark und Schleswig-Holstein wurde auf S. 29–30 geschildert. Es sind die schwedischen Vögel, die durch Schleswig-Holstein in schmaler Front südwestwärts ziehen; die finnischen ziehen über das östliche Mitteleuropa südwärts.

Die nordwest-, mittel- und westeuropäischen Vögel benutzen die Leitlinien über Gibraltar (max. ca. 126 000, 1972) oder ziehen über Italien – Malta (max. 1000 über Malta), die finnischen und osteuropäischen ziehen über den Bosporus (max. ca. 26 000, 1971), die russischen benutzen die Kaukasus-Leitlinie (max. ca. 138 000, 1976).

Der Wespenbussard zieht wiederum im April durch Europa. Der Zug verläuft in der Hauptsache entlang der gleichen Wege wie im Herbst. Massenzug sieht man bei Gibraltar vom 27. April an und im Monat Mai. Von Mitte Mai an sind unsere Wespenbussarde wieder in ihren Revieren. In Schleswig-Holstein ziehen zudem auf den gleichen Wegen wie im Herbst die skandinavischen Vögel nordwärts durch. Über die Hälfte von ihnen zieht innerhalb einer Woche, 21.–27. Mai, durch, die letzten Anfang Juni.

Der Zugverlauf hängt wie im Herbst von der aktuellen Situation der Windverhältnisse ab, so daß bei Nordwind viele Skagen passieren, bei westlichen Winden die überwiegende Anzahl über Fehmarn ausfliegt und über die dänischen Inseln und den Öresund nordostwärts heimzieht.

Vögel im 2. Kalenderjahr scheinen sehr oft in Afrika zu übersommern und nicht heimzukommen.

Habitat

Brütet in Waldgebieten, in denen seine Nahrung reichlich vorkommt. Dies sind meistens ungepflegte Laubwälder, aber auch Kiefernwälder und in den nördlichsten Brutgebieten Fichtenwälder. Lebt teils in großen Wäldern mit Lichtungen, Wiesen oder Kahlschlägen, teils in Kleinwäldern, wo er die Nahrung in den Randzonen sucht.

Stimme

Ruft selten. Der typische Flugruf des Männchens ist ein schön klingendes, etwas wehmütiges, hohes »plilihe« in bogenförmigem Auf und Ab. Männchen und Weibchen rufen zweisilbig »pihä«. Beide rufen bei Erregung »kikikiki«.

Am Horst selbst ruft bei der Ablösung das anfliegende Männchen fauchend »pjau« oder »pjä«, das Weibchen antwortet schnell »tecku-tacku . . . «

Wespenbussard, Männchen auf dem Zug in Israel.

Wespenbussard,
Weibchen mit Wespen-
waben.

Brutbiologie

Das Alter, in dem der Vogel erstmals brütet, ist unbekannt. Wespenbussarde führen eine lebenslange Einehe.

Die Vögel kommen im späten Frühling (Mitte bis Ende Mai) an und müssen von Anfang an emsig sein. Der Horstbau beginnt anscheinend sofort, und bereits ca. 11 Tage nach der Ankunft erfolgt die Eiablage.

Besonders in den ersten zwei, drei Wochen besteht die Chance, den Balzflug zu sehen. Er ist girlandenartig und wird meist vom Männchen ausgeführt. Der Vogel schießt in einem steilen Bogen aufwärts, steht in der Luft still, streckt die Flügel nahezu senkrecht und schüttelt sie 3–4mal sehr schnell, wobei er sie über dem Rücken zusammenklatscht. Danach gleitet er in neuem Steigflug weiter. Der Vogel verliert keine Höhe bei jeder Markierung, sondern steigt in einer trapezförmigen Bahn auf. Beide Eltern nehmen am Horstbau teil. Der Horst steht stammwärts hoch in ei-

nem Baum, oft auf einem Seitenast. Man kann ihn leicht von anderen Greifvogelhorsten durch die vielen verwendeten grünen Zweige unterscheiden. Die bevorzugten Baumarten wechseln örtlich. Pfälzische Horste standen bevorzugt auf Eichen (58 %), schleswigholsteinische auf Buchen (41 %) und Eichen (34 %).

Das Gelege besteht aus 2 (1–3) Eiern. Sie werden in Abständen von 2 Tagen gelegt. Die Bebrütung beginnt vom ersten Ei an durch beide Eltern. Die Jungvögel schlüpfen nach 30–35 Tagen Bebrütung. Die Nestlingszeit beträgt 33–45 Tage, das Jungenführen währt weitere rund 14 Tage. Damit sind wir bereits bei Ende August/Anfang September angelangt, und der Herbstzug beginnt.

Die Zahl der brütenden Paare schwankt gewaltig von Jahr zu Jahr, jedenfalls in Nordeuropa. Denn kalte und/oder nasse Frühsommer produzieren wenig Wespen, was offenbar den Brutdrang des Vogels beeinträchtigt. Nach Untersuchungen am Bodensee scheint die Regenmenge der entscheidende Faktor zu sein.

Auch die Jungenproduktion unterliegt großen Schwankungen. In den feuchten Sommern 1965 und 1967 starben in einem Untersuchungsgebiet in der Schweiz sämtliche Jungen. In den »guten Wespenjahren« 1964 und 1968 wurden als Ausgleich 1,5 Junge pro Brutpaar aufgezogen. In Schleswig-Holstein beträgt der Bruterfolg im Schnitt 1,8 Junge, in den Wäldern um Berlin 1,4 Junge, in Dänemark (1976–1984) 1,8 Junge.

Beobachtungen ziehender Wespenbussarde im Herbst in Südskandinavien zeigen ebenfalls einen stark variierenden Bruterfolg. In vielen Jahren scheint er nahezu ganz zu fehlen. Im Durchschnitt sind nur 25 % der bei Falsterbo Schweden verlassenden Wespenbussarde Junge des entsprechenden Jahres.

Nahrung

Spezialist. Lebt in der Hauptsache von Insekten, überwiegend von Wespen, sekundär von Hummeln, wobei er sowohl Larven und Puppen als auch Imagines (erwachsene Tiere) frißt. In unseren Breitengraden kommt diese Nahrung normalerweise in ausreichender Menge von Mitte Juni bis zum Beginn des Herbstzuges vor.

Zu Beginn der Brutzeit muß der Wespenbussard diese Nahrung mit anderer Nahrung ergänzen: verschiedene Insekten, Würmer, Spinnen, Frösche, Reptilien, Vögel (bevorzugt Nestjunge) und Kleinsäuger. Im Spätsommer frißt der Vogel auch Früchte und Beeren. Die Wespen spielen bei der Jungenaufzucht die Hauptrolle. Frösche und Vögel scheinen besonders bei Regenwetter gefangen zu werden.

Jagdtechnik

Wespen- oder Hummelnester werden entweder im Suchflug aus ca. 15 m Höhe oder durch Ansitz etwa von Bäumen aus gefunden. Man vermutet, daß der Wespenbussard die Insekten direkt beim Ein- und Ausfliegen aus dem Nest beobachtet, aber es gibt auch Beobachtungen, die darauf hinweisen, daß er etwa ein Wespennest dadurch findet, daß er seinen Bewohnern über längere Strecken folgt.

Nimmt sowohl freistehende als auch erdbauende Wespen. Diese werden ausgegraben – mit den Füßen und dem Schnabel – bis zu einer Tiefe von 40 cm. Dabei kann der Vogel nicht sichern, und er kann beim Graben so vertieft sein, daß er Gefahren nicht wahrnimmt. Wenn das Erdnest freigelegt ist, reißt er die Waben auf und frißt die Larven und Puppen, zwischendurch die erwachsenen Wespen. Anscheinend sind die Wespen nicht in der Lage, dem Vogel mit Stichen zu schaden, denn besondere anatomische Anpassungen schützen ihn. Die für Wespenstiche leicht zugänglichen Hautpartien zwischen Schnabel und Augen sind durch steife Borstenschuppen bedeckt, und die Nasenöffnungen sind nur ein Schlitz.

Der Wespenbussard kann auch zu Fuß jagen. Bis zu 500 m läuft er so auf der Jagd nach Käfern und Heuschrecken und nimmt, was er findet. Ausnahmsweise fängt er auch Insekten im Fluge.

Der Bestand des Wespenbussards in der Westpaläarktis

Dänemark	600–700 Paare (1989)[29]	Stabil seit Jahren.
Norwegen	500–1000 Paare (1993)[55]	Stabil.
Schweden	4000 Paare (1993)[23]	Bestand wahrscheinlich stark unterschätzt.
Finnland	5000 Paare (1993)[24]	Stabil.
Rußland	100 000 Paare (1993)[50]	
Weißrußland	900–1700 Paare (1993)[18]	Scheint stabil.
Ukraine	500–1000 Paare (1996)[81]	Stabil.
Estland	600–1000 Paare (1993)[19]	Stabil.
Lettland	1500–2500 Paare (1993)[16]	Stabil.
Litauen	130–160 Paare (1995)[10a]	Stabil.
Polen	1500–2000 Paare (1990)[11]	Möglicherweise Rückgang.
Deutschland	7700 Paare (1993)[1]	
Großbritannien	ca. 30 Paare (1991)[12]	Der Minibestand scheint stabil. Das Klima ist für die Art nicht besonders geeignet.
Niederlande	630–760 Paare (1993)[2]	Zunehmend, auch Areal erweiternd.
Belgien	400 Paare (1993)[17]	
Luxemburg	100–150 Paare (1993)[13]	
Frankreich	8000–12 000 Paare (1982)[22]	Der Bestand wuchs in den letzten 20 Jahren.
Portugal	100–150 Paare (1993)[26]	Wahrscheinlich stabil.
Spanien	1000 Paare? (1989)[44]	Stabil.
Italien	800–1000 Paare (1993)[33]	Stabil.
Schweiz	400–600 Paare (1992)[3]	Vielleicht schwacher Rückgang.
Österreich	ca. 1500 Paare (1992)[6]	Stabil. In bestimmten Tälern häufiger als Mäusebussard.
Ungarn	300–400 Paare (1993)[7]	Rückgang.
Tschechien	600–850 Paare (1993)[8]	Stabil.
Slowakei	700–1000 Paare (1990)[8]	Stabil oder evtl. Zunahme.
Slowenien	600–800 Paare (1993)[15]	Stabil.
Kroatien	150–250 Paare (1993)[30]	Stabil ?
Serbien	15–25 Paare (1993–95)[73]	Starke Zunahme 1985–95.
Herzegowina	selten (1993)[28]	
Montenegro	120–175 Paare (1993–95)[73]	Stabil.
Mazedonien	50 Paare ? (1993)[27]	Stabil? Oder schwach zunehmender Bestand?
Bulgarien	ca. 1000 Paare (1993)[21a] > 500 Paare (1993)[21b]	Bestand wahrscheinlich unterschätzt.
Rumänien	100–250 Paare (1994)[62]	Wahrscheinlich zahlreicher.
Moldawien	selten (1993)[32]	
Georgien	50–70 Paare (1993)[53]	
Griechenland	> 200 Paare (1993)[43]	Bestandsentwicklung unbekannt.
Türkei	50–500 Paare (1993)[4]	
Syrien	? Paare (1991)[20]	Im Nordwesten Brutverdacht.

Gleitaar

Elanus caeruleus

Verbreitung

Wie aus der Karte ersichtlich, brütet der Gleitaar in der Westpaläarktis nur auf der Iberischen Halbinsel, in Südfrankreich und in Nordafrika. Darüber hinaus lebt er in großen Teilen des übrigen Afrikas (wie in der Westpaläarktis die Nominatrasse) und in großen Teilen Südasiens *(E. c. vociferus).* Außerdem 4 Inselrassen: auf Sumatra *(E. c. sumatranus),* auf Java *(E. c. intermedius),* auf den Philippinen, Celebes und Borneo *(E. c. hypoleucus)* und im östlichen Neuguinea *(E. c. wahgiensis).*

Bestandsschätzung und -entwicklung

Der westpaläarktische Bestand liegt in einer Größenordnung von 1000–2500 Paaren. Bis etwa 1960 war der Gleitaar in Europa ein sehr seltener Vogel – mit einem Bestand, der vermutlich kleiner als 50 Paare war. Die Zunahme in Spanien ist wahrscheinlich die Folge der Waldrodung, die für den Gleitaar bessere Biotope schuf. Expandiert offenbar fortwährend. In Südfrankreich ist er auf

Gleitaar mit geschlagener Maus.

jeden Fall neuer Brutvogel. Die wenigen Angaben zur gegenwärtigen Bestandssituation widersprechen sich, Fortschritt und Rückschritt meldend. Wesentlich ist natürlich, daß der »große« spanische Bestand gesund ist und bleibt.

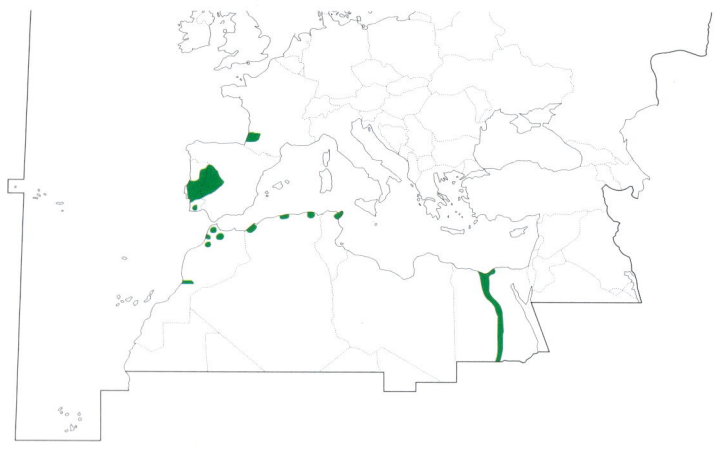

Zug

Standvogel; einige Individuen jedoch Strichvögel. In Westeuropa als Irrgast u. a. in den Niederlanden, Belgien, Westdeutschland und in Frankreich – auch in den letzten Jahren.

Habitat

Brütet in den Savannen, Steppen, Halbwüsten und in der Kultursteppe mit Baumgruppen und Einzelbäumen sowie in der Randzone großer Rodungen – in trockenen Gebieten mit Anspruch auf Wasser in der Umgebung.

Brutbiologie

Unser Wissen um die Brutbiologie des Gleitaars ist nicht besonders tiefgehend. Es scheint, als ob die einzelnen Reviere recht unregelmäßig bewohnt werden, in Abhängigkeit vom Vorkommen an Kleinnagern. Den Revierbesitz zeigen die Altvögel durch gemeinsames Kreisen hoch über der Gegend an.

Das Nest wird gern in dornige, flachkronige Bäume in 3–20 m Höhe angebracht. Die Rolle des Männchens besteht meist darin, das Material herbeizuschaffen, während das Weibchen baut. Bereits in dieser Phase der Brutzeit übernimmt das Männchen die Versorgung des Weibchens.

Die Eiablage erfolgt in Spanien/Portugal Ende Februar/Anfang März. Das Gelege hat 3–4 (2–6) Eier. Sie werden mit 2–3 Tagen Intervall gelegt. Die Bebrütung, im wesentlichen vom Weibchen durchgeführt, beginnt mit dem 1. Ei, so daß die Jungen asynchron schlüpfen. Die Bebrütung währt 26 (25–28) Tage, die Nestlingszeit 30–35. Wie lange die Familie zusammenbleibt, ist unbekannt.

Nahrung

Verschiedene kleine Säugetiere, vor allem Nagetiere. Außerdem Kleinvögel, nahezu ausschließlich bodenbewohnende Arten der offenen Landschaften (Lerchen und Pieper) sowie Jungvögel aller Art. Reptilien, überwiegend Eidechsen, spielen auch eine Rolle, während Insekten normalerweise kein wesentlicher Anteil zukommt.

Gleitaar im Flug.

Jagdtechnik

Die Jagd ist ein langsamer Suchflug aus 15–20 Metern Höhe mit dazwischengeschalteten Rüttelphasen. Bei anderen Gelegenheiten sitzt der Gleitaar auf erhöhten Warten an. In der Dämmerung kann man ihn manchmal auch bei einem nachtschwalbenartigen, tiefen Suchflug beobachten.

Kleine Beute wird oft in der Luft gefressen, während große gern zu einem Ast oder Felsblock getragen wird.

Der Bestand des Gleitaars in der Westpaläarktis		
Frankreich	2 Paare (1992)[22]	Neu eingewandert, erster Brutnachweis 1990.
Portugal	100–150 Paare (1993)[26]	Wahrscheinlich abnehmend aufgrund von Biotopveränderungen
Spanien	300 Paare? (1989)[44]	Anscheinend zunehmend.
Marokko	500–1000 Paare (1982)[45]	
Algerien	selten (1979)[37]	
Tunesien	< 10 Paare (1982)[35]	
Ägypten	100–1000 Paare (1982)[35]	

Schwarzmilan im Flug.

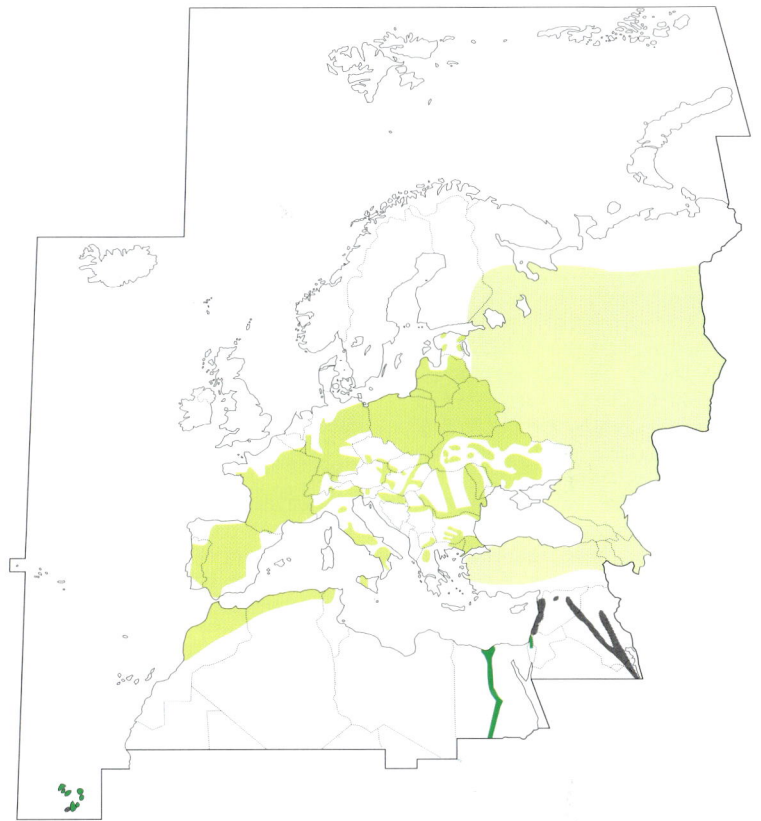

Schwarzmilan

Milvus migrans

Verbreitung

Wie aus der Karte hervorgeht, ist die Art in der Westpaläarktis weit verbreitet. Von hier aus erstreckt sich das Brutgebiet ostwärts und bedeckt große Teile Asiens. Ferner brütet der Schwarzmilan in Australien, in Afrika südlich der Sahara sowie in Arabien.

Zwei Rassen gibt es in der Westpaläarktis: die Nominatrasse, die in ganz Europa, Nordafrika und Anatolien lebt, sowie *M. m. aegypticus* im Sinai, auf der Arabischen Halbinsel und in Ostafrika. Sie ist kleiner, heller, rostbrauner und hat eine stärkere Schwanzgabelung. Darüber hinaus 4 Rassen: in Asien (2), im übrigen Afrika und in Australien.

Bestandsschätzung

Der westpaläarktische Bestand liegt, wie es aus der Tabelle Seite 70–71 hervorgeht, in einer Größenordnung von 88 000–93 000 Paaren. Man beachte die Bestandsschwerpunkte in Deutschland, der Schweiz, Frankreich, Spanien und Rußland. Doch zählt die Westpaläarktis nicht gerade viel für den Gesamtbestand des Schwarzmilans, den man als den häufigsten Greifvogel der Welt ansieht.

Bestandsentwicklung

Die Entwicklung des Schwarzmilan-Bestandes in der Westpaläarktis nimmt eine Sonderstellung ein. Die riesige Vernichtungskampagne von ca. 1750 bis 1950 führte natürlich wie bei anderen Arten zu einer markanten Ausdünnung des Bestandes. Aber man kann ab ca. 1850, jedenfalls örtlich, auch eine Ausbreitung des Brutgebietes feststellen. Daß eine Art unter solchen Lebensbedingungen expandieren kann, ist bemerkenswert und mag bedeuten, daß sie (trotz Verfolgung) besonders gute Lebenbedingungen hatte. Die Expansion hängt mit dem Umstand zusammen, daß der Schwarzmilan eng mit dem Menschen verbunden lebt und nahezu ein Allesfresser ist.

Seit 1950 erfolgte eine eindeutige Wende in der Entwicklung. Der Abschuß nahm im größten Teil Europas zwar merkbar ab, jedoch erlebte man nahezu überall einen deutlichen Rückgang. Selbst wenn es unbewiesen ist, liegt es nahe, daß diese negative Entwicklung mit dem ungehemmten Gebrauch der Umweltgifte in den 50er und 60er Jahren zusammenhängt.

Ab ca. 1970 kam es in Westeuropa zu stärkeren Sicherheitsauflagen bei der Anwendung von Umweltgiften. Dies führte zusammen mit einer besseren Einstellung Greifvögeln gegenüber dazu, daß in den Kerngebieten der Art die Bestandsentwicklung (wie aus der Tabelle S.70–71 ersichtlich) nun in vielen westeuropäischen Ländern, wie z.B. in Frankreich, in eine positive Richtung geht. Der Rückgang in Osteuropa kann vielleicht erklärt werden mit den stark verunreinigten Gewässern so-

wie dem Massentourismus an den Brut- und Nahrungsplätzen.

In Schleswig-Holstein erreicht der Schwarzmilan bei uns seine Nordwestgrenze, wobei der kleine Bestand sich weitgehend auf Ostholstein beschränkt.

Habitat

Brütet normalerweise in Hochwald in unmittelbarer Nähe des Wassers: Seen, Sümpfen, Flüssen und Feuchtgebieten. Die Abhängigkeit von Wasser ist jedoch nicht immer so ausgeprägt, und Brutplätze im Abstand von 8–12 (25) km sind bekannt geworden. Außerhalb der Brutzeit hält sich die Art gerne an Seen und Flüssen auf.

Zug

Die Nominatrasse ist überwiegend Zugvogel, für die meisten ist Afrika südlich der Sahara das Winterquartier, für den Rest auch der Nahe Osten. Einzelne überwintern in Südeuropa. Ausnahmsweise sieht man Schwarzmilane im Winter in Südskandinavien und Mitteleuropa. Vermutlich handelt es sich um geschwächte Vögel, die zum Zug nicht imstande sind. Die ägyptischen Vögel *(M. m. aegypticus)* sind Standvögel.

Bereits ab Ende Juni/Anfang Juli streifen die europäischen Jungvögel weit umher. Der eigentliche Herbstzug beginnt früh – Ende Juli/August –, und im September haben im allgemeinen alle Schwarzmilane die Brutplätze verlassen. Der Zug konzentriert sich an den Meeresengen mit maximalen Zahlen für Gibraltar von ca. 40 000 (1972), Bosporus ca. 2700 (1971) und für Borcka ca. 5800 (1976) und läuft bei Gibraltar in der Zeit Anfang August bis Anfang Oktober mit Spitze Mitte August bis Mitte September ab, gleichzeitig mit dem Zug am Bosporus. Überquerung

Der Schwarzmilan frißt sehr gerne Fisch.

des Mittelmeeres erfolgt zudem auf breiter Front, u. a. über Italien/Malta sowie Zypern.

Der Frühjahrszug verläuft im Mittelmeerraum im Februar bis Mai und kulminiert Mitte März bis Anfang April bei Eilat (ca. 37 000, 1980) und mit zwei Maxima bei Cap Bon und Gibraltar (bzw. alte und junge Vögel?) Mitte/Ende März und Mitte April/Anfang Mai. Die Schweiz sowie der Bodenseeraum werden frühestens Anfang März erreicht, und die Hauptankunftszeit ist Ende März/Anfang April. In Ostdeutschland und Polen sind Märzbeobachtungen selten; hier kommen die Vögel vor allem in der ersten Aprilhälfte an. Im südlichen Rheinland hingegen sind sogar mehrere Nachweise Ende Februar belegt, und die Brutreviere sollen ab Anfang März bezogen werden. In Ostholstein werden die Reviere ab 19. März eingenommen, die spätesten Vögel kommen Anfang April heim.

Stimme

Ruft viel zur Brutzeit. Rufe ähnlich Rotmilan: ein hohes, wieherndes, weiches Trillern »gih wiwiwi« oder »pie wiwiwi«. Bei Erregung härter rufend, etwa »fifi kikiki«. Einzelrufe »gliüh«, zur Brutzeit auch schmatzende und keckernde Laute.

Brutbiologie

Brütet wahrscheinlich frühestens im Alter von 3 Jahren. Das Paar trifft sich im Revier wieder und erneuert die Ehe, so daß dieselben Vögel Jahr für Jahr ein Paar bilden. Während des Balzfluges fliegen die Gatten in bogenförmigem Flug mit weichem Flügelschlag nahe beieinander, drehen sich von einer Seite auf die andere und machen gelegentlich Ausfälle gegeneinander.

Meist Einzelbrüter, kann aber in Kolonien brüten (u. a. in der Schweiz). Der Horst steht bevorzugt am Waldrand oder in Einzelbäumen. Außerhalb Europas brütet der Schwarzmilan häufig in Orten.

Beide Eltern bauen den Horst, der meist in 8–15 m Höhe angelegt wird. Die Horstmulde wird häufig mit Papier, Spielzeug, Plastik u. ä. ausgefüllt.

Die Eiablage erfolgt in der Regel Mitte/Ende April bis Anfang Mai. Das Gelege zählt 2–3 (1–4(5)) Eier, die normalerweise allein vom Weibchen bebrütet werden. Die Bebrütung beginnt mit dem 1. Ei und dauert (26) 28–32 (38) Tage. Die Nestlingszeit beträgt 42–45 (52) Tage und die Zeit der Jungenführung weitere 40–50 Tage.

Die Jungenproduktion ist wetterabhängig. Kräftige Dauerregen in Verbindung mit Kälte töten viele Junge – u. a. da das Wasser in der mit Papier und Plastik gefüllten Horstmulde zentimeterhoch im Nest stehen kann.

Eine Schweizer Untersuchung 1958 ergab eine Jahresproduktion pro angefangenem Gelege von 0,71–1,92 ($M = 1,48$). Eine deutsche ($n = 134$) in den Jahren 1952–1967 ergab, daß 64 % der Paare ihre Brut durchzogen. Das Ergebnis waren 1,23 Junge pro Gelege.

Nahrung

Nahezu allesfressend, aber am liebsten Fisch. Das Artenspektrum ist hierbei groß und variiert je nach Angebot: verschiedene Karpfenfische, wie Plötze und Schleie, Karausche und Rotfeder, sowie Barsche und Hechte.

Im großen Umfang werden auch Vögel genommen, meist als Fallwild oder anderen Greifvögeln abgejagt. Selbst fängt der Schwarzmilan überwiegend Jungvögel, z. B. von Lerchen, Krähen, Hühnervögeln, Möwen, Watvögeln, Enten und Bläßhühnern.

In trockeneren Gebieten kommen auch Feldmäuse, Hamster, Ziesel, junge Hasen und Kaninchen hinzu, örtlich auch Lurche und Kriechtiere. Insekten, Regenwürmer und Schnecken werden regelmäßig genommen. Frißt darüber hinaus jegliches Aas und nimmt häufig Haushaltsabfälle, z. B. auf Müllabladeplätzen.

Untersuchungen in verschiedenen Gegenden Europas zeigen die große Spannweite. Berlin (seenreich): 102 Fische, 16 Säuger, 22 Vögel und 1 Frosch. Frankreich (Lorraine): 734 Fische (überwiegend verschiedene Karpfenartige), 651 Säuger (überwiegend Maulwürfe und Feldmäuse), 265 Vögel (87 % Jungvögel, am häufigsten Star), 95 Lurche und Kriechtiere und 737 Wirbellose (meist Käfer). Westdeutschland (Trockengebiet): 247 Säuger, 170 Vögel, 4 Fische, 2 Lurche sowie viele Insekten.

Jagdtechnik

Überwiegend flaches Segelfliegen über offenem Gelände (in 10–60 m Höhe). Geht auch zu Fuß auf z. B. Käferjagd. Kann Insekten im Flug fangen.

Der Schwarzmilan sucht seine Nahrung gerne am Wasser.

Auf dem Zug in Israel rastende Schwarzmilane.

Der Bestand des Schwarzmilans in der Westpaläarktis

Finnland	5–10 Paare (1993)[24]	Stabil.
Rußland	60 000 Paare (1993)[50]	
Weißrußland	500–650 Paare (1993)[18]	Ernster Rückgang in den letzten 20–30 Jahren.
Ukraine	1000–2000 Paare (1996)[81]	Über 50 % Rückgang seit 1970.
Estland	0–5 Paare (1993)[19]	An der Verbreitungsgrenze
Lettland	20–50 Paare (1993)[16]	Rückgang in letzten Jahren.
Litauen	ca. 100 Paare (1995)[10a]	Rückgang.
Polen	400–500 (1990)[11]	Rückgang.
Deutschland	5500 Paare (1993)[1]	Stabil.
Niederlande	0–1 Paar (1993)[2]	Wandert ein; mehrere Reviere haltende Paare in der Marsch.
Belgien	1 Paar (1993)[17]	
Luxemburg	15–17 Paare (1993)[13]	Bestandsrückgang in den letzten 10 Jahren.
Frankreich	5800–8000 Paare (1992)[22]	Bestandzunahme um > 50 % in den letzten 20 Jahren.
Portugal	500–600 Paare (1993)[26]	Wahrscheinlicher Rückgang. Leidet unter Verfolgung durch Jagdinteressierte.
Spanien	9000 Paare? (1989)[44]	Stabil oder leicht rückläufig.
Italien	700–1000 Paare (1993)[33]	Stabil.

Schweiz	1000−1250 Paare (1992)[3]	Schwache Zunahme.
Österreich	80 Paare (1995)[6a]	In Vorarlberg zunehmend.
Ungarn	160 Paare (1993)[58]	Zunehmend ?
Tschechien	70−90 Paare (1993)[8]	Starke Zunahme.
Slowakei	50−60 Paare (1990)[8]	Rückgang.
Slowenien	1−5 Paare (1993)[15]	Wandert ein.
Kroatien	400−500 Paare (1993)[20]	Stabil ?
Serbien	65−80 Paare (1993−95)[73]	Davon 60−70 % in Vojvodina. Stabil.
Bulgarien	100−200 Paare (1993)[21a] ca. 300 Paare (1993)[21b]	Bestand hat sich seit den 60er Jahren halbiert.
Rumänien	150−200 Paare (1994)[62]	Stabil.
Moldawien	recht häufig (1993)[32]	
Georgien	ca. 900 Paare (1993)[53]	
Griechenland	10−30 Paare (1993)[43]	Wahrscheinlich Rückgang.
Türkei	100−1000 Paare (1993)[4]	Schwerer Rückgang in den letzten Jahrzehnten,.
Israel	max. 5 Paare (1990)[5]	Schwerer Rückgang 1950−70 aufgrund der Pestizide.
Ägypten	100−500 Paare (1982)[35]	Schwerer Rückgang.
Tunesien	> 200 Paare (1982)[35]	
Algerien	häufig (1982)[35]	
Marokko	> 1000 Paare (1982)[35]	
Kapverdische Inseln	50−100 Paare (1988)[34]	Auf den südlichen Inseln zusätzlich 50−100 Paare Hybride von Rot- und Schwarzmilan.

Juv. von Rotmilan (rechts) und Schwarzmilan (links) zusammen am ausgelegten Luder.

Rotmilan

Milvus milvus

Der Rotmilan hat ein bemerkenswert kleines Brutareal. Im großen ganzen ist er eine europäische Art. Wie aus der Karte ersichtlich, brütet er heute außerhalb Europas nur spärlich in Nordafrika und auf den atlantischen Inseln. Der Bestand auf den Kapverden bildet eine besondere Rasse: *M. m. fasciicauda*. Manchmal als Art angesehen.

Bestandsschätzung

Der Gesamtbestand der Westpaläarktis (identisch mit dem Weltbestand) beträgt (nach der Tabelle S. 77–78) 32 000–33 000 Brutpaare. Die Tabelle zeigt außerdem klar Deutschlands große Bedeutung für die Art. Mit ca. 25 000 Paaren beherbergt Deutschland über 75 % des Weltbestandes. Und es ist bemerkenswert, daß der Bestandsschwerpunkt der gleiche wie beim Schwarzmilan ist: Deutschland, Schweiz, Frankreich, Spanien. Es ist auch klar, daß sich in den restlichen Gebieten nur geringe Bestände finden.

Bestandsentwicklung

Im gesamten Verbreitungsgebiet ist der Rotmilan einer gewaltigen Abnahme seit dem 16. Jahrhundert ausgesetzt gewesen: zuerst als Folge besserer hygienischer Verhältnisse (= geringerer Nahrungsanfall), später, während der großen Ausrottungskampagne im 19. und der ersten Hälfte des 20. Jahrhunderts, durch Abschuß und Horstplünderung.

Die Art hat als Folge ungünstiger Lebensbedingungen eine Reihe Vorposten sowohl im Norden als auch im Süden aufgegeben – etwa Norwegen, Estland, große Teile des Balkans, den gesamten Nahen Osten und Algerien.

Der Rotmilan ist jedoch robust genug, um in der modernen Gesellschaft sich

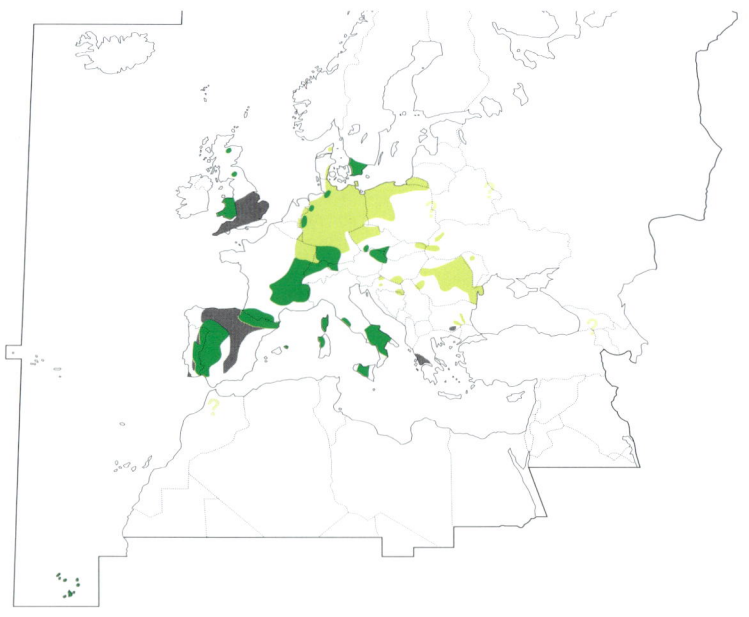

Rotmilan, juv.

gut durchzusetzen. Das sahen wir z. B. während des 2. Weltkrieges, als der Vogel vorher verlorenes Terrain zurückgewann, weil die Verfolger an anderes als die »Wildpflege« zu denken hatten. Und wir erlebten es wiederum, nachdem die Greifvogeljagd in großen Teilen Westeuropas Ende der 60er und Anfang der 70er Jahre verboten wurde.

Wo die Jäger die Schutzbestimmungen einhalten, sehen wir heute in vielen Ländern (besonders in Westeuropa) wachsende Bestände und Wiedereinwanderung in Gegenden, wo der Vogel ausgerottet worden war. Ein schönes Beispiel ist die positive Entwicklung in Deutschland mit seinen rund 25 000 Brutpaaren. Hier hatte man Anfang der 80er Jahre den Bestand mit 3500 Paaren angegeben. Seine Robustheit zeigt sich u. a. in der überraschend schnellen Zunahme. Der deutsche Bestand nahm in 10 Jahren siebenfach zu, der schwedische siebenfach in knapp 20 Jahren – und der britische Kleinstbestand wuchs von 15 Paaren Mitte der 50er Jahre auf 140 Paare 1995, nahezu eine Verzehnfachung. Mit Hilfe der Einbürgerungen junger Vögel aus Schweden gelang auch die Wiederansiedlung in Schottland, wo 1995 bereits 8 Paare brüteten.

Mitgeholfen haben zur positiven Entwicklung die Einschränkung des Pestizidverbrauches und in Ostdeutschland die dortigen Erntemethoden vor der Wende.

Wenn auch die Entwicklung in einigen Ländern positiv ist, so ist sie leider in anderen ständig negativ. Dies gilt für mehrere ost- und südeuropäische Länder. In den letztgenannten spielt die illegale Jagd offenbar immer noch eine bedeutende negative Rolle.

Habitat

Der Rotmilan bevorzugt eine abwechslungsreiche, hügelige Landschaft mit Wald, Feldern, Seen und Wasserläufen. Doch ist er weniger als der Schwarzmilan an seenreiche Gegenden gebunden. Der Rotmilan brütet auch in trockenen, hügeligen oder bergigen Gebieten. Bevorzugtes Jagdgelände sind die Kultursteppe, der fischreiche See, die Müllabladeplätze und – besonders charakteristisch zur Winterszeit – die großen Straßen auf der Suche nach Fallwild.

Zug

Während die südeuropäischen Populationen Standvögel sind, gilt für die nordeuropäischen allgemein, daß sie als Zugvögel Winterquartiere in den europäischen Mittelmeerländern beziehen, zusätzlich in gewissem Grad auch in Nordafrika und der Türkei.

Doch hat in den letzten 25 Jahren eine Entwicklung (in Schweden, Deutschland, der Schweiz und Frankreich) eingesetzt, bei der ein bestimmter Teil des Bestandes im oder nahe dem Brutgebiet überwintert – wie es immer der Fall bei der kleinen britischen Population war.

Diese neue Tendenz ist möglicherweise auf die durchschnittlich milden Winter der letzten Jahrzehnte sowie vielleicht auf eine bessere Ausnutzung zugänglicher Nahrungsquellen zurückzuführen. In Schweden hängt es jedoch klar zusammen mit dem ständigen Auslegen von Fleisch als Winterfütterung.

Deutsche und Schweizer Vögel ziehen im Herbst hauptsächlich nach Südwesten ab in ihre südwesteuropäischen und italienischen Winterquartiere. Der Wegzug erfolgt ab Ende August mit Höhepunkt Ende September (Ostholstein) bzw. im Oktober/November (Mecklenburg); von Mitte Juli bis Mitte Oktober mit Höhepunkten im August/September (Brandenburg); bzw. 2. Augusthälfte, Höhepunkt September und Dauer bis Mitte November (Rheinland). Dieses zögernde Ziehen scheint dadurch zu entstehen, daß die Jungvögel vor den Altvögeln aufbrechen und die Altvögel wahrscheinlich wetterabhängig folgen.

Über Gibraltar ziehen nur wenige aus, meistens im Oktober bis November und jährlich höchstens 60–100 Vögel.

Der Heimzug im Frühjahr beginnt Ende Februar. Die Ankunft an den mitteleuropäischen Brutplätzen erfolgt in der Zeit März bis Anfang April.

Stimme

Ist ziemlich still. Die Stimme hört man fast nur in Horstnähe oder außerhalb der Brutzeit morgens und abends an den Sammelplätzen. Besteht aus zwei

Grundmotiven: 1) mäusebussardähnlich miauende und scharfe »hi-hiae«-Schreie und 2) schnell vorgetragene, flötende oder wimmernde Rufe ähnlich Schwarzmilan.

Brutbiologie

Im Alter von zwei oder drei Jahren brütet der Vogel erstmals. In Standvogel-Populationen, bei denen das Paar sich das ganze Jahr über am Brutplatz aufhält, scheinen die Gatten häufiger dauerhafte Beziehungen einzugehen als in Populationen, die wegziehen.

Zu Beginn der Brutzeit (März/April) kann man die Vögel beim Balzflug über den Brutplätzen sehen, oft in großer Höhe kreisend, oder beim Flugspiel, wobei sie einander verfolgen oder sich mit den Fängen gegenseitig greifen.

Einige Paare verwenden denselben Horst alljährlich, während andere neu bauen oder von Mäusebussarden oder Krähen übernommene Horste ausbessern. Meist ist der Horst hoch plaziert (18–28 m). Beliebte Horstbäume sind Eiche, Buche und Kiefer. Typisch sind Papier, Plastik, Spielzeug o. ä. in der

Rotmilan, ad.

Horstmulde. Beide Eltern bauen, wobei dem Männchen hauptsächlich das Herbeibringen des Materials zufällt, welches das Weibchen einbaut.

In Mitteleuropa werden die Eier frühestens Ende März, in der Regel im April bis Anfang Mai gelegt. Die Gelegestärke ist 2–3 (1–4 (5)) Eier, der Legeabstand beträgt (2) 3 (4) Tage. Die Bebrütung beginnt mit dem 1. Ei, so daß das Schlüpfen der Jungvögel zeitungleich verläuft.

Die Bebrütungszeit beträgt 31–32 Tage je Ei und nimmt bei dem typischen 3er-Gelege 38 Tage ein. Normalerweise brütet das Weibchen allein, kann aber für kurze Zeit vom Männchen abgelöst werden.

Das Männchen versorgt zur Bebrütungszeit und in den ersten 14 Lebenstagen der Jungen sowohl das Weibchen als auch die Jungen mit Nahrung.

Im Alter von 48–50 Tagen – in einigen Fällen erst nach 60 (70) Tagen – sind die Jungen flugfähig. Die Länge der Nestlingszeit scheint von der Verfügbarkeit von Nahrung und gleichzeitig von der Anzahl der Störungen am Horstplatz abzuhängen. Die Jungen scheinen rund 4 weitere Wochen von den Eltern geführt zu werden.

Über die Jungenproduktion gibt es zahlreiche Untersuchungen. In Schleswig-Holstein lag sie 1974/75 (n = 51) bei 1,7 Jungen/Paar, im Rheinland (n = 14) bei 2,2, in Brandenburg (n = 24) bei 2, auf der Schwäbischen Alb 1960–1969 (n = 109) bei 1,65. In Wales ist die Jungenproduktion sehr niedrig: 0,66; dieser Wert scheint mit der schwierigen Nahrungsbeschaffung im dortigen regenreichen Klima zusammenzuhängen. Es ist interessant, daß der Bestand in Wales mit seiner niedrigen Jungenproduktion sich in 40 Jahren verzehnfachen konnte. Aber das hat selbstverständlich mit der Überlebensmöglichkeit des einzelnen Individuums im Gebiet zu tun.

Bastardbildung

Es sind zwei Fälle bekannt, in denen Rotmilan und Schwarzmilan Mischehen eingingen: in der Oberlausitz 1960 und in Südschweden 1976–1981. In Schleswig-Holstein kam es an drei Rotmilanhorsten zur Beteiligung je eines Schwarzmilans an der Fütterung (1968, 1973, 1978), bei zweien anscheinend nach Verlust eines Elternteils.

Nahrung

Die Nahrung der Rotmilane ist sehr vielseitig, und die Beuteliste des einzelnen Vogels ist von den örtlichen Möglichkeiten abhängig.

Verschiedene Beutelisten zeigen auf, daß der Vogelanteil zwischen 22 und 82 % schwankt, der der Säugetiere zwischen 13 und 68 % und der der Fische zwischen 4 und 42 %. Der höhere Fischanteil scheint jedoch eine Ausnahme zu sein. Der Rotmilan ist nicht im gleichen Maße Fischesser wie der Schwarzmilan.

Im Hakel bei Aschersleben/Anhalt, wo es keinen Fisch gab, ergab eine 10jährige Untersuchung an 427 Rotmilanhorsten 948 Reste von Säugern, 400 von Vögeln und Insektenreste.

Von den Säugern waren über 75 % Kleinnager verschiedener Arten. 180 überwiegend junge Hasen waren ebenfalls dabei. Wie viele von ihnen der Rotmilan selbst gefangen hat, kann nicht gesagt werden. Die Art nimmt sehr gerne Aas auf.

Bei den Vögeln dominierten Haushühner (109). Viele von ihnen sind ohne Zweifel tot von Misthaufen aufgelesen worden. Aber der Rotmilan schlägt auch lebende Hühner, vorzugsweise Küken. Größere Partien waren Stare (46), Rebhühner (36), Haus- und Wildtauben (33), Feldlerchen (31), Spatzen (14) und Elstern (7). Andere Untersuchungen ergaben auch Nebelkrähen, Eichelhäher und Kiebitze als häufige Beute.

Der Verfasser dieser Untersuchung (Wuttky in Glutz) hat die ermittelten Beutezahlen dankenswerterweise den Jagdstrecken und dem Haushuhnbestand derselben Gegend gegenübergestellt. Danach wurden jährlich 5000–12 000 Hasen in einem einzigen der 5 an den Hakel grenzenden Kreise in 3 Jahren erlegt, 1862 Krähen und Elstern, 156 wildernde Hunde und 461 streunende Katzen. In den 5 Kreisen hielt man fast 900 000 Hühner. Damit sind die Relationen sichtbar, die zwischen einer Greifvogelpopulation und menschlichen Eingriffen bzw. Haustierhaltungen bestehen. Jeder Einsichtige weiß, daß er die Eingriffe der Greifvögel vernachlässigen kann.

Der Rotmilan ist fähig, anderen Greifvögeln – wie Wanderfalke, Habicht und Seeadler – die Beute abzujagen. Geht gerne an ausgelegte Schlachtabfälle.

Rotmilan mit geschlagenem Eichelhäher.

Jagdtechnik

Jagt in charakteristischer Milanweise, meist in tiefem Suchflug (6–60 m) über offenem Land oder Wasser.

Obwohl der Rotmilan im Fluge nicht schnell wirkt, kann er doch Lachmöwen und Krähen, die ihm zu nahe rücken, schlagen. Er kann auch Insekten im Fluge fangen. Im allgemeinen greift er jedoch wirbellose Kleintiere, Amphibien und Reptilien beim Umherwandern am Boden.

Der Bestand des Rotmilans in der Westpaläarktis

Dänemark	ca. 25 Paare (1993)[29]	War 1927 ausgerottet. Nach Wiedereinwanderung ab 1976 heute ein offenbar heimisch gewordener Bestand.
Schweden	> 480 Paare (1994)[23a]	Ca. 60 Paare 1975. Der Bestand wächst jährlich um 9 %.
Rußland	10 Paare ? (1993)[50]	
Weißrußland	0–10 Paare (1993)[18]	Je 1 Brutnachweis 1985 und 1994[76].
Ukraine	5–8 Paare (1993)[31]	Rückgang von über 50 % seit 1970.
Lettland	0–5 Paare (1993)[16]	Unregelmäßiger Brutvogel.
Litauen	0–1 Paar (1993)[10]	Unregelmäßiger Brutvogel. Letzter Horstfund 1981.

Polen	400–450 Paare (1993)[11]	Zunahme.
Deutschland	25 000 Paare (1993)[1]	Wird abnehmen wegen veränderter Landnutzung in Mitteldeutschland.
Großbritannien	ca. 140 Paare in Wales (1995)[57]	Stetige Zunahme. Wiedereinbürgerungsprogramme in England und Schottland (1994: 11 Brutpaare)[77].
Niederlande	5–10 Paare (1993)[2]	Wandert ein. Zunahme wegen Giftauslegen sehr langsam.
Belgien	40 Paare (1993)[17]	
Luxemburg	21–26 Paare (1993)[13]	Bestand verdoppelte sich in den letzten 20 Jahren.
Frankreich	2300–2900 Paare (1982)[22] davon Korsika 100–180 Paare (1989)	Bestand wuchs um 50 % in den letzten 20 Jahren.
Portugal	30–50 Paare (1993)[26]	Schwerer Rückgang wegen Verfolgung durch Jagdinteressierte.
Spanien	3000 Paare? (1993)[44]	Wahrscheinlich stabil.
Italien	130–170 Paare (1993)[33]	Rückgang.
Schweiz	300–400 Paare (1992)[3]	Zunahme. 1969 gab es bloß 90 Paare.
Österreich	10–15 Paare (1993)[6a]	Wieder eingewandert seit ca. 1980 in die Auwälder. Zunahme.
Ungarn	1–3 Paare (1993)[7]	Kleinstbestand, aber stabil.
Tschechien	30–50 Paare (1993)[8]	Zunahme.
Slowakei	15–20 Paare (1990)[8]	Abnahme.
Kroatien	2–5 Paare (1993)[8]	Stabil?
Mazedonien	ca. 10 Paare (1993)[27]	Bestandsentwicklung unbekannt.
Bulgarien	ca. 10 Paare (1993)[21b]	
Rumänien	1–10 Paare (1994)[62]	Starke Abnahme, evtl. Bestand erloschen.
Moldawien	< 10 Paare (1993)[32]	
Marokko	20 Paare	
Kapverdische Inseln	50–100 Paare (1988)[34]	Hybridisiert mit dortigen Schwarzmilanen; kaum noch reine *M. m. fascicauda* vorhanden.

Seeadler

Haliaeetus albicilla

Verbreitung

Die Verbreitung in der Westpaläarktis geht aus der Karte hervor. Darüber hinaus erstreckt sich das Brutgebiet ostwärts in einem breiten Gürtel bis an den Stillen Ozean. Die nördliche Verbreitungsgrenze folgt im allgemeinen der der Waldtundra – die südliche in der Hauptsache dem Übergang von der Gras- zur Buschsteppe. Brütet auch auf Grönland. Einige Forscher halten diese Population für eine eigene Rasse (*H. a. groenlandicus*).

Bestandsschätzung

Gesamtbestand: 3400–3600 Paare. Die Art hat in der Westpaläarktis deutliche

Bestandsschwerpunkte: Norwegen mit ca. 40 % aller Paare, den Ostseeraum mit ca. 20 % und das Wolgadelta mit ca. 6 % – zusammen ca. 66 % für diese drei Gebiete. Das große südosteuropäische Gebiet samt der Türkei ist demgegenüber nur schwach besetzt, mit im ganzen nur ca. 3 % der Brutpaare.

Bestandsentwicklung

Noch im vorigen Jahrhundert war der Seeadler in den meisten Teilen Europas heimisch. Aber er wurde in vielen Landstrichen ausgerottet durch Abschuß, Giftauslegen und tiefgreifende Veränderungen an den Brutplätzen, u. a. durch die Intensivierung des Holzeinschlags.

In der Mitte dieses Jahrhunderts kam eine menschengeschaffene Bedrohung dazu: Umweltgifte. Sie dünnte den stark verminderten Bestand noch weiter aus. Heute sind die schlimmsten Umweltgifte in fast ganz Europa verboten. Dieses gemeinsam mit einem größeren Verständnis in Jägerkreisen für den Platz der großen Greifvögel in der Natur ist die Ursache dafür geworden, daß sich die Entwicklung in den Ländern gewendet hat. Noch vor einigen

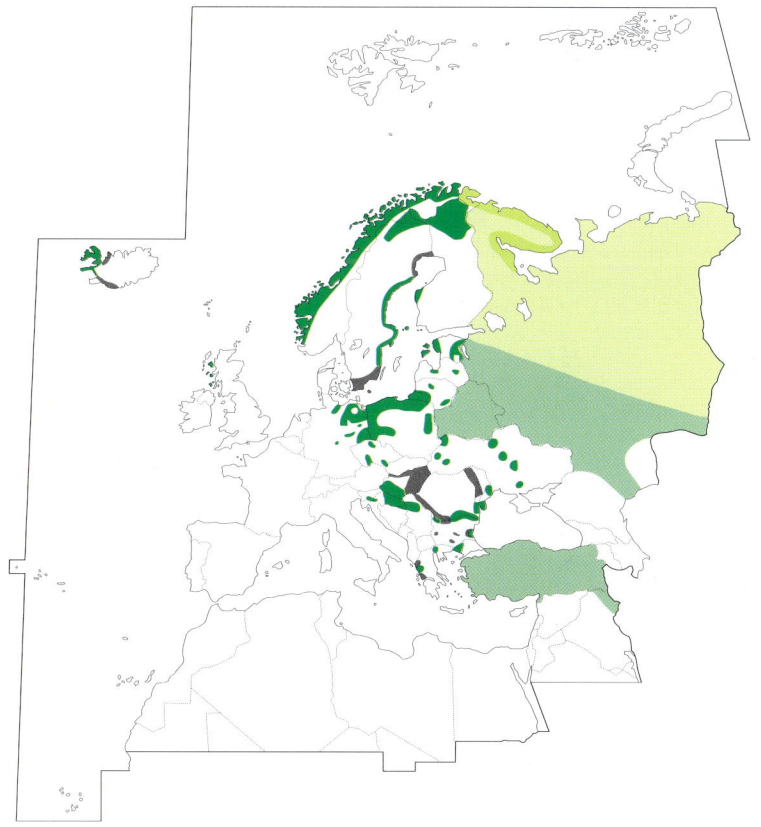

Jahren betrachtete man den Seeadler als eine Art, die in Europa vom Aussterben ernstlich bedroht war; Gott sei Dank ist sie es nicht mehr.

Heute, wo der Seeadler überall in der Westpaläarktis geschützt ist, gibt es in mehreren Ländern wachsende Bestände. Wie aus der Tabelle S. 86/88 ersichtlich ist, gilt das hauptsächlich für die nordischen Länder und die Ostsee-Anrainer.

Demgegenüber hat der Balkanbestand ständig schlechte Aussichten und ist von Ausrottung bedroht. Die Ursachen sind vermutlich die »klassischen«: Abschuß und Auslegen vergifteter Köder sowie die Kriegswirren. Auf dem Balkan wurde der Bestand in den letzten Jahrzehnten halbiert. An anderen Orten, wie z. B. in mehreren Mittelmeerländern, ist die Art ausgerottet.

Heute ist der Seeadler, großzügig gesagt, überall wo er brütet geschützt; aber besonders in Osteuropa wird er fortgesetzt illegal geschossen und fällt dem Gift bei der Bekämpfung sogenannter Schadtiere zum Opfer.

Größere Aufmerksamkeit sowohl national als auch international haben in den letzten Jahrzehnten die Lebensbedingungen des Ostseebestandes erhalten. Der hohe Gehalt der Ostsee an Schwermetallen, an DDT und PCB erbrachte seit den 50er Jahren eine schwierige Situation für den Seeadler. An der Spitze der Nahrungskette plaziert, kumulieren die Adler die Umweltgifte in sich mit dem Ergebnis, daß u. a. die Jungenproduktion für einige Jahre bis zum Nullpunkt sank. In Finnland brachte so die recht große Seeadlerpopulation 1966 nicht ein einziges Junges hoch.

Dieser Zustand setzte Schutzmaßnahmen in Gang. Sowohl Schweden als auch Finnland initiierten Projekte zum Schutz des Seeadlers. Man veranstaltete u. a. Winterfütterungen mit giftfreiem Fleisch mit dem Ziel, die Vögel zu »entgiften«, so daß sie wieder fortpflanzungstüchtig wurden. Die größte Bedeutung scheint diese Winterfütterung dadurch erreicht zu haben, daß mehr Jungvögel als sonst die ersten gefährlichen Lebensjahre überlebt haben und, nachdem sie geschlechtsreif wurden, weit weniger giftbelastet sind als sie es sonst gewesen wären.

In Schweden hat man dadurch in den letzten Jahren junge Vögel in neugeschaffenen Paaren an verlassenen Brutplätzen gesehen. Diese Fütterung sowie andere Maßnahmen, wie das Verbot mehrerer Umweltgifte, haben in Schweden und Finnland zu einer langsamen Steigerung der Jungenproduktion geführt und zu einer guten Entwicklung des Bestandes.

In mehreren Ländern, so in Schweden, Schleswig-Holstein, in Mecklenburg und Brandenburg, versucht man auch, die Brutplätze durch Dauerüberwachung, einer Schutzzone um die Horste herum (300 m vom 1. 2. bis 31. 7.), durch Verhindern von Baumfällungen, durch Ankauf von Land um den Horst herum oder durch Ausgleichszahlungen für nicht geschlagenes Holz zu schützen. Welch unvorstellbare Mengen an Seeadlern früher in Schleswig-Holstein vernichtet wurden, geht aus amtlichen Statistiken hervor: 1738–1848 wurden 4393 Seeadler geschossen bzw. »tot gefunden«, und 1874–1905 erlegte der Gutsförster vom Westensee 96 Seeadler.

In Großbritannien setzt man seit 1968 Junge norwegischer Eltern aus, um die Art als Brutvogel wieder anzusiedeln. Ein Einsatz, der seit 1983 zu mehreren mißglückten Brutversuchen führte und 1985 zur ersten erfolgreichen Brut. Heute sind es schon etwa 10 Paare, die dort brüten. Bis einschließlich 1994 sind 39 Jungadler flügge geworden.

Seeadler, ad. streicht von Rastklippe ab.

Zug

Die erwachsenen Seeadler sind in Europa fast ausschließlich Standvögel. Nur die nordrussischen und lappländischen verlassen das Brutgebiet zur Winterszeit. Die Vögel können jedoch etwas umherstreifen. Dadurch sieht man z. B. ab und zu alte Vögel in Dänemark und Südschweden.

Die jungen Vögel ziehen mehr umher und können nahezu als Zugvögel betrachtet werden. Skandinavische Jungvögel können in einzelnen Fällen so weit südwärts wie bis zum Balkan, nach Italien, Frankreich und Spanien gelangen. Der Zug richtet sich jedoch mehr nach dem Vorkommen der Wasservögel zur Winterszeit, was eigentlich richtungsbestimmend ist.

Dänemark wird vorzugsweise von Oktober/November bis März/April besucht. Es sind besonders die Gegenden östlich des Großen Belt, die vom Herbstzug berührt werden, der oft die skandinavischen Jungvögel bis nach Mittel- und Westeuropa führt. Doch wird in Dänemark auch überwintert. Vor allem in strengen Wintern sieht man sie in einer Anzahl von 5–10 pro Winter. Früher waren die schleswig-holsteinischen Küsten beliebte Winterquartiere, wovon noch heute bestimmte Ortsnamen zeugen. In den letzten Jahrzehnten ist die Zahl der Winterbeobachtungen äußerst gering gewesen.

Die Dänische Ornithologische Gesellschaft begann 1992, nach dem schwedischen Vorbild landesweit Futterplätze einzurichten, und das wird ohne Zweifel zu einer steigenden Zahl überwinternder Seeadler führen, die einen Platzwechsel vornehmen werden. Wir können in Schleswig-Holstein daher ebenfalls mit steigenden Winterzahlen rechnen.

Habitat

Der Seeadler bewohnt den riesigen Raum von den nördlichen Tundra- bis

Seeadlerpaar am Brutplatz.

zu den gemäßigten Steppengebieten, sporadisch auch die Subtropen. In seinem nordwestlichen Brutgebiet – in Island, Fennoskandinavien, abgesehen von Lappland, und in den übrigen Ostseeländern (sowie auch auf Grönland) – ist die Art überwiegend Küstenvogel, während sie in großen Teilen des übrigen Verbreitungsgebietes an großen Seen und Flüssen lebt.

Die an der Küste brütenden Paare errichten den Horst meist in der Nähe der bevorzugten Nahrungsgebiete. Binnenlandpaare hingegen können sie 10 km oder mehr davon entfernt haben.

Im Hinblick auf die Horstplatzwahl ist der Vogel sehr flexibel. Er baut ihn entweder in einem großen Baum, auf eine Klippe oder sogar auf die Erde, je nach den Möglichkeiten der Gegend.

Stimme

Hört man oft zur Brutzeit. Besteht aus kräftigen, rauhen Schreien; die des Weibchens sind deutlich tiefer als die des Männchens, als Kontaktruf gern in Serien von 15–30, oft in steigender Geschwindigkeit und Tonhöhe: »krick-rick-rick-rick« – bei Störungen am Nest z. B. »kli-kli-kli«.

Brutbiologie

Etwa im Alter von 5 Jahren ist der Seeadler ausgefärbt und damit geschlechtsreif geworden. Man kann jüngere Adler beim Horstbau oder als Ehepartner sehen, aber solche Paare haben anscheinend keine Jungen.

Die Seeadlerpaare halten sich im oder in der Nähe des Reviers das ganze Jahr über auf. Am auffallendsten aber wird die Verbundenheit im zeitigen Frühjahr. Dann sieht man die Vögel beim reviermarkierenden Flug und im Balzflug hoch über dem Revier. Hierbei fliegen die Ehegatten oft dicht zusammen, in maximal 200 m Höhe, und vollführen verschiedene Zeremonien mit Sturzflug und gegenseitigen Ausfällen.

Junger Seeadler (2. Lebensjahr) auf der Futtersuche.

Deutsche Untersuchungen zeigen, daß die Mehrzahl der Seeadler ihre Horste maximal 3 km von ihren wichtigsten Nahrungsgebieten anlegen. Ca. 10 % plazieren sich jedoch in einem Abstand von 6–11 km. Der charakteristische Standort in über 80 % war der Waldrand – mit direktem Zugang zu offenem Land oder Wasser. Die Horstbäume waren in der Regel über 100 Jahre alt. Bevorzugt war die Kiefer, gefolgt von der Buche.

In Norwegen brütet der Seeadler am häufigsten auf steilen Küsteninseln, aber auch auf kleineren und flachen Inseln draußen im Meer. Deutlich seltener lebt er an den inneren Fjorden. Früher waren die Horste dort, wo keine Menschen wohnten, leicht zugänglich. Seitdem der Seeadler geschützt ist und die Verfolgungen aufgehört haben, ist die Art an mehreren Brutplätzen wesentlich weniger scheu und brütet heute an Orten, die er noch vor wenigen Jahren nicht angenommen hätte.

In Schleswig-Holstein betrug die Entfernung von 20 Horstbäumen zum Wasser durchschnittlich 1,4 km. Alle 63 untersuchten Horste von 1967–1979 standen auf 110–140 Jahre alten Buchen.

Die Eiablage erfolgt in Schleswig-Holstein im ersten Märzdrittel, in Skandinavien im März/April. Die Gelegestärke liegt normalerweise bei 1–3 Eiern. Norwegische Untersuchungen ergaben an 57 Gelegen 40 Gelege mit 2 Eiern, 12 mit 3 Eiern und 5 mit nur 1 Ei; in Schleswig-Holstein enthielten 23 Gelege 15mal 2, 7mal 1 und 1mal 3 Eier. Durchschnittlich waren das 2,1 bzw. 1,7 pro Gelege.

Die Eier werden im Abstand von 2 bis 5 Tagen gelegt, und da das Weibchen die Bebrütung mit dem 1. Ei beginnt, schlüpfen die Jungen nicht zur selben Zeit. Die Bebrütung dauert 34–42 Tage (im Durchschnitt 38 Tage). Beide Eltern brüten – das Weibchen am meisten, ca. drei Viertel der Zeit.

Während der ersten 2 Lebenswochen bleibt immer ein Elternvogel bei den Jungen auf dem Horst – ganz überwiegend das Weibchen. Im Alter von 4 Wochen können die Jungen für längere Zeit sich selbst überlassen werden, während der beide Eltern jagen. Im Alter von rund 80 Tagen sind die Jungen flugfähig, aber noch weitere 10–20 Tage ist der Horst für sie Zentrum. Nach dem Abzug sind die Jungen 1–2 Monate lang von den Eltern abhängig, in einigen Fällen noch länger.

Ein grönländischer Seeadler bringt eine Forelle zum Horst. F. Wille hatte dort die Aufgabe festzustellen, welche Beute und welche Anzahl Beutetiere der Seeadler nimmt.

Wie oben ausgeführt, ist die Jungenproduktion in den meisten Gebieten zu klein für ein Überleben des Bestandes auf längere Sicht. Ein von Umweltgiften anscheinend recht unbelasteter Bestand wie der norwegische produzierte 1956 bis 1960 1,2 juv. pro Paar im Jahr.

In Mecklenburg-Vorpommern stieg der Bruterfolg von 1981 bis 1992 von 0,26 juv. auf 0,65 juv. pro Jahr; bei den erfolgreichen Bruten von 0,8 juv. auf 1,5 juv. pro Horst. In Finnland liegt er 1990–1994 bei 0,73 juv., wobei auf Åland sogar 1,06 juv. hochkamen.

Man hat errechnet, daß 0,70 Junge/Paar für die Bestandserhaltung notwendig sind. Vielleicht ist diese Zahl etwas zu hoch, da heutige Winterfütterung das Überleben der Jungvögel verbessert und der Jagddruck nachgelassen hat.

Nahrung

Die Nahrung des Seeadlers ist sehr abwechslungsreich. Sie ergibt sich aus den Möglichkeiten vor Ort und den Bedingungen der Jahreszeiten.

Fisch macht normalerweise einen großen Teil der Nahrung aus. Untersuchungen zur Brutzeit im südlichen Grönland ergaben 91 % Fische, hauptsächlich Seesaibling, Kabeljau und Ogac, 3 % Vögel, meistens Möwen, und gut 5 % Säuger – ausschließlich Polarfüchse. Aus Schleswig-Holstein liegen folgende Zahlen aus der Brutzeit vor (n = 414): 37 % Fische, hauptsächlich Brassen und Karpfen, 60 % Vögel, davon die Hälfte Bläßhühner *(Fulica atra)*, und 3 % Säuger, wohl Aas.

Neuere Untersuchungen in Mecklenburg aus der Brutzeit ergaben 56 % Fische, 37 % Vögel und 7 % Säuger. Für die Winterzeit waren es aber 79 % Vögel, 15 % Säuger und nur 6 % Fische, was kaum verwundert. Ob in diesen deutschen Untersuchungen der Fischanteil zu niedrig ist aufgrund der Schwierigkeiten, Fischreste nachzuweisen, müßte gesondert untersucht werden. Die grönländische Untersuchung bediente sich der fotografischen Aufzeichnung der anfliegenden Altvögel.

Aas scheint einen beträchtlichen Anteil – anscheinend am meisten im Winterhalbjahr – der Nahrung auszumachen. In Schleswig-Holstein z. B. werden tote Karpfen aus übersetzten Karpfenteichen aufgefischt, 6 Kiebitze und 1 Fasan lagen unter einer Hochspannungsleitung, und unter den 14 Säugern war ein totes Kalb. Aus seiner Bereitschaft, auch großes Aas zu fressen, entstand bei vielen Bauern der Aberglaube, daß der Seeadler häufig Lämmer und Kälber schlüge. Auf Grönland hat man neuerdings zeigen können, daß bestimmte Seeadler ab und zu ein kleines Lamm schlagen. Als Ausnahmen haben sie keinen Einfluß auf die Schafzucht.

Die als Beute nachgewiesenen Säuger sind auch nach dem norwegischen Forscher J. Fr. Willgohs aufgesammeltes Aas.

Jagdtechnik

Verschiedene Untersuchungen zeigen, daß der Seeadler sich täglich ca. 300 g Vogel- oder Säugetierfleisch oder ca. 500 g Fischfleisch beschaffen muß. Der Seeadler wendet im wesentlichen zwei Jagdtechniken an: Er sitzt auf einem Aussichtsposten und lauert auf Beute, oder er geht auf Suchflug. Hierbei sucht er in niedriger Höhe das Gelände ab oder kreist 200–300 m hoch.

Der Fischfang erfolgt in ruhigem Wasser, wo der Vogel die Fische an der Oberfläche sehen kann. Am häufigsten wird die Beute im Tiefflug nach kurzem Rütteln über ihr ergriffen, wobei die Klauen mit einer schnellen Bewegung im Wasser nach dem Fisch greifen. Auch Sturzflug wie beim Fischadler sieht man, doch wesentlich seltener. Ist der gefangene Fisch zu groß, um ihn anzuheben, kann er ihn durch Rudern mit den Flügeln an Land schaffen. Ferner kann der Seeadler in flachem Wasser still stehen oder herumwaten und dabei Fische fangen.

Vögel und Kleinsäuger überrumpelt er am liebsten. Der Vogelfang auf dem Wasser kann sich langwierig gestalten. Dabei benutzt der Seeadler die Ermattungstechnik. Die Beute taucht, wenn sie angegriffen wird, und der Seeadler ist sofort wieder über ihr, wenn sie auftaucht. Man hat beim Bläßhuhn 43–65 Angriffe gezählt, bis der Seeadler Erfolg hatte. Eine solche Jagd kann 35–45 Minuten dauern.

Nicht selten arbeiten zwei Seeadler zusammen. Es können Ehegatten sein, aber nicht notwendigerweise.

Seeadler agieren auch als Nahrungsschmarotzer bei Fischadler, Fischreiher und Möwen.

Normalerweise wirkt der Seeadler im Fluge schwer und klobig, aber er ist dennoch imstande, Vögel im Flug zu schlagen. Das ist u. a. nachgewiesen für Graugans, Enten und Kolkrabe. Inwieweit dies eine Ausnahme ist, bedarf systematischer Beobachtung.

Der Bestand des Seeadlers in der Westpaläarktis

Land	Bestand	Bemerkung
Island	38–40 Paare (1993)[14]	Bestand in 20 Jahren verdoppelt. Einstmals 150–200 Paare längs der Küsten.
Norwegen	1300–1500 Paare (1993)[55a]	Bestand wuchs um mehr als 50 % seit 1970. Dehnt Areal südwärts aus.
Schweden	150–194 Paare (1994) und 15 Paare an Binnenseen in Südschweden	Eindeutig expandierend. Viele neue Paare, auch an den Binnenseen.
Finnland	105 Paare (1994)[72]	Davon 40 auf Åland und 25 auf den Kvarken. Bestandsverdoppelung 1983–1994.
Estland	35–40 Paare (1994)[19]	Zunahme.
Litauen	20–25 Paare (1993)[10a]	
Polen	250–270 Paare (1993)[11]	Zunahme. Davon in Pommern 50–60 Paare.
Deutschland	205 Paare (1992)[1a]	Davon 105 Paare in Mecklenburg-Vorpommern, 58 in Brandenburg, 22 in Sachsen, 11 in Schleswig-Holstein und 8 in Sachsen-Anhalt.
Großbritannien	max. 10 Paare (1994)[12a] davon 1994 nur 5 Paare erfolgreich brütend	82 juv. wurden 1975–85, 10 juv. 1994 aus Norwegen eingeführt.
Irland	–	Wiederansiedlungsprogramm im westlichen Irland seit 1992.
Rußland	1000 Paare (1993)[50]	Hiervon 200–250 im Wolgadelta, 25–30 auf der Kola-Halbinsel.
Weißrußland	50–90 Paare (1993)[18]	Anscheinend stabil. Vielleicht lokal Zunahme in Gegenden mit vielen Fischteichen.

Ein ad. Seeadler. Man versteht gut, warum er zum Symbol von Kraft und Macht wurde.

Ukraine	50–70 Paare (1996)[81]	Zunahme.
Ungarn	30–40 Paare (1993)[7]	Zunahme.
Tschechien	7–10 Paare (1993)[8]	Neuer Bestand aus gezüchteten Vögeln, 1978–85 9 freigelassen.
Slowenien	1 Paar (1993)[15]	
Kroatien	60–70 Paare (1993)[30]	Rückgang.
Montenegro	1–3 Paare (1993–95)[73]	Im Süden.
Serbien	26–29 Paare (1993–95)[73]	Nur Vojvodina, dort stabil.
Bulgarien	1 Paar (1993)[21a] ca. 10 Paare (1993)[21b]	Fast ausgerottet. In den 60er Jahren 10–15 Paare.
Rumänien	15–18 Paare (1994)[62]	Rückgang. Strychninvergiftung ständiges Problem. Nur Donautal und -delta.
Georgien	20–25 Paare (1991)[69]	
Griechenland	1–3 Paare (1993)[43]	Rückgang.
Türkei	max. 10 Paare (1992)[64]	Rückgang.
Kasachstan	300 Paare (1991)[69]	

Bindenseeadler, ad. bei der Landung.

Bindenseeadler
Haliaeetus leucoryphus

Verbreitung

Als Brutvogel in der Westpaläarktis verschwunden, wo er früher in den Ebenen des Kaspischen Meeres brütete (letzter Brutnachweis 1947). Brutvogel im Inneren Asiens und Südasiens. Brütet wahrscheinlich nicht mehr in Rußland.

Zug

Anscheinend in den nördlichen Teilen des Verbreitungsgebietes Zugvogel oder überwiegender Zugvogel, der im Oktober abzieht. Die Vögel sind normalerweise am Brutplatz im Februar wieder zurück.

Irrgast in Europa außerhalb der ehemaligen Sowjetunion. Einzelne vorjährige Vögel wurden angetroffen in Finnland (1910, 30.6.1926), Polen (1943, 1992), Norwegen (7.7.1949) und den Niederlanden (–.1.1979); 1 Altvogel auf Scharhörn (29.9.–10.10.1976) und in den Niederlanden (12.10.1976), wahrscheinlich dasselbe Tier. Manche übersommernde immat. bleiben unerkannt, wie Beobachtungen am Nordenburger See in Ostpreußen wahrscheinlich machen.

Habitat

Brütet an Seen, Flüssen und in Feuchtgebieten.

Brutbiologie

Wo es möglich ist, wird der Horst auf einem Baum errichtet. In baumloser Gegend steht der Horst im Rohrwald, auf Sandbänken und auf Felswänden. Die 2–3 (4) Eier werden im nördlichen Teil seines Brutgebietes im März gelegt (in Indien und Burma im Oktober bis Februar). Die Jungen schlüpfen nach 30–32 Tagen Bebrütung, die Nestlingszeit beträgt 70 Tage.

Bindenseeadler, ad. im Flug.

Nahrung

Bevorzugt Fische und Vögel, dazu Frösche, Schlangen, Wasserschildkröten.

Jagdtechnik

Wie beim Seeadler. Siehe S. 85.

Schmutzgeier, ad.

Schmutzgeier

Neophron percnopterus

Verbreitung

Außerhalb der Westpaläarktis (Karte) brütet der Schmutzgeier (Nominatrasse) in großen Teilen Afrikas nördlich des Äquators, auf der Arabischen Halbinsel, in Südwestasien und Südasien (Rasse *N. p. ginginianus)*.

Bestandsschätzung

Der westpaläarktische Bestand zählt, wie aus der Tabelle S. 93/94 ersichtlich, 5000 – 12 000 Paare. Mit seinen etwa 1300 Paaren führt Spanien in Europa.

Bestandsentwicklung

Der Schmutzgeier ist wie die 3 anderen europäischen Geierarten von einem gewaltigen Rückgang betroffen – eine Entwicklung, die nicht zum Stehen gebracht ist (vgl. Tabelle S. 93/94). Auch für den Schmutzgeier gilt, daß sich seine Lebensbedingungen durch Jahrhunderte hindurch aufgrund hygienischer Maßnahmen ständig verschlechtert haben.

Darüber hinaus sind Verfolgung und Gifttod andere Ursachen der negativen Entwicklung, die in mehreren europäischen Ländern die Art an den Rand des Aussterbens gebracht hat.

Heute ist der Schmutzgeier in den meisten europäischen Ländern geschützt. Das verhindert jedoch offenbar nicht seine starke Verfolgung.

Zum Glück ist man in einigen Gebieten dazu übergegangen, die verschlechterte Nahrungssituation durch Futterauslegen zu verbessern. Es ist selbstverständlich, daß vor allem im europäischen Kerngebiet der Art die Situation stabilisiert wird.

Zug

Überwiegend Zugvogel. Die Europäer überwintern in Afrika südlich der Sahara. Einzelne Vögel kann man in Europa im Winter in Spanien, Südfrankreich und auf dem Balkan sehen. Standvogel auf den Kanaren.

Als Gleitzieher überquert der Schmutzgeier das Mittelmeer hauptsächlich an seinen schmalsten Stellen: Bosporus, Gibraltar und (im Frühjahr) Cap Bon.

Der Herbstzug wird angetreten, wenn die Jungen flugfähig sind. Gibraltar wird von Mitte Juli bis Mitte Oktober (mit Maximum Ende August/Mitte September) passiert, der Bosporus Ende August bis Oktober (Maximum Anfang September). Am Bosporus zogen in den frühen 70er Jahren ca. 6000 durch. Auf dem Frühjahrszug in Israel (Eilat) zählte man maximal ca. 800 (1977).

Die spanischen Vögel ziehen aus dem Winterquartier Ende Februar heim, die französischen Anfang März, Balkanvögel etwas später. Bei Gibraltar erreicht der Frühjahrszug sein Maximum (70 % – meist immat. im 2.–3. Lebensjahr) erst spät, Mitte April/Anfang Mai, doch sind die Altvögel bereits im März durchgezogen.

Es ist charakteristisch, daß man die immat. Jungvögel nur selten an den europäischen Brutplätzen sieht. Sie übersommern offenbar südlicher und kommen erst als Erwachsene im Alter von 4–5 Jahren) heim (5.–6. Kalenderjahr). Diese Altersgruppe tendiert gelegentlich auch zu Wanderungen nach Norden, wie 9 Einzelnachweise in Deutschland und Nordeuropa belegen (Mai bis Oktober).

Habitat

Ist nicht besonders in seinen Ansprüchen an den Brutbiotop spezialisiert. Ein häufig vorkommender Landschaftstypus für ihn sind unwegsame Felsgegenden ohne große Höhenunterschiede mit unbewachsenen Abhängen und übersichtlichen Tälern. Hier kann er wegen der weiten Sicht gut Nahrung lokalisieren.

Brütet gerne an Wasserläufen, aber bewohnt auch wüstenartige Landschaften.

Sucht seine Nahrung gerne in offener Landschaft wie Steppen, Savannen, Flußufer u. ä. sowie in vielen Städten und auch in Dörfern. Besucht gerne Mülldeponien.

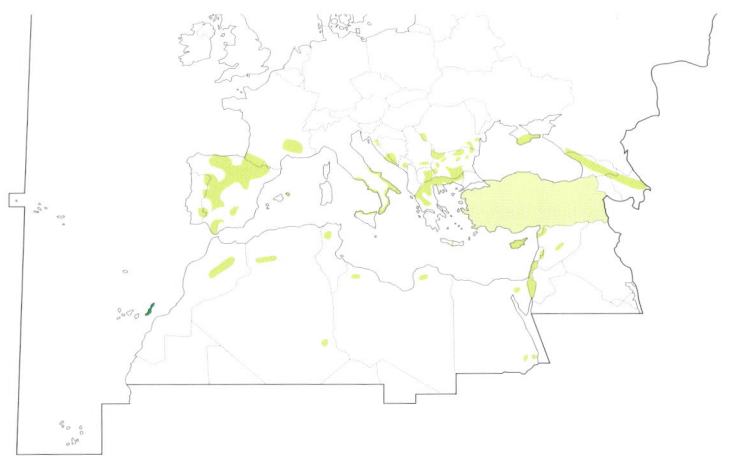

Schmutzgeier, ad. auf Patrouillenflug nach Nahrung.

Stimme

Ist normalerweise schweigsam. Ruft nur bei starker Erregung stöhnende, pfeifende und grunzende Laute oder milanähnlich trillernd »gi gi gi gi gi«.

Brutbiologie

Brütet normalerweise erstmals im Alter von 4–5 Jahren. Lebt wahrscheinlich in lebenslanger Einehe. Mitunter Koloniebrüter. In Europa brütet die Art allgemein einzeln.

Sofort nach der Ankunft im Frühjahr beginnt der intensive Balzflug, bei dem sich die Vögel in gewaltigen Sturzflügen ergehen, die erstaunlich leicht für einen so großen Vogel erscheinen.

Der Brutplatz ist oft ein Felsenvorsprung oder ein Erdabhang. Selten sind Baumnester. Beide Eltern bauen. Die 2 (1–3) Eier werden in Europa im allgemeinen Ende März/Anfang April gelegt. Die Bebrütung dauert 42 Tage, beide Eltern brüten; Nestlingszeit 90–95 Tage.

Nahrung

Viele verschiedene Dinge – offenbar nach dem Prinzip, was erreichbar ist. Charakteristisch sind tote kleinere Tiere, wie Ratten, Eichhörnchen, Schildkröten, Kröten, Schlangen, ferner Abfall, Exkremente sowie Insekten. Insekten scheinen die einzige lebende Beute zu sein. Großes Aas spielt nur eine untergeordnete Rolle. Der schwache Schnabel kann nur Augen, Zunge u. ä. erlangen und muß sich sonst mit kleineren Stückchen begnügen, die als Reste der großen Geier übrigbleiben.

Jagdtechnik

Sucht sehr ausdauernd seine Jagdreviere ab, dabei oft nur in 10–30 m Höhe fliegend. Er kann aber auch viele Kilometer (30–40) entfernt zu Gebieten mit reichlicher Nahrung fliegen.

Hat einen erstklassigen Blick. Man hat festgestellt, daß der Schmutzgeier aus 1 km Höhe Nahrung in einer Größe von nur 4–8 cm sehen kann.

Der Bestand des Schmutzgeiers in der Westpaläarktis

Frankreich	60–70 Paare (1992)[22]	Stabil.
Portugal	70–100 Paare (1993)[26]	Rückgang, vermutlich wegen Futtermangels, Verfolgung u. Störungen am Brutplatz.
Spanien	ca. 1300 Paare (1988)[44] (Menorca: 44–50 Paare)	Anscheinend stabil in den meisten Gebieten.
Italien	10–17 Paare (1993)[33]	Vom Aussterben bedroht.
Kroatien	0 Paare? (1993)[30]	1985 letzter Brutnachweis.
Serbien	2–3 Paare (1993–95)[73]	
Herzegowina	3 Paare (1993)[28]	
Montenegro	1–3 Paare (1993–95)[73]	
Mazedonien	60–70 Paare (1993)[27]	Ein schwankender Bestand, aber seit einer Reihe von Jahren stabil.
Bulgarien	ca. 50 Paare (1993)[21a] ca. 100 Paare (1993)[21b]	Der Bestand wurde in den letzten Jahrzehnten halbiert.
Rumänien	1–3 Paare (1994)[62]	
Moldawien	vielleicht wenige Paare (1993)[32]	
Ukraine	1–2 Paare (1993)[31]	Sehr starker Rückgang.
Rußland	50 Paare (1993)[50]	
Georgien	ca. 150 Paare (1993)[53]	

Schmutzgeier, ad. beim Fressen.

Schmutzgeier/Gänsegeier

Griechenland	100–200 Paare (1993)[44]	Rückgang.
Türkei	2000–8000 Paare (1993)[4]	
Syrien	max. 30–60 Paare (1993)[20]	Gewaltiger Rückgang, vor allem durch Abschuß.
Israel	ca. 150 Paare (1990)[5]	Nach dem großen Rückgang Mitte der 50er Jahre jetzt wieder Erholung des Bestandes.
Zypern	0 Paare (1995/6)[59]	Ausgestorben.
Ägypten	10–100 Paare (1982)[35]	
Libyen	? Paare	
Tunesien	> 200 Paare (1982)[35]	
Algerien	häufig (1982)[35]	
Marokko	500–1000 Paare (1982)[35]	
Kanarische Inseln	ca. 35 Paare (1990)[9]	Auf Lanzarote, Fuerteventura und Alegranza[71].

Verbreitung des Gänsegeiers.

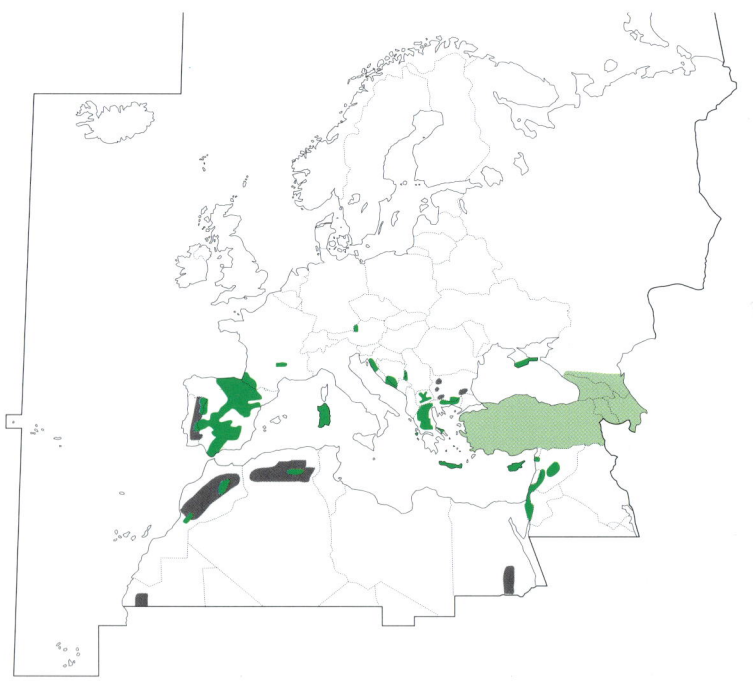

Gänsegeier, ad. auf Nahrungs-Suchflug.

Gänsegeier

Gyps fulvus

Verbreitung

Außerhalb der in der Karte gezeigten Gebiete brütet der Gänsegeier (Nominatrasse) in Nordostafrika, der Arabischen Halbinsel und ostwärts durch Westasien bis Kaschmir und dem Altaigebiet. Hier wird die Nominatrasse durch *G. f. fulvescens* abgelöst, welche man vom nördlichen und zentralen Indien bis Assam findet.

Bestandsschätzung

Der westpaläarktische Bestand zählt 10 000–12 000 Paare, wobei in Spanien 75 % des Bestandes vorkommen.

Bestandsentwicklung

Hat in früheren Zeiten eine wesentlich größere Verbreitung gehabt als heute. Im 13.–14. Jahrhundert brütete der Gänsegeier in Süddeutschland und sogar noch 1914 im südöstlichen Polen. Für die europäischen Geier im ganzen gilt, daß ihre Lebensbedingungen sich wesentlich verschlechtert haben und daß dies einen gewaltigen Bestandsrückgang verursacht hat. Eine Entwicklung, die sich in unserer Zeit in vielen Ländern fortsetzt und auch den Gänsegeier voll trifft (siehe Tabelle S. 98/99). Moderne Landwirtschaft und bessere Hygiene reduzieren seine Nahrungsquellen (weniger Aas); Abschuß erfolgte im großen Stil (und geht anscheinend noch heute in einigen Ländern weiter), und viele starben offenbar durch vergiftetes Aas, in den meisten Fällen Wölfen und Füchsen zugedacht.

Um überhaupt den Gänsegeier in der Natur der modernen Welt erhalten zu können, war es notwendig, Fütterungen vorzunehmen (Portugal, Spanien, Sardinien, Frankreich, Kroatien, Bulgarien, Nordgriechenland), Wiederansiedlungsprogramme durchzuführen (Österreich und Frankreich) – und Schutzgebiete einzurichten (Pyrenäen, Südspanien, Nordgriechenland). Diese Unternehmen haben in Spanien, Portugal (?), Frankreich und Österreich zu einer Zunahme oder einer Neuansiedlung geführt. In Spanien geschah dies in solch stürmischem Tempo (fast eine Bestandsverdoppelung in 10 Jahren), daß dies Anlaß zu generellem Optimismus in Hinblick auf weitere Bemühungen gibt, diesen großen und schönen Greifvogel zu bewahren.

Zug

Altvögel sind anscheinend Standvögel, juv. Strichvögel oder Teilzieher. Die Winterquartiere sind unbekannt, vermutlich, weil sich die Vögel mit den dort einheimischen vermengen. Zug wird beobachtet über Gibraltar im Oktober und November (in den frühen 70er Jahren > 600) und dem Bosporus (max. 163 1969) im September/Oktober. Gibraltar wird wiederum überflogen im Februar (wenige)/März bis Mai. Es ist klar, daß diese Zugvögel immat. sind, denn zu dieser Zeit brüten die alten. Extrem selten sieht man heute nördlich des Brutareals Gänsegeier, vor allem von April bis Oktober – hauptsächlich junge Vögel. Im vorigen Jahrhundert geschah das weit öfter.

Habitat

Stellt drei Hauptforderungen an sein Brutgebiet: Es sollen Felsen vorhanden sein für die Anlage des Horstes, reichlich Nahrung, und die Landschaft soll gute Möglichkeiten für thermische Aufwinde für den Segelflug besitzen. Dies ist besonders ausgeprägt der Fall in einer von Schluchten durchzogenen Landschaft oder in einer offeneren Ebene mit Stufen und verschiedenen Plateaus. Zieht Trockengebiete vor. Die Horstplätze liegen in Europa in Höhe von 0 bis 1100 m (Pyrenäen) – im Kaukasus aber hinauf bis 2750 m.

Stimme

Wird viel eingesetzt, wenn der Vogel im Trupp am Aas auftritt: fauchende (das dominierende Exemplar), keckernde, schluchzende und glucksende Laute.

Brutbiologie

Brütet auf Felsvorsprüngen in Kolonien mit 2 bis über 100 Paaren; am häufigsten sind 15–20. Wo es viele Horstplatzmöglichkeiten gibt, kommen auch Einzelbrüter vor. Brütet erstmalig im Alter von 4–5 Jahren. Das Paar hält anscheinend lebenslang zusammen.

Zu den Verhaltensweisen in der Fortpflanzungszeit gehören Balzflüge, im allgemeinen in der Nähe des Brut- und Schlafplatzes ausgeführt. Die Ehepartner fliegen dabei mit synchronen Bewegungen entlang eines Felshanges, der eine knapp über dem anderen. Diese Phase wird von einem Kreisflug abgelöst, bei dem sich das Paar in sich verengenden Spiralen Seite an Seite hochschraubt.

Der Gänsegeier brütet zeitig im Jahr. In Südeuropa wird das einzige Ei Mitte Februar/Anfang März gelegt. Die Eltern helfen sich gegenseitig beim Horstbau, Brüten und Füttern des Jungen. Die Bebrütung dauert 52 (48–54) Tage, die Nestlingszeit 110–115 Tage. Noch einige Wochen danach ist der Jungvogel von seinen Eltern abhängig.

Formationsflug des Gänsegeiers (ad.).

Nahrung

Lebt ausschließlich von Aas, vorzugsweise von mittelgroßen bis großen Säugetieren, aber in bestimmten Fällen auch von großen Vögeln und sogar Fischen.

Nimmt auch ab und zu den Mutterkuchen von Schafen. Das hat zu der unbegründeten Anklage geführt, der Gänsegeier würde neugeborene Lämmer überfallen.

Jagdtechnik

Das folgende Vorgehen ist charakteristisch: Der Trupp startet, fliegt in die gleiche Richtung und verbreitet sich über das Gebiet. Gleichzeitig mit der Suche nach Beute hält jeder einzelne genauen Blickkontakt mit dem nächst Fliegenden. Man beobachtet nicht nur Artgenossen, sondern auch andere Aasfresser wie Elstern, Krähen, Kolkraben und andere Geier.

Wird eine Beute entdeckt, so gleitet der Vogel steil herab und gibt dadurch seinen Artgenossen das Zeichen, daß Nahrung festgestellt wurde. Alle folgen.

Der Gesichtssinn des Gänsegeiers ist erstklassig. Man hat festgestellt, daß er imstande ist, ein rund 30 cm großes Nahrungsstück aus 3690 m Höhe zu entdecken.

Der Bestand des Gänsegeiers in der Westpaläarktis

Land	Bestand	Bemerkung
Rußland	300 Paare (1993)[50]	
Ukraine	1–4 Paare (1993)[31]	Sehr starker Rückgang.
Frankreich	216–219 Paare (1989)[22]	Seit 1970 Zunahme um 50 %. Wiedereinrichtung des Bestandes in den Cevennen großer Erfolg.
Portugal	200–250 Paare (1993)[26]	Wahrscheinlich Zunahme. Nährt sich gut an Futterplätzen.
Spanien	8090 Paare (1993)[44]	Schnelle Zunahme, verstärkt u. a. durch Futterplatzangebote. Bestand in 10 Jahren fast verdoppelt.
Italien	20 Paare (1993)[33]	Starker Rückgang.
Österreich	1 Paar (1992)[6]	Neu durch frei fliegende Zoovögel.
Kroatien	120–150 Paare (1993)[30]	Rückgang. Ein Fütterungsprojekt läuft.
Serbien	10–15 Paare (1993–95)[73]	In 2 Kolonien.
Herzegowina	20 Paare (1993)[28]	
Mazedonien	28–37 Paare (1993)[27]	Rückgang durch Verfolgung und Vergiftung.
Bulgarien	16 Paare (1994)[73]	Wieder eingewandert nach der Ausrottung in den 50er Jahren.
Georgien	ca. 70 (1993)[53]	
Griechenland	400–600 Paare (1993)[43]	Rückgang.
Türkei	300–1500 Paare (1993)[4]	
Kaukasus	ca. 50 Paare (1979)[37]	
Syrien	max. 50–100 Paare (1993)[20]	Bestand in den letzten 10 Jahren durch Abschuß halbiert.

Israel	100–150 Paare (1990)[5]	Stetiger Rückgang.
Zypern	15 Paare (1994)[59]	Stabil.
Algerien	ca. 100 Paare (1992)	Rückgang, u. a. durch Fressen von vergiftetem Aas.
Marokko	ca. 20 Paare (1992)	Rückgang. Vom Aussterben bedroht.

Gänsegeier und Mönchsgeier (Mitte) am Luder.

Ohrengeier an einem der sehr seltenen Brutplätze in Israel.

Ohrengeier

Torgos tracheliotus

Verbreitung

Brütet in der Westpaläarktis vermutlich nur in Israel, Syrien (?), Ägypten und Marokko. Ist darüber hinaus in großen Teilen der Arabischen Halbinsel sowie in Afrika südlich des 20. Breitengrades (N) verbreitet.

Von einigen Ornithologen wird der Ohrengeier in 2 oder 3 Rassen aufgrund der Unterschiede in der Färbung und der Größe der Hautlappen eingeteilt. Andere glauben, daß dies individuelle Unterschiede sind.

Bestandsentwicklung

Ausgeprägter Rückgang im Nahen Osten und in Nordafrika. Die Ausrottung in der Westpaläarktis scheint nahe. Seit 1975 Zucht in Tel Aviv, um Überleben der Art zu sichern. 9 Vögel leben dort.

Zug

Standvogel. Jungvögel streifen umher. Aus Europa ein sicherer Nachweis bekannt: aus Frankreich im 19. Jahrhundert.

Habitat

Brütet in Buschsteppen, Wüsten und Gebirgen, nahe von Haustieren und Wild.

Brutbiologie

Brütet frühestens im Alter von 4–5 Jahren. Das Paar hält das ganze Jahr zusammen, und die Ehe scheint lebenslänglich zu sein. Einzelbrüter mit einem großen Revier.

Das Nest steht auf der Spitze eines Baumes oder, wo Bäume fehlen, in einem Felsenhang. Das einzige Ei wird in Israel Ende Dezember, in Marokko von November bis März gelegt. Die Brutzeit beträgt 52–56 Tage, die Nestlingszeit 95 bis 125 Tage. Die Zeit anschließender Führung durch die Eltern beträgt 5 Monate.

Nahrung

Bevorzugt Aas von Haustieren und größerem Wild. Kann selbst kleinere, hilflose Tiere und Vögel erbeuten.

Ein starker Geier, der das Aas selbst aufschneiden kann. Frißt oft die zähe Muskulatur. Am Aas ist er unter den versammelten Geiern normalerweise der dominierende.

Jagdtechnik

Suchflug in mittlerer Höhe.

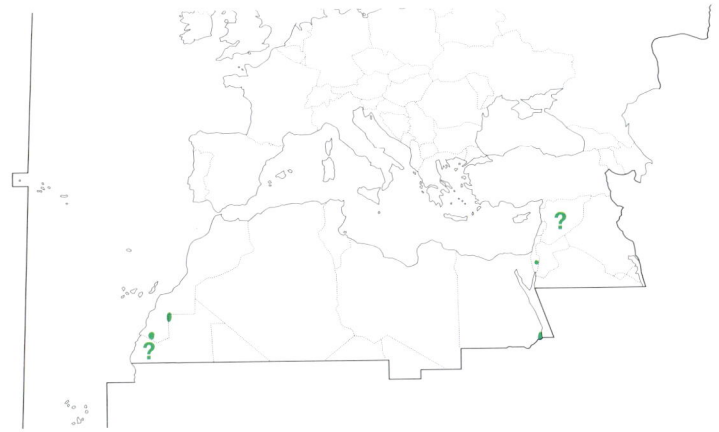

Der Bestand des Ohrengeiers in der Westpaläarktis

Syrien	? Paare (1993)[20]	Nach Berichten von Einheimischen kann ein kleiner Bestand in der syrischen Wüste nicht ausgeschlossen werden.
Israel	1 Paar (1993)[5]	Hat sich in den letzten Jahren nicht fortgepflanzt.
Ägypten	1–10 Paare (1982)[35]	An der Grenze zum Sudan.
Algerien	ausgerottet? (1962)[37]	Früher häufig gewesen.
Marokko	ausgerottet? (1982)[35]	Vielleicht noch Brutvogel (s. Karte).
Mauretanien	? Paare (1962)[37]	Brütete früher im Norden. Keine neuen Angaben.

Mönchsgeier

Aegypius monachus

Verbreitung

Außerhalb der Westpaläarktis in einem breiten Gürtel ostwärts bis China beheimatet.

Bestandsschätzung

Wie man aus der Tabelle S. 105 ersehen kann, zählt der gesamte westpaläarktische Bestand 1000–1400 Paare. Hiervon entfallen 770 auf Spanien, 200–600 auf Kleinasien und den Kaukasus. Außerhalb dieser drei Gebiete ist der Mönchsgeier heute extrem selten.

Bestandsentwicklung

Die Art hatte in historischer Zeit eine bedeutend größere Verbreitung als heute, mit so nördlichen Brutplätzen wie Frankreich, den Beskiden und Siebenbürgen.

Die Lebensbedingungen für den Mönchsgeier haben sich wesentlich verschlechtert aufgrund des Niedergangs der Schafhaltung und durch die mit der modernen Landwirtschaft einhergehende bessere Hygiene: Es gibt kaum noch Aas. Darüber hinaus wird er direkt verfolgt, und in gewissem Umfang gibt es immer noch Todesfälle durch die Strychninvergiftung von Aas, das Wolf und Fuchs treffen soll.

Der Bestand auf dem Balkan geht so zurück, daß die vollständige Ausrottung droht. Aber es gibt glücklicherweise auch klare positive Zeichen. In Spanien hat sich die Zahl der Brutpaare in ca. 10 Jahren verdoppelt und beträgt nun vermutlich > 1000 Paare – eine stürmische Entwicklung in einem Land, wo vor nur 20 Jahren berechtigte Zweifel an der Überlebensmöglichkeit des Mönchsgeiers herrschten.

Das schöne Ergebnis verdanken wir in hohem Grade der Fütterung mit giftfreiem Fleisch, der Einrichtung von Schutzgebieten, u. a. mit dem Ziel, das Fällen der Horstbäume zu verhindern, und der Aufklärung der Einheimischen.

Fütterungsprojekte finden sich heute in Südbulgarien, Nordgriechenland, in Spanien und Portugal. Darüber hinaus laufen Wiedereinbürgerungsprogramme in Frankreich (Cevennen), Kroatien und Spanien (auf Mallorca).

Zug

Stand- und Strichvogel. Die Altvögel verbleiben ganzjährig am oder nahe dem Brutplatz. Die Jungen streifen mehr umher, aber nur einzelne entfernen sich weiter. Im vorigen Jahrhundert geschah das häufiger bei größeren Beständen.

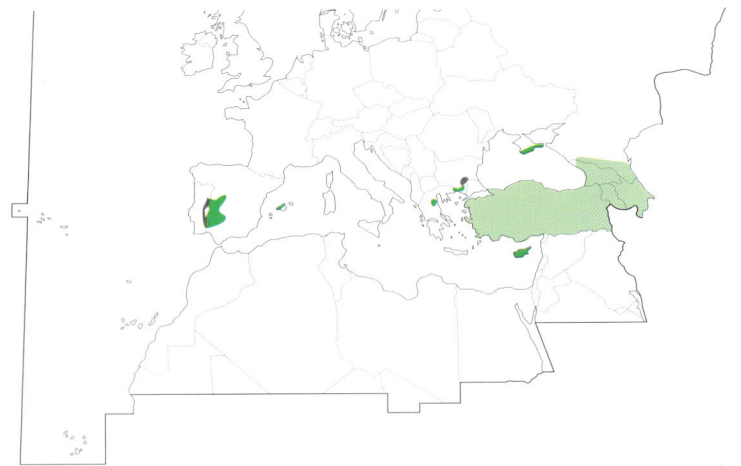

Heute gelingt höchstens alle paar Jahre ein Nachweis in ganz Mitteleuropa, und anscheinend sind es (ausschließlich ?) entflogene Gefangenschaftsvögel.

Habitat

Bewohnt das Flachland, Hochebenen und Gebirge, dort, wo es eine gute Nahrungsbasis in Form von großen Wild- oder Viehbeständen gibt. Der Mönchsgeier bevorzugt Brutbäume auf Abhängen mit guten Aufwinden; auf diese Weise werden für den An- und Abflug ebenso wie für den Balzflug gute Voraussetzungen geschaffen.

Normalerweise einzeln brütend; es sind aber einige Fälle von loser Koloniebildung bekannt geworden.

Mönchsgeier am Aas.

Mönchsgeier, ad.

Bereits zeitig im Oktober erwacht bei den Vögeln das Interesse am Horst. Der Horst steht in 5–20 m Höhe auf einem Baum, ausnahmsweise (u. a. auf Mallorca) auf Felsen. Beide Eltern bauen. Das einzige Ei wird normalerweise Ende Februar/Anfang März gelegt. Beide Eltern brüten. Das Junge schlüpft nach 50–55 Tagen aus dem Ei; die Nestlingszeit beträgt 100–120 Tage. Wie lange danach noch das Junge von den Eltern geführt wird, ist unbekannt.

Nahrung

Lebt fast ausschließlich von Aas. Kann aber auch selber langsame oder sterbenskranke Tiere erbeuten. Aus Westsibirien und der Mongolei gibt es Berichte, daß der Mönchsgeier Schildkröten, Eichhörnchen, Murmeltiere und neugeborene Lämmer geschlagen hat. Doch sind das Ausnahmen. Auch Fischreste fand man am Nest. Eidechsenfang ist aus Griechenland bekannt.
Die Art bevorzugt Aas von Kleinwild. Kadaver von Großwild kann für Tage unberührt bleiben.

Jagdtechnik

Die bevorzugte Jagdtechnik ist ein tiefer Suchflug über bekanntem Gelände. Weniger häufig ist die Standjagd von einem Ansitz aus.

Stimme

Ist normalerweise still, kann aber ausnahmsweise am Aas oder am Brutplatz einige kräftige, rauhe, gellende oder miauende Rufe ausstoßen.

Brutbiologie

Brütet gewöhnlich erstmals im Alter von 5–6 Jahren, gleichzeitig mit dem Anlegen des Erwachsenenkleides. Die Ehe ist lebenslänglich.
Im ersten Teil der Brutzeit kann man den Balzflug in der Nähe des Horstes bewundern. Ein Vogel fliegt über dem anderen. Der obere Vogel berührt mit seinen hängenden Fängen den Rücken des unteren, worauf dieser sich umdreht, sich einhakt und sie sich gemeinsam fallen lassen. Nach einem Sturz lösen sie sich noch in der Luft.

Der Bestand des Mönchsgeiers in der Westpaläarktis

Frankreich	–	Wiedereinbürgerung begann in den Cevennen.
Portugal	ausgerottet (1993)[26]	Wiedereinwanderung wahrscheinlich. Profitiert von den Futterplätzen.
Spanien	770 Paare (1989)[44]	Schnelle Zunahme. 1993 vermutlich schon >1000 Paare.
Kroatien	ca. 1959 ausgerottet	Man plant Wiederansiedlung im Küstenbereich in Verbindung mit Anlegen von Futterplätzen.
Mazedonien	0–2 Paare (1993)[27]	Fast ausgerottet aufgrund Verfolgung und Vergiftung.
Bulgarien	1–3 Paare? (1993)[21b]	Fütterungsmaßnahmen haben positive Wirkung.
Griechenland	10–15 Paare (1993)[43]	Rückgang. Fütterung im Nordosten kann vielleicht die Reste des Bestandes retten.
Zypern	ausgerottet[59]	Letzter Brutnachweis 1950.
Türkei	unter 50 Paare (1992)[64]	
Armenien	15–20 Paare (1993)[53]	
Georgien	17–19 Paare (1993)[53]	
Azerbeidschan	55–60 Paare (1993)[53]	
Ukraine	1–5 Paare (1996)[81]	Massiver Rückgang.
Rußland	50 Paare (1993)[50]	Massiver Rückgang.

Streitigkeiten am Futterplatz zwischen Gänsegeier und 2 Mönchsgeiern.

Bartgeier
Gypaetus barbatus

Verbreitung

Wie aus der Karte ersichtlich, brütet der Bart- oder Lämmergeier in Nordafrika, Südeuropa, Kleinasien, im Kaukasus und im Nahen Osten. Von dort erstreckt sich das Brutgebiet ostwärts bis zur Mongolei und nach China (Nominatrasse). Schließlich brütet die Art in Teilen Ost- und Südafrikas (in der kleineren Rasse *G. b. meridionalis*).

Bestandsschätzung

Der gesamte westpaläarktische Bestand zählt 400–1200 Paare. Davon wohnen <100 Paare in Europa außerhalb der ehemaligen Sowjetunion. Der Bartgeier ist damit Europas seltenster Greifvogel.

Bestandsentwicklung

Noch im vorigen Jahrhundert, in gewissen Gebieten noch zu Beginn des jetzigen, war der Bartgeier ein recht häufiger Vogel in den Gebirgen vieler südeuropäischer Länder. Aber die Art ist verwundbar – es ist eindeutig der erste, der von den 4 europäischen Geiern ausstirbt, nachdem die Bedingungen sich durch Ausbleiben der Nahrung, massiven Abschuß und Auslage strychninvergifteten Aases zur Bekämpfung von Wolf und Fuchs verschlechterten. Dies führte zur Ausrottung in Österreich, der

Bartgeier, ad.

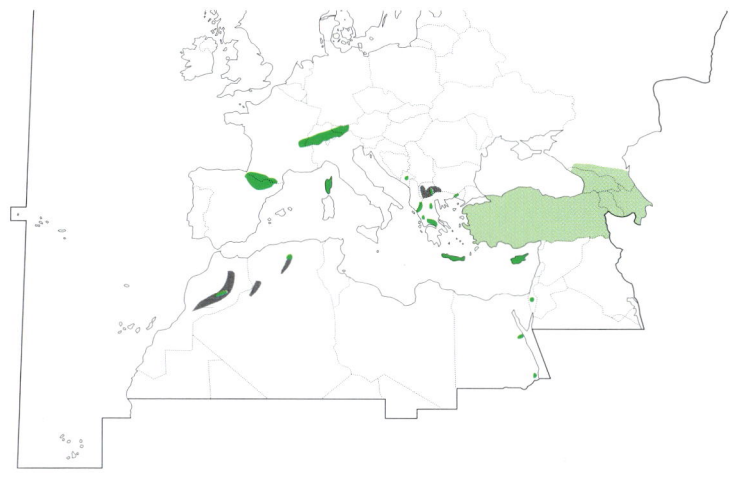

Schweiz, Italien, Rumänien und Bulgarien; wie aus der Tabelle hervorgeht, ist die Art in anderen Ländern dicht vor dem Aussterben. Der Bartgeier ist daher heute mit Abstand der seltenste europäische Geier.

Es gibt aber auch positive Zeichen der Entwicklung, und zwar aus den Pyrenäen, wo die Paaranzahl in den letzten 10 Jahren um rund 50 % anstieg.

Man arbeitet seit einer Reihe von Jahren an der Wiedereinbürgerung des Bartgeiers in den Alpen – zuerst durch Aussetzen afghanischer Vögel (1974). Das war erfolglos. Von 1986 an hat man in der Gefangenschaft aufgezogene Jungvögel freigelassen – bisher (1994) 58 –, und die Vögel kommen gut zurecht. Wir warten nun gespannt darauf, wo das erste Gelege der freien Alpen-Bartgeier ausgebrütet werden wird.

Zug

Standvogel. Bleibt im Brutrevier das ganze Jahr. Die Jungvögel streifen mehr herum, aber verlassen nur ausnahmsweise die Gebirge.

Habitat

Brütet in schluchten- und tälerreichen Hochgebirgen, wo sich gleichzeitig gute Bestände an Steinböcken, Gemsen, Wildschafen oder Almvieh finden. Es scheint für ihn notwendig zu sein, daß dort ein Bestand von Raubwild wie Wolf und Luchs sowie großen Greifvögeln wie Steinadler besteht, von dem er einen Teil der Beute übernehmen kann. In Europa liegen die Brutplätze meist in 1000–2000 m Höhe.

Stimme

Weitgehend schweigsam. Beim Flugspiel hört man einen hohen, absteigenden Trillerlaut, auffallend schwach für einen so großen Vogel. Stimmfühlungslaut ist ein leises »pie«.

Brutbiologie

Brütet in der Regel frühestens im Alter von 5 Jahren – zeitgleich mit dem Anlegen des Erwachsenenkleides. Das Paar lebt in ständiger Ehe. In Südeuropa beginnen die Brutvorbereitungen früh. Bereits im Oktober/November zeigen die Vögel

107

Bartgeier, ad.

Interesse für ihren Brutplatz, und im Dezember/Januar kann man schon den Balzflug sehen. Dabei verfolgen sich die Ehegatten, übersteigen sich im Flug, der untere wirft sich auf den Rücken, und nachdem sich beide mit den Fängen gefaßt haben, lassen sie sich bis fast zur Erde trudeln.

Der Horst, der wahrscheinlich von den Eltern gemeinsam gebaut wird, ist unzugänglich in einer Felswand oder Kleinhöhle angelegt. 1–2 Eier werden von Ende Dezember/Anfang Januar (Südspanien) bis Ende Januar/Anfang Februar (Pyrenäen) gelegt. Beide Eltern brüten, das Weibchen wohl am meisten. Brutdauer 55–60 Tage, Nestlingszeit 100–110 Tage. Obwohl das 2er-Gelege die Regel ist, kommt normalerweise nur ein Junges hoch.

Nahrung – Jagdtechnik

Der Bartgeier weicht in seinem Nahrungsverhalten ab. Er zieht Frischfleisch von jüngst verstorbenen Tieren sowie Knochen vor. Falls darin Mangel besteht, kann er auch Aas und Abfälle fressen. Knochen werden geschluckt, denn der Magensaft ist imstande, sie aufzulösen. Große Knochen werden aus 50–80 m Höhe fallen gelassen und zersplittert. Bleiben sie heil, versucht der Vogel es nochmal. Die gleiche Technik verwendet er auch für lebende Landschildkröten.

Der größte Anteil der Nahrung kommt von tot aufgefundenen Tieren, doch kann der Bartgeier auch selber Beute schlagen. Man hat ihn mehrmals dabei beobachtet, wie er an steilen Abhängen schwache, kranke oder angeschossene Tiere durch Flügelschläge zum Absturz gebracht hat.

Die Beute wird beim regelmäßigen Territorial-Suchflug entdeckt. Oft jagt das Paar zusammen in rund 50 m Höhe. Dieser Suchflug geschieht mit einer solchen Regelmäßigkeit, daß man zur gleichen Zeit Tag für Tag den Vogel an derselben Stelle sehen kann.

Der Bestand des Bartgeiers in der Westparläarktis

Österreich, Schweiz, Frankreich, Italien	?	Es gilt abzuwarten, bis der erste Brutversuch der freigelassenen Bartgeier in den Alpen glückt.
Frankreich (+ Alpen)	25 Paare (1990)[22]	Stabil – sowohl in den Pyrenäen als auch auf Korsika (ca. 10 Paare).
Spanien	58 Paare (1993)[44]	Zunahme in den Pyrenäen; in Andalusien ausgerottet.
Mazedonien	0–2 Paare (1993)[27]	Am Rande der Ausrottung durch Verfolgung und Vergiftung.
Griechenland	10–15 Paare (1993)[43]	Rückgang durch vergiftetes Aas, das für Wolf und Fuchs ausgelegt wird.
Türkei	150–800 Paare (1993)[4]	
Georgien	22–25 Paare (1993)[53]	
Azerbeidschan	ca. 30 Paare (1993)[53]	
Armenien	12–15 Paare (1993)[53]	
Rußland	30 Paare (1993)[50]	
Israel	1 Paar (1991)[5]	Das Paar ist seit 1980 da, hat aber wahrscheinlich noch nicht gebrütet.
Ägypten	10–15 Paare (1982)[35]	
Algerien	< 8 Paare (1982)[35]	
Marokko	10–100 Paare (1982)[35]	

Bartgeier, ad. zusammen mit Alpendohlen.

Schlangenadler

Circaetus gallicus

Verbreitung

Außerhalb des in der Karte ausgewiesenen Gebietes brütet der Schlangenadler in Rußland ostwärts bis zum Balschasch-See, in Teilen Irans sowie auf dem indischen Subkontinent. Keine Rassenbildung. Verwandte Populationen in Afrika, der Mongolei und Nordchina gelten heute meist als selbständige Arten.

Bestandsschätzung

Der westpaläarktische Bestand des Schlangenadlers liegt in der Größenordnung von 8000–16 000 Paaren. In Westeuropa finden sich auf der Iberischen Halbinsel, in Frankreich und in Kroatien die stärksten Bestände.

Bestandsentwicklung

Das Brutgebiet ist in den vergangenen 100 Jahren wesentlich verkleinert worden. Die Nordgrenze lag im 19. Jahrhundert in Nordschleswig, wo der letzte Brutnachweis 1877 gelang. Die fanatische »Raubvogel«bekämpfung traf den Schlangenadler hart, und da sie mit einer tiefgreifenden Landschaftsveränderung zu Ungunsten der Art zusammenfiel, wurde es problematisch. Die Art starb in Mitteleuropa aus. In Westeuropa fiel die Grenze des Brutareals um 1000 km weiter nach Süden ab.

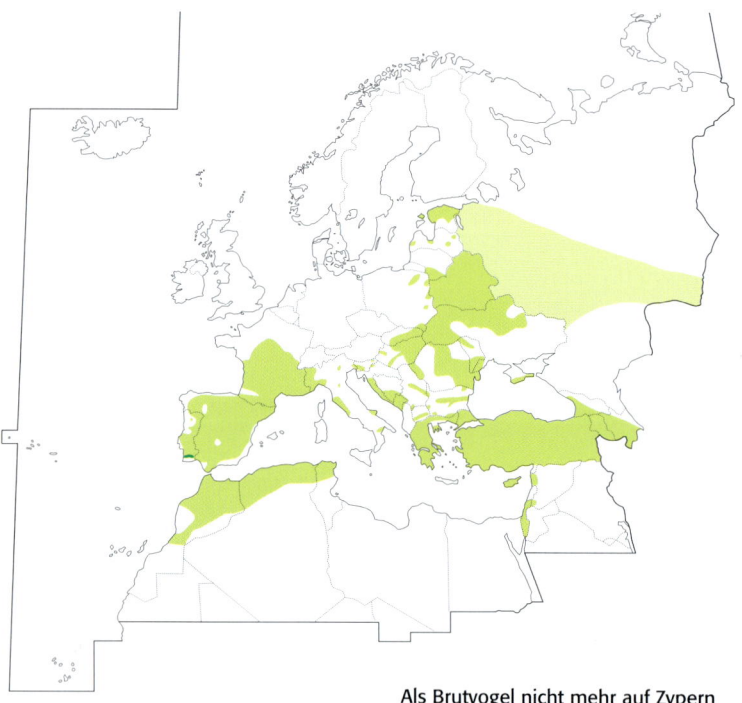

Als Brutvogel nicht mehr auf Zypern gemeldet; Brutvorkommen in Estland.

Heutzutage spielt die direkte Verfolgung nicht länger die entscheidende Rolle, selbst wenn sie örtlich noch ein großes Problem sein kann. Die Ursache für den ausgedünnten Bestand liegt in dem stark verringerten Nahrungsangebot. Kriechtiere gedeihen nicht in Gebieten mit intensiv betriebener Landwirtschaft. Wie man aus der Tabelle S. 113/114 ersieht, ist das aktuelle Bild der Schlangenadler-Bestandsentwicklung stabil. Wo die Landschaft nach wie vor die erforderlichen Qualitäten aufweist, scheint der Vogel sich gut zu entwickeln, zumindest wenn die Schutzmaßnahmen respektiert werden.

Zug

Ausgeprägter Zugvogel mit Winterquartier in Afrika südlich der Sahara. Einzelne Winterbeobachtungen stammen aus Südeuropa.

Folgt im Herbst fast ausschließlich den Leitlinien über Kaukasus, Bosporus und Gibraltar, mit maximal jeweils rund 250, 2350 und 9050 durchziehenden Vögeln, terminlich Mitte August bis Mitte Oktober und mit Höhepunkt Mitte September/Anfang Oktober; bei Gibraltar beginnt der Zug bereits Anfang August.

Der Heimzug passiert den Nahen Osten, Gibraltar (häufiger als im Herbst) und (sekundär) Cap Bon/Tunesien im März/Mai mit dem Höhepunkt in der zweiten Märzhälfte.

Der Schlangenadler wird regelmäßig nördlich des Brutgebietes beobachtet. Beispielsweise liegen aus Schweden 42 Nachweise vor (Stand 1991), Dänemark 14 (Stand 1992), aus Niedersachsen 21 (Stand 1992), aus Baden-Württemberg 67 (1950–1996), wobei eigentlich jedes Jahr Einzelvögel vorkommen. In der Schweiz gab es 105 von 1970–1984, und von Bayern heißt es, daß der Schlangenadler ein seltener, aber regelmäßiger Durchzügler am Alpennordrand sei.

Schlangenadler.

Habitat

Als Kriechtierspezialist an warmes und trockenes Klima gebunden. Im nördlichen Teil des Verbreitungsareals brütet er gerne dort, wo feuchtes Flachland mit Heide, Weiden und Wäldern abwechselt – im südlichen Teil dort, wo trockenes, steiniges oder sandiges Terrain mit Macchie bewachsen ist oder offene Landschaft mit Wäldern abwechselt. Hat eine Vorliebe für sanfte Berglandschaften, wo thermische Aufwinde herrschen. Hält sich nur schlecht in Gebieten, die intensiv kultiviert werden, da hier seine Beutetiere verschwinden.

Stimme

Hört man recht oft. Mannigfach zusammengesetzte, wohlklingende, flötende Laute, die des Männchens etwas an den Pirolruf erinnernd, andere an den Schrei der Sturmmöwe.

Brutbiologie

Brütet wahrscheinlich erstmalig in einem Alter von 3–4 Jahren. Dieselben Vögel bilden oft Jahr für Jahr ein Paar, wenn sie sich im Frühjahr im gemeinsamen Revier wiedertreffen.

Der Balzflug, der zu Beginn der Brutzeit zu sehen ist, ist eine Art »Girlandenflug«, bei dem der Schlangenadler sich wellenförmig bewegt, aufwärts mit ausgebreiteten Flügeln, abwärts mit 1–2 Flügelschlägen.

Beide Eltern bauen den Horst; er steht normalerweise 6–10 m hoch in einem Baum. Das Gelege aus einem Ei wird Ende März (Südwesteuropa) – Ende Mai (Weißrußland) gelegt. Überwiegend brütet das Weibchen, 45–47 Tage. Die Nestlingszeit beträgt 70–80 Tage. Wie lange das Junge von den Eltern abhängig ist, weiß man nicht.

Nahrung

Auf Kriechtiere spezialisiert, mit klarer Vorliebe für Schlangen (bis zu 1,80 m Länge). Sucht sich ganz überwiegend ungiftige Arten, d. h. Nattern, fängt aber auch giftige wie unsere Kreuzotter. Unter 34 Schlangen, die an einem Horst eingebracht wurden, war aber nur eine Kreuzotter. Man hat geschätzt, daß eine Schlangenadlerfamilie täglich mindestens 5 Schlangen verzehrt.

In regenreichen Sommern, in denen es witterungsbedingt nur wenig Reptilien gibt, können die Schlangenadler ihre Schlangenbeute durch Kleinsäuger und Jungvögel ersetzen, so daß das Junge nicht verhungern muß.

Jagdtechnik

Wendet einen rüttelnden Suchflug in 20–30 m Höhe an, aus dem er sich fall-

Schlangenadler schlägt Kreuzotter.

Schlangenadler füttert sein Junges mit einer Schlange.

schirmartig auf die Beute fallen läßt. Er kann sich aber auch aus großer Höhe (bis 400 m) im Sturzflug mit halbgeschlossenen Flügeln auf die Beute stürzen.

Vor allem im Winterquartier jagt der Schlangenadler von einem Ansitz, etwa einem Leitungsmast, einem Baum oder Pfahl aus. Daneben sucht er auch zu Fuß nach Beute.

Die Schlangen werden durch einen Nackengriff gefangen und getötet. Nur selten lebt die Schlange noch beim Transport zum Horst oder beim Verschlingen.

Der Schlangenadler ist gegen Schlangengift nicht immun, aber seine durch Schuppen gepanzerten Beine und das dichte Federkleid geben ihm einen gewissen Schutz, so daß er sich auch an Giftschlangen wagen kann.

Der Bestand des Schlangenadlers in der Westpaläarktis

Rußland	1000 Paare (1993)[50]	Gilt im europäischen Landesteil als gefährdete Art.
Weißrußland	200–250 Paare (1993)[18]	Scheint stabil.
Ukraine	100–200 Paare (1996)[81]	Stabil.
Estland	1–5 Paare (1993)[19]	Stabil.
Lettland	5–12 Paare (1993)[16]	Schwankender Bestand. Aber über längere Zeit stabil.
Litauen	2–3 ? Paare (1993)[10]	Kein sicherer Brutnachweis, aber im Süden regelmäßig zu sehen.

Polen	20–30 Paare (1990)[11]	Anscheinend stabil.
Portugal	250–300 Paare (1993)[26]	Stabil. Lokale Zunahmen.
Spanien	1000–2000 Paare (1993)[44]	Stabil?
Italien	200–400 Paare (1993)[33]	Rückgang.
Frankreich	740–1100 Paare (1992)[22]	Stabil.
Ungarn	50 Paare (1993)[58]	Stabil.
Slowakei	20–30 Paare (1990)[8]	Stabil.
Slowenien	10–15 Paare (1990)[8]	Stabil.
Kroatien	400–500 Paare (1993)[30]	Stabil.
Serbien	60–75 Paare (1993–95)[73]	Stabil seit Jahrzehnten.
Herzegowina	ca. 20 Paare (1993)[28]	
Montenegro	30–50 Paare (1993–95)[73]	Stabil.
Mazedonien	40–60 Paare (1993)[27]	Stabil?
Bulgarien	ca. 100 Paare (1993)[21a,b]	Bestand seit den 60er Jahren halbiert. Nun anscheinend stabil.
Moldawien	? Paare (1993)[32]	Kein sicherer Brutnachweis in den letzten Jahren. Ist wahrscheinlich selten.
Rumänien	80–100 Paare (1994)[62]	Es fehlen Daten aus der Walachei.
Georgien	4–5 Paare (1993)[53]	Stabil.
Griechenland	300–500 Paare (1993)[43]	Stabil.
Türkei	2000–8000 Paare (1993)[4]	
Syrien	30–40 Paare (1993)[20]	Wird stark verfolgt, wie alle Greifvögel in Syrien.
Israel	300–400 Paare (1980er Jahre)[5]	
Tunesien	> 200 Paare (1982)[35]	
Algerien	selten (1982)[35]	
Marokko	> 1000 Paare (1982)[35]	

Rohrweihe, ad. Weibchen über dem Brutgebiet

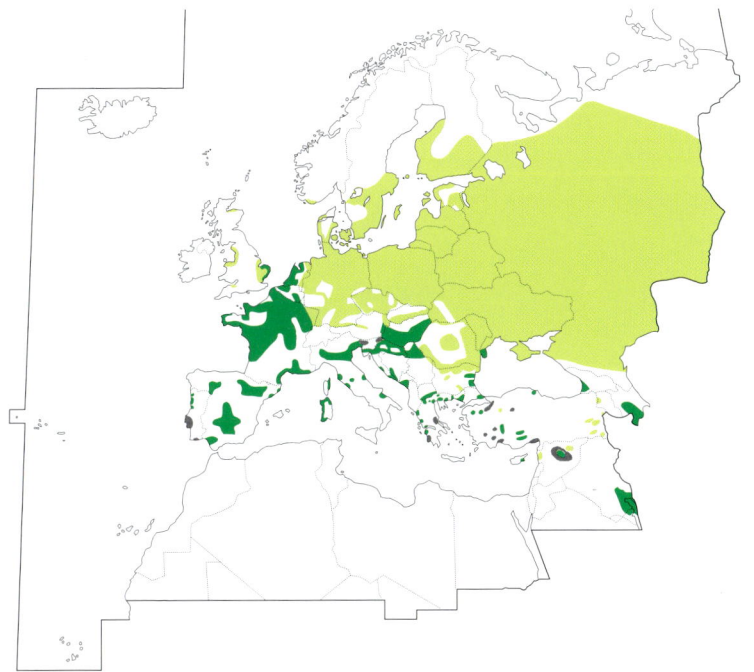

Rohrweihe

Circus aeruginosus

Verbreitung

Die Rohrweihe ist in der Westpaläarktis als Brutvogel weit verbreitet. Ostwärts verläuft das Brutgebiet in einem breiten Gürtel bis zum Pazifik.

Der größte Teil der Westpaläarktis wird von der Nominatrasse bewohnt, die in Nordafrika von *C. a. harterti* abgelöst wird. Bei letzterer ist das Männchen unterseits heller und oberseits dunkler, das Weibchen fast weiß am Kopf, auf Rücken und Brust. Vom Baikalsee und der nördlichen Mongolei an trifft man die Rasse *C. a. spilonotus*. Deren Männchen sind leicht erkennbar gegenüber der Nominatrasse durch das Weiß von Kopf, Hals, Unterseite und auf dem vordersten Teil des Rückens. Darüber hin-

aus 5 weitere Rassen: auf Madagaskar, Neuguinea, in Australien, auf Neuseeland und Inseln des Stillen Ozeans brütend.

Bestandsschätzung

Die Angaben in der Tabelle S. 120/121 zeigen, daß der westpaläarktische Gesamtbestand 60 000–68 000 Paare zählt. Schwerpunktgebiete sind Rußland, Weißrußland, Ukraine, Baltikum, Polen, Deutschland.

Bestandsentwicklung

Die Rohrweihe wurde von den großen Vernichtungsfeldzügen von ca. 1750 bis 1950 so hart getroffen, daß sie zu Beginn unseres Jahrhunderts zur vollständigen Ausrottung auf den Britischen Inseln führten. In einer ganzen Reihe anderer Länder wurde der Bestand so gewaltig reduziert, daß die Art in meh-

Rohrweihe, ad. Männchen.

reren Ländern von der Ausrottung bedroht war.

Neben der direkten Verfolgung war auch die Trockenlegung vieler Brutbiotope eine wesentliche Ursache der Abnahme. Selbst durch Unterschutzstellung der Art in den 50er und 60er Jahren wurde die negative Entwicklung nicht gestoppt. Aber Mitte der 70er Jahre geschah plötzlich einiges. Der Bestand wuchs so schnell, daß es die Fachleute verblüffte. Besonders in Dänemark stieg der Bestand an, von ca. 80 Paaren 1970 auf 310 Paare 1979 und 500 Paare 1983, das ist ein jährlicher Zuwachs von 8–23 %. In Schleswig-Holstein blieb der Bestand konstant bei 250 Paaren mit einer vorübergehenden Spitze in 1979 von 350 Paaren.

Auch der mecklenburgische Bestand hat sich mit 900–1100 Paaren recht gut gehalten. Positive Meldungen kamen auch aus Brandenburg, vom Bodensee, aus Schweden, den Niederlanden und England. Negative laufen ständig ein aus Südeuropa. Leider ist in einigen dieser Länder der Abschuß noch erlaubt, und die Biotopvernichtung geht munter weiter. Schilfernte und Störungen am Brutplatz verschärfen dort die Situation.

Daß die Rohrweihe plötzlich diesen markanten Sprung nach vorne tat, beruhte vermutlich darauf, daß in zwei Punkten klare Verbesserungen eintraten: Die Umwelt wurde sauberer, und die Jagd nahm ab. Das letztere führte auf alle Fälle dazu, daß die zutraulichsten Vögel nicht mehr notwendigerweise abgeschossen wurden. Sie können sich daher auch in kleineren Biotopen und in unmittelbarer Nähe des Menschen ansiedeln. Eine gewisse Neunutzung geschah auf diese Weise in den letzten Jahren, da die sichersten Brutgebiete von anderen Rohrweihen bereits besetzt sind.

Zug

Die nördlichen und östlichen Bestände sind Zugvögel, ihre Winterquartiere liegen im Mittelmeerraum und in Afrika, überwiegend südlich der Sahara. Südlichere Populationen sind Teilzieher oder streifen umher, nordafrikanische Rohrweihen *(C. a. harterti)* sind anscheinend Standvögel.

Zieht nach Südsüdwesten bis Südwesten (skandinavische, mittel- und westeuropäische über Frankreich und Spanien), die finnischen nach Süden bis Südwesten über Italien und Malta und das westliche Mittelmeer.

Ist Breitfrontzieher, der sich nicht scheut, Wasser zu überqueren. Es gibt daher keine spektakulären Zahlen von den bekannten »Trichterorten«.

Die schleswig-holsteinischen Rohrweihen ziehen von Anfang August bis Mitte September ab, die meisten mecklenburgischen im September. Der Durchzug etwa am Bodensee beginnt Mitte August mit Höhepunkt Mitte September bis Anfang Oktober; im Rheinland im August und September.

Winterbeobachtungen in Mitteleuropa sind extrem selten. Der Heimzug im Frühjahr hat z. B. am Bodensee seinen Höhepunkt Ende März bis Mitte April. Die mecklenburgischen Brutvögel kommen überwiegend zwischen 24. März und 15. April heim, die schleswig-holsteinischen überwiegend ab 3. Märzdekade und bis Mitte April.

Rohrweihe, ad. Weibchen mit Nistmaterial.

Rohrweihe, ad. Männchen bringt Brasse zu den Jungen.

Habitat

Konstante Brutplätze finden sich primär in großen, dichten Rohrwäldern mit gutem Nahrungsangebot und wenig Störungen, entweder an Seen, Mooren, Lagunen oder an großen Buchten. Schmale Rohrgürtel entlang von Flüssen können aber auch als regelmäßige Brutplätze von der Rohrweihe genützt werden. Besetzt werden manchmal auch kleinere Rohrflächen, u. U. nur unregelmäßig.

Ausnahmsweise (?) wird der Erdhorst in Getreide- und Rapsfeldern angelegt, in Heide und Schonungen. Seit Beginn der 70er Jahre nehmen solche Nachweise zu, was auf eine Umprägung hindeuten könnte.

Stimme

Wird fast nur während der Brutzeit gehört. Beim Balzflug hört man vom Männchen ein kläglich klingendes, kiebitzartiges »kuäh« oder »klijäh«, als Revierverteidigungsruf »quik«, vom Weibchen ein »quebebebob«, von beiden als Warnruf ein schnelles »kikekike«.

Brutbiologie

Wird normalerweise mit 2 oder 3 Jahren geschlechtsreif. Männchen können aber bereits als Einjährige brüten. Die Paarbildung erfolgt im Revier. Die Eltern können sich hier über mehrere Jahre erneut verpaaren, aber es scheint nicht häufig zu geschehen. Polygamie kommt vor.

Den Balzflug sieht man sofort nach Ankunft am Brutplatz. Die vom Männchen gezeigte Luftakrobatik in großen Höhen mit Sturzflügen, Scheinangriffen gegen das Weibchen und Seitwärtskippen ist ein fesselndes Ereignis.

Der Horst, der normalerweise im dichtesten Rohrwald steht, wird überwiegend vom Weibchen gebaut. Das Männ-

chen baut oft für Eigengebrauch eine Plattform als Ruhe- und Freßplatz.

Die 3–6 Eier (Nachgelege ab 2) werden in Südeuropa Ende März, in Schleswig-Holstein in der zweiten Aprilhälfte und Anfang Mai gelegt, an den nördlichsten Brutplätzen in Finnland Ende Mai/Anfang Juni. Nur das Weibchen brütet, Dauer 31–34 Tage. Die Bebrütung be-

Rohrweihenmännchen landet mit der Beute und wird von den hungrigen Jungen fast überfallen. Das Kleinste (rechts unten) hat aufgegeben und wird wohl verhungern.

ginnt mit dem 1. oder 2. Ei, selten mit dem 3. Wie bei vielen Greifvögeln schlüpfen die Jungen nicht gleichzeitig. In großen Gehecken sterben oft die jüngsten Jungen. Sie unterliegen dem Kampf um die knappe Nahrung.

Das Männchen versorgt das Weibchen während des Brütens und jagt auch in den ersten Lebenswochen der Jungen alleine. Die Beute wird auf die für Weihen typische Art übergeben: Das Männchen läßt sie fallen, und das Weibchen fängt sie in der Luft.

Die Nestlingszeit beträgt 30–40 Tage, die Führungszeit weitere 15–25 Tage. Die letzte Aufzuchtphase bestreitet das Weibchen alleine.

Viele Bruten gehen verloren: in Schleswig-Holstein von 219 34 %. Die Jungenproduktion betrug 2,0; in Ostdeutschland 3,16 Junge pro Gelege (1964–93) im beringungsfähigen Alter (n = 5149).

Nahrung

Sehr vielseitig. Kann sich zur Brutzeit stark spezialisieren.

Die Zusammenstellung von 2146 Beutetieren aus mehreren Untersuchungen (Glutz et al.) ergab 954 Kleinnager bis zur Größe von kleinen Wühlmäusen (44 %), 302 Kleinvögel (14 %), 194 größere Vögel (9 %), 189 größere Nagetiere = Ratten, Hamster, Wühlmäuse, Maulwürfe (9 %), 124 größere Singvögel und kleine Limikolen (6 %) und 121 Frösche (6 %).

Unsere schleswig-holsteinischen Rohrweihen haben einen ähnlich reichen Speisezettel: Von 1897 Beutetieren waren 32,2 % Nagetiere und 57 % diverse Vögel; Amphibien machten nur 2,3 % aus. Unter den Vögeln waren am stärksten betroffen Rohrammern (162), Feldlerche (142) und Star (111) = 21,8 % der Gesamtbeute.

Die erbeuteten Vögel sind überwiegend Jungvögel; durch Überrumpelung kann die Rohrweihe auch erwachsene Bläßhühner und Rallen fangen. Enten sind zu schnell für sie.

Die Hauptbeute zur Brutzeit ergibt sich aus ihrer Häufigkeit vor Ort und wechselt daher regional erheblich: am Neusiedler See Ziesel, in den Niederlanden (2 Gebiete) Kaninchen und Frösche, in

Der Bestand der Rohrweihe in der Westpaläarktis

Land	Bestand	Bemerkung
Dänemark	ca. 600 Paare (1989)[29]	Nach einer starken Zunahme ab 1970 bis Beginn der 80er Jahre Bestand jetzt stabil.
Norwegen	0–1 Paar (1993)[55]	Neuer Brutvogel.
Schweden	1400 Paare (1995)[70]	Starke Zunahme in den letzten 15 Jahren, besonders im Süden.
Finnland	250–300 Paare (1993)[24]	Zunahme.
Rußland	30 000 Paare (1993)[50]	
Weißrußland	2200–3000 Paare (1993)[18]	Der Bestand schwankt, ist aber wohl in den letzten 20 Jahren gewachsen.
Ukraine	5500–6000 Paare (1993)[31]	Zunahme.
Estland	300–500 Paare (1994)[19]	Starke Zunahme.
Lettland	300–500 Paare (1993)[16]	Starke Zunahme.
Litauen	ca. 400 Paare (1993)[10]	Stabil.

Polen	2000–2500 Paare (1993)[11]	Zunahme.
Deutschland	10 000 Paare (1993)[1]	Der Bestand wuchs stark in den letzten Jahren.
Niederlande	1370–1410 Paare (1993)[2]	Stetige Zunahme. Sättigungspunkt scheint aber nahezu erreicht.
Belgien	70 Paare (1993)[17]	
Großbritannien	ca. 110 Paare (1991)[12]	Starke Zunahme. Breitet sich westwärts aus Brückenkopf aus.
Irland	7 Paare (1991)[12]	Einwandernd.
Frankreich	740–1000 Paare (1982)[22]	Zunahme seit 1979.
Portugal	33–42 Paare (1993)[26]	Schwacher Rückgang.
Spanien	417–448 Paare (1991)[44]	Stabil.
Italien	70–100 Paare (1992)[33]	Entwicklung unbekannt.
Österreich	170 Paare (1993–94)[76]	Zunahme.
Ungarn	1000 Paare (1993)[58]	Stabil.
Tschechien	900–1200 Paare (1993)[8]	Starke Zunahme.
Slowakei	300–400 Paare (1990)[8]	Starke Zunahme.
Kroatien	150–200 Paare (1993)[30]	Zunahme?
Serbien	80–110 Paare (1993–95)[73]	Fast alle an den großen Flüssen des Nordens.
Herzegowina	selten (1993)[28]	
Montenegro	15–20 Paare (1993–95)[73]	Im Süden; stabil.
Mazedonien	5–12 Paare? (1993)[27]	Rückgang durch Biotopvernichtung und (wahrscheinlich) Verfolgung.
Bulgarien	> 100 Paare (1993)[21a] ca. 70 Paare (1993)[21b]	
Rumänien	700–900 Paare (1994)[62]	
Moldawien	wenige (1993)[32]	
Georgien	25–30 Paare (1993)[53]	
Griechenland	60–100 Paare (1993)[43]	Schwache Zunahme.
Türkei	1000–5000 Paare (1993)[4]	
Zypern	0 Paare (1995/6)[59]	Kein Brutvogel, gelegentlich übersommernd.
Syrien	5–10 Paare? (1993)[20]	
Tunesien	50 Paare (1982)[35]	
Algerien	? Paare (1982)[35]	
Marokko	100–500 Paare (1982)[35]	

Ostpreußen und Südfinnland Singvögel, Wat- und Möwenvögel, in England Hühnervögel.

Jagdtechnik

Tiefer Suchflug über Rohrwäldern und allen angrenzenden offenen Geländen. Versucht die Beute durch plötzliches Erscheinen zu überrumpeln.

Über übersichtlichem Gelände wird die Jagd nach einem Fehlschlag schnell aufgegeben. Bei der Wasserjagd ermattet die Rohrweihe den Vogel, indem sie ihn ständig zum Wegtauchen zwingt.

Kornweihe

Circus cyaneus

Verbreitung

Außerhalb des in der Karte ausgewiesenen Areals brütet die Kornweihe (Nominatrasse) in einem breiten Gürtel ostwärts durch Rußland bis zum Pazifik. Jenseits des Pazifik wird sie in der Nearktis (also USA und Kanada) durch die Rasse *C. c. hudsonicus* abgelöst. Desweiteren bewohnen zwei Rassen Südamerika.

Bestandsschätzung

Die angegebene Zahl in der Tabelle S. 126 ergibt einen Bestand von 23 000–25 000 Paaren. Die Zahl müssen wir mit Vorbehalt betrachten, denn die Kornweihe gehört zu den Arten, die schwer zu erfassen sind. Zudem schwankt die Anzahl Brutpaare im Takt mit den Schwankungen des Kleinnagerbestandes.

Bestandsentwicklung

Die Kornweihe war in unserem Jahrhundert einem ausgeprägten Rückgang in den dicht besiedelten, industrialisierten und intensiv agrarwirtschaftlich genutzten Gebieten ausgesetzt und ist es leider noch heute. Die Bedrohung durch Abschuß hat stark nachgelassen. Eine Reihe von Brutgebieten sind dennoch aufgegeben worden: Belgien, Luxemburg, Österreich.

Daß der massive Abschuß in früheren Zeiten eine wesentliche Ursache für die negative Entwicklung gewesen ist, illu-

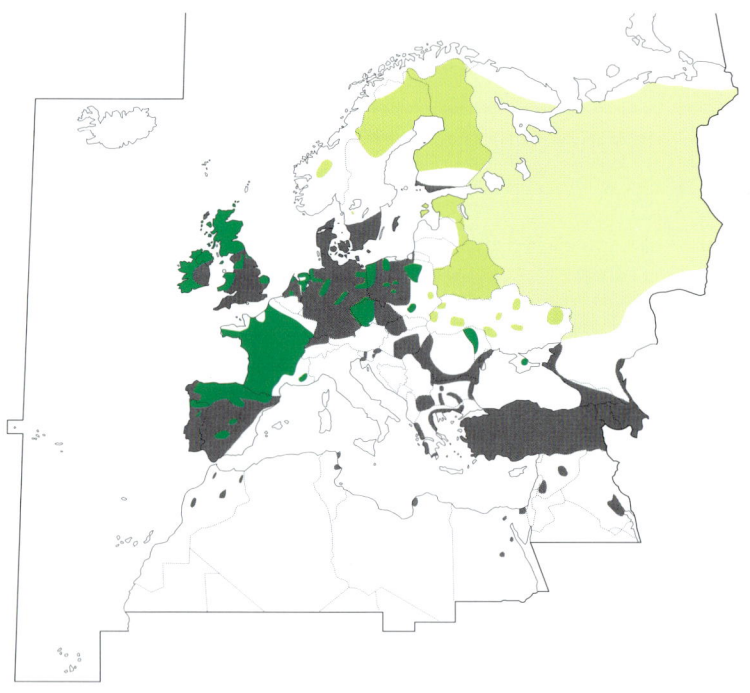

Kornweihe,
ad. Männchen.

strieren die Verhältnisse auf den Britischen Inseln. Hier wurde der Bestand nahezu ausgerottet und überlebte nur auf den Hebriden und den Orkneys. Nach der Unterschutzstellung Ende der 30er Jahre begann ein Aufwärtstrend, der, geschützt durch die Kriegsjahre, der Kornweihe ermöglichte, sogar den »chemischen Krieg« in den 50er und 60er Jahren expandierend durchzustehen.

In Deutschland brütet die Kornweihe nicht alljährlich in Schleswig-Holstein (bis zu 5 Paare), regelmäßig in Mecklenburg (ca. 20 Paare) und Brandenburg (45–50 Paare), in Niedersachsen (10–15 Paare), nicht mehr im Rheinland (seit 1967 ausgestorben) und in Bayern (seit 1956 ausgestorben).

Die Bestandsschwerpunkte der Art liegen in Rußland, Schweden und Finnland, auf den Britischen Inseln sowie in Frankreich und Nordspanien. Diese 3 Gebiete beherbergen ca. 98 % der Brutpaare der Westpaläarktis.

Zug

Die südlichen Populationen sind Stand- oder Strichvögel, die nördlichen ausgeprägte Zugvögel, die von August bis Oktober bevorzugt südwestwärts in ihre Winterquartiere in Südschweden, Mittel-, West- und Südeuropa und in die Türkei ziehen. Die britischen Vögel sind überwiegend Strichvögel.

Als echte Weihen sind auch die Kornweihen Breitfrontzieher, so daß kaum nennenswerte Zahlen an den bekannten Zugtrichtern beobachtet werden können.

Die Vögel räumen die nördlichen Brutplätze Ende August; bereits Mitte August sieht man die ersten bei Falsterbo; in Mecklenburg verläuft der Zug von Mitte August bis Mitte November, der Gipfel liegt im Oktober; am Bodensee erscheinen die ersten Ende September, und im Oktober läuft der Durchzug ab. Das gleiche gilt für das Rheinland. Im November kommen die Wintergäste in beiden Gebieten an.

Der Verlauf des Heimzuges in Mitteleuropa wird durch den späten Abzug (in einigen Gebieten, z. B. Schleswig-Holstein, April/Mai) sehr verschleiert. Mecklenburgische Kornweihen kommen überwiegend in der 1. Aprilhälfte heim. Im Rheinland geht der Frühjahrszug von Ende Februar bis Mitte/Ende April vor sich, mit Nachzüglern im Mai.

Das Verhältnis ausgefärbter Männchen zu den Weibchen und Jungvögeln im braunen Kleid war für das Rheinland 217 : 496 = 30,5 : 69,5 %, beim Frühjahrszug je 50 % (n = 53). In Bayern betrug es 304 : 737 = 29,3 : 70,7 %. In Dänemark hingegen liegt der Anteil ad. Männchen zwischen 8 und 14 %.

Habitat

Anpassungsfähiger als die anderen Weihen. Bevorzugt wird das offene Flachland in Form von Heide, Trockenrasen, Flachmooren und anderen Feuchtgebieten; brütet aber auch lokal in der Feldmark, z. B. in Schleswig-Holstein (in 9 von 12 Fällen). Die Art hat sich damit der Kultursteppe angepaßt.

Jagd meistens über Ackerland, Weiden und Feuchtgebieten. Wird im Winter regelmäßig in der Nähe bebauter Gebiete gesichtet.

Stimme

Meist zur Brutzeit zu hören. Während des Balzfluges ruft das Männchen hastig »kekekeke«, das Weibchen höher »chick-ik-ik-ik-ik-ick«. Bei Übergabe am Horst ruft das Männchen ein dumpfes »guor-guork«. Beider Stimmfühlungslaut klingt wasserfroschähnlich »quorr«. An den Gemeinschaftsschlafplätzen sind die Vögel auch stimmlich aktiv – häufig mit einem kreischenden »sriee«.

Brutbiologie

Brütet normalerweise erstmals im Alter von 2–3 Jahren. Gelegentlich brüten

Das Jüngste, gestorben durch Verhungern, wird zerteilt und an die übrigen Jungen verfüttert. Man beachte die Größenunterschiede der Jungen.

auch einjährige Vögel, besonders in nahrungsreichen Jahren.

Die Paarbildung erfolgt im Revier. Die meisten Paare leben in Einehe. In dichten, kolonieähnlichen Beständen (die Horste können voneinander in nur 50 m Abstand stehen) ist Polygamie ziemlich häufig. In diesem Falle ist ein Männchen mit 2–3 Weibchen gepaart, im Extrem mit bis zu 6.

Der Balzflug ist sehr auffallend. Das Männchen steigt in einem seeschwalbenartigen Flug auf große Höhe (20–30 m) und stürzt von dort mit abgewinkelten oder angelegten Flügeln erdwärts, fängt sich und steigt erneut zum nächsten Sturzflug auf; ein Spiel, das sich gut bis 20mal wiederholen kann. Purzelbäume rückwärts, Rollen und Trudeln gehören zum Repertoire. Die Rolle des Weibchens ist meist bescheiden. Es kann aktiv teilnehmen, ist aber meistens nur Ziel der männlichen Sturzflüge. Diese »pariert« das Weibchen, indem es sich herumwirft und ihm die Fänge entgegenstreckt.

Der Horst steht am Boden auf trockenem oder feuchtem Grund, im allgemeinen in recht hoher Vegetation. Das Weibchen ist der fleißigste Horstbauer.

Die (3) 4–6 (7) Eier werden in Mitteleuropa und in Schottland von Ende April bis Mitte Juni, am häufigsten in der 2. Maihälfte gelegt; in Skandinavien von Anfang Mai bis Mitte Juni. Die Gelegegröße hängt vom Nahrungsangebot an Kleinnagern ab.

Die Bebrütung, die mit dem 2., 3. oder 4. Ei beginnt, erfolgt durch das Weibchen und dauert 29–30 (39) Tage, für das einzelne Ei 29–37 Tage. Die Nestlingszeit beträgt 31–35 (42) Tage.

Das Männchen versorgt das brütende Weibchen mit Nahrung und fängt in den ersten Lebenswochen das Futter für die Familie allein. Das Weibchen jagt erst mit, wenn die Jungen älter geworden sind. Nachdem die Jungen flugfähig sind, überläßt das Männchen dem Weibchen die weitere Betreuung für die 2–3 Wochen des Selbständigwerdens nach Verlassen des Horstes.

Das Weibchen fliegt zur Übernahme der Beute dem Männchen entgegen und bettelt das rufende Männchen laut an. Es übernimmt die vom Männchen gebrachte Beute nach Umdrehen auf den Rücken mit den Fängen.

Die Jungenproduktion variiert wie die Gelegestärke mit der verfügbaren Futtermenge. Am eingehendsten ist die Population der Orkney-Inseln untersucht worden, bei der die Anzahl der Jungvögel pro Jahr zwischen 0,7 und 2,2 (im Mittel 1,3) pro Gelege schwankt. Der Bestand ist dort recht dicht und stark polygam. Das ergibt erfahrungsgemäß eine geringere Jungenproduktion.

Norwegische Untersuchungen ergaben 2,3 Junge in guten Wühlmausjahren und 1,8 in schlechten pro erfolgreicher Brut.

Im Jahr 1995 wurde auf den Orkney-Inseln eine sehr seltene Mischbrut zwischen Steppenweihe-Männchen und Kornweihe-Weibchen beobachtet.

Nahrung

Ist ausgesprochen spezialisiert auf Kleinsäuger und Kleinvögel, wobei bei windigem Wetter der Vogelanteil steigt und umgekehrt. Das gleiche gilt verstärkt bei Schneefall im Winter, wenn die Feldmaus nicht mehr erreichbar ist. Unter den Kleinsäugern stellt die Feldmaus die Hauptbeute. In guten Feldmausjahren kann sie bis 90 % der Nahrung ausmachen, in schlechten 21 %. Lokal können junge Kaninchen die Hauptbeute stellen, etwa auf Terschelling.

An Vögeln werden besonders Bodenbrüter gefangen, wie Pieper, Lerchen, Ammern, außerdem u. a. Drosseln und Junge von Limikolen, Enten und Hühnervögeln.

Die Beuteliste kann an 4 zusammengestellten Untersuchungen – 2 deutschen, je 1 niederländischen und norwegischen – veranschaulicht werden. Von insgesamt 624 Beutetieren waren Kleinnager 346 (55 %), Kleinvögel 150 (24 %), junge Kaninchen und Hasen 55 (9 %, gewichtsmäßig etwas mehr), Junge von Limikolen, Hühnervögeln und Enten 19 (3 %). Die restlichen 3 % bestanden aus größeren Nagern, Spitzmäusen, Insekten und Eidechsen.

Jagdtechnik

Streift in tiefem Suchflug mit stetigen Flügelschlägen über offener Landschaft. Gelegentlich wird auch Standjagd von einer Erhöhung aus ausgeübt.

Der Bestand der Kornweihe in der Westpaläarktis

Dänemark	ca. 5 Paare (1993)[29]	Schwankend. Aber Entwicklung in den letzten Jahren positiv.
Norwegen	10–100 Paare (1993)[55]	Schwankender Bestand.
Schweden	1000–2000 Paare (1981)[23]	Durchzugszahlen von Falsterbo deuten auf Zunahme seit den 40er und 50er Jahren hin.
Finnland	3000 Paare (1993)[24]	Population stabil, schwankt aber mit dem Nagetierbestand.
Rußland	15 000 Paare (1993)[50]	
Weißrußland	300–500 Paare (1993)[18]	Scheint generell stabil, aber schwankt.
Ukraine	10–15 Paare (1993)[31]	Sehr starker Rückgang.
Estland	200–300 Paare (1994)[19]	Rückgang.
Lettland	10–20 Paare (1993)[16]	Rückgang.
Litauen	?	Ab und an Sommergast, doch keine Brutnachweise.
Polen	ca. 50 Paare (1993)[11]	Rückgang.
Deutschland	> 100 Paare (1993)[1]	
Niederlande	130–150 Paare (1993)[2]	Zunahme, besonders auf den Inseln
Großbritannien	ca. 500 Paare (1991)[12]	Bestand leidlich stabil – trotz heftiger Verfolgung in den Moorhuhnrevieren und Verlust geeigneter Biotope.
Irland	ca. 125 Paare (1991)[12]	Rückgang durch Trockenlegung früherer Brutareale.
Frankreich	2500–3600 Paare (1982)[22]	Zunahme in den letzten 20 Jahren
Portugal	10–20 Paare (1993)[26]	Bestandsentwicklung unbekannt.
Spanien	837–1000 Paare (1994)[61]	Starke Zunahme.
Tschechien	50–80 Paare (1993)[8]	Stabil.
Bulgarien	vielleicht seltener Brutvogel (1993)[21 b]	
Moldawien	wenige (1993)[32]	

Kornweihe, ad. Männchen.

Wiesenweihe

Circus pygargus

Verbreitung

Das Brutareal der Wiesenweihe erstreckt sich bis zum Jenissei. Keine Rassengliederung.

Bestandsschätzung

Die angegebenen Bestandszahlen (s. Tabelle S. 132–134) summieren sich zu 32 000–35 000 Paaren in der gesamten Westpaläarktis.

Die Bestandsschwerpunkte der Wiesenweihe liegen in Frankreich, Spanien, Portugal sowie in Rußland, Weißrußland, dem Baltikum und in Polen.

Bestandsentwicklung

Sie verlief untypisch. Noch während der Jagddruck zu Beginn des Jahrhunderts schwer auf dem gesamten Greifvogelbestand lastete, vermochte die Wiesenweihe nordwärts zu expandieren. Die Art brütete z. B. in Schleswig-Holstein erstmals 1870, in Dänemark erstmals 1900; in Mecklenburg war die Art 1939 nur an der Lewitz Brutvogel, 1975 brüteten in Mecklenburg 25–35 und 1968 40–50 Paare. Allgemein setzte in Europa in den 40er Jahren der Rückgang ein, trotz abnehmender Jagd. Aber andere negative Faktoren kamen hinzu: Umweltgifte verheerten diese Jahre, das Entwässern und Trockenlegen guter Biotope florierte, und das Abschießen während des Zuges durch Südeuropa ist ein kontinuierliches Problem. Viele Bruten wurden durch Erntemaschinen vernichtet.

Zu diesen negativen Faktoren müssen wir anscheinend heute einen weiteren anfügen: die Vergiftung von Vögeln im

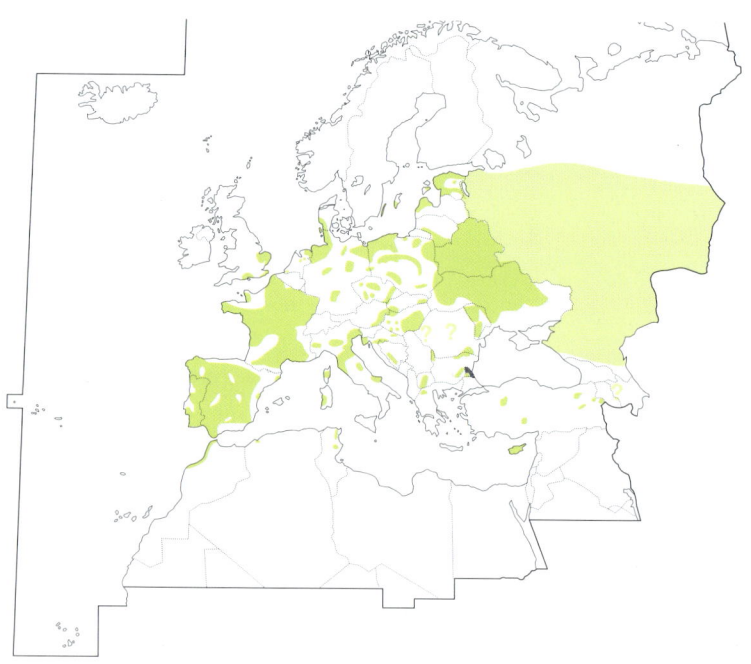

Winterquartier, wo sie häufig in Baumwollplantagen, die mit Dieldrin gespritzt wurden, übernachten.

Das alles zusammen hat einen gewaltigen Bestandsrückgang gebracht, am intensivsten in den trockengelegten Gebieten.

Wie aus der Tabelle S. 132–134 hervorgeht, ist die bisherige negative Entwicklung in den einzelnen Ländern nur kennzeichnenderweise von Stabilität oder Zuwachs abgelöst worden, jedoch mit deutlich flukturierenden Beständen aufgrund der starken Abhängigkeit der Wiesenweihe vom Vorhandensein ihrer Hauptbeute, den Kleinsäugern. Rückgang finden wir aber ebenfalls in einer Reihe von Ländern, sicherlich überwiegend als Folge der Vernichtung optimaler Brutbiotope.

Zug

Ausgeprägter Zugvogel mit Winterquartier südlich der Sahara. Die ad. Wiesenweihen verlassen die Brutplätze nach dem Selbständigwerden der Jungvögel in Schleswig-Holstein gegen Mitte August; die juv. folgen etwas später. Der Durchzug ist Ende September sowohl in Schleswig-Holstein als auch im Rheinland abgeschlossen. Wegen der enormen Bestimmungsschwierigkeiten der Weibchen- und Jugendkleider bleiben Einzelheiten des Herbstzuges weitgehend obskur. Die Art ist Breitfrontenzieher; schleswig-holsteinische Vögel wurden sowohl in Südfrankreich und Spanien erlegt, als auch auf Malta. Der Zug zeigt gegenüber anderen Weihenarten eine gewisse Konzentration auf den Zugtrichter Gibraltar (ca. 1700 in 1972) im September, die anderswo nicht auftritt.

Der Heimzug passiert Gibraltar Ende März und April. Die Ankunft in Schleswig-Holstein und Nordschleswig erfolgt etwa am 21. April; die Masse trifft bis Anfang Mai ein, die letzten kommen Mitte Mai.

Wiesenweihe, ad. Weibchen.

Habitat

Ein Zwischending zwischen denen der Rohrweihe und der Kornweihe. Bevorzugt als Brutplatz breite Flußtäler, Moore, vor allem Flachmoore, feuchte Randzonen von Seen und Mooren. Hat sich der Kultursteppe angepaßt und brütet auch auf trockenen Arealen, z. B. in Grasfluren und Getreideäckern.

Jagd über feuchter, offener Landschaft, Weiden, Heide, Kulturland und, besonders im Herbst, Weinfeldern.

Stimme

Hört man selten und fast nur nahe den Horsten. Beim Balzflug erklingt vom Männchen ein stakkatoartiges, schnelles, recht hohes »käkäkä«. Der Alarmruf ist ein hastiges »jick-jick-jick«. Der Bettelruf des Weibchens bei Beuteübergabe ist ein durchdringendes »psiüü«.

Brutbiologie

Brütet normalerweise erstmals im Alter von 2 oder 3 Jahren. Selten sieht man einjährige Weibchen auf dem Horst.

Die Paarbildung erfolgt im Revier. Die Vögel sind ortstreu, so daß wahrscheinlich die Eltern sich oft erneut verpaaren. Den Balzflug sieht man wie bei Rohrweihe und Kornweihe sofort nach der Ankunft.

Brütet einzeln, in guten Habitaten in lockeren Kolonien, mit Nestabständen von 10–100 m. Bigamie ist häufig und nicht auf Koloniebrüten beschränkt.

Der auf der Erde stehende Horst in hoher Vegetation wird überwiegend vom Weibchen gebaut. Die (2) 3–6 Eier (höhere Gelegestärke deutet auf ein 2.Weibchen hin) werden in Mitteleuropa Mitte Mai bis Anfang Juni gelegt. In Schleswig-Holstein war das Mittel aus 59 Bruten der 24. Mai. Das Weibchen brütet; die Jungen schlüpfen nach 28–40 Tagen (das Einzelei nach 27–30 Tagen), jedoch nicht gleichzeitig.

Das Männchen versorgt das Weibchen während der Bebrütungszeit und in den ersten zwei Lebenswochen auch die Jungen ganz allein. Die Beuteübergabe geschieht wie bei den Kornweihen.

Mit 28–42 Tagen sind die juv. flugfähig und 10–14 Tage später selbständig.

Die Jungenproduktion ist – gemessen an der Gelegestärke – nur gering. 1990–1992 gingen in Schleswig-Holstein 47 % der Bruten verloren – aufgrund menschlicher Störungen, Wahl schlechter Brutplätze, klimatischer Ursachen oder aus Futtermangel. Ältere deutsche Untersuchungen (in Schleswig-Holstein, Bayern, Brandenburg) ergaben Erfolge von 2,0 juv., 1,48 juv. und 1,09 juv. pro Brut. In den Niederlanden ergaben 1975–1986 37 Bruten sogar 2,73 juv. pro Brut; der Verlust an Bruten betrug 48 %. Falls das immer noch gilt, ist die Jungenproduktion heute wahrscheinlich groß genug zur Erhaltung des Bestandes.

Besonders in Jahren, in denen das Brutgeschäft aus klimatischen Gründen spät beginnt, ist die allergrößte Gefahr, daß die Felder abgeerntet werden, ehe die Jungen flugfähig sind. Instinktiv legen sie sich auf den Rücken, wenn die Maschinen nahen, und auf diese Art werden ihre Beine abgeschnitten. Die Anpassung der Wiesenweihe an ein Leben in Getreidefeldern anstelle geeigneter Biotope ist ein Beispiel für eine unglückliche Entwicklung, die keine Zukunft für die Art läßt.

Nahrung

Nimmt vorzugsweise kleinere Beute. In mehreren Untersuchungen (hauptsächlich französischen) verteilte sich die Beute (n = 2601) auf Kleinnager 41 %, Insekten 37 %, Kleinvögel 11 %, Vogeleier kleiner Arten 4 % und Eidechsen 4 %. Die restlichen 3 % waren Regenwürmer, Schnecken, Frösche, Schlangen, mittelgroße Vögel und Nager. Unter den Kleinnagern war die Feldmaus Hauptbeute. Die Wiesenweihe kann schon mittelgroße Nager kaum tragen. Von Insekten dominieren als Nahrung Laubheuschrecken, Libellen und Käfer, bei Vögeln jene offener Landschaften: Feldlerchen, Pieper und Ammern.

In eidechsenreichen, wärmeren Gebieten können diese, wie etwa in Kasachstan, bis 56 % der Beute stellen, und im Winterquartier scheint der Speisezettel vor allem Heuschrecken, Eidechsen und Kleinvögel zu enthalten.

Jagdtechnik

Jagt wie alle Weihen in tiefem Suchflug über offener Landschaft. Ist sehr wendig beim Verfolgen der Beute und kann im Gegensatz zur Rohrweihe und Kornweihe auch im Flug fangen.

Wiesenweihe, ad. Männchen.

Der Bestand der Wiesenweihe in der Westpaläarktis

Dänemark	35 Paare (1993)[29]	Nahezu alle in den Marschen von Tondern. 55 % brüten heute in Raps- und Winterweizenfeldern. Seit langem stabil.
Schweden	50–60 Paare (1991)[23]	Langsame Zunahme von der Basis auf Öland aus.
Finnland	0–10 Paare (1989)[24]	Neu eingewandert, schwankend.
Rußland	25 000 Paare (1993)[50]	
Weißrußland	600–1100 Paare (1993)[18]	Schwankend, scheint aber generell stabil.
Ukraine	200–400 Pare (1993)[31]	Rückgang.
Estland	> 200 Paare (1993)[19]	Kräftige Zunahme in den letzten 30 Jahren.
Lettland	50–150 Paare (1993)[16]	Vielleicht Rückgang.
Litauen	15–30 Paare (1993)[10]	Stabil.
Polen	400–450 Paare (1993)[11]	Zunehmend durch Einwanderung in Ackerflächen.
Deutschland	400 Paare (1993)[1]	Stabil, über längere Zeit?

Melanistische Wiesenweihe, ad. Weibchen.

Wiesenweihe, ad. Männchen mit Kleinvogel in den Fängen.

Niederlande	29–33 Paare (1993–94)[76]	Ende der 80er Jahre fast ausgerottet. Jetzt ein neuer Bestand auf neu entstandenem Brachland.
Belgien	1–2 Paare (1993)[17]	Chancenlos.
Großbritannien	ca. 30 Paare (1991)[12]	Ein kleiner, schwankender Bestand, der streng bewacht wird.
Irland	verschwunden	Letzter Brutnachweis 1971.
Frankreich	2500–3000 Paare (1990)[22]	Schwankend – in den letzten 20 Jahren um mind. 20 %.
Portugal	900-1200 Paare (1993)[26]	Rückgang wegen Biotopveränderungen und wahrscheinlich Verfolgung.
Spanien	1000–1300? Paare (1989)[44]	Sehr starker Rückgang (intensivere Landnutzung) und Horstzerstörung im Herbst.
Italien	200–350 Paare (1993)[33]	Stabil.
Österreich	10–15 Paare (1992)[6]	Leichte Zunahme.
Ungarn	100 Paare (1993)[58]	Zunahme.
Tschechien	20–30 Paare (1993)[8]	Stabil.
Slowakei	30–50 Paare (1990)[8]	Stark von Jahr zu Jahr schwankend.
Kroatien	10–20 Paare (1990)[30]	Stabil?
Serbien	2–4 Paare (1993–95)[73]	Unregelmäßig brütend.
Herzegowina	sehr selten (1993)[28]	
Mazedonien	10–20 Paare (1993)[27]	Stabil? Oder leichter Rückgang?

Bulgarien	50–100 Paare (1993)[21 a] ca. 100 Paare (1993)[21 b]	Schutz der Brutplätze in der Ackerlandschaft führte in wenigen Jahren zu einer Steigerung von 1 auf 45 Paare.
Moldawien	selten (1993)[32]	
Griechenland	5–10 Paare (1993)[43]	Bestandsentwicklung unbekannt.
Türkei	200–1000 Paare (1993)[4]	
Tunesien	< 10 Paare (1982)[35]	
Algerien	? Paare (1982)[35]	
Marokko	100–500 Paare (1982)[35]	

Steppenweihe, ad. Männchen auf Elefantenkot.

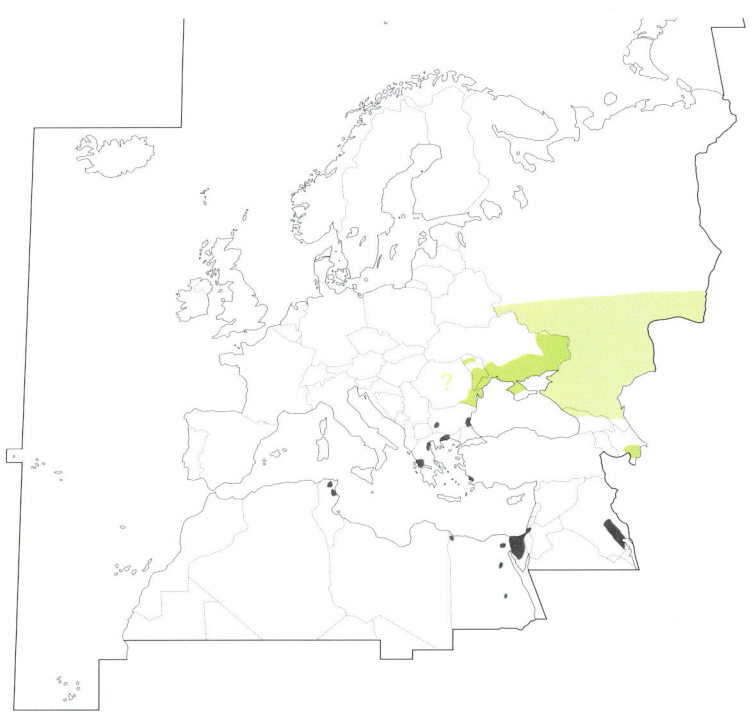

Steppenweihe

Circus macrourus

Verbreitung

Die Steppenweihe brütet innerhalb der Westpaläarktis nur in deren östlichen Teil. Ostwärts erstreckt sich ihr Brutgebiet durch Rußland bis an den Jenessei. Keine Rassenbildung.

Bestandsschätzung

Rußland beherbergt (grob gerechnet) den gesamten westpaläarktischen Bestand von rund 2000 Paaren.

Bestandsentwicklung

Die Kultivierung der primären Brutgebiete der Art hat einen gewaltigen Bestandsrückgang ausgelöst, auf alle Fälle in den europäischen Brutgebieten. Auf ihrer Suche nach Ersatz für das verlorene Land ist die Art in bestimmtem Umfang in die großen Waldrodungsflächen eingerückt. Unter der modernen Bodenbearbeitung ist die Zukunft der Steppenweihe düster.

Kennzeichnend für Arten mit stark wechselnden Nahrungsangeboten sind die gelegentlichen Brutnachweise außerhalb des eigentlichen Brutgebietes: z. B. im östlichen Finnland 1933, in Schweden 5–6 Paare 1952 (Öland, Gotland), in Deutschland in etwa 135 Jahren (1850–1995) 6mal in 14 Paaren. Übersommert gelegentlich im Burgenland; in Ungarn hat die Art gebrütet, wurde aber damals mit der Wiesenweihe verwechselt. Sonst ein äußerst seltener Irrgast in Mittel-, Nord-

und Westeuropa. Nach Finnland (70 Nachweise), Schweden (171 bis 1992), Norwegen (6 bis 1992) und Dänemark (60 bis 1992) gelangt er häufiger. Invasionen in Europa 1933 und 1952: In Deutschland brütete 1 Paar auf Norderney und 2 Paare in Mecklenburg.

Zug

Ein ausgeprägter Zugvogel, der in Burma, Indien und in Afrika südlich der Sahara in offenen Landschaften überwintert: Sahelzone und östliches Afrika. Im Winter verbleiben einige im östlichen Mittelmeerraum und Nahost, eine Bearbeitung dieser Nachweise fehlt aber.

Die Steppenweihe ist Breitfrontzieher. Der Herbstzug im östlichen Mittelmeerraum läuft Mitte September bis Oktober ab, erste Durchzügler am »Kaukasustrichter« Borcka erschienen bereits Ende August.

Der Frühjahrszug verläuft auch etwas über das mittlere Mittelmeer. Bei Cap Bon in Tunesien ziehen über 50 pro Frühjahr, in Malta bis 32 (von Ende Februar bis Ende April); in Gibraltar wurde der Vogel noch nie gesehen. Im östlichen Mittelmeer ist er auf Zypern von Mitte März bis April ein häufiger Durchzügler. Bei Eilat (Israel) ist er häufiger als die Wiesenweihe und hier mit maximal 113 Vögeln (1985) im Frühjahr zu sehen.

Das äußerst seltene Auftreten in Deutschland und in ganz Westeuropa ist z. Z. nicht erklärbar, eine wesentliche Ursache kann aber in den Bestimmungsschwierigkeiten, insbesondere der Schlichtkleider liegen.

Habitat

Offene Trockensteppe, Wiesensteppe, Getreidefelder und typische Wiesenweihenbiotope. Die Brutnachweise in Schweden und Deutschland stammen von solchen »Wiesenweihenbiotopen«.

Stimme

Selten benutzt außerhalb des Brutgebietes. Ist im Winterquartier stumm und »schwätzt« lediglich am Schlafplatz.

Brutbiologie

Brütet wahrscheinlich erstmals im Alter von 2–3 Jahren. Ausnahmsweise sah man auch 1jährige Vögel am Nest.

Kommt gepaart am Brutplatz (Anfang bis Ende April) an. Der Balzflug ähnelt sehr dem der Kornweihe. Wie bei Korn-

Steppenweihe, ad. Männchen.

und Wiesenweihe können die Horste auch bei der Steppenweihe dicht beieinander (100 m) in lockerer Kolonie stehen. Doch lebt die Steppenweihe immer in Einehe.

Der auf der Erde gebaute Horst steht gerne nahe bei Wasser und liegt geschützt in hohem Gras oder Sträuchern. Beide Eltern bauen. Die 3–5 (6) Eier werden Ende April (südlichst) bis Mitte Mai (nördlichst) gelegt und vom Weibchen 29–30 Tage bebrütet (pro Ei). Die Nestlingszeit beträgt 33–45 Tage, die anschließende Jungenführungszeit 15–20 Tage.

Nahrung

Hauptbeute sind Kleinnager, überwiegend der Steppenlemming, dann Wühlmäuse, Ziesel und Hamster, auch Waldmaus. Bodenvögel verachtet die Steppenweihe keineswegs und schlägt neben Lerchen, Piepern und Jungvögeln verschiedener Arten auch u. a. Enten und Hühnervögel. Gelegentlich frißt sie auch Eidechsen und Insekten. Die Nahrung im Winterquartier ist kaum bekannt.

Die Anzahl Brutpaare schwankt mit dem Zyklus ihrer Hauptbeute, den Kleinnagern.

Jagdtechnik

Tiefer Suchflug wie bei anderen Weihen. Aber auch darüber fehlt es an Studien. Das Männchen ist außerdem ein ausgezeichneter Vogeljäger mit einer Technik wie der Baumfalke.

Steppenweihe, juv. im Kleid des 2. Kalenderjahres.

Der Bestand der Steppenweihe in der Westpaläarktis		
Rußland	2000 Paare (1993)[50]	
Weißrußland	0 Paare (1993)[18]	Keine neueren Brutnachweise.
Ukraine	10–17 Paare (1993)[31]	Sehr starker Rückgang.
Bulgarien	? Paare (1993)[21 a]	Vermutlich seltener Brutvogel im Nordosten. Gelegentlicher Sommergast.
Moldawien	selten (1993)[32]	

Singhabicht auf Ansitz.

Singhabicht

Melierax metabates

Verbreitung

Brütet in der Westpaläarktis nur isoliert in Marokko mit 10–100 Paaren (1982)[35]. Das eigentliche Verbreitungsgebiet bedeckt große Teile Afrikas südlich des 20° N sowie die Küstengebiete Südwestarabiens. In drei Rassen unterteilt; die marokkanischen Vögel sind *M. m. theresae.*

Bestandsentwicklung

Der marokkanische Bestand scheint von Ausrottung bedroht.

Zug

Die Marokkaner sind Standvögel. Einmal als Irrgast in Spanien (Juli 1963).

Habitat

Tropische und subtropische Savanne, lebt aber auch im dichteren Bewuchs wie Plantagen und am Rande der Wüste. Brütet auf Bäumen, meist dornigen Akazien.

Stimme

Hat seinen Namen daher, daß das Männchen während der Balzzeit von einem Baum aus oder im Balzflug ein melodisches Pfeifen hören läßt. Außerhalb der Brutzeit stumm.

Brutbiologie

Eiablage in Marokko vermutlich Februar bis März. Die 1 (–2) Eier werden allein vom Weibchen bebrütet. Bebrütungs- und Nestlingsdauer unbekannt.

Nahrung

Der Singhabicht ernährt sich überwiegend von Reptilien: Eidechsen, kleine Schlangen, Chamäleons. Ferner Vögel bis zur Größe von Kleintauben sowie Insekten und Kleinsäuger.

Jagdtechnik

Der Singhabicht jagt von Baumspitzen, Pfählen, Termitenhügeln u. ä. aus. Er jagt aber auch beim Laufen auf der Erde und ist sehr wendig.

Singhabicht mit geschlagenem Webervogel.

Habicht

Accipiter gentilis

Verbreitung

Brutvogel in fast der ganzen Westpaläarktis; Nord- und Südgrenze folgen im großen und ganzen der Baumgrenze. Ostwärts erreicht das Brutgebiet den Stillen Ozean und setzt sich jenseits in Nordamerika fort.

Ist in 9 Rassen gegliedert, wovon die aktuelle die Nominatrasse ist, die den größten Teil der Westpaläarktis bewohnt. Die Rasse *A. g. arrigionii* kommt auf Korsika und Sardinien vor (sie ist klein, sehr dunkel und stark gestreift), *A. g. buteoides* von Nordschweden und Nordfinnland ostwärts bis zur Lena (heller, grauer und ein bißchen größer; juv. mit weißen Flecken auf der Oberseite).

Bestandsschätzung

Bestandszahlen liegen von den meisten Ländern vor. Die Auskünfte der Tabelle S. 146/147 ermöglichen eine Schätzung für die Westpaläarktis in einer Größenordnung von 150 000–160 000 Paaren.

Da der Habicht nicht leicht am Brutplatz zu zählen ist, viele Zählungen an der unteren Grenze des tatsächlichen Bestandes liegen werden, sind die Gesamtzahlen mit Vorsicht zu betrachten.

Bestandsentwicklung

Der Habicht ist vermutlich der Greifvogel Europas, der am härtesten der gewaltsamsten Verfolgung ausgesetzt war. Die Art schaffte das Überleben in dünn besiedelten Gegenden wie z. B. in den großen Wäldern Nordeuropas, nicht aber in dicht bevölkerten Landstrichen, wo die Horste verhältnismäßig leicht zu finden sind.

Statistiken über geschossene Habichte in Nordeuropa vom Ende des 19. und Beginn des 20. Jahrhunderts zeigen einen schwankenden, auf lange Sicht jedoch stabilen Bestand.

Zur gleichen Zeit war die Situation in den dicht bevölkerten Ländern wesentlich gefährlicher für den Erhalt der Art. Bis in die 60er Jahre unseres Jahrhunderts hinein wurde vielerorts Massenvernichtung betrieben, etwa an Fasanerien, von Taubenzüchtern und manchen Jägern. Lediglich die Jagdruhe von 1940–1950 gab eine wichtige Verschnaufpause. Die Bestände brachen in den 50er und 60er Jahren abrupt zusammen, in den Niederlanden z. B. fast bis zur Ausrottung der 180–220 Paare von 1955 – vor allem aufgrund ungehemmter Anwendung von Umweltgiften in jenen Jahrzehnten.

Um 1970 wurden die schlimmsten Umweltgifte verboten und die Art weiträumig unter Schutz gestellt; die Bestände erholten sich danach schnell. Dank der stark reduzierten Verfolgung liegen die Habichtbestände heute in mehreren Ländern über dem Niveau der vorhergegangenen 100 Jahre. Auf einer Untersuchungsfläche (137 km^2) am Niederrhein nahm der Habichtbestand von 2,9 Brutpaaren/100 km^2 auf 13,1 Brutpaare/100 km^2 von 1963–1976 zu.

Die Siedlungsdichte beträgt heute in Schleswig-Holstein in großen Waldungen 3,1–5,9 Brutpaare/100 km^2; in einem etwa 2000 km^2 großen Untersuchungsgebiet bei Schleswig blieb von

Habicht, ad. Männchen auf Ansitz.

1968–1979 der Bestand an brütenden (51 Paare) und nicht brütenden Vögeln praktisch unverändert. Die Jungensterblichkeit ist nach wie vor in Schleswig-Holstein hoch und beträgt ca. 40 % im 1. Lebensjahr. Auch in Südbayern deckte eine gründliche Untersuchung auf, daß sich der Bestand von 1968–1980 nicht positiv verändert hat. Warum? Auf einer 364 ha großen Untersuchungsfläche gibt es 820 private Jagdreviere, nur in 33 von ihnen brüteten Habichte. Da ein Habichtpaar aber ein Revier von der Größe von 7 (!) Jagdrevieren besitzt, sehen 7 Jagdpächter in ihrem Revier Habichte. Die dadurch zustande kommende maßlose Überschätzung des Habichtbestandes gefährdet den Habicht bei uns nach wie vor sehr. Die Verluste in diesem südbayerischen Untersuchungsgebiet, verursacht durch den Menschen, waren 1960–1968 und 1969–1981 gleich hoch. Im Allgäu waren 1969–1981 die Verluste noch höher, wobei ca. 50 % auf illegales Aushorsten durch Falkner entfiel. Hier wurde auch eine weitere bedrohliche Verlustquelle aufgedeckt: das Erschlagen hungernder, in Bauernhöfe eindringender Junghabichte im Winter. Alle modernen Untersuchungen haben eines bewiesen: der Habicht bedarf des unbedingten Schutzes ohne jegliche Ausnahme.

Zug

Überwiegend Stand- und Strichvogel, im Norden teilweise Zugvogel. Finnische Ringvögel wurden daher in 50 % der Fälle mehr als 50 km entfernt vom Beringungsort rückgemeldet, deutsche nur zu 4 %. Daher verlassen auch nur ganz wenige Habichte Europa; in Gibraltar werden jährlich ca. 30 gesehen und am Bosporus ziemlich wenige.

Habitat

Bevorzugt eine abwechslungsreiche und deckungsreiche Landschaft und als Brutbiotop reich gegliederte Wälder über 100 ha. Kann sich etwa in Schleswig-Holstein auch mit kleineren Wäldern zufrieden geben, ja selbst in Baumgruppen brüten (Jütland). Der Horst

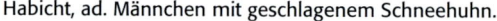

Habicht, ad. Männchen mit geschlagenem Schneehuhn.

steht etwa zu gleichen Teilen auf Nadel- und auf Laubbäumen.

Stimme

Am ruffreudigsten zur Brutzeit. Drei Typen: 1) ein schnelles, rhythmisches und durchdringendes »gig-gig-gig« am Horst als Alarm- und Stimmfühlungslaut. 2) ein bussardähnliches »hi-e« als Kontaktruf des Weibchens zum Männchen. 3) der kurze Abfluglaut »tsjitt«.

Brutbiologie

Normalerweise erstmals im Alter von 2–3 Jahren brütend, aber 1jährige Vögel nehmen ebenfalls am Brutgeschäft teil, besonders, wenn die Verluste etwa durch Verfolgung oder nach strengen Wintern hoch sind. Von 1967–1976 betrug der Anteil Einjähriger beim Brüten auf einer Kontrollfläche in Schleswig 7 (Männchen) bzw. 10 (Weibchen) % (n = 591).

Die Ehe wird lebenslang geschlossen. In milden Wintern beginnen die Balzflüge schon Ende Januar/Anfang Februar, der Horst wird in milden Wintern im Februar gebaut oder ausgebaut. Während dieser Zeit sieht man den Balzflug: entweder ein Kreisflug über der Horststätte mit langsamem Flügelschlag, den Schwanz ausgebreitet und die weißen Unterschwanzdecken »geflaggt«: der Girlandenflug; oder ein Flug mit hocherhobenen Flügeln, wie man ihn von Haustauben kennt; oder gewaltige Sturzflüge wie beim Mäusebussard.

Der Horst wird von beiden Eltern gebaut. Er steht meist 8–20 m hoch im unteren Kronenbereich. Die Eiablage erfolgt trotz klimatischer Unterschiede etwa gleichzeitig in Mittel- und Nordeuropa, nämlich Ende März/Ende April (Anfang Mai). Das Gelege von 2–5 Eiern wird vom Weibchen in 35–42 Tagen erbrütet. Die Bebrütung beginnt mit dem 1. oder 2. Ei, trotzdem schlüpfen alle Jungen in 48–60 Stunden.

Habicht, ad. Weibchen im Flug.

Die Nestlingszeit dauert 35–40 Tage, es folgt das Ästlingsstadium in Horstnähe, und mit etwa 50 Tagen löst sich die Familie von der Horstumgebung. Die Familienauflösung erfolgt etwa im Alter von 70–80 Tagen.

Der Bruterfolg lag bei 384 schleswig-holsteinischen Bruten (1968–1979) bei 1,9 juv. pro Brut, bei 2203 erfolgreichen nordrhein-westfälischen Bruten (1972–1985) bei 2,43 juv. pro Brut und bei rund 1000 dänischen Bruten bei 2,1 juv. pro Brut.

Nahrung

Vielseitig. Fängt bevorzugt Vögel nach dem Prinzip, daß die zahlreiche Art in passender Größe am häufigsten gefangen wird. Dadurch entstehen große lokale Unterschiede.

In Nordeuropa dominieren als Nahrung Waldhühner (25–50 %) und Krähenvögel (15–23 %), in Westdeutschland (n = 18 000) Wildtauben und Haustauben (20–45,5 %), ebenso in Dänemark (37 %); in einem Gebiet Ostdeutschlands Wasservögel (35 %, meist Bläßhühner und Enten).

In der französischen Auvergne sind Rabenkrähen (47 %) und Tauben (22 %) die Hauptnahrung.

Eine ältere deutsche Zusammenstellung von 9022 Beutetieren enthielt 8309 Vögel in 123 Arten und 713 Säuger in 16 Arten. An Vögeln werden außer den Tauben alle erreichbaren mittelgroßen Arten vom Star über Drossel bis zu Kiebitz und Waldohreule genommen. Von den Säugern werden im wesentlichen Kaninchen, Junghasen, Eichhörnchen, lokal auch Murmeltiere erbeutet.

Eine Untersuchung aus Schleswig-Holstein (1950–1955) über die Nahrungszusammensetzung (3874 Beutetiere) ergibt einen guten Überblick über die jahreszeitlichen Variationen des Speisezettels. Stare: im Juni 20 %, im Oktober 1 %; Ringeltauben: im Juni 7 %, im Oktober 40 %; Krähenvögel: im Juni 16 %, im Oktober 2 %. Rebhühner waren am stärksten im April mit 15 %, am geringsten im Oktober mit 3 % betroffen; Haustauben machten generell ca. 20 %, im August aber nur 11 % der Beutetiere aus. Hier führten dagegen Kaninchen und Junghasen mit 23 %, um bereits im September ihr Jahresminimum mit 11 % zu erreichen.

Anhand einer Saarbrücker Beuteliste hat man auch die Schwerpunkte nach kg % (= % der Biomasse) ausgerechnet. Danach stellten im Großraum Saarbrücken die Tauben 47 % der Biomasse, aber nur 37,1 % der Beutetiere. Auch hier war die jahreszeitliche Schwankung ausgeprägt: Haustauben von August bis November 32,6 % der Biomasse, April bis Juli 14,4 %; Ringeltauben 9,1 % bzw. 25 % Biomasse.

Mit dem geringen Wissen früherer Zeiten um die Funktionen der Greifvögel in der Natur ist es nicht verwunderlich, daß der Habicht mit seiner Beutewahl in hohem Maße Anlaß zu Haß in Jägerkreisen und bei Bauern, unter Tauben- und Fasanenzüchtern gab.

In bezug auf Wildhühner und Tauben ist es in den letzten Jahren klar geworden, daß der Habicht vor allem kranke oder stark geschwächte Individuen schlägt. Eine schonische Untersuchung ergab, daß der Habicht in einem Jahr 25 % der Fasanen schlug, die im Winter umkamen. Die Erklärung dafür war, daß die Fasanen an Tuberkulose litten und dadurch eine leichte Beute wurden. Im darauffolgenden Jahr mit einem gesunden Fasanenbestand und mehreren Habichten im Gebiet betrug ihr Anteil nur 8 %.

Die Nahrungsreviere sind, wie schon oben gesagt, sehr groß. Im Schleswigschen ergaben neueste Untersuchungen an Habichten mit tragbaren Sendern (Telemetrie) Jagdreviere von 5–64 km²! Die niedrigsten Werte kamen vom Männchen während und kurz nach der Brutzeit, wenn das Nahrungsangebot optimal ist. Im Winter wurden die Jagdgebiete am größten.

In Nordeuropa ist glücklicherweise aufgrund des größeren Wissens und als Folge der vielseitigen Bedrohungen der »Raubvögel« ganz deutlich eine Gesinnungsänderung den Greifvögeln und damit auch dem Habicht gegenüber eingetreten. Immer mehr frühere Verfolger sehen ein, daß es inkonsequent ist, die ursprüngliche Tierwelt zu verfolgen, um z. B. einen eingeführten und künstlich am Leben gehaltenen asiatischen Hühnervogel zu schützen.

Es muß ganz klargemacht werden, daß, wenn man Fasanen, Haustauben oder Haushühner halten möchte, man sie entweder durch Käfige und Überspannungen gegen Gefahren schützen muß oder aber den natürlichen Preis an Greifvögel und Raubtiere zu zahlen hat. Aus modernem biologischen Denken heraus ist es in jedem Fall unmöglich, daß Beutefänger bestraft werden sollen.

Jagdtechnik

Wendet in der Regel den Überraschungsangriff an. Streicht oft ganz tief über den Boden, dabei jede Form der Deckung nutzend. Kann seine Geschwindigkeit kräftig erhöhen, doch hält er die Höchstgeschwindigkeit normalerweise nur 500 m durch. Auffliegende Vögel werden nur kurz verfolgt. Der Habicht kann bei der Jagd auf Säuger auch einen langsamen, fast rüttelnden Flug sehr dicht über dem Boden anwenden.

Habicht, juv. mit geschlagenem Eichhörnchen.

Der Bestand des Habichts
in der Westpaläarktis

Dänemark	ca. 650 Paare (1989)[29]	Leichte Zunahme.
Norwegen	2000–3000 Paare (1993)[55]	Leichter Rückgang.
Schweden	5000–6000 Paare (1993)[23]	Die Zugzahlen deuten auf Zunahme.
Finnland	6000 Paare (1993)[24]	Stabil.
Rußland	70 000 Paare (1993)[50]	
Weißrußland	4500–5000 Paare (1993)[18]	Scheint stabil.
Ukraine	2000–5000 Paare (1996)[81]	Zunahme.
Estland	500–1000 Paare (1994)[19]	Stabil.
Lettland	häufig (1993)[16]	Wahrscheinlich Zunahme. Besiedelt neue, stark urbanisierte Gebiete.
Litauen	500–600 Paare (1993)[10]	Stabil.
Polen	3500–5000 Paare (1993)[11]	Stabil im Waldgebiet. Zunahme in der Kulturlandschaft.
Deutschland	24 000 Paare (1993)[1]	
Großbritannien	ca. 230 Paare (1991)[12]	Zunahme. Der jetzige Bestand scheint aus entflogenen Gefangenschaftsvögeln entstanden zu sein.
Niederlande	1700–2000 Paare (1993)[2]	Nach kräftiger Zunahme und Inbesitznahme neuer Gebiete (Wäldchen, Baumgruppen) scheint der Sättigungspunkt nahe.
Belgien	450 Paare (1993)[17]	
Luxemburg	50–60 Paare (1987)[13]	
Frankreich	2200–3100 Paare (1990)[22]	Zunehmend seit 1970.
Portugal	200–300 Paare (1993)[26]	Wahrscheinlich Rückgang.
Spanien	2200–3000? Paare (1989)[44]	Wahrscheinlich stabil.
Italien	500–800 Paare (1993)[33]	Rückgang.
Schweiz	1200–1400 Paare (1992)[3]	Stabil oder leichter Zuwachs.
Österreich	2300 Paare (1992)[6]	Stabil.
Ungarn	2000 Paare (1993)[58]	Zunahme.
Tschechien	2000–2800 Paare (1993)[8]	Sehr starker Rückgang.
Slowakei	1500–1700 Paare (1990)[8]	Stabil?
Slowenien	800–1000 Paare (1993)[15]	Rückgang.
Kroatien	6000–8000 Paare (1993)[30]	Zunahme?
Serbien	1400–1750 Paare (1993–95)[73]	Deutliche Zunahme in den letzten 10 Jahren.
Herzegowina	zahlreich (1993)[28]	
Montenegro	150–200 Paare (1993–95)[73]	Stabil.
Bulgarien	500–1000 Paare (1993)21 a > 1500 Paare (1993)[21 b]	Zunahme.
Rumänien	400–450 Paare (1994)[62]	Wahrscheinlich zahlreicher.
Moldawien	selten (1993)[32]	

Georgien	220–240 Paare (1993)[53]	
Griechenland	200–400 Paare (1993)[43]	Entwicklung unbekannt.
Türkei	1000–5000 Paare[4]	
Syrien	1–5 Paare (1993)[20]	Kein Brutnachweis erbracht, aber Indizien lassen auf Brüten schließen.
Tunesien	1–10 Paare (1982)[35]	
Marokko	10–100 Paare (1982)[35]	

Habicht, ad. über der Beute – einem Schneehasen.

Sperber

Accipiter nisus

Verbreitung

Der Sperber hat in der Westpaläarktis eine sehr weite Verbreitung. Ostwärts erstreckt sich das Brutareal in einem breiten Gürtel bis an den Stillen Ozean; isoliert im Himalaya.

Die Nominatrasse bewohnt den größten Teil der Westpaläarktis. Östlich davon brütet die etwas größere Rasse *A. n. nisosimilis;* im Himalaya-Gebiet die gleich große und etwas dunklere *A. n. melachistos;* auf Korsika und Sardinien die kleine, dunklere *A. n. wolterstorffi;* auf den Kanarischen Inseln und Madeira die kleine, dunkle *A. n. granti* – und schließlich in Nordafrika die große helle Rasse *A. n. punicus.*

Bestandsschätzung

Der Sperber lebt schweigsam und versteckt seinen Horst oft überraschend gut. Daher werden im allgemeinen die Bestände unterbewertet. Es bedarf vieler gründlicher Untersuchungen, um

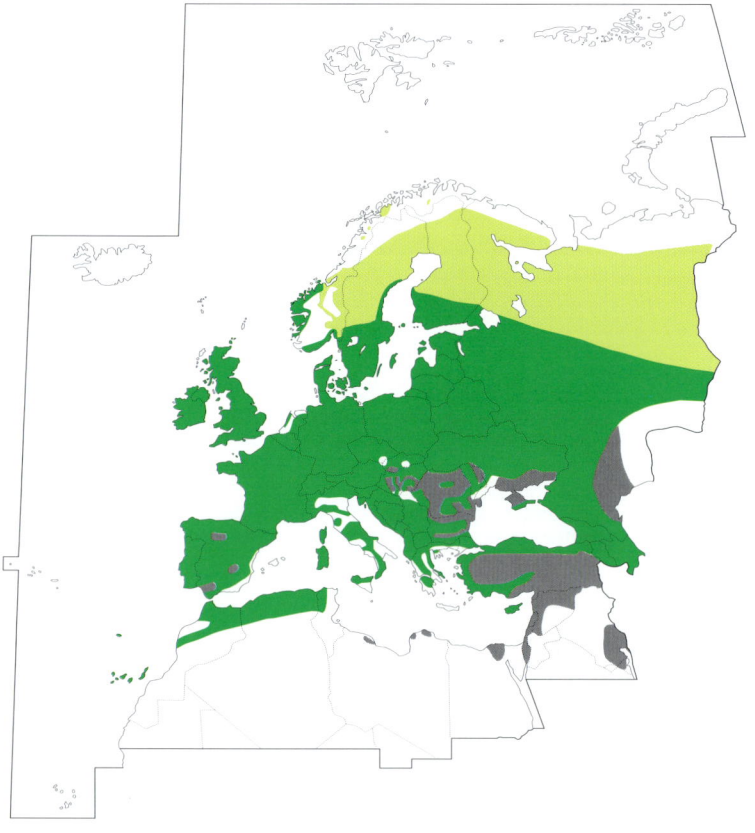

Sperber, juv.

ein reelles Bild über den tatsächlichen Bestand eines Landes zu erhalten.

Wie aus der Tabelle S. 154/155 ersichtlich, gibt es konkrete Angaben für die meisten Länder der Westpaläarktis. Sie lassen einen Gesamtbestand in der Größenordnung von 320 000–360 000 Brutpaaren annehmen.

Bestandsentwicklung

Über den Rückgang als Folge der allgemeinen Greifvogelverfolgung in der Zeit von ca. 1750–1950 hinaus war der Sperber eine der Arten, die in der großen Umweltgiftzeit der 50er und 60er Jahre gewaltsam ausgelöscht wurden. Charakteristisch waren Bestandsabnahmen von 60–90 %, je nachdem, wie reichlich diese Pestizide benutzt worden waren.

An vielen Orten war der Sperber bis dahin der häufigste Greifvogel des Landes gewesen – dank seiner Stellung im ökologischen System als Kleinvogeljäger mit dementsprechend leichtem Beutezugang. Diesen Status hat die Art jedoch nicht halten können.

Mit der starken Abnahme des Gebrauches von DDT, PCB und Dieldrin hat sich die Situation bis heute wesentlich verbessert. In Nord- und Mitteleuropa hat der Sperber verlorenes Terrain wiedergewinnen können – ohne allerdings das frühere Niveau zu erreichen.

Wie man aus der Tabelle S. 154/155 ersehen kann, ist die Bewertung der gegenwärtigen Situation für den Sperber generell positiv. Einige Länder im Mittelmeerraum kämpfen jedoch ständig mit alten Vorurteilen hinsichtlich der schädlichen Einflüsse der Greifvögel auf die Tierwelt und gegen die daraus folgende Abschußmentalität gegenüber diesem, im Jagdzusammenhang im Ganzen gesehen harmlosen kleinen Greifvogel.

Zug

Abhängig von der geographischen Heimat entweder Zug-, Strich- oder Standvogel mit der allgemeinen Tendenz, daß die Anzahl Zugvögel gegen Nord und Nordost ansteigt (vgl. Karte).

Deutsche Sperber ziehen im Spätsommer und Herbst (Hauptzug im Oktober) südwestwärts bis Spanien und Nordwestafrika. Einige verbleiben auch in der Heimat. Gleichzeitig ziehen durch bzw. kommen zum Überwintern in Mit-

Sperber, ad.

teleuropa die Sperber Nordeuropas einschließlich Nordrußlands an (Höhepunkt im Oktober).

An Zugtrichtern konzentriert sich der Zug folgendermaßen: Bei Falsterbo zogen 1991 Ende August bis Mitte November 17 240 Sperber durch. Die Zahlen für Bosporus (max. 500) und Gibraltar (ca. 1000, Höhepunkt September) zeigen, daß die Winterquartiere meist in Europa liegen.

Interessant ist, daß die Altersklassen und die Geschlechter zeitlich getrennt ziehen. Man hat das in Rossitten und auf Helgoland schön nachweisen können. Auf Helgoland beginnen juv. Männchen den Zug, es folgen die juv. Weibchen, danach alte Weibchen und als letzte die alten Männchen. Im Frühjahr läuft das Geschehen in umgekehrter Reihenfolge ab.

Der Frühjahrszug beginnt recht früh: Die rheinischen Brutreviere z. B. werden vom zweiten Märzdrittel an besetzt. In Schleswig-Holstein setzt der Frühjahrszug mit dem letzten Märzdrittel ein, hat seinen Höhepunkt in der ersten Aprilhälfte und läuft dann im Mai aus.

Die Einheimischen besetzen ihre Brutreviere Ende März bis Anfang April. Der Frühjahrszug der Skandinavier passiert Dänemark hauptsächlich von Anfang April bis Anfang Mai, mit einer Jahreshöchstzahl bei Skagen von 5010 (1991).

Habitat

Bevorzugt als Brutbiotop Gebiete, in denen offenes Gelände mit Misch- und Nadelwald abwechselt; ideal eine Parklandschaft. Der Horst steht häufig auf 20–45jährigen Fichten, wo er gut versteckt werden kann, und nicht allzuweit weg vom Waldrand oder einer Lichtung. Die Wälder sind in der Regel über 5 ha groß. Laubbäume nimmt der Sperber nur äußerst selten als Horstbaum.

Die Wälder werden zur Winterzeit oft verlassen. Der Sperber jagt dann in offenen Landschaften, in denen die Menschen ja durch reichliche Winterfütterung auch für seine unentbehrliche Nahrung – die Kleinvögel – sorgen. Ein im Garten bzw. vorm Fenster am Futterbrett jagender Sperber ist ein besonderes Naturerlebnis für den Städter.

Stimme

Während der Brutzeit viel in Horstnähe zu hören. Der Warnruf ist ein scharfes, schnelles »gigigig« oder »kikkikkik«. Beim Balzflug äußern beide Geschlechter ein weiches »jü gjü gjü gjü«. Am Horst locken sie sich mit gedämpften »wäk wäk wäk« bzw. »tjäck tjäck tjäck« und einem »kuä küäw küäw«.

Brutbiologie

Brütet normalerweise im Alter von 1–2 Jahren. Die Ehe hält oft nur eine Brutsaison, doch in Gegenden, in denen

Sperber, ad. Männchen.

sich die Vögel im oder nahe des Brutraumes das ganze Jahr hindurch aufhalten, ist es auch häufig, daß sie mehrere Jahre zusammenbleiben. Es sind einzelne Fälle von Polygynie und von Polyandrie bekannt geworden.

Nicht alle Paare führen zu Beginn der Brutzeit über dem Horstplatz einen Balzflug vom Girlandentyp durch, ähnlich dem des Habichts. Andere ersetzen ihn durch Verfolgungsflüge im Walde.

Der Horst wird jedes Jahr neu gebaut. Er wird auf der Grenze zwischen den toten und den frischen Zweigen eines Nadelbaumes in 4–12 m Höhe stammnah angelegt.

Beide Eltern bauen, doch das Weibchen am meisten. Die 3–6 (7) Eier werden normalerweise Ende April und im Mai mit jeweils 2 Tagen Zwischenraum gelegt und vom Weibchen in 33–36 Tagen pro Ei (39–42 Tage pro Gelege) erbrütet. Die Nestlingszeit beträgt 24–30, die Jungenführungszeit danach 20–30 Tage.

Die Jungenproduktion war in den 50er und 60er Jahren sehr niedrig. Der Sperber scheint gegenüber Pestiziden besonders empfindlich. Der Prozentsatz an Gelegen, die verlorengingen, stieg deutlich an – die Anzahl Eier, deren verdünnte Schalen zerbrachen, erhöhte sich in England von 4 auf 30 %.

Seitdem hat sich die Lage wesentlich verbessert. Neue dänische Untersuchungen z. B. zeigen, daß in den Jahren 1974–1976 ca. 2,3 Junge pro Brutpaar hochkamen, genug für eine Ausbreitung der Art. Aber viele Brutversuche schlagen fehl, 33–50 % jährlich – oft dadurch, daß einer der Eltern umkommt.

Rheinische Bruten ergaben 1977 (n = 27) 2,9 juv. pro Brut, wobei ca. 20 % der Bruten erfolglos waren. In Schleswig-Holstein lag der Bruterfolg zwischen 1967 und 1980 in gleicher Höhe: 2,9 (139 Bruten) bzw. 3,0 (49 Bruten) juv. pro Brut.

Nahrung

Auf Kleinvogelfang spezialisiert. Die Zusammenstellung der Untersuchungen (Deutschland und Niederlande) von ca. 62 000 Beutetieren während der Brutzeit zeigt, daß Kleinvögel ca. 97,5 % der Beute ausmachen.

Die Untersuchungen ergaben folgende Häufigkeitsverteilung: Drosseln und Drosselartige (z. B. Rotkehlchen, Nachtigall) 17,4 %, Spatzen 15,2 %, Finkenvögel 12,3 %, Grasmücken 8,6 %, Meisen 8,3 %, Lerchen 6,5 %, Ammern 6,2 %, Schwalben 5,2 %, Stare 3,8 %, Stelzen und Pieper 4,8 % und Laubsänger 2 %, zusammen 90,3 %. Es wurden über 150 verschiedene Arten nachgewiesen.

Die 2,5 % andere Beute bestand fast ausschließlich aus Wühlmäusen. Sogenanntes jagdbares Flugwild spielte keine Rolle: Tauben 0,7 %, Rebhuhn und Fasan 0,2 %.

Die Zusammenstellung der entsprechenden Winter-Untersuchungen (ca. 5000 Beutetiere) ergibt das gleiche Bild, doch verschiebt sich die Artzusammensetzung; schließlich sind viele Arten in ihre Winterquartiere abgezogen. Es dominieren dann als häufigste Beute die Spatzen mit 32,8 %, gefolgt von den Finkenvögeln mit 26,1 %, Drosseln 14,1 %, Meisen 5,9 %, Staren 5,1 % und Lerchen 4,2 % = 88,2 %. Der Säugeranteil reduziert sich auf 0,7 %, so daß Vögel 99 % der Nahrung im Winter stellen.

Der Sperber ist damit im Hinblick auf das jagdbare Wild harmlos. Sämtliche, auch hier nicht zitierte Untersuchungen festigen die Ansicht, daß Hühnervögel und Tauben nur ausnahmsweise als Beute in Betracht kommen. Gerade ausgeflogene junge Sperber nehmen ab und zu Fasanenküken als leichte Anfangsbeute. Aber sie werden für den Sperber schnell als Beute zu groß.

Der Nahrungsbedarf eines überwinternden Sperberweibchens wurde mit 1–2 Kleinvögeln pro Tag ermittelt.

Die antiquierte Vorstellung vom Sperber als Schädling der Kleinvögel kann heute ebensowenig gegen ihn ins Feld geführt werden wie die früher angenommene Jagdschädlichkeit. Aus modernem biologischen Denken ist das Töten des Sperbers absurd.

Jagdtechnik

Tiefer Suchflug unter Ausnutzung jeglicher Deckung mit Überraschungsangriff oder Ansitzjagd. Der Sperber verfolgt seine Beute mitunter so rasant, daß er tödlich verunglückt, wenn er einem Hindernis nicht rechtzeitig ausweichen kann.

Oft erreichen die Beutevögel eine Deckung. Der Sperber kann dann versuchen, sie herauszuscheuchen, etwa durch Schlagen gegen die schützenden Zweige oder bei Hecken durch mehrfaches dichtes Darüberfliegen. Normalerweise bleiben aber die Kleinvögel sitzen, und der Sperber verschwindet. Es scheint so, als ob er in weniger als 5 % seiner Versuche Erfolg hat.

Ein junges Sperberweibchen mit einer Taube – eine große Beute für einen solch kleinen Greifvogel.

Der Bestand des Sperbers
in der Westpaläarktis

Dänemark	ca. 3100 Paare (1989)[29]	Zunahme. Nach harten Wintern deutlich geringere Zahlen.
Norwegen	3000–6000 Paare (1993)[55]	Stabil.
Schweden	ca. 14 000 Paare (1979)[23]	Die Zugzahlen von Falsterbo (1990) deuten auf Zunahme.
Finnland	10 000 Paare (1993)[24]	Zunahme.
Rußland	160 000 Paare (1993)[50]	
Weißrußland	8500–11 000 Paare (1993)[18]	Scheint stabil.
Ukraine	1000–3000 Paare (1996)[81]	Offensichtlich unterbewertet.
Estland	1000–2000 Paare (1994)[19]	Stabil.
Lettland	häufig (1993)[16]	Stabil.
Litauen	1500–2000 Paare (1993)[10]	Stabil.
Polen	1000–2000 Paare (1990)[11]	Der Bestand scheint deutlich unterschätzt zu werden.
Deutschland	21 000 Paare (1993)[1]	
Großbritannien	ca. 32 000 Paare (1991)[12]	Der Bestand ist wieder voll aufgefüllt nach der Pestizidkatastrophe der 50er–70er Jahre. Nimmt zu.
Irland	ca. 11 000 Paare (1991)[12]	
Niederlande	3400–4000 Paare (1993)[2]	Nach kräftiger Zunahme scheint Sättigungspunkt nahe.
Belgien	2000 Paare (1993)[17]	
Luxemburg	200–300 Paare (1993)[13]	
Frankreich	15 000–25 000 Paare (1993)[22]	Zunahme seit 1970.
Portugal	500–1000 Paare (1993)[26]	Vermutlich stabil.
Spanien	3000–8000 Paare (1989)[44]	Vermutlich zunehmend.
Italien	2000–3000 Paare (1993)[33]	Rückgang.
Schweiz	3000–4000 Paare (1992)[3]	Stabil oder leicht zunehmend.
Österreich	4500 Paare (1992)[6]	Zunahme.
Ungarn	600 Paare (1993)[58]	Zunahme.
Tschechien	3200–3900 Paare (1993)[8]	Stabil.
Slowakei	900–1100 Paare (1990)[8]	Entwicklung unbekannt.
Slowenien	1000–1500 Paare (1993)[15]	Rückgang.
Kroatien	2000–2500 Paare (1993)[30]	Stabil?
Serbien	700–900 Paare (1993–95)[73]	Leichte Zunahme seit 1975.
Herzegowina	selten (1993)[28]	
Montenegro	175–200 Paare (1993–95)[73]	Stabil.
Mazedonien	100–200? Paare (1993)[27]	Entwicklung unbekannt.
Bulgarien	ca. 1000 Paare (1993)[21 a] > 500 Paare (1993)[21 b]	
Rumänien	180–300 Paare (1994)[62]	Wahrscheinlich zahlreicher.
Moldawien	häufig (1993)[32]	
Georgien	420–450 Paare (1993)[53]	
Griechenland	1500–3000 Paare (1993)[43]	Bestandsentwicklung unbekannt.

Türkei	5000–10 000 Paare (1993)[4]	
Israel	< 10 Paare (1989)[5]	
Tunesien	25–50 Paare (1982)[35]	
Algerien	häufig (1982)[35]	
Marokko	500–1000 Paare (1982)[35]	
Madeira	> 100 Paare (1993)[26]	Stabil.
Kanarische Inseln	> 175 Paare (1990)[9]	Werden häufig erschossen.

Sperberweibchen auf tiefem Jagdflug.

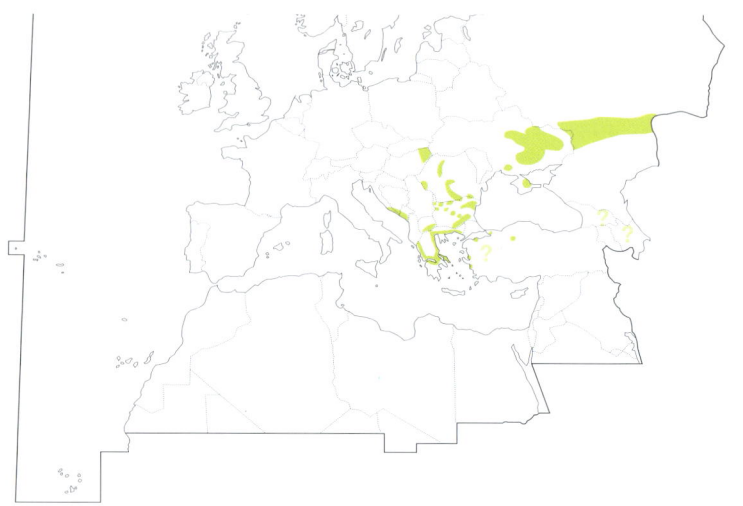

Kurzfangsperber

Accipiter brevipes

Verbreitung

Siehe Karte. Außerhalb der Westpaläarktis Brutvogel Nord- und Westirans.

Bestandsschätzung

Die zugänglichen Informationen für die einzelnen Länder in der Tabelle S. 158 zeigen einen westpaläarktischen Bestand in der Größenordnung von 4000–5000 Paaren.

Wenn man die Zugzahlen kennt, dann wundert man sich über die sehr bescheidenen Zahlen der meisten Länder. Der gesamte Bestand zieht Frühjahr und Herbst durch Israel, wo bei Eilat im Maximum (Frühjahr 1987) knapp 50 000 Kurzfangsperber gezählt wurden. Rechnet man die Jungvögel aus dem Vorjahr heraus, so repräsentieren diese 50 000 Vögel ungefähr rund 15 000 Brutpaare! Ihnen stehen nur ca. 5300 in der Tabelle gegenüber.

Man muß daher den Schluß ziehen, daß der Bestand des Kurzfangsperbers generell unterbewertet ist.

Bestandsentwicklung

Unbekannt.

Zug

Ausgeprägter Zugvogel. Die Winterquartiere sind unbekannt. Bisherige Nachweise stammen aus dem Süden von Niger, Tschad und Sudan und aus dem Westen Abessiniens. Einzelne wurden auch von der Arabischen Halbinsel gemeldet.

Der Zug konzentriert sich im Herbst am Bosporus und läuft von Mitte August bis Anfang Oktober, der Höhepunkt ist die 2. und 3. Septemberwoche. Die Kaukasusroute hat, wie oben gezeigt, wesentlich weniger Bedeutung. Einiges deutet darauf hin, daß der größte Teil des russischen Bestandes den Bosporustrichter benutzt. Auch das müßte näher untersucht werden.

Im Frühjahr sieht man den Zug in Israel und im nördlichen Sinai hauptsächlich ab Mitte April, am Bosporus Ende April. Für den Kurzfangsperber ist es typisch, daß der Zug sehr konzentriert abläuft. Die Hauptanzahl der ganzen Population zieht oft in großen Scharen in ganz wenigen Tagen durch.

Habitat

Im Gegensatz zum Sperber ein ausgeprägter Laubwaldvogel. Zieht kupiertes
Gelände vor, das nicht zu baumarm sein
darf und zumindest einzelne Feldgehöl-
ze oder Buschwerk beherbergt. Liebt
die Nähe von Wasser.

Stimme

Sie ist deutlich anders als die des Sperbers und erinnert etwas an die des Wen-
dehalses: Ein »kwuik kwuik kwuik«
als Stimmfühlungs- und Erregungslaut.
Stakkato »kewék-kewék-kewék« beim
Balzspiel in der Luft und am Boden.

Kurzfangsperber, ad. Weibchen

Kurzfangsperber
auf der Zugrast in
Israel.

Brutbiologie

Weitgehend unerforscht. Der Kurzfangsperber kann im Alter von 1 Jahr
brüten; inwieweit das allgemein üblich
ist, wissen wir nicht. Der Horst steht
auf Laubbäumen in 4–20 m Höhe. Die
3–5 Eier werden von Mitte Mai bis
Ende Juni gelegt und vom Weibchen in
30–35 Tagen (pro Ei) erbrütet. Die
Nestlingszeit beträgt anscheinend
40–45 Tage, die Jungenführungszeit
danach ca. 15 Tage.

Nahrung

Vielseitiger als beim Sperber: Zur Brutzeit primär Kleinsäuger und Eidechsen;
Kleinvögel sekundär; in der Dämmerung Jagd auf Fledermäuse. Große Insekten sind vorübergehend wichtig.

Jagdtechnik

Weihenähnlicher Suchflug und Rüttel-
jagd. Die Beute wird in blitzschnellem
Stoß vom Boden oder Büschen aufgenommen. Auch Ansitzjäger.

Der Bestand des Kurzfangsperbers in der Westpaläarktis

Rußland	3000 Paare (1993)[50]	Stabil.
Ukraine	ca. 100 Paare (1993)[31]	Stabil.
Ungarn	0–4 Paare (1993)[58]	Stabil.
Kroatien	1–5 Paare (1993)[30]	Stabil?
Serbien	30–40 Paare (1993–95)[73]	Im Osten.
Herzegowina	ca. 5 Paare (1993)[28]	
Montenegro	5–15 Paare (1993–95)[73]	Im Süden; stabil.
Mazedonien	40–60 Paare? (1993)[27]	Entwicklung unbekannt.
Bulgarien	> 150 Paare (1993)[21 b]	
Rumänien	0 Paare (1994)[62]	Brutnachweise fehlen seit Jahren. Wohl nur gelegentlicher Sommergast.
Moldawien	?	
Griechenland	800–1000 Paare (1993)[43]	Entwicklung unbekannt.
Türkei	100–1000 Paare (1993)[4]	

Schikra

Accipiter badius

Verbreitung

Brütet in der Westpaläarktis nur unregelmäßig. Der einzige Brutnachweis stammt aus Aserbeidschan (1933). Das eigentliche Brutgebiet liegt im westlichen Zentralasien, in Südasien sowie in Afrika. Mehrere Rassen.

Zug

Der nördliche Bestand zieht im September/Oktober in die Winterquartiere von Iran bis Nordwestindien und ist wieder im April/Mai an den Brutplätzen zurück. Man sieht den Schikra südlich des Kaspisees auch im Winter, so daß vielleicht einige Altvögel nicht wegziehen.

Habitat

Brutvogel in Steppen, Savannen, Wüstengrenzen und Oasen; findet sich aber auch häufig in Kulturlandschaft, Baumgruppen um Höfe, auf Friedhöfen und in Galeriewäldern.

Nahrung

Bevorzugt Reptilien, große Insekten und Vögel (u. a. Küken von Hühnervögeln), ferner Kleinsäuger, Froschlurche und Fledermäuse.

Schikra, juv.

Mäusebussard

Buteo buteo

Verbreitung

Der Mäusebussard brütet fast im ganzen europäischen Teil der Westpaläarktis. Das Verbreitungsgebiet reicht ostwärts durch den gesamten Waldgürtel bis zum Stillen Ozean.

Eingeteilt in zahlreiche Rassen: Die Nominatrasse bewohnt den größten Teil der Westpaläarktis; *B. b. arrigonii* Korsika und Sardinien (heller und etwas kleiner); *B. b. rothschildi* die Azoren; *B. b. insularum* die Kanaren; *B. b. har-*

terti Madeira; *B. b. bannermani* die Kapverdischen Inseln; *B. b. vulpinus* (als Falkenbussard bekannt) das nördliche Skandinavien, Finnland, den größten Teil Osteuropas ab dem östlichen Polen; *B. b. menetriesi* u. a. die Krim, den Kaukasus und Nordanatolien (diese Rasse ähnelt stark dem Falkenbussard).

Bestandsschätzung

Die Tabelle S. 166/167 gibt die Grundlage für die Schätzung des westpaläarktischen Brutpaar-Bestandes in der Größenordnung von 800 000–850 000. Damit ist der Mäusebussard hier mit Abstand der häufigste Greifvogel.

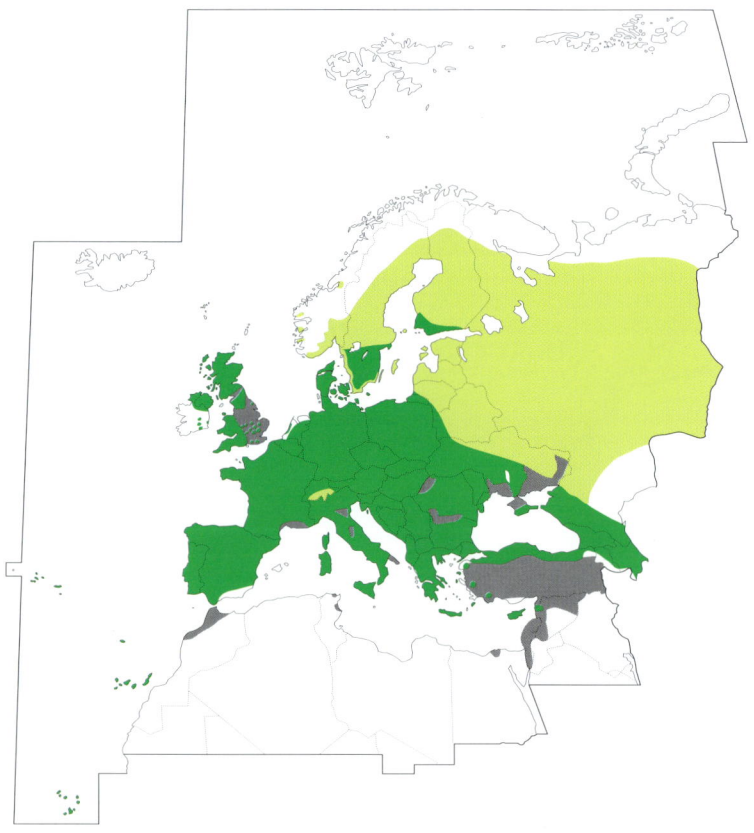

Bestandsentwicklung

Der Mäusebussard ist einer der robustesten Greifvogelarten der Westpaläarktis. Das sieht man u. a. daran, wie schnell er auf die verbesserten Lebensbedingungen in den letzten 10–15 Jahren – verstärkte Schutzmaßnahmen und eine sauberere Umwelt – reagiert hat.

Bis dahin – unter der großen Vernichtungskampagne in der Zeit von 1750–1950 – verharrte der Bestand auf einem niedrigeren Niveau, und in den 50er und 60er Jahren war er in bestimmten Ländern durch einen sorglosen Umgang mit Umweltgiften beeinträchtigt.

Die tabellarische Übersicht S. 166/167 zeigt, daß der Mäusebussard es heute generell gesehen gut hat, denn die meisten Länder melden stabile oder wachsende Bestände. In einigen wenigen Gebieten ist die Entwicklung nach wie vor negativ. Das gilt z. B. für Italien, wo die illegale Jagd und das Auslegen vergifteter Beutetiere ein allgemeines Problem sind.

An vielen Orten in Nord- und Mitteleuropa nähert man sich wieder einem Zustand, bei dem die Mäusebussarde alle jene alten Brutreviere besetzt haben, aus denen ihre Vorfahren aufgrund der damaligen Bekämpfung, vor allem durch Abschuß, verschwunden waren. Aber nicht alles ist bei uns Idylle und Verständnis. Z.B. werden in den Privatwäldern Dänemarks nur halb so viele Greifvogeljunge pro Jahr produziert wie in den Staatswäldern. Und es ist schwierig, dafür eine biologische Erklärung zu finden.

Es wird interessant sein, die Entwicklung in den nächsten Jahren zu verfolgen. Durch den verminderten Jagddruck ist der Mäusebussard im allgemeinen weniger scheu geworden, und die Art gedeiht ausgezeichnet in Menschennähe. Die am wenigsten Scheuen haben natürlich Zugang zu weiteren Futterquellen, wie totgefahrenem Wild,

Mäusebussard, juv.

und haben dadurch vielleicht eine höhere Überlebenschance im Winter als die Scheuen. Noch vor wenigen Jahren galt es als absurd anzunehmen, daß der Mäusebussard nahe an Dörfern brüten könnte. Das ist es wohl nicht mehr, wenn der Vogel geschützt wird.

Zug

Die Inselrassen sind Standvögel, die Nominatrasse und *B. b. menetriesi* teils Kurzstreckenzieher, teils Stand- und Strichvögel, der Falkenbussard *(B. b. vul-*

pinus) Langstreckenzieher mit Winterquartieren im tropischen Afrika und Arabien.

Nominatrasse: Die nördlichen Bestände sind Zugvögel mit Südwesteuropa als Winterquartier, hauptsächlich nördlich der Pyrenäen. Nord- und mittelschwedische Vögel überwintern bevorzugt in Frankreich, besonders im Pariser Becken; südschwedische schon im erheblichen Ausmaß in Dänemark; dänische, von denen 43 % als Zugvögel gelten, überwintern südwärts bis Nordwestdeutschland, den Niederlanden, Belgien und Nordfrankreich. Ähnliches gilt für Schleswig-Holstein.

Eine dänische Untersuchung hat gezeigt, daß Jungvögel weiter ziehen als Erwachsene – 216 km im Durchschnitt gegenüber 160 km. Darüber hinaus kann generell gesagt werden, daß junge Mäusebussarde häufiger Zugvögel sind als Altvögel.

Der Mäusebussard ist ein typischer Leitlinienzieher, der die Meere an den kür-

zesten Passagen kreuzt. Bei Falsterbo beginnt der Herbstzug langsam Ende August, kulminiert Mitte September bis Mitte Oktober und ebbt Anfang November ab. Das Maximum einer Zugsaison waren 36 600 (1950) wegziehende Mäusebussarde – in neuerer Zeit 17 200 (1974).

Der Zug verläuft in der Verlängerung der Falsterbo-Nase oder über den Öresund durch Dänemark (Stignaes: Höchstziffer 1980 31 300) und weiter in einem rund 50 km breiten Korridor über die Insel Fehmarn und Ostholstein Richtung Hamburg Mitte September bis Mitte Oktober.

Mäusebussarde passieren auch Gibraltar (1972 und 1974: 2700 bzw. 2800). Ihr Ziel ist unbekannt. Ein norwegischer Vogel wurde aus Marokko zurückgemeldet.

Der Zug des in Afrika überwinternden Falkenbussards verläuft weit konzentrierter. Am Bosporus registriert man ihn nur vom 10. September bis 15. Ok-

Mäusebussard und Fasanenhahn im friedlichen Beisammensein.

tober. Höchstzahlen für eine Saison sind hier 32 900 (1969) und für die Kaukasus-Route (Borcka/Arhavi in der Nordosttürkei) 250 000 (1976) mit der Tageshöchstzahl von ca. 135 000 Ziehern am 28. September.

Der Frühjahrszug des Falkenbussards zeigt sich kräftig bei Eilat in Israel (ca. 466 000 im Jahre 1986) und passiert den Bosporus in der Zeit von Ende März bis Mitte April.

Der große Mäusebussardzug skandinavischer Vögel erreicht das östliche Schleswig-Holstein und Dänemark Ende März bis Mitte Mai, Höhepunkt ist die 3. Märzdekade. Der Zug passiert hauptsächlich Fehmarn, die dänischen Inseln, bei östlichem Wind auch Jütland. Viele Vögel sieht man dann beim Abzug über Skagen (max. 5500, 1974).

Mäusebussard mit geschlagener Wühlmaus.

Habitat

Bevorzugt eine abwechslungsreiche Landschaft, in der Wälder (am besten kleine) mit offenem, kupiertem Gelände abwechseln. Bewohnt nahezu ausschließlich die Randzone des Waldes. Große kompakte Waldungen ohne Lichtungen beherbergen nur wenige Paare. Das Nahrungsrevier des Mäusebussards ist das offene Land. Während der Winterzeit kann man ihn in völlig baum- und waldlosen Gegenden vorfinden.

Stimme

Gebraucht sie fast ausschließlich im eigenen Territorium und am meisten während der Brutzeit. Am bekanntesten ist das miauende »hi-äe«. Man hört es u. a. bei Störungen in der Nähe des Horstes und während des Paarungsspieles.

Brutbiologie

Brütet normalerweise erstmals im Alter von 2–3 Jahren, kann aber schon als Einjähriger brüten. Unter den Standvögeln scheint die lebenslängliche Ehe am verbreitetsten zu sein. Die Revierbeset-

zung wird durch Kreisflüge und Rufen angezeigt. Zu Beginn der Brutzeit sieht man den Balzflug regelmäßig. Aus großer Höhe werfen sich die Vögel im Sturzflug auf 30–40 m herab und steigen danach fast lotrecht zu einem neuen Sturzflug hoch. Ab und zu macht der Höchstfliegende einen Ausfall gegen den anderen, der sich dann dreht und mit den Fängen pariert. Für einen kurzen Augenblick können die Fänge gekoppelt werden.

Baut normalerweise jedes Jahr ein neues Nest, kann aber auch eines vom vorigen Jahr ausbessern. Beide Partner bauen. Das Nest steht in einem Baum normalerweise in 6–27 m Höhe.

Die Eiablage beginnt in Mitteleuropa ab 23. März (ihr Höhepunkt liegt Mitte April) und in Nordskandinavien Ende April. Die 2–4 (5–6) Eier werden mit 2–3 Tagen Abstand gelegt. Beide Eltern brüten 33–38 Tage auf den Eiern. Die Nestlingszeit beträgt 50–55 Tage, und nach weiteren 40–55 Tagen sind die Jungen selbständig.

Mäusebussard, ad. mit Kaninchen in den Fängen.

Die jährliche Jungenproduktion ist stark abhängig von der verfügbaren Futtermenge – nach einer westdeutschen Untersuchung (1960–1971, 1740 Gelege) mit einer Variationsbreite von 0,42–2,13 Junge pro Brutpaar.

In Schleswig-Holstein betrug der Bruterfolg 1971–1976 (133 Bruten) 1,6 Junge pro Brut, mit jährlichen Schwankungsbreiten von 1,0–2,13 Junge pro Brut.

Nahrung

Überwiegend kleinere Nager und andere Kleinsäuger, aber auch Vögel, Reptilien, Amphibien, große Insekten und Regenwürmer. Vier mitteleuropäische Untersuchungen zeigen, wie die Anteile sein können. Der Anteil an Kleinsäugern schwankte zwischen ca. 70 und 98 %, an Vögeln zwischen 2,5 und 24 %, Reptilien 0–15,4 %, Amphibien 2,8–10,7 %. Insekten und Regenwürmer wurden nicht berechnet.

Der Mäusebussard bevorzugt die Jagd über offenem Gelände. In der Liste der Kleinsäuger dominieren daher verschiedene Arten von Wühlmäusen, lokal auch Kaninchen, wenn diese zahlreich sind. Darüber hinaus werden regelmäßig u. a. auch Maulwürfe, junge Hasen, Spitzmäuse, Waldmäuse, Eichhörnchen und Ratten genommen.

Die schnelle Jagd ist nicht die Sache des Mäusebussards. Die Vogelbeute besteht daher in hohem Maße aus jungen und frischausgeflogenen Vögeln, vor allem aus Staren, Drosseln, Krähen, Meisen, Finken, Ammern, Lerchen und Spechten, erst in zweiter Linie aus Küken von Fasan, Rebhuhn sowie Haustauben. An Reptilien werden hauptsächlich Eidechsen und Blindschleichen genommen, ferner Schlangen (verschiedene Nattern und Kreuzottern), an Amphibien sowohl Frösche als auch Kröten, an Insekten eine große Artenzahl von Heuschrecken, Käfern, Bienen und Schmetterlingen, normalerweise jedoch nicht als wesentlicher Bestandteil der Nahrung. Dagegen können Regenwürmer eine große Rolle spielen. Aas wird zwischen Oktober und Februar aufgenommen und kann dann einen großen Teil der Nahrung ausmachen. Es stammt in der Regel von Fallwild. Beliebt sind auch ausgelegte Schlachtabfälle.

Aufgrund zahlreicher Magenuntersuchungen hat man die gewichtsmäßige Zusammensetzung der Nahrung ausgerechnet: verschiedene Mäusearten 46 %, Maulwurf 14 %, übrige Säuger 16 %, Reptilien, Amphibien und Fische 10 %, Vögel 9 % und Aas 5 %.

Die Kräfte des Mäusebussards reichen aus, um eine Beute von einem Gewicht bis 500 g zu nehmen. Sieht man ihn daher an schwerer Beute, so handelt es sich um Aas oder um Beute in stark geschwächtem Zustand.

Jagdtechnik

Überwiegend Standjagd – in der Regel von einem Pfahl oder einem Ast aus, oft in geduldigem Warten. Ist eine Beute entdeckt, streicht der Mäusebussard im Gleitflug zur Erde und schlägt die Fänge in die Beute.

Sucht ferner in niedrigem Flug die Landschaft ab, u. a. rüttelnd, und spaziert oft auf dem Boden herum.

Mäusebussard auf ausgelegten Schlachtabfällen.

Der Bestand des Mäusebussards
in der Westpaläarktis

Dänemark	ca. 4900 Paare (1989)[29]	Nach starker Verfolgung gute u. stetige Zunahme seit 1970.
Norwegen	1000–2000 Paare (1993)[55]	Stabil.
Schweden	18 000–21 000 Paare (1981)[23]	Vermutlich leichter Rückgang wegen Biotopveränderungen (z. B. Wald, wo früher Ackerland war).
Finnland	8000 Paare (1993)[24]	Stabil.
Rußland	400 000 Paare (1993)[50]	
Weißrußland	8500–11 000 Paare (1993)[18]	Scheint seit 16 Jahren zuzunehmen.
Ukraine	17 000 Paare (1993)[31]	Zunahme.
Estland	2000–3000 Paare (1994)[19]	Zunahme.
Lettland	sehr häufig (1993)[16]	Stabil. Der häufigste Greifvogel des Landes.
Litauen	3500–4000 (1993)[10]	Stabil. Der häufigste Greifvogel des Landes.
Polen	30 000–35 000 Paare (1993)[11]	Stabil? Eindeutig der häufigste Greifvogel.
Deutschland	140 000 Paare (1993)[1]	Der häufigste Greifvogel Deutschlands.
Großbritannien	12 000–17 000 Paare (1991)[12]	Stabil. Der Bestand hat altes Niveau wieder erreicht. Starke Zunahme in Schottland.
Irland	26 Paare (1991)[12]	In den 1880er Jahren ausgerottet. Wandert jetzt wieder ein.
Niederlande	5000–6000 Paare (1993)[2]	Nach sehr starker Zunahme seit 1970 sich in den typischen Biotopen Sättigungspunkt nähernd. Expandiert westwärts.
Belgien	4500 Paare (1993)[17]	
Luxemburg	750–1000 Paare (1993)[13]	
Frankreich	45 000–50 000 Paare (1982)[22]	Zunahme seit 1970.
Portugal	2000–4000 Paare (1993)[26]	Stabil.
Spanien	> 5000 Paare? (1989)[44]	Bestandsentwicklung unbekannt.
Italien	2500–5000 Paare (1993)[33]	Rückgang durch Abschuß, vergiftete Köder und Umweltgifte (?).
Schweiz	15 000–18 000 Paare (1992)[3]	Stabil.
Österreich	6500 Paare (1992)[6]	Stabil. Häufigster Greifvogel.
Ungarn	3000 Paare (1993)[58]	Stabil.
Tschechien	9500–13 000 Paare (1993)[8]	Stabil.
Slowakei	5000–7000 Paare (1990)[8]	Bestandsentwicklung unbekannt.
Slowenien	2000–4000 Paare (1993)[15]	Stabil.

Zwei sich um die Beute schlagende Mäusebussarde.

Kroatien	8000–10 000 Paare (1993)[30]	Zunahme.
Serbien	2000–2500 Paare (1993–95)[73]	Leichte Zunahme.
Herzegowina	häufig (1993)[28]	
Montenegro	275–350 Paare (1993–95)[73]	Leichte Zunahme.
Mazedonien	300–450 Paare? (1993)[27]	Leichte Zunahme?
Bulgarien	> 2000 Paare (1993)[21 a] > 1200 Paare (1993)[21 b]	Großagrarwirtschaft hatte positiven Einfluß auf den Bestand.
Rumänien	4000–8000 Paare (1994)[62]	Häufigster Greifvogel.
Moldawien	häufig (1993)[32]	Häufigster Greifvogel.
Georgien	2100–2200 Paare (1993)[53]	
Griechenland	2500–3000 Paare (1993)[43]	Anscheinend stabil.
Türkei	5000–25 000 Paare (1993)[4]	
Syrien	5–10 Paare (1993)[20]	Kein konkreter Brutnachweis, aber Verhalten läßt Brüten vermuten.
Azoren	max. 400 Paare (1979)[37]	
Madeira	> 200 Paare (1993)[26]	Zunahme.
Kanarische Inseln	ca. 400 Paare (1990)[9]	Häufiges Abschießen.
Kapverdische Inseln	selten (1984)[40]	Der Bestand betrug 1963–1968 rund 100 Vögel.

Rauhfußbussard

Buteo lagopus

Verbreitung

Verbreitet am Nordrand der Westpaläarktis. Von dort aus erstreckt sich das Brutgebiet ostwärts überwiegend durch die Tundrazone bis zum Stillen Ozean, wo es südwärts entlang der Küste bis Sachalin reicht. Auf der anderen Seite des Pazifiks setzt es sich entlang des Nordrandes Nordamerikas fort. Die Verbreitung ist daher zirkumpolar.

Die Nominatrasse deckt die Westpaläarktis ab. Im Gebiet des Jenissei wird diese von der etwas größeren und helleren *B. l. menzbieri* abgelöst, die ein verbreiteter Wintergast in Süd- und Südosteuropa ist. Darüber hinaus zwei weitere Rassen in Ostasien und Nordamerika.

Bestandsschätzung

Wie die Tabelle Seite 173 zeigt, liegt der Gesamtbestand in der Westpaläarktis in einer Größenordnung von 115 000–120 000 Paaren.

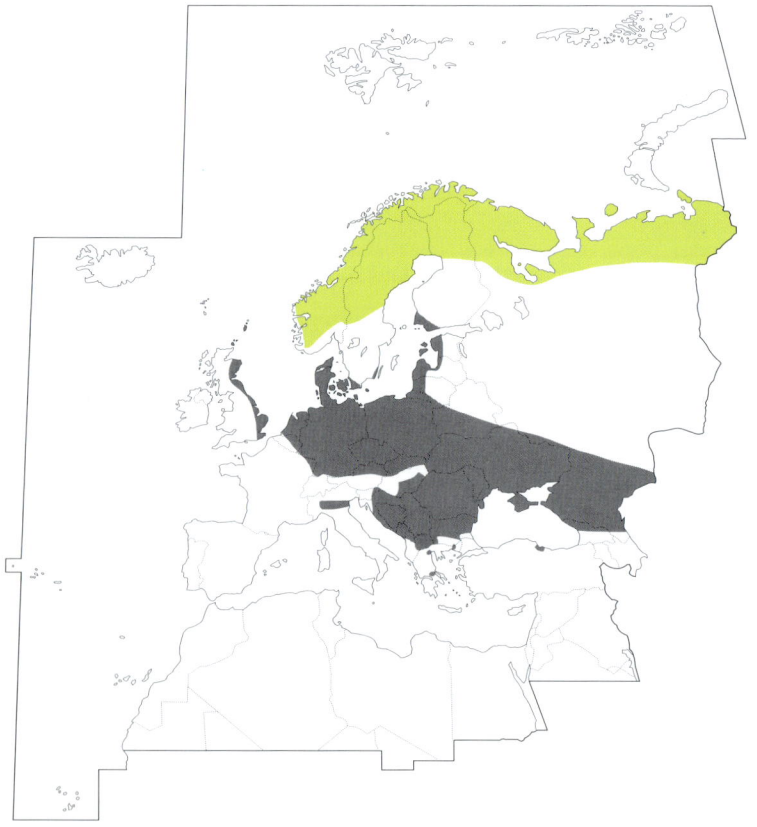

Rauhfußbussard,
juv.

Es kann außerdem nicht ausgeschlossen werden, daß in einem gewissen Grad eine Bestandsverschiebung zwischen diesen Ländern stattfindet, da die Nagermaxima nicht gleichzeitig überall auftreten.

Bestandsentwicklung

Anhand von Zugzahlen in Finnland und Schweden (Falsterbo) entwickelt sich der nordeuropäische Bestand positiv. Die Zahlen deuten auf einen deutlich wachsenden Bestand im Vergleich zu den 50er und 60er Jahren hin, wo die Art offensichtlich (anhand der Zugzahlen) einem beträchtlichen Rückgang ausgesetzt war. Dieser Rückgang hatte vermutlich seine Ursache in den Pestiziden.

Die Ursache der Zunahme ist unbekannt, aber es ist denkbar, daß sie auf den geringen Jagddruck, die reiner gewordene Umwelt und sehr große Nagervorkommen zurückgeht. So waren z. B. 1982, 1983 und 1988 in Nordskandinavien ausgesprochene Lemmingjahre mit hervorragenden Bruterfolgen für den Rauhfußbussard, ebenso einige der 70er Jahre.

Zug

Ausgeprägter Zugvogel. Wie aus der Karte ersichtlich, liegt das Winterquartier deutlich südlich des Brutgebietes. Einzelne Vögel können aber in Norwegen und Südfinnland überwintern.

Die Brutplätze werden ab Ende August verlassen, und die ersten Vögel werden in Südschweden gesehen. Hauptzugrichtung Süd bis Südsüdost, wodurch sich der Zug etwa in Falsterbo nicht so wie bei anderen Leitlinienziehern konzentriert. Torhamns Udde, die Südspitze Blekinges, zählt mehr Durchzieher (ca. 3200) als Falsterbo. Konsequenterweise hat dann auch Bornholm einen starken Durchzug (17.–19. Oktober 1978 : 1151).

Deutschland erreichen die Rauhfußbussarde im Herbst in Schleswig-Holstein von Falsterbo über Fehmarn in der 2. Septemberhälfte, spätestens Anfang Oktober; viele kommen erst im November an. In Mecklenburg Ankunft frühestens ab Mitte September, die meisten aber erst im Oktober und bis Mitte November; sie kommen über die Ostsee. In Bayern kommen sie im Oktober an, im Rheinland wohl erst im November.

Rauhfußbussard, Paar am Horst.

Der Abzug der Überwinterer ist im Rheinland spätestens Ende März beendet, Mecklenburg verlassen die ersten im Februar und die Mehrheit im März. Der Durchzug südlicher überwinternder Vögel beginnt im März und ist in der Regel Ende April beendet. In Schleswig-Holstein ist der Rauhfußbussard wintersüber der zweithäufigste Greifvogel der Niederungen. Der Heimzug setzt frühestens Ende März ein und läuft im April ab. Die spätesten ziehen Anfang Mai weg. Im Frühjahr ist Skagen, die Nordspitze Jütlands, der beste Zugtrichter (max. 2336, 1978). Winterortstreue ist mehrfach nachgewiesen.

Habitat

Bevorzug als Brutbiotop die Tundren sowie die Übergangszone zur Waldzone – in Skandinavien jene Gegenden, wo die Waldgrenze im Fjäll verläuft und das Brutgebiet über ihr liegt.

In guten Lemming- und Wühlmausjahren brütet die Art auch in eindeutigen Waldbiotopen mit großen, offenen Lichtungen und dehnt damit in solchen Jahren ihr Brutgebiet weit nach Süden aus. Außerhalb der Brutzeit ein Charaktervogel der offenen Landschaften. Jagt über feuchten und trockenen Arealen.

Stimme

Wird fast nur bei Störungen im Horst gehört. Erinnert sehr an den Ruf des Mäusebussards, ist aber in der Regel doppelt so lang und in höherer Tonlage.

Brutbiologie

Ab Ende März führt der Rauhfußbussard bei klarem Wetter in Schleswig-Holstein noch vor dem Abzug Balzspiele aus.

Brütet wahrscheinlich erstmals im Alter von 2–3 Jahren. Lebt in Saisonehe, die bereits im Winterquartier geschlossen wird, so daß die Vögel schon verpaart am Brutplatz ankommen. Bei der Kürze des nordischen Sommers eine sinnvolle Einrichtung.

Fast flügge Rauhfußbussard-Junge.

Der Brutbestand verändert sich in Relation zum Nagetierzyklus drastisch. In einem Untersuchungsgebiet in Südvaranger (Nordnorwegen) gab es im Zeitraum 1982–1988 Siedlungsdichten von 0 Brutpaaren (1984–1986) bis 10,0 aktiven Brutpaaren auf 100 km² (1983); Spitzenjahre waren auch 1982 (7,4) und 1988 (8,8). Entsprechend lag der Bruterfolg wiederum bei 0 bzw. 30,3 (1982), 35,2 (1983) und 24,0 (1988) ausgeflogenen Jungen pro 100 km². Es gibt demnach Jahre, in denen der Rauhfußbussard überhaupt nicht brütet.

Dies ist jedoch noch nicht zufriedenstellend geklärt: Russische Untersuchungen haben gezeigt, daß er weit umherstreifen kann, und einiges deutet darauf hin, daß er in Jahren mit wenig Nagetieren andere Gebiete aufsuchen kann, wo dann bessere Bedingungen herrschen, und wo er auch brütet.

Kurz nach Einnahme des Brutreviers führt der Rauhfußbussard seinen mäusebussardähnlichen Balzflug aus, jedoch ohne Gebrauch der Stimme.

Der Horst wird im Fjäll am häufigsten auf einer Felsenklippe angebracht, im Wald auf einem Baum und in der Tundra direkt auf der Erde. Die 3–4 (2–7) Eier – die größere Anzahl in nagerreichen Jahren – werden Ende Mai bis Mitte Juni gelegt und vom Weibchen in ca. 31 Tagen (pro Ei) ausgebrütet. Die Nestlingszeit dauert 34–43 Tage, die Jungenführungsperiode einige Wochen.

Rauhfußbussard, juv. auf Ansitz.

Rauhfußbussard, juv.

Der Bestand des Rauhfußbussards in der Westpaläarktis		
Norwegen	5000–10 000 Paare (1993)[55]	Schwankt.
Schweden	7000 Paare (1981)[23]	Schwankt gewaltig. Die Zahl ist die eines guten Brutjahres.
Finnland	2500 Paare (1993)[24]	Bestand schwankt im Takt mit dem Nagetierbestand. In schlechten Jahren praktisch kein Brutbestand existierend.
Rußland	100 000 Paare (1993)[50]	

173

Adlerbussard

Buteo rufinus

Verbreitung

Außerhalb des in der Karte ausgewiesenen Gebietes brütet der Adlerbussard ostwärts in Rußland bis zur Mongolei, in Teilen Irans sowie verteilt auf der Arabischen Halbinsel. Die Vögel Nordafrikas bilden eine besondere Rasse: *B. r. cirtensis*. Sie ist kleiner und hat einen helleren Kopf und Schwanz.

Bestandsschätzung

Wie aus der Tabelle S. 176 ersichtlich, haben wir mittlerweile von allen wesentlichen westpaläarktischen Gebieten Angaben zur Bestandsgröße. Der Bestand liegt zwischen 6000 und 15 000 Paaren.

Bestandsentwicklung

Die wenigen Angaben zur Bestandsentwicklung deuten auf dem Balkan einen leichten Anstieg an. Im vorigen Jahrhundert kannte man den Adlerbussard in Europa nur aus Rußland, Süd- und Mittelgriechenland. Wahrscheinlich erfolgte seitdem eine langsame Expansion in Südosteuropa nordwärts. In der ehemaligen Sowjetunion hingegen scheint das Areal in unserer Zeit geschrumpft zu sein.

Wenn es in Südosteuropa gelänge, die illegalen Abschußpraktiken Greifvögeln gegenüber einzudämmen, wäre der Adlerbussard prädestiniert für eine Ausweitung seines jetzigen Brutareals – und gleichzeitig für die Zunahme der Bestandsdichten im jetzigen Brutgebiet.

Zug

Stand- und Strichvogel, nördliche Bestände aber Zugvögel mit Winterquartieren vorzugsweise in Afrika südwärts bis zum 10° N. Überwintert auch in Griechenland, der Türkei und Zypern. Obwohl der Vogel ein Leitlinienzieher ist, wird er auffallend spärlich sowohl am Bosporus (max. 11, 1973) als auch bei Borcka (je 5 im Jahre 1976 und 1977) beobachtet. Es könnte sein, daß an beiden Orten der eigentliche Zug noch nicht vorüber war, als die Dauerbeobachtungen aufhörten. Denn bei Suez wurden 1981 1816 ziehende Adlerbussarde gesehen, vor dem 15. Oktober jedoch nur spärlich, und viele zogen noch am 5. November durch, als die Beobachtungen endeten.

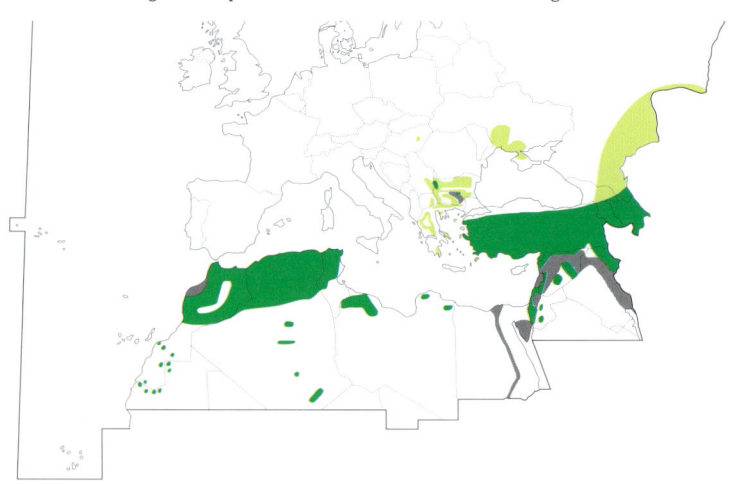

Adlerbussard, ein sehr heller Vogel; Halbwüchsiger (imm.).

Der Frühjahrszug ist in Israel Mitte Februar bis Ende April konstatiert worden; Zugbeobachtungen von mehr als 10 Vögeln in Zypern stammen vom 26. April und 1.–3. Mai 1972. Die türkischen Brutplätze werden Ende März besetzt, die bulgarischen ebenso und die im südlichen Rußland Mitte April. Nördlich Südosteuropa ist der Adlerbussard auch heute noch nur ein Irrgast. In Mitteleuropa (ausgenommen Ungarn) ist er keine 100mal nachgewiesen worden, in Dänemark 5mal, in Schweden 4mal und selbst in der westlichen Ukraine nur 4mal. In Ungarn übersommert er hingegen traditionsgemäß in den letzten 20 Jahren in der Hortobágy von Juli bis Mitte Oktober (max. 18). 1992 gelang dort die erste Brut.

Habitat

Trockensteppen und Halbwüsten – auch ausgeprägte Wüstengebiete, in denen die Nahrung stimmt und Wasser in der Nähe ist. Auf dem Balkan außerdem in waldreichen, hügeligen Gebieten und flacheren Bergen mit Felswänden zur Horstanlage und offenen Flächen für die Jagd.

Stimme

Ruft sehr selten. Erinnert an Mäusebussard. Stimme ist aber kürzer und höher, evtl. auch lauter.

Brutbiologie

Brütet vermutlich erstmals wie der Mäusebussard im Alter von 2–3 Jahren. Der Balzflug gleicht dem des Mäusebussards. Den Horst, oft auf einer kleinen Felswand oder an Schluchträndern auf Büschen und Bäumen plaziert, bauen beide Eltern. Die Eiablage auf dem Balkan erfolgt Ende März bis Ende April. Die 3–4 (2–5) Eier werden in 28–34 Tagen ausgebrütet.

Im übrigen ist vieles unerforscht. In Nordwestafrika lebt der Adlerbussard so wie bei uns der Mäusebussard.

Nahrung

Bevorzugt kleinere und mittelgroße Säugetiere: Wühlmausarten, Hamster, Rennmäuse, Erdhörnchen und Großohrigel, aber auch junge Hasen, Maulwürfe, Wiesel und Ziesel.

Reptilien und Insekten spielen ebenfalls eine große Rolle, weniger Amphibien und ausnahmsweise Bodenvögel (Lerchen bis Fasane).

Eine russische Untersuchung (1961–1962) von 279 Gewöllen ergab Reste von 222 Säugetieren, 105 Reptilien, 82 großen Insekten, 32 Froschlurchen und 30 Vögeln.

Im Winter nimmt der Adlerbussard gerne Aas an, außerdem nutzt er die Grasratten und Maulwurfsratten als Grundnahrung.

Jagdtechnik

Ansitzjäger sowie Kreisflug in ca. 30 m Höhe. Rüttelt seltener. Jagt gerne auch zu Fuß.

Der Bestand des Adlerbussards in der Westpaläarktis

Rußland	1000 Paare (1993)[50]	
Ukraine	50 Paare (1993)[31]	Mehrzahl im Süden. Stabil.
Ungarn	1 Paar (1993)[60]	1992 erste Brut.
Serbien	12–15 Paare (1993–95)[73]	1. Brutnachweis 1990.
Mazedonien	20–25 Paare (1993)[27]	Leichte Zunahme.
Bulgarien	50–(100) Paare (1993)[21 a] > 300 Paare (1993)[21 b]	
Georgien	< 40 Paare (1993)[53]	
Türkei	2000–10 000 Paare (1993)[4]	
Zypern	1 Paar (1996)[80]	Erstnachweis; 1 Paar mit 1 juv. am 30. August 1996
Syrien	500–1000 Paare (1993)[20]	Starker Verfolgung ausgesetzt.
Israel	300 Paare (1980er)[5]	
Ägypten	1–10 Paare (1982)[36]	
Libyen	?	Brütet anscheinend in den in der Karte ausgewiesenen Gebieten, doch u. U. auch weiter südlich (1979)[37]
Tunesien	400 Paare (1982)[35]	
Algerien	zahlreich (1982)[35]	
Marokko	> 1000 Paare (1982)[35]	
Mauretanien	?	
Portugal	? (1993)[26]	Unverpaarte (?) Vögel kommen fast jedes Jahr in den Süden.

Adlerbussard, ad. mit Eidechse für die Jungen.

Steinadler

Aquila chrysaetos

Verbreitung

Der Steinadler brütet außer in der Westpaläarktis in großen Teilen Asiens ostwärts bis zum Stillen Ozean sowie in
Nordamerika (Rasse *A. c. canadensis*).
Der größte Teil der Westpaläarktis wird
von der Nominatrasse bewohnt, die ostwärts bis zum Altai vorkommt. Auf der
Iberischen Halbinsel, in Nordafrika, auf
Kreta, in Nahost, im Kaukasus und Iran

brütet die kleinere und etwas dunklere
Rasse *A. c. homeyeri.* Darüber hinaus
finden wir in Asien *A. c. daphanea*
in den Gegenden von Turkestan bis
zur Mandschurei und Südostchina;
A. c. kamtschatica vom Altai und östlich
davon – und schließlich *A. c. japonica*
in Korea und Honshu.

Bestandsschätzung

Aus den Angaben in der Tabelle S. 185
errechnet sich ein Gesamtbestand von
5000–6500 Paaren für die Westpaläarktis.

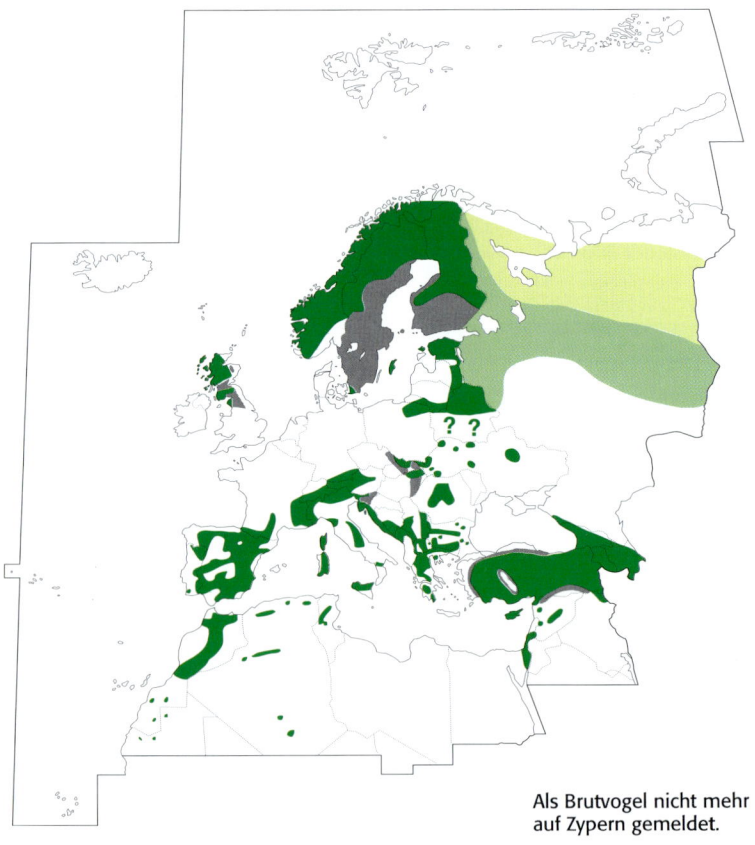

Als Brutvogel nicht mehr
auf Zypern gemeldet.

Steinadler, Paar am Horst.

Bestandsentwicklung

Während des großen Ausrottungsfeldzuges von ca. 1750–1950 hatten die Adler die wenig beneidenswerte Rolle der gehaßten und am meisten verfolgten Beute und Trophäe inne. Eine solche Einstellung bei großen Teilen der Bevölkerung hatte natürlich Konsequenzen für die Verbreitung und Bestandsdichte. Allgemein gesehen wurde der Steinadler in den leicht zugänglichen Flachländern ausgerottet und überlebte nur in den dünn besiedelten und der Verfolgung schwieriger zugänglichen Gebirgen. So wurde z. B. der isländische Bestand völlig aufgerieben (1910); in Deutschland rottete man den Vogel im Flach- und Hügelland aus, und er hielt sich nur in den bayerischen Alpen – und selbst dort ebenso wie im übrigen unzugänglichen Alpengebiet kämpfte er ums Überleben. Die österreichischen Alpen bewohnten daher um 1900 nur noch 2–3 Paare Steinadler. In Schweden brütete die Art ursprünglich im größten Teil des Landes, aber durch die Abschießerei konnte er nur in den Fjällgebieten des Nordens überleben. Diese Beispiele sollen nur für viele andere stehen.

Vor allem unter dem Eindruck der Pestizidwirkungen auf Greifvögel in den 50er und 60er Jahren geschah ein entscheidender Gesinnungswandel. Der Steinadler und die Mehrheit der anderen Greifvögel wurden im größten Teil Europas unter vollen Schutz gestellt, und, was wichtig ist, in vielen Ländern mit Unterstützung der Bevölkerung, am ausgeprägtesten in Nordeuropa.

Das Resultat dieses Sinneswandels sieht man in der Tabelle S. 185. In weiten Teilen Europas besitzt man heute stabile oder wachsende Bestände. Nur in ganz wenigen Ländern ist die Entwicklung konstant negativ. Hier werden das Abschießen, die Horstplünderung (sowohl durch »Freunde« als auch Feinde), Vergiftung und Trophäenhandel immer noch geduldet.

Steinadler, ad. beim Abflug von der Beute.

Der Steinadler hat offenbar keine großen Probleme, sich in der modernen Gesellschaft zurechtzufinden. Es sieht so aus, als ob er auch in der Kultursteppe gute Lebensbedingungen vorfindet. Es wird daher spannend sein, in den kommenden Jahrzehnten zu beobachten, in welchem Umfang diese Art das verlorene Terrain zurückerobern kann. Das hängt vielleicht davon ab, ob wir den Abschuß der vertrauensseligsten Individuen verhindern können. In Schweden hat der Steinadler inzwischen Gotland und Südwest-Schonen wiederbesiedelt. Dazu haben sicherlich auch die jahrelangen Winterfütterungen beigetragen. In Dänemark begann man damit 1992 und hofft auf eine Brutansiedlung in der Zukunft.

Zug

Im allgemeinen sind erwachsene Steinadler Standvögel, die Jungen Strichvögel. Jungvögel aus Nord und Ost ziehen am meisten umher und können fast als Zugvögel betrachtet werden, auf alle Fälle die Einjährigen. Finnische Jungvögel überwintern daher oft in Weißrußland und der Ukraine, schwedische in Mittel- und Südschweden. Aber nur einzelne verlassen das Land (0–4 pro Jahr in Falsterbo) und überwintern in Ostdänemark (2–4), Schleswig-Holstein (1–4) oder Mecklenburg (1–2).

In harten Wintern ziehen auch schwedische Altvögel einige hundert Kilometer südwärts und kommen dann vereinzelt bis nach Schonen.

Habitat

Brütet heute im größten Teil der Westpaläarktis in den Gebirgen. Wo die Bevölkerungsdichte gering ist und daher die Störungen selten sind, trifft man ihn ebenfalls im Flachland (z. B. in Rußland, Schweden und Finnland).

Benutzt alternativ mehrere Horste, entweder in überhängenden Felswänden oder in alten Bäumen – in Schweden mit einem festgestellten Durchschnittsalter von 320 Jahren!

Jagt gerne oberhalb der Waldgrenze oder in Landschaften mit abwechslungsreichen offenen Flächen und verlangt je nach Nahrungsbasis Reviere von unterschiedlicher Größe: in Schottland 40–75 km² und in den Alpen 75–191 km² (n = 51).

Stimme

Selten gebraucht, selbst während der Brutzeit. Zwei Lautarten: ein schrilles Kläffen, u. a. während des Balzfluges, und ein bussardähnliches »hiiä« als Warnruf und beim Balzflug. Kann aber, wo mehrere Vögel zusammen überwintern, recht »gesprächig« sein.

Brutbiologie

Brütet im allgemeinen erstmals, wenn die ad.-Kleidung angelegt wird – in einem Alter von ca. 6 Jahren. Individuen im Jugendkleid sieht man ausnahmsweise verpaart am Horst: In den Graubündener Alpen waren von 50 Paaren 1978–1981 nur 4mal Weibchen subad. = 1 % bzw. 2 % der Weibchen. Die Ehe ist lebenslänglich.

Steinadler, juv. (rechts im Hintergrund Kolkrabe).

Steinadler

Die Reviere werden ganzjährig und lebenslang bewohnt, jahreszeitlich zwar unterschiedlich genutzt, immer aber energisch verteidigt. Den Balzflug sieht man in zwei Formen: einen Sturzflug mit tiefer fliegendem Ehepartner, der sich auf den Rücken dreht und mit vorgestreckten Fängen abwehrt – und den Girlandenflug mit kurzen Abschwüngen und anschließendem Aufstieg.

Hat mehrere, alternativ benutzte Horste, meistens 2–3, man hat aber schon bis zu 14 gezählt.

Die 1–3 Eier werden Anfang März bis Anfang April mit 3–4 Tagen Intervall gelegt und vom Weibchen in 43–45 Tagen (pro Ei) allein erbrütet. Die Nestlingsdauer beträgt 65–80 Tage. Die Jungen verbleiben lange im elterlichen Revier, in Schottland und Skandinavien oft bis Oktober, in den Alpen bis in den ersten Winter, längstens bis Januar.

In den Alpen Graubündens und Sondrios (Norditalien) war die Paaranzahl über Jahre hindurch konstant, und jeder geeignete Platz war mit einem Paar besetzt. Steinadler brüten jedoch nicht immer erfolgreich, manchmal Jahre hintereinander ohne Erfolg. Bei dieser Alpenpopulation lag der Bruterfolg 1973–1982 (n = 121) bei 0,43 Jungen pro Brut, die Anzahl erfolgreicher Bruten bei 0,34 pro Paar und Jahr. In ungünstigen Revieren (n = 28) betrug der Bruterfolg 0,07 Junge pro Brut, 46 % der Paare brüteten nicht.

Steinadler werden sehr alt. Die Lebenserwartung der Graubündener/Sondrioser verheirateten Steinadler-Weibchen beträgt mindestens 20 Jahre. Der Bestand kann sich daher mit dieser gerin-

Steinadler, ad. landet mit Fuchswelpe im Fang auf dem Horst.

gen Aufzuchtrate recht gut erhalten, wenn er vom Menschen in Ruhe gelassen wird.

Nahrung

Sehr vielseitig und abhängig von den Möglichkeiten. Lokal können folgende Arten dominieren: Murmeltier (Sommernahrung in den Alpen), Ziesel, Hase, Kaninchen, Schildkröten (in Bulgarien im Sommer ca. 20 % der Nahrung), Waldhühner, junge Gemsen, Hirsche, Rentiere und Rehe, diverse Haustiere sowie geschwächte Großtiere und Aas (Lawinenopfer).

An Säugetieren werden auch erbeutet: Jungfüchse, junge Dachse und Luchse; in anderen Gegenden Eichhörnchen, Wiesel, Marder, Lemminge, Igel, Katzen, Ratten, Wühlmäuse und Maulwürfe; an Vögeln: Enten, Watvögel, Möwen, Tauben, Reiher, Kraniche, Kormorane und Greifvögel aller Größen. In Südeuropa spielen Reptilien eine wesentliche Rolle.

Junge Paarhufer können bis zu 15 kg Gewicht geschlagen werden, Beute, die schwerer ist, ist als Aas angefallen. Der Steinadler kann ein Rehkitz in Sekunden überwältigen. Doch die Prozentzahl erfolgreicher Angriffe ist gering, bei einem Männchen in den Alpen betrug sie 9 %, bei einem Paar je 17 %.

Bei dem übergroßen Schalenwildbestand würde sich der Steinadler auch in unserer Kultursteppe halten, wäre er dort nicht schon ausgerottet.

Bei dieser Beuteliste wundert es nicht, daß der Steinadler früher energischer Verfolgung ausgesetzt war. Glücklicherweise ist es heute Allgemeinwissen (und unbestreitbar richtig), daß der Steinadler wie andere Greifvögel auch in hohem Maße geschwächte Individuen nimmt (Gesundheitspolizei), so daß in unserer Natur selbstverständlich auch für ihn Platz ist. Die 3 Unterengadiner Paare entnahmen in 4 Wintermonaten aus ihrem Schalenwildbe-

Steinadler, juv.

stand von 300–400 Tieren 4 aktiv und fraßen 6 als Aas. Deshalb braucht man die Art nicht zu verurteilen.

Jagdtechnik

Wendet häufig die Ansitzjagd von einem Aussichtsposten an. Sucht in niedrigem Suchflug (Baumspitzenhöhe) das Gelände ab. Die Beute wird dann im Stoßflug gegriffen, entweder am Boden oder im Auffliegen. Größere Säugetiere werden im tiefen Gleitflug verfolgt, ehe sie geschlagen werden.

Der Steinadler lernt mit der Zeit und wird mit zunehmendem Alter erfolgrei-

Steinadler, ad. an ausgelegter Beute.

cher in seiner Jagd. Ein Vogel, der zur Jagd abgerichtet war, war anfangs bei der Hasenjagd nur bei jeder 20. Jagd erfolgreich; im Alter war er so geschickt geworden, daß er die Hasen noch im Sitzen überraschte und sie schlug. Wildernde Katzen lernte er schnell als leichte Beute kennen, während er für Fasanen und Rebhühner aufgrund geringen Jagderfolges sein Interesse ebenso schnell wieder verlor.

Der Steinadler kann maximal zwischen 4 und 5 kg heben, weshalb er oft die Beute zerteilt, ehe er sie zum Horst transportiert. Noch größere Beute wird nicht verfrachtet, sondern mehrfach besucht, um von ihr zu fressen. An einer Beute frißt immer nur ein Adler zur gleichen Zeit. In einem gesunden Bestand warten aber schon in angemessener Entfernung mehrere Junggesellen darauf, daß der Altvogel abstreicht. Notfalls fliegen sie Sturzflugangriffe, um ihn endlich zu vertreiben. So sättigt eine große Beute mehrere Adler und dies – etwa im Winter – für längere Zeit.

Der Bestand des Steinadlers in der Westpaläarktis

Norwegen	700–1000 Paare (1993)[55]	Stabil.
Schweden	600 Paare (1989)[23]	Expandiert. Siedelte sich u. a. in Südschweden an. Vielleicht wird Bestand unterschätzt.
Finnland	320–350 Paare (1994)[73]	Zunahme.
Rußland	300 Paare (1993)[50]	Rückgang.
Weißrußland	40–50 Paare (1993)[18]	Scheint seit 20 Jahren rückläufig.
Ukraine	6 Paare (1993)[31]	
Estland	30–35 Paare (1994)[19]	
Lettland	7–12 Paare (1993)[16]	Wahrscheinlich Zunahme.
Polen	5–10 Paare (1993)[11]	Anscheinend stabil.
Deutschland	50 Paare (1993)[1]	Stabil.
Großbritannien	422 Paare (1992)[79], davon Schottland 203 Paare (1994)[77]	Stabil.
Frankreich	255–288 Paare (1991)[22]	Stabil.
Portugal	41–50 Paare (1993)[26]	Stabil.
Spanien	1265 Paare (1989)[44]	Nach einem Einbruch von ca. 30 % seit 1960 nun stabil oder leichte Zunahme.
Italien	318–403 Paare (1993)[33]	Stabil?
Schweiz	220–250 Paare (1992)[3]	Stabil.
Österreich	250 Paare (1992)[6]	Stabil.
Ungarn	2–3 Paare (1993)[7]	Neu etabliert.
Slowakei	60–80 Paare (1990)[8]	Stabil oder Zunahme.
Kroatien	100–150 Paare (1993)[30]	Stabil?
Slowenien	10–15 Paare (1993)[15]	Stabil.
Serbien	53–57 Paare (1993–95)[73]	Stabil seit 10 Jahren.
Herzegowina	17 Paare (1993)[28]	
Montenegro	18–25 Paare (1993–95)[73]	Stabil.
Mazedonien	ca. 50 Paare (1993)[27]	Stabil.
Bulgarien	130–140 Paare (1993)[21 a] max. 200 Paare (1993)[21 b]	Scheint rückläufig.
Rumänien	20–25 Paare (1994)[62]	Rückgang u. a. durch Strychninvergiftungen.
Georgien	< 25 Paare (1993)[53]	Leichter Rückgang.
Griechenland	150–200 Paare (1993)[43]	Leichter Rückgang.
Türkei	500–1500 Paare (1993)[4]	
Syrien	einzelne Paare (1993)[20]	
Jordanien	1 Paar (1990)[25]	Erster bekannt gewordener Brutnachweis.
Israel	ca. 50 Paare (1989)[5]	Zunahme. 1. Brutnachweis 1972.
Ägypten	1–2 Paare (1982)[35]	
Tunesien	40–50 Paare (1982)[35]	
Algerien	häufig (1982)[35]	
Marokko	100–500 Paare (1982)[35]	

Kaffernadler

Aquila verreauxii

Verbreitung

Das eigentliche Brutgebiet des Kaffernadlers liegt außerhalb der Westpaläarktis in Ost- und Südafrika. Einige wenige Paare gibt es im Nahen Osten – in Jordanien (1 Brutnachweis 1990), Israel und auf dem Sinai.

Zug

Nach den bisherigen Erkenntnissen Standvogel. Die Jungvögel können allerdings weit im Gebiet umherstreifen.

Habitat

Felsige Landschaften mit weniger als 750 mm Regen pro Jahr und entfernt von Ortschaften.

Brutbiologie

Der Horst wird auf Felsenkliffs angelegt, ausnahmsweise auf einem Baum. Die Eiablage erfolgt im Sudan von Dezember bis März. Die 2 (1–3) Eier werden von beiden Eltern in 43–47 Tagen erbrütet. Die Nestlingszeit beträgt 84–99 Tage. Die Jungenführungszeit kann bis zu 6 Monaten währen. Nur ein Junges wird groß. Das jüngere wird vom Älteren durch Hacken getötet.

Nahrung

Bevorzugt mittelgroße Säugetiere, am allerliebsten Klippschliefer (bis 98 %), die maximal 3,5 kg wiegen. Seltener Bodenvögel und gelegentlich Aas nehmend. Tagesbedarf etwa 400 g.

Jagdtechnik

Alle Beute wird am Boden geschlagen. Meist Suchflug, seltener Ansitzjagd.

Kaffernadler, ad.

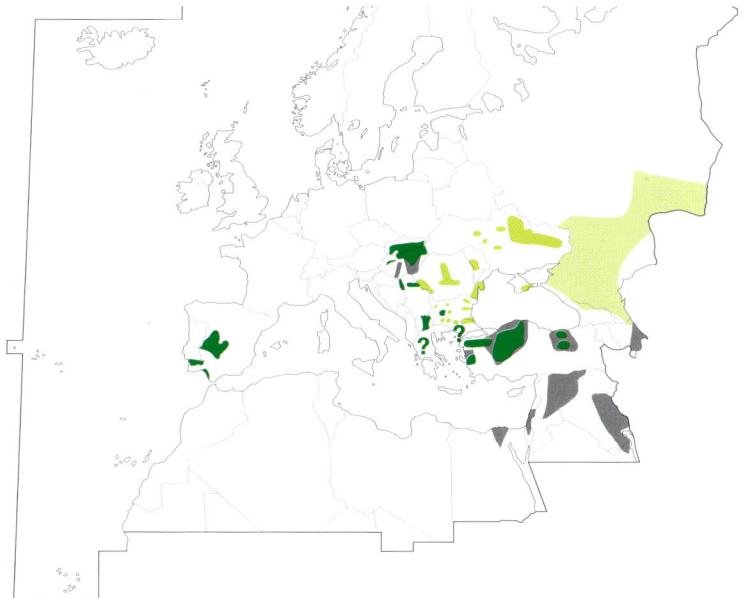

Kaiseradler

Aquila heliaca

Verbreitung

Ostwärts über den Kartenrand hinaus brütet der Kaiseradler im Steppengürtel bis hin zum Baikalsee-Gebiet. Die Vögel der Iberischen Halbinsel gehören einer besonderen Rasse an: *A. h. adalberti.*

Bestandsschätzung

Der gesamte westpaläarktische Bestand läßt sich anhand der Tabelle S. 191 mit 600–800 Paaren einschätzen.

Bestandsentwicklung

Ein trauriges Kapitel: Von z. B. einem Brutbestand mehrerer tausend Paare in Bulgarien, mit einem Paar auf jeden 3. km längs der Donau in Rumänien (1925) und in Griechenland etwa allein in der Umgebung von Saloniki (1940er Jahre) 25–40 Paaren, sind wir heute in der Situation, nur noch einen Gesamt-

bestand von 600–800 Paaren in Europa zu haben.

Es ist offensichtlich, daß die Verfolgung ein wichtiger bestandsreduzierender Faktor gewesen ist (und ständig in bestimmten Gebieten noch ist). Aber in welch hohem Maße auch Biotopveränderungen eine Rolle gespielt haben, wissen wir nicht. Der bevorzugte Biotop der Art, die unbestellte, recht flache, offene Landschaft, ist auf alle Fälle über viele Jahre durch Kultivierung gewaltigen Veränderungen ausgesetzt worden. In welchem Umfang Pestizide bei der Vernichtung mitgewirkt haben, wissen wir ebenfalls nicht. Aber es ist bekannt, daß in den Räumen, in denen der Kaiseradler brütet, nicht besonders vorsichtig oder einschränkend Pestizide verwendet wurden.

Bis in die allerjüngste Zeit nimmt die Zahl der Paare stetig ab, aber wie man aus der Tabelle S. 191 ersehen kann, ist jetzt die allgemeine Entwicklung positiver geworden. Mehrere Länder spre-

Kaiseradler, juv. auf dem Horst.

chen heute von Zunahme oder erreichter Stabilität. Aber auch Abnahme kommt vor – vermutlich vor allem durch Abschuß.

Zug

Iberische Rasse: Die Altvögel sind Standvögel, die Jungen im gewissen Umfang Strichvögel (gelegentlich bis Marokko). Die Nominatrasse: Zugvogel oder teilweise Zugvogel, der am Rande des Brutgebietes überwintern kann, aber generell sein Winterquartier in Ägypten und Sudan (südwärts maximal bis Kenia), Arabien, im Nahen Osten und Iran sowie in Süd- und Ostasien hat. Jungvögel ziehen am weitesten. In strengen Wintern wird Europa anscheinend ganz geräumt.
Bereits im August beginnen die Jungvögel umherzustreifen. Der eigentliche Zug läuft Mitte September bis Ende Oktober ab. Dieser konzentriert sich nur schwach am Bosporus und bei Borcka im Nordosten der Türkei. Es sind geringe Zahlen: 18 (1966–1975) und 29 (1976–1977); bei Eilat maximal 64 (1980). Suez wird Ende September bis Mitte Oktober passiert.

Im Frühjahr passieren die Altvögel Mitte Februar bis Mitte März den Nahen Osten, Jungvögel hauptsächlich Ende März/Anfang April. Das Frühjahrs-Maximum bei Eilat waren 95 (1977).
Nach Beobachtungen (Génsbøl) in Bharatpur in Indien an dort überwinternden sibirischen Vögeln scheinen die Familien zusammen zu bleiben und gemeinsam zu überwintern.
Extrem selten gelangen Jungvögel auf ihren Wanderungen auch nach Polen, Deutschland, die Niederlande, Schweden und Dänemark.

Habitat

Bevorzugt als Brutbiotop Flachland parkartigen Charakters, d. h. die Waldsteppe und die Steppe, die in ihren Senken Wald trägt. Schlecht bewirtschaftetes Kulturland mit großen Einzelbäumen.
Im Winter werden ähnliche Biotope aufgesucht, jedoch mit einer stärkeren Bindung an Gewässer.

Stimme

Wird am meisten zur Brutzeit gebraucht, aber auch im Winterquartier gehört, u. a. wenn andere Greifvögel in das eigene Nahrungsrevier eindringen. Am häufigsten ist ein rabenartiges, bellendes »grrr-grrr-grrr« im Halbsekundenrhythmus.

Brutbiologie

Der Kaiseradler ist mit 5–6 Jahren ausgefärbt und brütet dann vermutlich auch erstmals in diesem Alter. Jüngere Vögel sieht man ausnahmsweise verpaart. Scheint auch dort, wo die Art Zugvogel ist, das Jahr über zusammenzuhalten und eine lebenslängliche Ehe zu führen.

Zu Beginn der Brutsaison – in Spanien Januar, in Südosteuropa März – sieht man den eindrucksvollen Balzflug.

Die Vögel können beim Kreisen über dem Revier laut rufen und gewaltige gemeinsame Sturzflüge vollführen, wobei sie sich an den Fängen halten.

Kaiseradler, *adalberti*-Paar auf dem Horst, das Weibchen rechts.

Kaiseradler, juv.

Der Horst befindet sich auf 10–25 m hohen Bäumen und wird von beiden Gatten gebaut. Das Gelege von (1) 2–4 Eiern wird in Spanien Mitte Februar bis Ende März, in Osteuropa Ende März bis Ende April gelegt. Beide Eltern brüten; die Jungen schlüpfen nach 43 Tagen (pro Ei). Die Bebrütung beginnt mit dem ersten Ei, so daß die Jungen zu verschiedenen Zeiten schlüpfen. Die Nestlingszeit beträgt 65–77 Tage. Die Führungsdauer ist unbekannt, aber die Familien verbringen gemeinsam die Zeit im Winterquartier, und im Burgenland gelang einmal der Nachweis des Übersommerns einer Familie.

In Spanien lag der Bruterfolg (n = 57) bei 1,3 juv. pro Paar. Eine slowakische Untersuchung von 17 Paaren mit durchgeführter Brut ergab den hohen Durchschnittswert von 1,94 juv. pro Gelege (5 mit 3 Jungen, 6 mit 2 und 6 mit 1 Jungen).

Kaiseradler können sehr alt werden, das bisher älteste Exemplar wurde 44½ Jahre alt.

Nahrung

Mittelgroße Säugetiere und Vögel, Aas und ausnahmsweise Frösche und Schildkröten. Die Hauptbeute der Nominatrasse sind Ziesel sowie lokal Hamster, dann Junghasen, die der Iberier Kaninchen. Andere wesentliche Beutetiere sind Wühlmäuse, junge Murmeltiere und junge Boden- und Wasservögel.

Eine spanische Analyse aus einem wassernahen Biotop ergab ca. 42 % Säugetiere, ca. 55 % Vögel, ca. 3 % Reptilien und 0,2 % Fische.

Im Winterquartier werden Säugetiere bis zu 2 kg Gewicht, Schlangen und Echsen, Vögel sowie Aas gefressen.

Jagdtechnik

Die meiste Beute wird am Boden geschlagen. Zur Vogeljagd ist der Kaiseradler im Grunde zu groß und zu schwer; er schlägt Vögel daher am Boden oder im Auffliegen. Ansitzjagd von Bäumen, Heuschobern u. ä. aus. Wendet gleich häufig den Sturzflug aus dem Kreisen an. Übt auch die Bodenjagd im Laufen auf Frösche, Reptilien und Insekten aus. Oft sieht man zwei Vögel während der Jagd zusammenarbeiten. Der eine scheucht die Beute auf und fängt deren Aufmerksamkeit ein, der andere schlägt die Beute im Überraschungsangriff.

Der Bestand des Kaiseradlers in der Westpaläarktis

Rußland	300 Paare (1993)[50]	Rückgang.
Ukraine	mind. 50 Paare (1996)[81]	Zunahme.
Georgien	8–11 Paare (1993)[53]	
Aserbeidschan	ca. 40 Paare (1993)[53]	
Armenien	ca. 5 Paare (1993)[53]	
Ungarn	35–40 Paare (1993)[7]	Zunahme.
Slowakei	30–35 Paare (1993)[8]	Zunahme.
Kroatien	1–2 Paare (1993)[30]	Stabil?
Serbien	10–15 Paare (1993–95)[73]	Langsamer, aber kontinuierlicher Rückgang.
Mazedonien	20–25 Paare (1993)[27]	Nach Periode des Rückgangs jetzt stabil.
Bulgarien	10–(20) Paare (1993)[21 a] ca. 50 Paare (1993)[21 b]	Rückgang. Gefahr der Ausrottung.
Rumänien	30–50 Paare (1993)[62]	Zu Beginn der 80er Jahre noch ca. 100 Paare.
Moldawien	vielleicht wenige Paare (1993)[32]	
Griechenland	0–3 Paare (1993)[43]	Sehr starker Rückgang.
Türkei	10–150 Paare (1993)[4]	
Portugal	0–3 Paare (1993)[26]	Vielleicht unregelmäßig brütend. Wiedereinführung gefährdet durch sog. »Wildpflege« in privaten »Reservaten«.
Spanien	126 Paare (1989)[44]	Langsame Zunahme.
Marokko	1 Paar (1995)[76]	Erstmals im 20. Jh.

Kaiseradler, juv.

Steppenadler

Aquila nipalensis

Wird von einigen Wissenschaftlern als selbständige Art angesehen, von anderen als Rasse des Raubadlers, *Aquila rapax*. Viele Literaturangaben zur Biologie sind daher überprüfungsbedürftig, da nicht eindeutig zuordenbar.

Verbreitung

Jenseits der Kartenbegrenzung ostwärts durch die Steppenzone Asiens bis zur Mandschurei. Die europäischen und westasiatischen Vögel gehören zur Rasse *A. n. orientalis*. Vom Baikalsee-Gebiet an wird sie durch die Nominatform abgelöst.

Die westlichsten Brutplätze liegen mit nur 1–5 Paaren in der Ukraine. Das eigentliche Verbreitungsgebiet findet sich heute weiter östlich in den Gegenden nördlich des Kaspischen Meeres. Hier gibt es einen ständigen, dichten Bestand; im ganzen rechnet man dort mit ca. 20 000 Paaren (1993)[53] im europäischen Teil des russischen Brutgebietes mit in gewissen Gegenden einer Dichte von 3–5 Paaren auf 100 km².

Bestandsentwicklung

Das letzte halbe Jahrhundert mit seiner intensiven Kultivierung der Steppen hat das Verbreitungsgebiet kräftig verkleinert. Noch in der 1. Hälfte unseres Jahrhunderts brütete der Steppenadler in Moldawien (letzter Brutnachweis 1958) und großen Teilen der Ukraine.

Viele Steppenadler sind darüber hinaus an Hochspannungsleitungen tödlich verunglückt.

Habitat

Bewohnt zur Brutzeit die offene, flache Grassteppe sowie Halbwüsten. Die östliche Rasse ist stärker Bergvogel, unsere hält sich an das Tiefland. Im Winterquartier ebenfalls in offener, trockener Landschaft, meistens Savannen.

Zug

Langstreckenzieher (westliche Rasse) mit dem Winterquartier überwiegend im östlichen Afrika. Die Altvögel überwintern am nördlichsten: in Afrika bis zum Sudan und in Arabien. Die Jungvögel trifft man hauptsächlich in Ostafrika und südwärts bis Sambia, Malawi und Zimbabwe.

Verbreitung von Steppenadler (hellgrün, grau) und Raubadler (dunkelgrün).

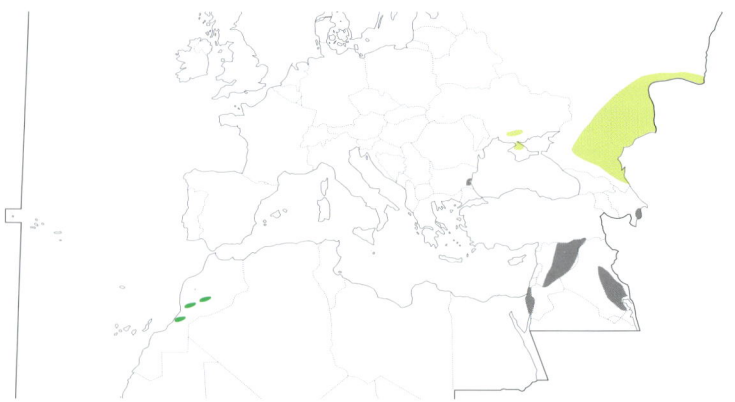

Steppenadler, ad.

Ende August bis Anfang Oktober werden die Brutplätze verlassen, und die Vögel ziehen im Breitfrontenzug durch die Türkei, Armenien, Aserbeidschan, Nahost, den nördlichen Iran und Afghanistan süd- bis südwestwärts. Die letzten kommen hier Anfang November durch. Interessanterweise gibt es bisher keine Nachweise aus Zypern.

Der Frühjahrszug verläuft im Nahen Osten konzentrierter: in der Zeit Mitte Februar bis Ende April, mit Spitze für die Altvögel Ende Februar/Anfang März und für imm. Ende März/Anfang April. Bei Eilat in Israel hat man die imponierende Anzahl von ca. 75 000 (1985), mit einem Tagesmaximum von 14 164 Vögeln (6. März 1985), gezählt.

Jungvögel können weit umherstreifen und sind in vielen europäischen Ländern gesehen worden, vor allem in Schweden (22 Nachweise bis 1991). Ein Teil der skandinavischen Steppenadler waren jedoch entflogene Gefangenschaftsvögel. Diese etwa aufgrund geringer Scheuheit zu unterscheiden, geht nicht; denn die Art ist auch in freier Natur oft erstaunlich zutraulich.

Brutbiologie

Im Detail unbekannt – Geschlechtsreife unbekannt. Der Vogel ist im Alter von 5 Jahren ausgefärbt.

Kommt oft paarweise ab Mitte März am Brutplatz an. Die Reviergröße wechselt stark wegen ihrer Abhängigkeit von der

193

verfügbaren Nahrungsmenge (Zieseldichte). Die Horste werden in guten Zieseljahren mit Minimalabständen von 300 m gefunden.

Der Horst wird in ungestörter Umgebung auf einer Erhöhung im Gelände angebracht, mit steigender Kultivierung und Verfolgung oft auf Heustacks oder in Bäumen. Beide Gatten bauen. Die 1–3 Eier werden Mitte April bis Anfang Mai gelegt. Das Weibchen brütet allein ca. 45 Tage. Die Nestlingszeit beträgt ca. 60 Tage. Mehr ist nicht bekannt.

In guten Zieseljahren kommen pro Paar 2–3 Junge hoch. Doch sind die Brutverluste aufgrund des Bodenbrütens sehr hoch. In einem Jahr hatten von 21 beobachteten Paaren nur 3 Erfolg bei der Aufzucht.

Steppenadler können sehr alt werden. Der älteste Nachweis bisher war ein Alter von 41 Jahren.

Nahrung

Ganz ausgeprägter Nahrungsspezialist im Brutgebiet: ausschließlich Ziesel fressend. Andere Kleinsäuger werden nur ausnahmsweise genommen. Das gleiche gilt für junge Bodenvögel, Reptilien und Heuschrecken. Aas wird angenommen.

Im Winterquartier ist die Nahrung des Steppenadleres vielseitiger, von Aas bis zu schwärmenden Termiten. Da er bis vor rund 20 Jahren nur als Rasse des Raubadlers angesehen wurde, der in Afrika Standvogel ist, fehlt es an verläßlichen Angaben zur Nahrung.

Jagdtechnik

Am häufigsten Ansitzjagd; der Steppenadler schlägt seine Beute nach kurzer Jagd. Er jagt auch aus dem Kreisflug heraus mittels Sturzflug und ist ebenfalls gut zu Fuß.

Der Bestand des Steppenadlers in der Westpaläarktis		
Rußland	20 000 Paare (1993)[50]	
Ukraine	0 Paare (1996)[81]	Seit Anfang der 80er Jahre keine Brutnachweise mehr.

Steppenadler, immat.

Steppenadler, juv.

Raubadler

Aquila rapax

Wird oft als Rasse des Steppenadlers angesehen, was jedoch nicht haltbar ist. Da systematische Untersuchungen bislang weitgehend fehlen, ist unser biologisches Wissen spärlich.

Verbreitung

Kommt in der Westpaläarktis – wie aus der Karte S. 192 ersichtlich – nur in Marokko vor: die Rasse *A. r. belisarius*. Diese brütet, außer in Südwestarabien, in großen Teilen Afrikas südwärts bis zum Äquator, wo sie von der Nominatrasse abgelöst wird. Der Raubadler kommt darüber hinaus in Nordindien und Burma vor, und zwar in der Rasse *A. r. vindhiana*.

Bestandsentwicklung

Der Raubadler ist in Nordafrika gewaltig zurückgegangen (siehe Tabelle S. 196). Die Ursachen sind unbekannt. Der letzte Brutnachweis gelang 1990 in Marokko.

Habitat und Zug

Bergland und Savanne. Standvogel.

Brutbiologie

Anscheinend ähnlich Steppenadler. Ist jedoch schon mit 4 Jahren ausgefärbt. Horst auf Bäumen. Eiablage in Nordafrika: Mitte/Ende März.

Nahrung

Vielseitiger als die des Steppenadlers; raubt von anderen Greifvögeln Nahrung; Abfallfresser in Dörfern und in Krals.

Der Bestand des Raubadlers in der Westpaläarktis

Tunesien	ausgerottet? unregelmäßiger Brutvogel? (1982)[35]	Brutvogel im vorigen Jahrhundert, kommt vielleicht noch regelmäßig im Süden des Landes vor.
Algerien	ausgerottet? (1982)[35]	Häufig im vorigen Jahrhundert., aber seither radikaler Rückgang. Keine Brutnachweise aus neuerer Zeit.
Marokko	< 10 Paare (1990)	Brütet wahrscheinlich in den in der Karte (S. 192) bezeichneten Gebieten. Rückgang.

Raubadler, auf Beute (Hase) stehend.

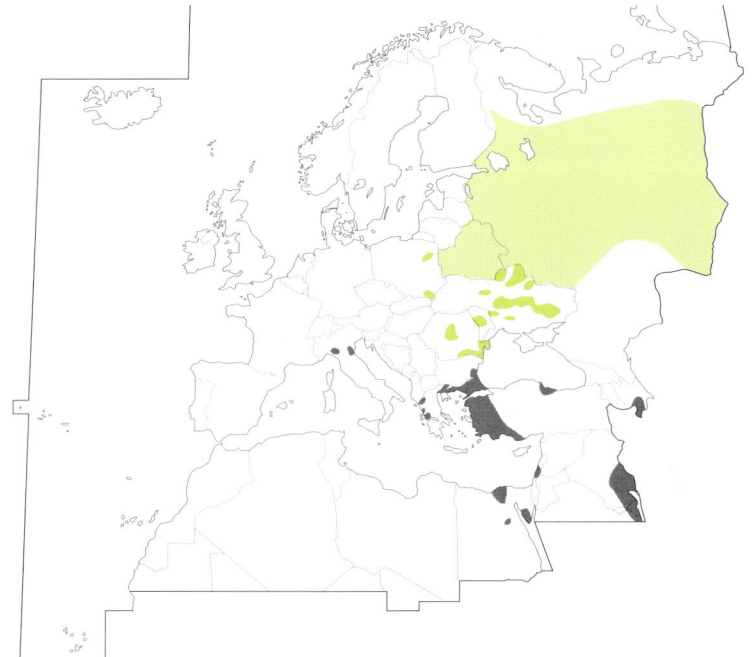

Schelladler

Aquila clanga

Verbreitung

Außerhalb der Westpaläarktis brütet der Schelladler in einem breiten Gürtel ostwärts durch die Waldzone bis zum Stillen Ozean.

Bestandsschätzung

Wie aus der Tabelle S. 200 ersichtlich, zählt der westpaläarktische Bestand etwa 900 Paare.

Bestandsentwicklung

Es gibt nur wenige zugängliche Angaben zur Bestandsentwicklung (siehe Tabelle S. 200). Früher war der Abschuß ohne Zweifel der reduzierende Faktor. Ein Rückgang heute könnte auf der Abnahme geeigneter Brutbiotope beruhen.

Es liegen Meldungen über Bruten vor von Norbotten in Schweden (1973 und 1974), von Südfinnland (bis 1973 und 1975), Tschechien und Slowakei (1877, 1945–1950?, 1956?), Ungarn (1949–1951), Jugoslawien (1905, 1954) und Israel (bis ca. 1960). Diese Bruten sind eher das Resultat zufälliger Vorstöße. Sie sind nicht Ausdruck einer einstmals größeren Verbreitung. Auch die Artbestimmung wird mitunter falsch gewesen sein.

Zug

Überwiegend Zugvogel, aber nicht im selben Ausmaß Langstreckenzieher wie der Schreiadler. Die Winterquartiere liegen hauptsächlich in Nordostafrika (südwärts bis Kenia, etwa 10 Nachweise) sowie im Nahen Osten. Überwintert aber auch am Rande des Brutgebietes, im westlichen Anatolien sowie in Süd-

197

Schelladler, juv.

und Westeuropa, ja selbst in Schonen (1–5 Vögel jährlich).

Die Brutplätze werden im September/Oktober verlassen. Der Schelladler ist Breitfrontenzieher. Im März/April ist der Vogel wieder am Brutplatz zurück.

Gelegentlicher Streifgast in Mittel- und Nordeuropa; die Daten sind aber, wegen der früher sehr unterschätzten Schwierigkeit, Schell- und Schreiadler sicher zu unterscheiden, weitgehend unbrauchbar bzw. müßten alle überprüft werden. Überprüft sind: In Schleswig-Holstein liegen 25 gesicherte Nachweise aus 100 Jahren vor (Ende April bis Oktober), aus Dänemark 36 aus der Zeit 1962–1993, jeweils aus der Periode März bis Dezember, mit den meisten im April bis Mai. Aus Bayern gibt es z. B. 16 Nachweise, aus der Schweiz (seit 1900) 17. In Finnland wurden 1975–1988 100 Schelladler beobachtet.

Habitat

Als Brutbiotop werden große Wälder bevorzugt, besonders wenn sie mit Seen, Wiesen und Heide durchsetzt sind. Kommt aber auch in kleinen Wäldern vor und kann sogar auf Einzelbäumen brüten. Ist ganzjährig stark an Gewässer gebunden. Brütet nicht höher als 1000 m ü.M.

Stimme

Im Winterquartier stumm. Zur Brutzeit ein bellendes »kjäck-kjäck«, etwas tiefer als die Stimme des Schreiadlers und heller als die des Raubadlers. Im Halbsekunden-Rhythmus vorgetragen.

Brutbiologie

Im Detail nicht bekannt. Brütet wahrscheinlich erstmals gleichzeitig mit dem Anlegen des Alterskleides, das ist mit 5 Jahren.

Kurz nach der Ankunft, die in Polen und im Baltikum zwischen 22. März und 28. April erfolgt, vollführen die Vögel ihre Balzflüge in der für Greifvögel häufigen Form mit gewaltigen Sturzflügen und eifrigem Rufen.

Der Horst wird in einem Baum gebaut, überwiegend in einer Höhe von 8–12 m, sowohl in Laub- als auch in Nadelbäumen. Die Eiablage erfolgt normalerweise in der ersten Maihälfte. Die 2 (1–3) Eier werden vom ersten Ei an bebrütet, so daß die Jungen zu verschiedenen Zeiten schlüpfen. Das Weibchen brütet 42–44 Tage, die Nestlingszeit beträgt 60–65 Tage und die anschließende Führungsperiode 20–30 Tage.

Das kleinste Junge stirbt oft, aber nicht selten werden auch 2 Junge flugfähig.

Das »Kainsmal« (das große Junge hackt das kleine tot) ist bei dieser Art nur ausgesprochen selten beobachtet worden. Eine russische Untersuchung an 43 Gelegen (1938–1951) ergab einen Bruterfolg von 0,67 flugfähigen Jungen pro Gelege.

Nahrung

Vielseitig. Richtet sich anscheinend sehr danach, was lokal zugänglich ist. In Jahren mit vielen Wühlmäusen machen diese die Hauptbeute aus, in anderen Jahren können es Vögel sein. Lediglich Ergänzungrollen spielen Reptilien, Amphibien, Fische, Insekten und Aas.

In ihrem afrikanischen Winterquartier fressen Schelladler insbesondere Insekten.

Eine russische Untersuchung von 357 Beutetieren ergab 58,3 % Säugetiere, davon waren Feldmaus (34,2 %), Ziesel (8 %) und Maulwurf (5 %) die bedeutendsten; 34,7 % Vögel, davon fast die Hälfte junge Saatkrähen, weiter Jungvögel von Fischreiher, Schwarzmilan, Blauracke und Turteltaube; 3,6 % Reptilien und 2,5 % Aas; Amphibien und Fische unter 1 %.

Andere Untersuchungen ergaben, daß Wühlmäuse den Löwenanteil der Beute bilden und daß Reptilien bis zu 24 % ausmachen können (meistens kleinere Schlangen).

Wie gezeigt, kann der Schelladler in Vogelkolonien als energischer Nestplünderer auftreten. Das geschieht z. B. bei

Schelladler, juv.

verschiedenen Reiherarten und bei der Lachmöwe.

Rund 70 % der geschlagenen Vögel sind nicht flugfähige Jungvögel.

Nimmt »jagdbares Wild«, wie Enten, Waldhühner, Wachteln und Hasen, nur in geringem Umfang.

Jagdtechnik

Verwendet wie der Schreiadler drei Jagdformen: Kreisflug in mittlerer Höhe (30–50 m), Ansitzjagd und zu Fuß. Jagt gerne am offenen Wasser und sitzt dort am Ufer an. Ist sehr geschickt im Schlagen von Bläßhühnern im Wasser.

Der Bestand des Schelladlers in der Westpaläarktis

Finnland	0–2 Paare (1993)[24]	Seit vielen Jahren kein Brutnachweis.
Rußland	800 Paare (1993)[53]	
Weißrußland	10–15 Paare (1993)[18]	Bestand schwankt anscheinend. Angaben unsicher wegen der schwierigen Artbestimmung.
Ukraine	50–100 Paare (1996)[81]	Stabil oder Zunahme.
Estland	1 Paar (1994–95)[73]	Neuansiedlung, erste 2 Bruten 1988.
Lettland	1–5 Paare (1993)[16]	Mitte dieses Jahrhunderts etwa 20–30 Paare. Sehr starker Rückgang.
Polen	15–20 Paare (1990)[11]	Anscheinend stabil.
Rumänien	5–8 Paare (1994)[62]	
Moldawien	sehr wenige Paare (1993)[32]	

Schelladler, juv., helle Farbvariante.

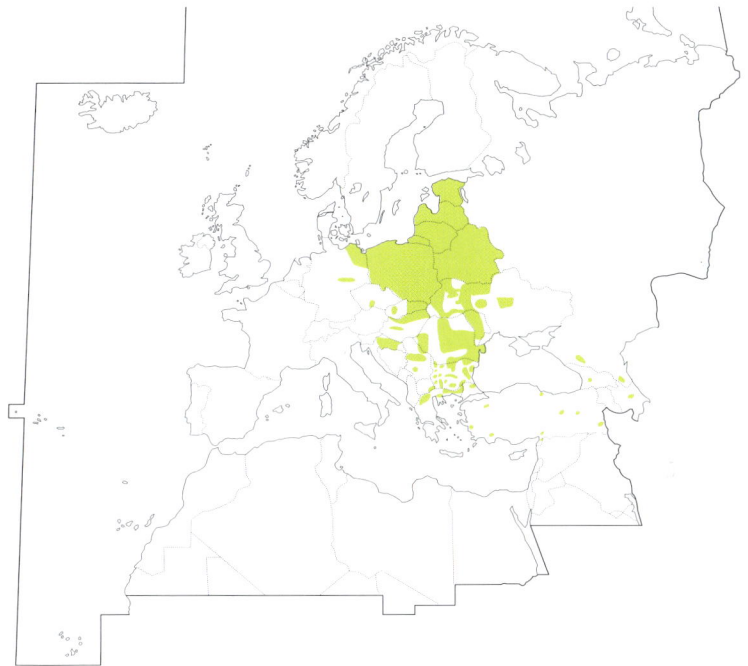

Schreiadler

Aquila pomarina

Verbreitung

Abgesehen von einem kleinen Gebiet auf der Südseite des Kaspischen Meeres geht die gesamte Verbreitung der Nominatrasse aus der Karte hervor. Darüber hinaus brütet der Schreiadler in der Rasse *A. p. hastata* in Nordindien, Bengalen, Bangladesch und Nordburma. Ihr fehlen beim Jungvogel die typischen weißen Felder auf der Flügeloberseite.

Bestandsschätzung

Von praktisch allen wichtigen Ländern der Westpaläarktis liegen aktuelle Bestandszahlen vor. Sie ergeben einen Gesamtbestand von 7500–11 500 Paaren. Diese Zahlen kann man mit den Zugzahlen des Nahen Ostens vergleichen.

Hier registrierte man im Herbst 1983 ca. 140 000 Schreiadler. Berechnet man, daß die Hälfte von ihnen Jungvögel sind, ergäbe dies einen Gesamtbestand für die Westpaläarktis von etwa 35 000 Paaren. Es ist daher klar, daß die Brutpaarzahlen in einigen der Länder, die ihre Bestandszahlen angegeben haben, stark unterbewertet sein müssen.

Daß es zu einer Unterbewertung in vielen Ländern kommen kann, liegt wahrscheinlich daran, daß der Schreiadler am Brutplatz ein recht verstecktes und stilles Leben führt.

Bestandsentwicklung

Hartnäckige Verfolgung (Abschuß, Eierraub usw.) führte im 19. und zu Beginn des 20. Jahrhunderts zu einem gewaltigen Rückgang des Bestandes, und die westlichen Vorposten gingen verloren. Der schleswig-holsteinische Bestand erlosch um 1885/1890, der in Niederösterreich 1853.

Heute ist die Situation deutlich stabilisiert, und es wird überwiegend über gute und gesunde Bestände gesprochen. Im allgemeinen wird der Schreiadler als genauso anpassungsfähig an die Kulturlandschaft angesehen wie der Mäusebussard. Aber einige Pessimisten fürchten, daß die Vernichtung der Idealbiotope einen negtiven Einfluß auf die Bestandsgröße ausüben kann.

Zug

Langstreckenzieher (Schmalfrontenzieher) mit Winterquartieren in den ostafrikanischen Savannen vom Äquator an südwärts. Hauptgebiete sind Sambia, Zimbabwe, Malawi und Tanzania.

Die Brutgebiete werden Mitte August bis Mitte Oktober verlassen. Der Zug umgeht das Mittelmeer im Osten und konzentriert sich am Bosporus (max. ca. 32 000 in 1988). Eine zweite, kleinere Schmalfront verläuft am Ostufer des Schwarzen Meeres (1976: 736 Vögel). Der Zug beginnt am Bosporus Ende August/Anfang September, kulminiert Ende September und schließt Ende Oktober ab. Die Tagesziffer kann bis 9000 Vögel betragen. Verglichen mit den Zahlen von Tel Aviv (141 000) fällt auf, daß vieles noch unaufgeklärt ist.

Im Frühjahr hat man in Ruanda einen regulären Durchzug im März beobachtet und bis zu 130 Vögel pro Jahr gezählt. Den Nahen Osten durchziehen sie vom März an, mit der Spitze Ende März/Anfang April. Die Spitze des Bosporus-Durchzuges liegt um den 1. April. Schreiadler trifft man regelmäßig (nord)westlich ihres Brutgebietes einzeln an. So gab es von 1966–1991 in Dänemark 50–52 Nachweise, die meisten von März bis Ende Juni. In Schleswig-Holstein (1945–1976: 64 gesicherte und ungesicherte Daten) liegt der Schwerpunkt ebenfalls im April bis Mai. Im Rheinland gab es in den letzten

30 Jahren nur 5 Nachweise. Die Häufung der Frühjahrsnachweise deutet auf ansiedlungssuchende Jungvögel hin.

Habitat

Brütet entweder in Wäldern mit Mooren, Weiden und größeren Lichtungen oder am Rande kleinerer Wälder mit Feuchtgebieten in der Nähe. In Südosteuropa und im Kaukasus brütet die Art auch in trockenen Bergwäldern bis 1800 m (2200 m) Höhe. Nutzt zur Nahrungssuche gerne die feuchten Areale seines Reviers, ebenso gerne aber auch Grasland. Überwintert in der Savanne, braucht auch dort Wassernähe.

Stimme

Der Schreiadler benutzt seine Stimme häufiger als andere Greifvögel. Am meisten hört man einen Ruf, der höher im Ton liegt als der des Schelladlers: ein klangvolles »jück« oder »jüb« im Halbsekunenrhythmus.

Brutbiologie

Es ist anzunehmen, daß die Geschlechtsreife mit dem Anlegen des Erwachsenenkleides im Alter von 4–5 Jahren einhergeht. Das Paar ist streng revierbehauptend und anscheinend lebenslänglich verheiratet.

Die Ankunft am Brutplatz erfolgt in Polen/Baltikum zwischen 6.–27. April, in Ostdeutschland zwischen 10.–15. April; sofort danach beginnen die Balzspiele, bei denen sich die Männchen, stetig rufend, beim Pendelflug in gewaltigen Sturzflügen fallen lassen.

Der Horst steht in 4–30 m Höhe (Durchschnitt 15 m) auf einem Baum und wird von beiden Gatten gebaut. Die 2 (1–3) Eier werden in Ostdeutschland und Polen Ende April/Anfang Mai gelegt und vom Weibchen alleine in

Schreiadler, fast flügge Junge.

Schelladler, ad. in abgetragenem Federkleid, in dem er leicht mit dem Schreiadler verwechselt wird.

38–41 Tagen pro Ei ausgebrütet. Die Bebrütung beginnt mit dem 1. Ei. Das Junge ist nach 51–58 Tagen im Horst flugfähig und nach weiteren 20–30 Tagen selbständig.

Ganz bemerkenswert ist für den Schreiadler, daß nur ein Junges aufwächst. Die Jungen sind bis zum Alter von 6 Wochen so aggressiv, daß der Schwächere durch psychischen Terror vom Stärkeren getötet wird. Ohne diesen Mechanismus könnte die Art nicht überleben, da das Nahrungsangebot für die optimale Aufzucht von 2 Jungen ebensowenig ausreicht wie die in Europa vorhandene Aufzuchtzeit. Denn der Zugweg ist extrem lang, und das Junge muß genügend Fettdepots in kürzester Zeit anlegen können. Für die Aufzucht eines jungen Schreiadlers wird etwa soviel Nahrung benötigt wie für die Aufzucht von 2 Mäusebussarden.

Über die Einführung der Geschwistertötung als Selektionsmerkmal entstand aus dem Schelladler allmählich die neue Art Schreiadler, die dadurch für den Schelladler verschlossene Waldgebiete erfolgreich besiedeln konnte. Sie hat dann später ihr Brutgebiet auch nach Osten in das Brutgebiet der Stammart, des Schelladlers, ausgedehnt und scheint auch dort auf Dauer die erfolgreichere Art zu werden.

Der Bruterfolg lag in der Slowakei bei 0,76 (n = 17) und in Rußland bei 0,6 Jungen pro Gelege (n = 35).

Nahrung

Vielseitig und in hohem Maße abhängig von den lokalen Möglichkeiten. Hauptnahrung bilden die Wühlmäuse, die zweitwichtigste Nahrung sind in den feuchten Biotopen Amphibien. In trockenen Biotopen (z. B. in der Ostslowakei) hingegen kehrt sich das Verhältnis um: Rein zahlenmäßig überwiegen zwar die Wühlmäuse die Junghasen (68,1 : 7,9 %), aber gewichtsmäßig brachten die Junghasen das 2½fache ein (56,7 : 18,5 %). Grasfrösche ergaben nur 6,8 % an Zahl und lediglich 1 % an Gewicht (n = 88).

Vögel spielen eine geringe Rolle. Es werden praktisch nur unbeholfene und nicht flügge Junge von Bodenvögeln geschlagen. Mancher Vogel ist auch anderen Greifvögeln abgejagt worden.

Auch Reptilien und Insekten werden vom Schreiadler gefressen. Untersuchungen im Bialowitzer Urwald von 1946–1958 haben die Fähigkeit des Schreiadlers erwiesen, den Speisezettel je nach Klima (trockene oder feuchte Sommer) und dem entsprechenden Beuteangebot umzustellen: In den sehr feuchten Jahren 1956 und 1957 war der Beuteanteil an Amphibien verglichen mit dem der Säugetiere 64,1 und 58,8 % zu 26,6 und 32,6 %. In den trockenen Jahren mit hoher Wühlmausdichte 1946–1948 war das Verhältnis von Amphibien zu Säugern auf dem Speisezettel 15 % : 78,6 %.

Die Nahrung im Winterquartier ist kaum bekannt; es scheint, als ob dort die Insekten eine größere Rolle spielen.

Jagdtechnik

Benutzt drei verschiedene Jagdtechniken: den Kreisflug in 30–50 m Höhe als Suchflug, die Ansitzjagd und die Jagd zu Fuß. Letztere wird häufig von Schell- und Schreiadlern ausgeübt, die lange, gering befiederte Gangbeine ausgebildet haben, am augesprägtesten der Schreiadler.

Schreiadler, ad. über Brutplatz.

Der Bestand des Schreiadlers in der Westpaläarktis

Rußland	250–300 Paare? (1992)[50b]	Sehr wenig bekannt.
Weißrußland	3000–3500 Paare (1993)[18]	Scheint stabil.
Ukraine	200–400 Paare (1996)[81]	Stabil.
Estland	200-300 Paare (1994)[19]	Vielleicht zunehmend.
Lettland	800–1500 Paare (1993)[16]	Zunehmend.
Litauen	500–600 Paare (1990)[10]	Stabil.
Polen	1500–2000 Paare (1993)[11]	Stabil oder vielleicht Zunahme.
Deutschland	130 Paare (1993)[63]	In Mecklenburg-Vorpommern (77 %), Brandenburg (17 %) und Sachsen-Anhalt (6 %).
Ungarn	90 Paare (1993)[58]	Stabil.
Tschechien	3–6 Paare (1993)[8]	Zunahme.
Slowakei	500–700 Paare (1990)[8]	Stabil oder vielleicht Zunahme.
Kroatien	50–200 Paare (1993)[30]	Stabil?
Serbien	25–35 Paare (1993–95)[73]	Stabil.
Montenegro	vielleicht 1–3 Paare (1995)[73]	
Mazedonien	5–10 Paare (1993)[27]	Entwicklung unbekannt.
Bulgarien	500–1000 Paare (1993)[21a] > 100 Paare (1993)[21b]	Stabil. Bestand generell unterbewertet
Rumänien	100–200 Paare (1994)[62]	Vorwiegend in Siebenbürgen, wird wohl unterschätzt.
Georgien	75–80 Paare (1993)[53]	
Moldawien	selten (1993)[32]	
Griechenland	70–100 Paare (1993)[43]	Rückgang?
Türkei	50–500 Paare (1993)[4]	

Zwergadler

Hieraaetus pennatus

Verbreitung

Außerhalb der auf der Karte gezeigten Brutgebiete brütet der Zwergadler ostwärts in einem recht schmalen Gürtel bis zur Mandschurei und ganz isoliert in der Kap-Provinz Südafrikas. Keine Aufteilung in Rassen.

Bestandsschätzung

Die Zahlen in der Tabelle S. 208/209 ergeben für die Westpaläarktis einen Gesamtbestand von 5700–7400 Paaren – mit Spanien, Portugal, Südfrankreich und Nordwestafrika als dominierendes Verbreitungsgebiet.

Zwergadler, helle Morphe.

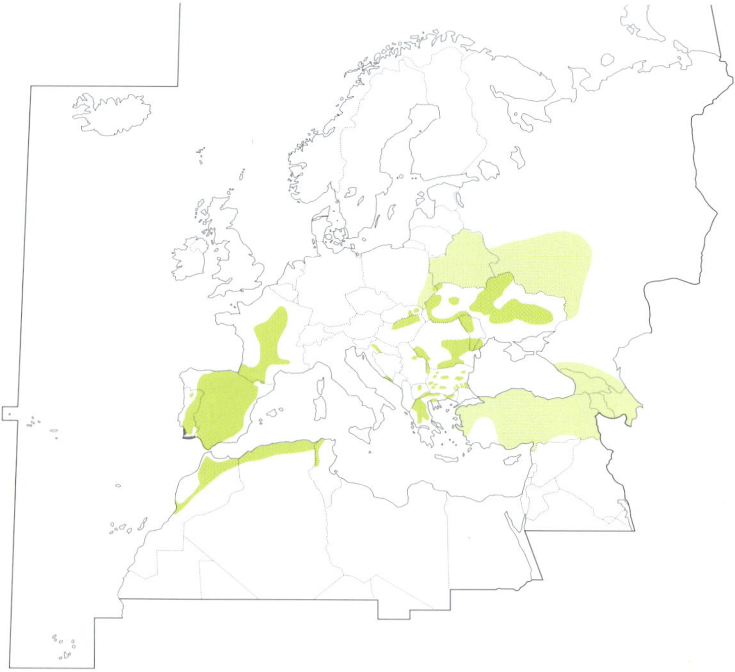

Bestandsentwicklung

Zeigt das generelle Bild einer Bestandsabnahme durch die letzten zwei Jahrhunderte. Inwieweit diese Rückgangskurve gebrochen ist, bleibt unklar, insbesondere für Südosteuropa.

In unserer Zeit scheinen die Gefahren für den Zwergadler am häufigsten in der Biotopveränderung (Waldfällung) zu liegen, erst an zweiter Stelle im Abschuß und (in einigen Gebieten) den Pestiziden.

Die Art ist nicht direkt bedroht, aber der Bestand ist in einer Reihe von Ländern so klein, daß es Besorgnis erregt. Der Zwergadler ist zudem sehr kritisch in der Wahl des Brutplatzes und geht nicht eins mit der modernen Waldnutzung.

Habitat

Bevorzugt als Brutbiotop stark kupiertes Hügelland oder entsprechende Berggebiete, in denen helle, offene Wälder mit Gebüsch und offenem Land abwechseln. Der beliebteste Brutplatz ist ein warmer und trockener Eichenwald an einem Abhang. Weniger gerne bewohnt der Zwergadler Kiefernwälder, lokal aber auch häufiger.

Stimme

Ist zur Brutzeit oft recht gesprächig. Meistens hört man den Kontaktruf: ein wohlklingendes »büt-büt-büt-büt-«, recht ähnlich dem Warnruf des Rotschenkels.

Zug

Ausgeprägter Zugvogel mit Winterquartieren der Europäer in Afrika südlich der Sahara und Schwerpunkten in den Savannen und Waldsteppen. Einige wenige Zwergadler überwintern ausnahmsweise in Südeuropa (z. B. auf Mallorca). Als ausgeprägte Schmalfrontzieher passieren sie auf dem Zug Kaukasus, Bosporus und Gibraltar und meiden die Meeresüberquerung. Die Zahlen sind ca. 580 (1976), ca. 525 (1971), ca. 1000 (1984) und ca. 15 100 (1972), die Termine Ende August bis Anfang Oktober mit Spitzen vom 10.–26. September an allen drei Zugtrichtern.

Den Frühjahrszug sieht man am Bosporus und in Gibraltar Anfang März bis Anfang Mai mit einer Spitze Ende März/Anfang April.

Einzelne Zwergadler streifen bis Skandinavien umher, so 14mal nach Schweden; häufiger erscheinen einzelne in Polen (28mal); in Deutschland gibt es rund 1 Dutzend Nachweise. Der Zwergadler war immerhin früher Brutvogel Österreichs und Südpolens.

Brutbiologie

Über die Geschlechtsreife weiß man nichts. Die Ehe ist offenbar lebenslänglich, evtl. aufgrund von Nistplatztreue, da der Zwergadler im Winterquartier einzeln lebt. Der Zwergadler ist bisher wenig erforscht.

Zwergadler, dunkle Morphe.

Zwergadler.

Nach Ankunft im Brutrevier beginnen die Balzflüge. Die Zwergadler schrauben sich in engen Spiralen in große Höhen (500–800 m) hinauf, kreisen dort einige Male wackelnd und stürzen sich mit angewinkelten Flügeln in die Tiefe, fangen sich auf und steigen wieder steil hoch, bis sie auf dem Rücken liegen. Unter Rufen »gwi-gwi« stürzen sie sich erneut in die Tiefe. Bei alledem rufen sie viel: »wi-wi-wi-wü-ü-ü-ü«.

Beide Gatten bauen den Horst, der in 6–16 m Höhe in einem Baum steht. Die (1) 2 Eier werden Mitte April bis Ende Mai gelegt und weitgehend vom Weibchen alleine in 36–38 Tagen ausgebrütet. Die Nestlingszeit beträgt 50–60 Tage. Rund 14 Tage nach dem Ausfliegen sind die Jungen flugfähig und folgen den Eltern maximal weitere 47 Tage.

Die Jungen ziehen ca. 2 Wochen vor den Eltern ab.

Beim Zwergadler ist eine Geschwistertötung unbekannt, so daß durchaus beide Jungvögel aufgezogen werden und ausfliegen können.

Nahrung

Vielseitig. Richtet sich danach, was das Revier an Reptilien (überwiegend große Echsen), Vögeln (kleine bis mittelgroße wie Lerchen, Spatzen, Stare, Drosseln, Tauben und Hühnervögel) sowie Kleinsäugern (besonders Ziesel, aber auch Hamster, Ratten, Wühlmäuse und Jungkaninchen) bietet. In Spanien ergaben neue Untersuchungen einen Anteil an Rothühnern von 12,8 % (n = 213) und einen hohen Anteil an Kaninchen. Fängt ferner Insekten als Zukost; in besonderen Fällen aber können sie bis zu 20 % der Beute stellen. Der Zwergadler plündert auch Nester anderer Vögel (z. B. in Reiherkolonien).

Jagdtechnik

Benutzt den Suchflug mit Sturzflügen aus großer Höhe oder einen turmfalkenartigen Flug mit langsamerem Absinken bis auf ca. 20–30 m über der Beute, um dann auf sie zu stoßen.

Vögel werden gerne auf Habichtart geschlagen – also im flachen Flug über der Erde. Rütteln kommt vor, aber ist selten. Nutzt auch die Ansitzjagd, z. B. an einer Waldlichtung. Zur Insektenjagd geht der Zwergadler zu Fuß.

Im Winterquartier jagt er zusätzlich auch schwärmende Termiten.

Der Bestand des Zwergadlers in der Westpaläarktis

Rußland	300 Paare (1993)[50]	
Weißrußland	5–15 Paare (1993)[18]	Wahrscheinlich Rückgang.
Ukraine	450 Paare (1996)[81]	Stabil.
Polen	1–5 Paare (1993)[11]	
Ungarn	10 Paare (1993)[58]	Kleiner Bestand. Stabil.
Slowakei	4–6 Paare (1990)[8]	Eingewandert in den 60er Jahren. Nun starker Rückgang.

Kroatien	selten (1993)[30, 67]	1 juv. im Nordwesten Sept. 1992. Brutvogel im Nordosten.
Serbien	9–14 Paare (1993–95)[73]	
Herzegowina	sehr selten (1993)[28]	
Montenegro	3–5 Paare (1993–95)[73]	Stabil.
Mazedonien	10–15 Paare (1993)[27]	Entwicklung unbekannt.
Bulgarien	100–200 Paare (1993)[21 a] ca. 100 Paare (1993)[21 b]	Scheint stabil.
Rumänien	30–50 Paare (1994)[62]	Wahrscheinlich häufiger.
Moldawien	wenige (1993)[32]	
Georgien	ca. 70 Paare (1993)[53]	
Griechenland	100–150 Paare (1993)[43]	Abnahme.
Türkei	100–1000 Paare (1993)[4]	Sicher unterschätzt[64].
Frankreich	500 Paare (1987)[22]	Stabil.
Portugal	250–300 Paare (1993)[26]	
Spanien	3000? Paare (1989)[44]	Entwicklung unbekannt.
Tunesien	> 200 Paare (1982)[35]	
Algerien	häufig (1982)[35]	
Marokko	500–1000 Paare (1982)[35]	

Zwergadler, helle Morphe.

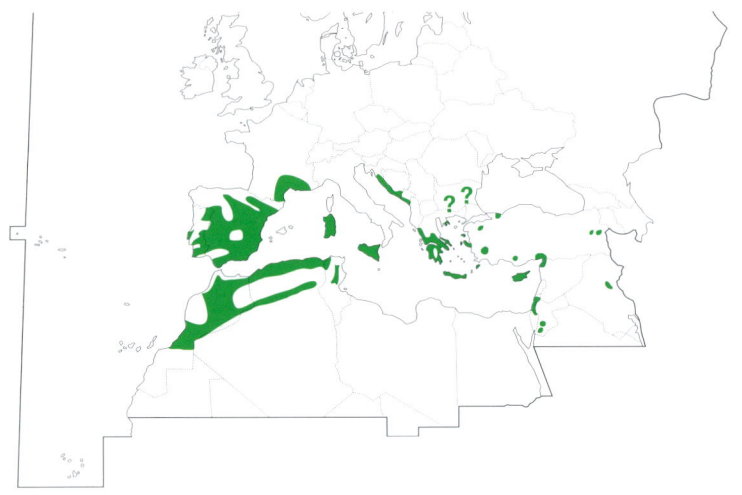

Habichtsadler

Hieraaetus fasciatus

Verbreitung

Außerhalb des in der Karte gezeigten Areals brütet der Habichtsadler ostwärts durch den Iran und Indien bis ins südliche China. Ein isolierter Bestand auf den Kleinen Sunda-Inseln bildet eine eigene Rasse: *H. f. renschi.*

In Afrika südlich der Sahara lebt eine nahe verwandte Art, *H. spilogaster.*

Bestandsschätzung

Praktisch alle Länder haben ihre Bestandszahlen gemeldet – und auf ihrer Grundlage kann der westpaläarktische Bestand auf 2000–3000 Paare berechnet werden, mit der Iberischen Halbinsel und Nordwestafrika als Schwerpunktgebiete.

Bestandsentwicklung

Der Habichtsadler ist über Jahrzehnte hinweg stark verfolgt worden, das hat natürlich zu einem charakteristischen Rückgang des Bestandes geführt. Auch heute noch sind die Bestände in den meisten Ländern rückläufig.

Die Art ist in ihrem gesamten europäischen Brutgebiet geschützt, aber es hapert anscheinend sehr mit der Einhaltung dieser Bestimmungen.

Außer durch illegalen Abschuß hat der Rückgang seine Ursachen in Horstplünderungen (Eier- und Jungenraub), Störungen durch Touristen und (vielleicht) Pestizidanwendung. Nicht unterschätzt werden darf der Nahrungsmangel, der durch die Myxomatose bei Kaninchen entstanden ist.

Wenn auch der Habichtsadler in Europa nicht unmittelbar von Ausrottung bedroht ist, muß doch seine allgemeine Situation mit Sorge betrachtet werden. Abgesehen von Spanien und Portugal sind die Bestände in fast allen anderen Ländern beunruhigend klein.

Zug

Stand- und Strichvogel. Die Altvögel verbleiben ganzjährig in der Nähe ihrer Reviere. Die Jungen streifen umher und werden dann selbst in Frankreich, Italien und Jugoslawien gesehen.

Aus Mitteleuropa gibt es nur ganz wenige Nachweise: in Deutschland je einen aus Oberbayern (Mai 1976) und dem Kreis Aschersleben (Mai 1976), in Dänemark einen in Skagen (Mai 1974) sowie 2 in den Niederlanden (Oktober 1967 und November 1978).

Habitat

Ist in der Westpaläarktis an die Übergangsbereiche zwischen den subtropischen Wüsten und den regenreichen, gemäßigten Hartlaub-Vegetationszonen gebunden, jenes Gebiet, für das die Macchie typisch ist. Innerhalb dieses Biotops bewohnt der Habichtsadler bevorzugt die offenen Berggebiete und wählt zum Brutplatz eine Steilwand.

Die Jagd erfolgt in buschsteppenartiger Umgebung oder in den Randzonen der Kulturlandschaft.

Außerhalb der Brutzeit bevorzugt der Habichtsadler dagegen Feuchtgebiete wie Flußmündungen, Sümpfe, kleine Seen.

Stimme

Nicht so gesprächig wie der Zwergadler. Während des Paarungsspiels hört man ein wohllautendes »güw-güw-güw«, das dem Flugruf der Trauerente recht ähnlich ist.

Brutbiologie

Wann Geschlechtsreife eintritt, weiß man nicht, aber die Art ist im Alter von 3–4 Jahren ausgefärbt. Die Ehe ist lebenslänglich.

Die Brutvorbereitungen beginnen früh, der Horst wird schon im November/ Dezember gebaut bzw. ausgebaut, die Flugbalz wird im Oktober/November und wieder Februar bis April ausgeführt. Der Balzflug ist vom Mäusebussardtyp, mit wiederholten Sturzflügen.

Die 2 (1–3) Eier werden Mitte Februar/ Anfang März gelegt und hauptsächlich

Habichtsadler, Weibchen den Jungen Schatten spendend.

vom Weibchen in 37–40 Tagen ausgebrütet. Die Nestlingszeit beträgt 50–55
Tage. Die Jungvögel können sich im Revier noch mehrere Monate nach dem
Flüggewerden aufhalten.

Der Bruterfolg betrug in der spanischen
Sierra Morena 1975–1978 bei 30 Gele-
gen zwischen 1,5 und 2,0 Junge pro
Gelege (Durchschnitt 1,7).

Nahrung

Sehr vielseitig und veränderbar je nach
den gegebenen Möglichkeiten. Die
Analyse von Daten spanischer, südfran-
zösischer und italienischer Paare ergab,
daß von Mai bis Juli Säugetiere und
ganz besonders Kaninchen 50 % der
Beutetiere stellen. In den anderen
9 Monaten sind es Vögel mit 80 %, wobei das Rothuhn die Hauptbeute ist.
Eine Untersuchung in der spanischen
Sierra Morena an 10 Brutpaaren des
Habichtsadlers (1975–1978) ergab eine
Relation Säuger : Vögel von 48,6 :
44,3 %, wobei Kaninchen 41,4 %, Rot-
hühner 10,0 % und Ringeltauben
11,4 % stellten (n = 70). Der Gewichtsanteil der Kaninchen kann bis zu 92 %
betragen (bei 51 von 72 Beutetieren).
Reptilien sind gelegentliche Zukost.

Jagdtechnik

Ein schneller und behender Jäger.
Schlägt die meisten Vögel beim Aufflie-

Habichtsadler, juv.

Habichtsadler, ad.

gen, kann aber auch wie ein Habicht die Vögel über längere Strecken, auch zwischen Büschen und Bäumen, verfolgen und sie dann von unten binden. Patrouilliert oft jeden Tag dieselbe Route ab.

Benutzt auch häufig die Ansitzjagd und jagt ausnahmsweise zu Fuß.

Der Bestand des Habichtsadlers in der Westpaläarktis

Frankreich	29 Paare (1992)[22]	Rückgang.
Portugal	75–90 Paare (1993)[26]	Lokale Zu- und Abnahme. Aber insgesamt stabil.
Spanien	679–755 Paare (1990)[44]	Rückgang.
Italien	10 (14?) Paare (1993)[33]	Starke Abnahme.
Kroatien	5–10 Paare (1993)[30]	Stabil?
Herzegowina	1 Paar (1993)[28]	
Montenegro	3–5 Paare (1993–95)[73]	Stabil.
Griechenland	100-200 Paare (1993)[45]	Schwacher Rückgang.
Bulgarien	1–3 Paare? (1993)[21 b]	Kein Brutnachweis vorliegend.
Türkei	max. 50 Paare (1993)[64]	
Zypern	selten (1995)[59]	1985 waren es 10 Paare[39].
Israel	28 Paare (1989)[5]	
Jordanien	? Paare	
Irak	? Paare	
Tunesien	40–50 Paare (1982)[35]	
Algerien	häufig (1982)[35]	
Marokko	500–1000 Paare (1982)[35]	Stabil.

Fischadler

Pandion haliaetus

Verbreitung

Der Fischadler lebt nahezu weltweit. Er brütet in Nord- und Mittelamerika, Nord- und Osteuropa, an einigen Küsten des Mittelmeeres, in großen Teilen Asiens bis zum Stillen Ozean, in Teilen Afrikas sowie an den Küsten Australiens. In Mitteleuropa brütet er in Mecklenburg und Polen.

Die weltweite Verbreitung hat zur Rassenbildung geführt. Die Nominatrasse *P. h. haliaetus* kommt am häufigsten vor und lebt in Eurasien, südwärts bis Taiwan. Auf den Philippinen und in Indonesien, ostwärts bis Neukaledonien und Nordaustralien treffen wir *F. h. melvillensis*. Diese Rasse wird im übrigen Australien und auf Tasmanien abgelöst durch *P. h. cristatus*. In Amerika deckt *P. h. carolinensis* den gößten Teil des nordamerikanischen Festlandes ab. Die Vögel von den Bahamas, von Kuba und der Yukatan-Halbinsel sind *P. h. ridgwayi*.

Bestandsschätzung

Die zugänglichen Angaben (Tabelle S. 224) weisen einen westpaläarktischen Bestand von 8200–8300 Paaren auf.

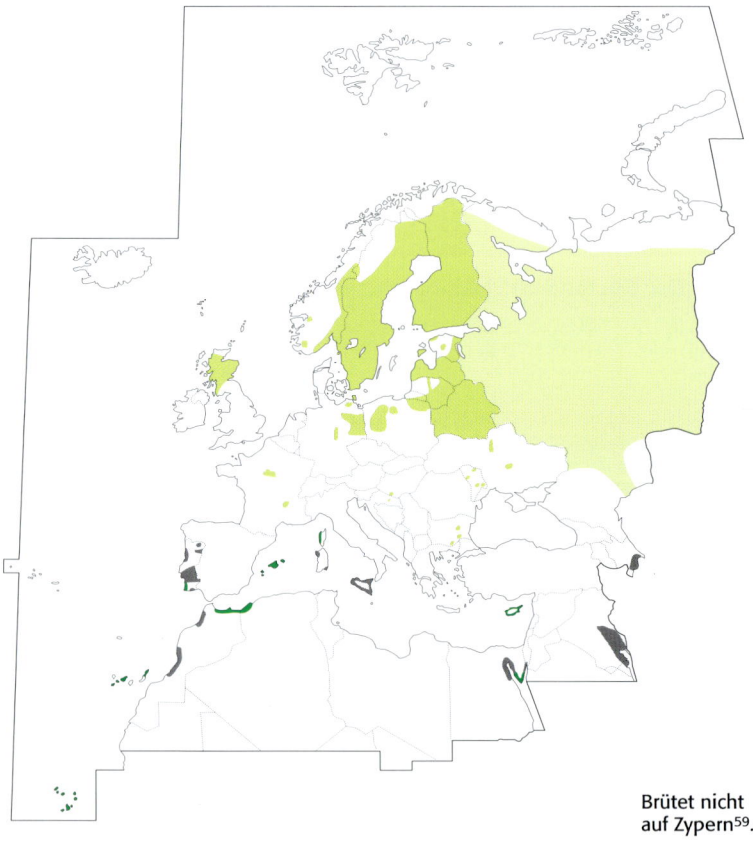

Brütet nicht
auf Zypern[59].

Bestandsentwicklung

Noch im 19. Jahrhundert war der Fischadler in den meisten Gebieten Europas ein häufiger Brutvogel. Da die Art ohne Argwohn ist, ist sie schnell Verfolgungen ausgesetzt und erlitt bei der großen Greifvogelausrottung um die Jahrhundertwende schwere Verluste. Der Fischadler starb aus in Großbritannien (1910), Irland (Beginn des 19. Jh.), Westdeutschland (Ende des 19. Jh.), Schweiz (1911), Italien (1956), Österreich (30er Jahre), Tschechoslowakei (Mitte des 19. Jh.), Ungarn (Ende des 19. Jh.), Jugoslawien (50er Jahre), Griechenland (1966), Rumänien (60er Jahre) und Dänemark (Falster, 1916). Einige Länder haben seither verschiedene Brutversuche erlebt, und in Schottland klappte die Neuansiedlung ab 1954.

Die Tabelle auf S. 224 zeigt, daß die Art sich verschieden gut von Land zu Land entwickelt. Der Mittelmeerbestand ist klein, war kurz vor der Ausrottung und muß auch jetzt noch als bedroht betrachtet werden, trotz gewisser Fortschritte in den letzten Jahren.

Hingegen expandierte der große nordeuropäische Bestand und der um die Ostsee herum – trotz der sehr starken Zunahme des Freizeitbetriebes auf den Binnenseen, der in hohem Grade die Vögel stört. Entscheidend für die positive Entwicklung ist wohl, daß der Jagddruck in den letzten Jahren wesentlich vermindert wurde, aber auch das Verbot einer Reihe von Pestiziden. Dadurch sind gegenüber den 50er und 60er Jahren die Umweltbedingungen besser geworden.

Zug

Der Fischadler ist ein ausgeprägter Zugvogel, dessen europäische Populationen weitgehend in Afrika überwintern. Überwinterungsgebiet ist auch der Mittelmeerraum, und in milden Wintern wird er sogar ausnahmsweise in Ungarn angetroffen.

Fischadler, ad.

Der Fischadler ist Breitfrontenzieher und scheut nicht die Überquerung von Meeren und Wüsten. Unter den breitflügeligen Greifvögeln ist er derjenige, der am wenigsten die Zugtrichter Südeuropas benutzt. Die Überwinterung erfolgt besonders an großen Flußsystemen, sekundär an Küsten.

Die Winterquartiere und die Zugwege sind für die verschiedenen Populationen unterschiedlich. Die schwedischen Fischadler durchziehen Europa überwiegend südsüdwestwärts, die finnischen dagegen generell nach Südsüdosten.

Die skaninavischen Vögel verlassen die Brutplätze ab Mitte August. Schleswig-Holstein erreichen die Fischadler über den Fehmarnweg. Sie setzen ihren Zug entlang der ostholsteinischen Seenketten Richtung Hamburg fort. 50 % der Herbstzugbeobachtungen fallen auf die ersten 20 Tage des September. Der Zug ins Winterquartier läuft sehr schnell ab, und die ersten erreichen den Äquator schon im August; die Masse kommt im September/Oktober an.

Brandenburgische Fischadler verlassen die Brutplätze bereits Ende Juli bis Mitte August; Zugspitze auch hier im September. Je ein beringter mecklenburgischer und brandenburgischer Fischadler wurde aus Westafrika zurückgemeldet. In Westafrika überwintern auch die skandinavischen, während die russischen wahrscheinlich in Ostafrika überwintern.

Die Brutvögel verlassen ihr Winterquartier wieder im März und überqueren das Mittelmeer normalerweise in der 2. Märzhälfte. Bereits Ende März treffen die Vögel in Brandenburg und in Mecklenburg an ihren Horstplätzen ein. Der Durchzug durch Mitteleuropa erreicht seinen Höhepunkt in der 1. Aprilhälfte sowohl im Rheinland als auch in Schleswig-Holstein, in Bayern zu Anfang April.

Die einjährigen Fischadler übersommern im Winterquartier oder im Mittelmeerraum, das gleiche gilt für einen Teil der 2jährigen. Die 2jährigen, die heimziehen, kommen ca. einen Monat nach den Altvögeln zu Hause an. Einige bummeln in Mitteleuropa herum.

Skagen ist im Frühjahr ein guter Zugtrichter mit einem Maximun von 382 (1992). Aber als Breitfrontzieher ist der Fischadler nicht auf diese Zugtrichter angewiesen, was man bei einem Zahlenvergleich von Brutbestand und Zugmengen an diesen bekannten Punkten sofort erkennt.

Habitat

Der hochspezialisierte Fischadler stellt an seinen Brutplatz den Anspruch, daß dort reichlich mittelgroße Fische vorkommen, die sich nahe an der Wasseroberfläche im klaren, nicht verunreinigten Wasser aufhalten. Ob es sich dabei um Süß-, Brack- oder Salzwasser handelt, spielt eine geringere Rolle.

In Nord- und Mitteleuropa trifft man die Art während der Brutzeit hauptsächlich an waldumkränzten Seen und ruhigen Flußläufen, aber in gewissem Umfang auch an waldbestandenen Meeresküsten mit Flachwasser und ruhiger See, so daß der Vogel die Beute lokalisieren kann. Die Mittelmeervögel sind dagegen ausschließliche Küstenbewohner.

Während des Zuges kann der Fischadler auch an kleineren fischreichen Gewässern erscheinen.

Stimme

Wird fast ausschließlich zur Brutzeit gehört: in Verbindung mit dem Balzflug, Störungen am Horst und beim Kontakt zwischen den Gatten. Sehr variabel, aber meistens kurze Pfiffe, rhythmisch vorgetragen, sowohl langsam als auch schnell: »jip-jip-jip-jip ...«. Alarmruf am Horst ist ein schrilles »pjück-pjück-pjück ...«. Die Stimme des Weibchens ist tiefer als die des Männchens. Am Horst hört man auch grunzende Laute vom Weibchen als Verteidigungsruf.

Brutbiologie

Im Alter von 3–5 Jahren brütet der Fischadler das erste Mal. Die einzelnen Vögel sind sehr brutortstreu, und diese Bindung führt dazu, daß die Gatten »zusammenhalten«, so lange sie leben. Am selben Tag, an dem das Männchen am Brutplatz ankommt, beginnen die Balzflüge, teils um das Revier zu markieren, teils um die Aufmerksamkeit des Weibchens zu erregen. Dieses kommt oft später als das Männchen in der Heimat an.

Fischadler, ad. mit Beute.

Fischadler

Das Männchen beginnt seinen Balzflug mit einem Aufstieg in große Höhen – oft über 300 m hoch. Das Spiel wird mit einigen hastigen Flügelschlägen eingeleitet, der Körper wird dann nahezu lotrecht gehalten und anschließend vornüber gekippt. Er steilt dann 10 m abwärts, erreicht danach mit kräftigen Flügelschlägen die Ausgangshöhe und wiederholt die Übung mehrfach. Oder aber der Vogel steilt in Etappen zum Nest herunter, nach jeden 10 m Abfall innehaltend und kurz rüttelnd. Während des Balzfluges ruft das Männchen die ganze Zeit sein durchdringendes »jip-jip-jip-jip« in schneller Reihung mit 15–18 Rufen auf 10 Sekunden.

Der Horst wird normalerweise in der Spitze eines großen Baumes ange-bracht, selten auf einem Seitenast. Am beliebtesten ist die Kiefer. Beide Gatten bauen mit. Das Männchen ist der fleißigste beim Heranschaffen des Baumaterials, während das Weibchen vor allem baut. Wie bei den Greifvögeln häufig üblich, setzt auch der Fischadler das Herbeischleppen von Nestmaterial während der ganzen Brutzeit fort, aber nach Beginn des Brütens ist es hauptsächlich das Weibchen, das diese Arbeit ausführt.

In Mittel-, Nord- und Osteuropa bauen die Fischadler fast immer die Horste in Bäumen, in einigen Fällen aber auch auf Hochspannungsmasten (erstmals 1938 bei Templin).

In Südeuropa sind hingegen Felsenhorste die häufigsten, bis 130 m hoch über

Fischadlerpaar am Horst.

Fischadler bei der Paarung.

dem Meere angebracht. Die Baumhorste stehen normalerweise 11–30 m, in Sumpfgebieten Skandinaviens oft bloß 3–10 m hoch. Das Anlegen der Horste auf der Erde kennt man u. a. von Inseln des Roten Meeres. Seit einigen Jahren hat man begonnen, künstliche Horste herzurichten durch Bau von Plattformen in Bäumen und Gerüsten in Seen – wenn geeignete starke Horstbäume nicht zur Verfügung stehen.

Der einmal gebaute Horst wird Jahr für Jahr benutzt und nur nach wiederholten Zerstörungen aufgegeben.

Das Gelege besteht aus 3 (1–4) Eiern. In Deutschland beginnt die Eiablage Mitte April, in Nordeuropa Ende April/Anfang Mai. Im Mittelmeerraum geschieht sie bereits Mitte März und im Roten Meer so zeitig wie Dezember.

Das einzelne Ei wird normalerweise im Abstand von 2 Tagen gelegt. Überwiegend brütet das Weibchen. Das Männchen löst nur ab, wenn das Weibchen die Beute verzehrt, die ihm das Männchen mitgebracht hat. Die Bebrütung dauert 37–41 Tage.

Das Männchen ist verantwortlich für die Ernährung der Familie, bis die Jungen flugfähig sind. Die Nahrung wird normalerweise direkt zum Horst gebracht und hier in kleinen Bissen an die

Jungen verteilt, bis diese 5–6 Wochen alt sind.

Im Alter von 7–8 Wochen sind die Jungen flugfähig, aber die Familie kann sich noch lange Zeit in der Nähe des Horstes aufhalten. Es wurde beobachtet, daß ein Junges 2 Monate nach dem Flüggewerden noch auf dem Horst gefüttert wurde. Die Familien können gemeinsam abziehen und an geeigneten Gewässern mitunter länger verweilen, ehe sich die Familienbande ganz lösen. Ausgeflogene Jungvögel betteln mit langen Reihen von 30–40 »kli-kli-kli-kli«-Lauten.

Der Bruterfolg des Fischadlers wurde mehrfach untersucht. In den Jahren 1971–1973 kamen in Schweden im Schnitt 1,48 Junge auf jedes Gelege, 2,05 auf jede geglückte Brut. In Finnland 1994 2,12 Junge pro Gelege. In Pommern kamen 1932–1937 bei 73 Bruten im Schnitt 2,6 Junge auf jede geglückte Brut. 51 brandenburgische Bruten in den Jahren 1959–1969 ergaben 1,8 Junge pro Gelege bzw. 2,21 je erfolgreiche Brut; bei 30 Bruten von 1970–1976 wurden 1,93 Junge pro Gelege errechnet. Bei 93 mecklenburgischen Bruten des Jahres 1993 war das Ergebnis 2,01 Junge pro Gelege.

Nahrung

Der Fischadler trägt seinen Namen zu Recht. Nur wenn Eis, Regen, Nebel oder trübes Schmelzwasser ihn am Fischen hindern, schlägt er auch andere Beute: Kleinsäuger, vor allem Kleinnager, Vögel, Reptilien, Amphibien, Krebse und Käfer. Doch das bleibt stets die Ausnahme.

Welche Fischarten er nimmt, hängt anscheinend nur davon ab, welche leicht zugänglich sind. Wenn eine bestimmte Fischart in einem Gebiet seinen Speisezettel dominiert, so ist das gleichzeitig der Beweis dafür, daß diese Art in reichlicher Menge vorkommt und leicht zu fangen ist.

Eine mecklenburgische Untersuchung an 5 Horsten ergab die folgende Verteilung (n = 416): Hechte 36,8 %, Plötze 18,5 %, Brachsen 11,6 %, Barsche 10,6 %, Güster 3,8 % und Karauschen 2,9 %. Die restlichen 16 % verteilten sich auf weitere 13 Fischarten.

Man hat den täglichen Verbrauch an Nahrung aufgezeichnet anhand der Beute, die das Männchen dem Weibchen bringt. Im Schnitt trägt das Männchen während der Bebrütung 1,7–1,8mal täglich, während einer 2er und einer 3er Brut 3,8 bzw. 4,6mal täglich Futter heim. Während der Aufzuchtperiode erhält jedes Junge am Tag 800–830 g Fisch. Adulte Vögel auf dem Zug scheinen am Tag ca. 2 Fische zu fangen und benötigen insgesamt ca. 500 g täglich.

Eine Untersuchung an 496 gefangenen Fischen von mecklenburgischen und brandenburgischen Bruten ergab, daß diese Fische zwischen 7 und 57 cm maßen, wobei die kleinsten die häufigsten waren. Von 251 Fischen wogen 75 % bis 200 g, 17 % bis 500 g, und 7 % waren gute 500 g schwer; die restlichen 1 % verteilten sich auf einen Fisch von 700 g, zwei von 1 kg und einen von 1,5 kg.

Jagdtechnik

Der Fischadler fixiert normalerweise seine Beute von 20–30 m Höhe im Rütteln. Hat er sie gesehen, sturztaucht er mit halbgeschlossenen Flügeln. Kurz bevor er das Wasser erreicht, streckt er die Fänge weit vor und durchbricht die Oberfläche in einer Wasserfontäne, wobei er häufig fast unter Wasser verschwindet. Der Fang wird in den Krallen transportiert und in der Regel auf einem bevorzugten Kröpfplatz auf einem bestimmten Baum verzehrt.

Ist der Fisch zu groß, um gehoben und transportiert zu werden, läßt der Fischadler ihn los. Sollte er sich allerdings nicht mehr rechtzeitig befreien können,

Fischadler, ad. Beute kröpfend.

wird er in die Tiefe gezogen und ertrinkt. Seine Arbeit ist also keineswegs ungefährlich.

Die Jungadler können gleich nach dem Flüggewerden selbst fischen, aber aufgrund mangelnder Erfahrung gehen viele Angriffe fehl. Es dauert einige Zeit, bis sie das Schlagen der Fische unter der Wasseroberfläche perfekt gelernt haben. Auch dauert es, bis der Jungvogel jegliche Wasserscheu abgelegt hat. Diese Jugendperiode ist daher im Leben des Fischadlers sehr gefährlich, und mancher schafft es nicht.

S. 222/223: Beispiele für die Fangtechnik des Fischadlers. Verschiedene Vögel sind abgebildet.

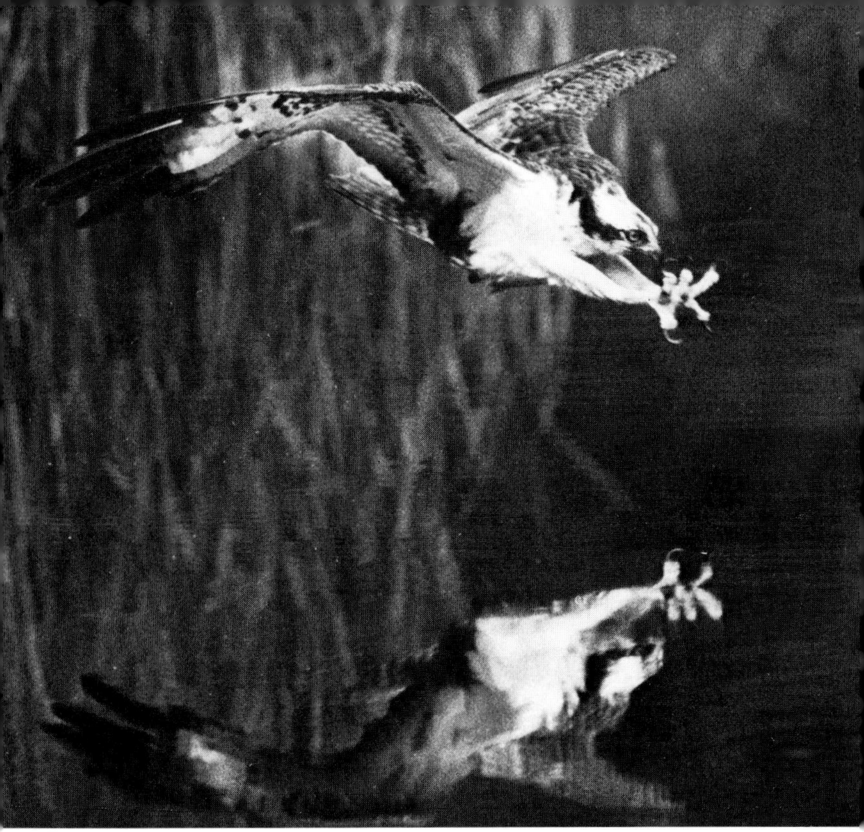

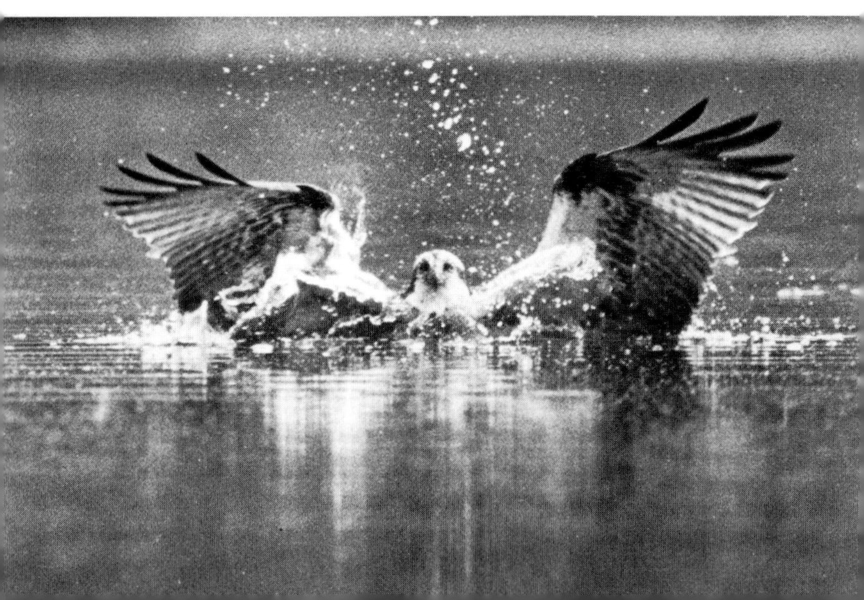

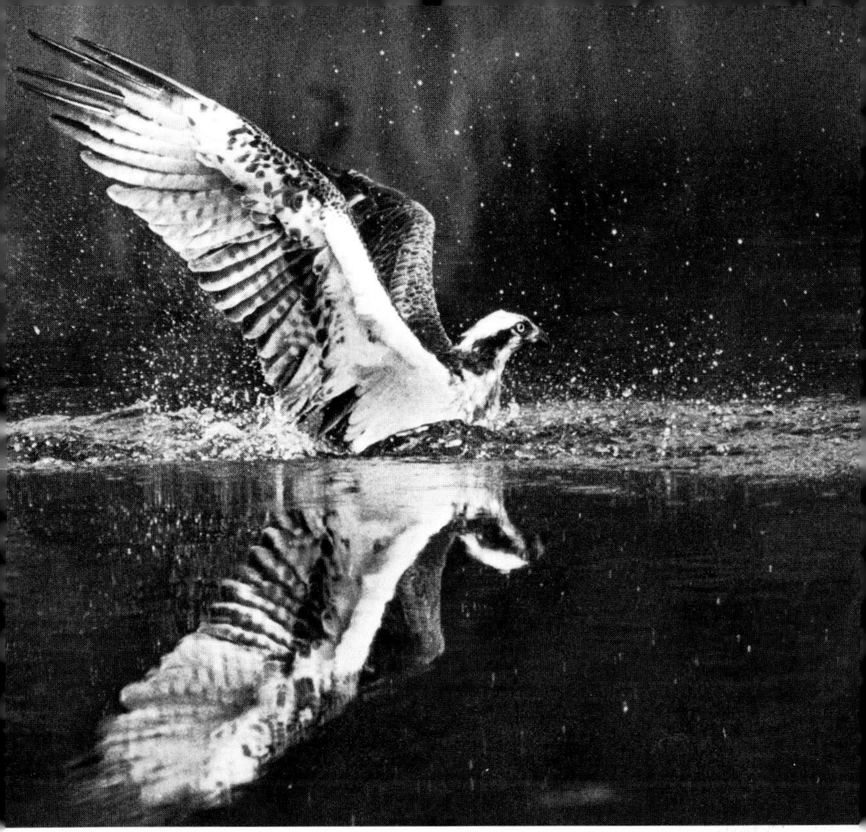

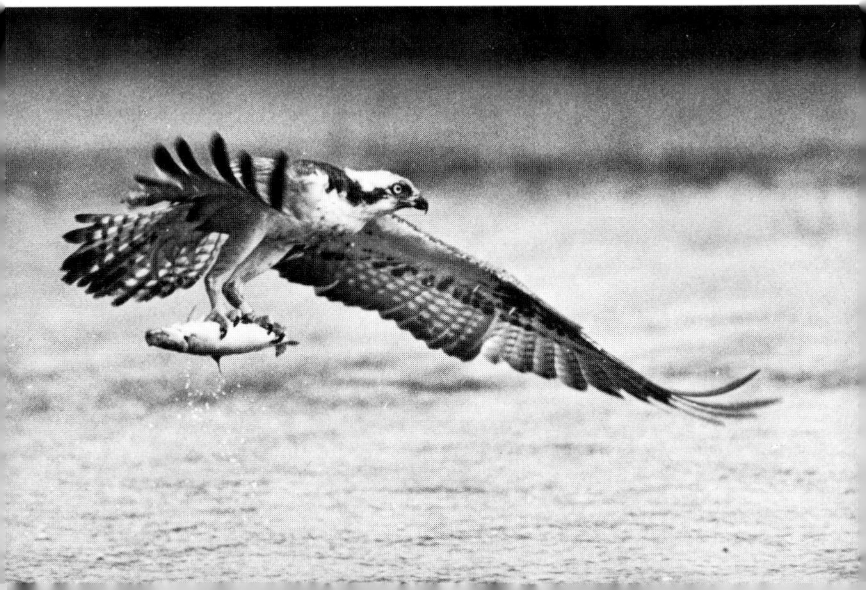

Der Bestand des Fischadlers in der Westpaläarktis

Dänemark	3–4 Paare (1993)[29]	In den letzten 20 Jahren einwandernd. Kann aber offenbar nicht richtig Fuß fassen. Vielleicht kommen zu viele von ihnen z. B. an Drähten in Fischteichen um.
Norwegen	150–200 Paare (1993)[55]	Leichter Rückgang.
Schweden	3200 Paare (1981)[23]	Zunahme trotz Störungen durch Tourismus und Versauerung der Seen.
Finnland	1000 Paare (1993)[24]	Stabil.
Rußland	3000 Paare (1983)[50]	
Weißrußland	120–180 Paare (1993)[18]	Wahrscheinlicher Fortschritt in den letzten 20 Jahren.
Ukraine	5 Paare (1994)[31]	Geht sehr stark zurück.
Estland	20–25 Paare (1994)[19]	Stetige Zunahme.
Lettland	100–120 Paare (1993)[16]	Starke Zunahme.
Litauen	20–30 Paare (1993)[10]	Stabil.
Polen	40–50 Paare (1993)[11]	Stabil oder leichte Zunahme.
Deutschland	270 Paare (1995)[66]	Davon 93 in Mecklenburg-Vorpommern. Stabil.
Großbritannien	102 Paare (1995)[78]	Ausgerottet 1910. 1954 erschien 1 Paar in Schottland. Riesige Anstrengungen waren nötig, um den Bestand wieder aufzubauen. Immer noch werden knapp 10 % der Horste ihrer Eier beraubt.
Frankreich	26 Paare (1992)[22]	Zunahme seit 20 Jahren.
Portugal	1 Paar (1993)[26]	Angelsport und Tourismus gefährden alle potentiellen Brutplätze.
Spanien	11 Paare (1991)[44]	Fast alle auf den Balearen und dort Zunahme.
Bulgarien	ca. 5 Paare (1993)[21 b]	
Moldawien	? (1993)[32]	Sommergast, Brüten vermutet.
Türkei	0–10 Paare (1993)[4]	Wahrscheinlich kein Brutvogel mehr.
Ägypten	> 150 Paare (1982)[35]	Von ihnen 45 längs der Sinai-Küsten. Gefährdet.
Algerien	10–15 Paare (1983)[41]	
Marokko	> 18 Paare (1983)[41]	
Kanarische Inseln	10 Paare (1991)[44]	Stabil. Gefährdet durch Tourismus.
Kapverdische Inseln	50 Paare (1969)[37]	

Gerfalke

Falco rusticolus

Verbreitung

Der Gerfalke ist an die nördlichsten Landstriche der Westpaläarktis gebunden. Er ist zirkumpolar verbreitet.

Große Uneinigkeit herrscht wegen der Rasseneinteilung. Einige Systematiker meinen, daß die klimaparallel verlaufende Verbreitung der Farbtypen keine Rassengliederung erlaube, andere, daß die lokalen Besonderheiten deutlich genug sind, um Rassen zu unterscheiden. Zur Orientierung geben wir G. Dementiews Aufteilung in 6 Rassen wieder. Nominatrasse: Nordeuropa ostwärts bis zur Kanin-Halbinsel; dunkle Variante und kleinste Rasse. *F. r. intermedius:* von dort ostwärts bis zur Jennessei-Mündung; ein wenig größer und heller, überwiegend graue Variante, aber auch einige der weißen. *F. r. grebnitzkii:* von dort ostwärts bis zur Beringstraße; wiederum etwas größer, gleichmäßige Verteilung von grauer und weißer Variante. *F. r. obsoletus* (Labradorfalke): südlicher Teil des amerikanischen Verbreitungsgebietes samt Südgrönland; dunkle Variante (die dunkelste überhaupt) sowie graue Variante. *F. r. candicans* (Grönlandfalke): nördlich von *obsoletus;* weiße Variante. *F. r. islandicus:* Island; graue Variante.

Bestandsschätzung

Der Gerfalke ist nicht leicht zu registrieren, dafür lebt er zu diskret. Gründliche Untersuchungen der letzten Jahre haben zu der Erkenntnis geführt, daß die

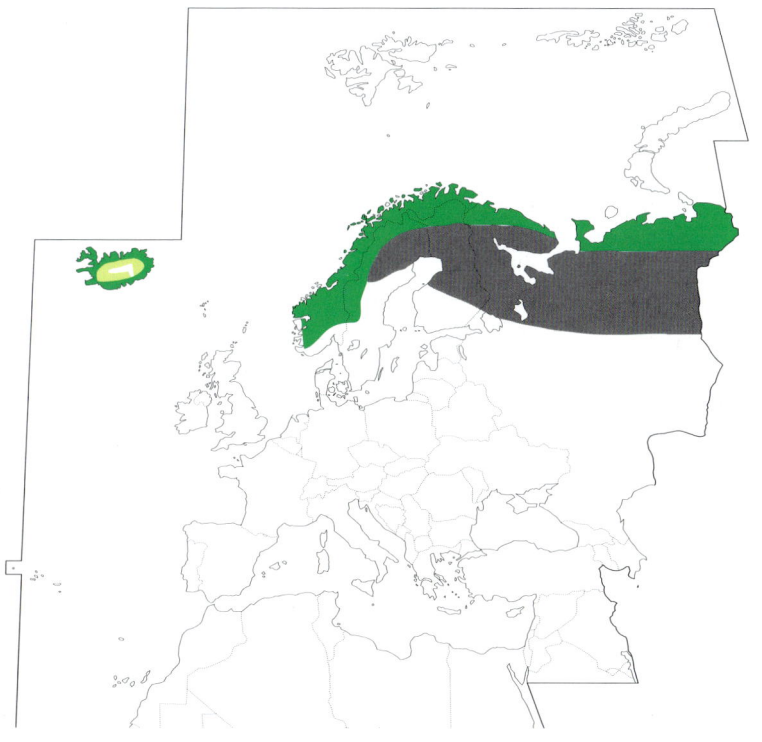

Art nicht so spärlich ist wie angenommen. In Norwegen schätzte man Mitte der 70er Jahre den gesamten Bestand auf 10–12 Paare, heute auf 300–500; in Schweden und Island hat man die Zahlen um rund 100 % heraufkorrigiert.

Die Gesamtzahl der Brutpaare der Westpaläarktis dürfte nach den neuesten Bewertungen bei 800–1100 Paaren liegen (siehe Tabelle S. 229).

Bestandsentwicklung

Scheint früher als andere Greifvögel vom Niedergang betroffen worden zu sein – wahrscheinlich Folge der umfangreichen Horstplünderungen. Gerfalken sind über Jahrhunderte das begehrteste Falknerobjekt gewesen. Aber Hauptursache für die Bestandsdezimierung scheint doch der gewaltige Rückgang der Schneehuhn-Bestände zu sein.

Die südliche Verbreitungsgrenze dieser Art scheint in unserem Jahrhundert nach Norden gerückt zu sein; sicher eine Folge der Klimaänderung zu Beginn des Jahrhunderts, aber auch aufgrund der Verfolgung.

Zug

In der Westpaläarktis Stand- und Strichvogel; russische Vögel aber überwiegend Zugvögel, die sich dabei von der Tundra- in die Taigazone begeben. Die Altvögel halten sich in Skandinavien oder nahe dem Revier oft ganzjährig auf, während die Jungvögel mehr umherstreifen. Im übrigen geht die Winterverbreitung aus der Karte hervor.

Der Gerfalke wird spärlich, aber regelmäßig südlich seines Winterquartiers angetroffen. In Schweden werden jährlich außerhalb des Fjälls 10–20 Vögel gesehen, 1–2 davon im südlichen Schonen. In Dänemark ist er ein sehr seltener, heute aber regelmäßiger Gast. So liegen 76 anerkannte Nachweise bis

Gerfalke, ad., grönländische dunkle Farbmorphe – identisch mit den isländischen Gerfalken.

Gerfalke, ad. weiße Morphe auf Grönland.

einschließlich 1991 vor. Nach Schleswig-Holstein kommt der Gerfalke deutlich seltener: in 115 Jahren (1864–1979) gab es 16 Nachweise (Oktober bis Mitte April), 7 von 1980–1994, davon 5 im Dezember/Januar. In Mecklenburg kamen 1953–1986 24 Vögel zur Beobachtung (September bis April), in Thüringen 1960–1979 4–6 (seit 1900) und in der Schweiz 3 (seit 1803). Jungvögel scheinen unter diesen Weiterziehern zu überwiegen: In Dänemark waren von 24 altersbestimmten Nachweisen 21 juv. und 2 ad., in Schleswig-Holstein sind es 5 juv. und 1 ad.; in Mecklenburg aber waren von 8 altersbestimmten 7 ad. und 1 juv. Als Irrgast tritt der Gerfalke bis Südeuropa auf. Die Britischen Inseln, vor allem der Nordteil, werden öfter besucht, vor allem von weißen (grönländischen) Vögeln.

Habitat

Bevorzugt die offene, arktische Tundra und die arktische Felsküste.
Drei Haupttypen: 1) Tundra mit felsgesäumten Flüssen. 2) Felsküsten, besonders die großen Seevogelkolonien. 3) Fjällgebiete oberhalb der Baumgrenze mit Steilklippen.
Ziehende und umherstreifende Vögel bevorzugen Küsten oder Moore, Steppen und offene Kultursteppe.

Stimme

Offenbar nur am Brutplatz rufend. Ein lautes »kjak-kjak-kjak« sowie – etwas seltener – »gik gik« und jauchzend »giiiiii«.

Brutbiologie

Brütet normalerweise erstmals im Alter von 2 Jahren. Bereits im Januar/Anfang Februar beginnt das Männchen sein Re-

Gerfalke, juv. skandinavischer Herkunft.

vier aktiv zu verteidigen. Falls das Weibchen nicht dort überwintert hat, taucht es Mitte Februar bis Anfang März auf.

Den Balzflug sieht man zu Beginn der Brutzeit. Der Vogel schraubt sich in große Höhen hinauf und sturzfliegt zum Horst unter hellen Rufen.

Der Horst wird oft auf einer unzugänglichen Felsenklippe angebracht unter schützendem Überhang – in der Waldtundra in Bäumen, häufig in einem alten Rauhfußbussardhorst. Die 3–5 (2–7) Eier werden Anfang April bis Mitte Mai, hauptsächlich Mitte/Ende April gelegt und vor allem vom Weibchen in rund 35 Tagen ausgebrütet. Die Nestlingszeit beträgt 49–56 Tage und die Jungenführung anschließend mindestens weitere 30 Tage.

Die Anzahl der Brutpaare hängt von der verfügbaren Nahrungsmenge ab und ist korreliert mit der Anzahl der Schneehühner. In einem Beobachtungsgebiet in Alaska schwankte die Anzahl der Brutpaare von 3–12 pro Jahr.

Die durchschnittliche Anzahl Junger je erfolgreicher Brut liegt bei rund 2,5.

Nahrung

Im Binnenland ist die Hauptbeute das Schneehuhn *(Lagopus lagopus* und *L. mutus)* mit einem Gewichtsanteil von bis zu 92 %. Doch kommen lokale Abweichungen vor. Selbst in Küstengebieten, wo Möwen, Enten und Alken die Hauptbeute stellen, sind in der Regel die Schneehühner noch eine Art Sperrminorität. In Jahren mit Übervermehrung von Lemmingen und Zieseln können diese einen sehr beträchtlichen Teil ausmachen.

Untersuchungen demonstrieren alle die Dominanz der Schneehühner. Von 702 Beutetieren mehrerer Paare auf der Kola-Halbinsel waren 408 Vögel, 262 Säugetiere, 4 Fische, 2 Grasfrösche und 26 Insekten. Gewichtsmäßig schlugen die Vögel noch kräftiger zu Buch: 91,3 %. Und von diesen waren 67,7 Gewichts-% Schneehühner, 9,5 Gewichts-% Möwen, 4,7 Gewichts-% Enten. Die 262 Säugetiere (= 37,3 %) erreichten nur 8,7 Gewichts-%. Im finnischen Waldlappland ist der Regenbrachvogel mit 10 % die zweitwichtigste Beute. Gerfalken nehmen häufig und zu jeder Jahreszeit Aas.

Jagdtechnik

Der Gerfalke sucht in 150–300 m Höhe die Landschaft im Kreisflug oder in einem Pirschflug in 7–20 m Höhe ab. Vögel werden oft nach kurzem Verfolgungsflug gefangen, doch kann dieser auch über mehrere Kilometer verlaufen. Die Geschwindigkeit des Gerfalken ist rasant, sein steiles Hochziehen bei der Verfolgung unschlagbar.

Eine weitere, oft angewandte Technik ist die tiefe Überraschungsjagd unter Ausnutzung des Geländes. Gerne betreibt der Gerfalke auch Ansitzjagd.
Im Winter sieht man ihn über Weidengebüsch rütteln, um die Schneehühner aufzujagen. Manchmal jagen 2 Vögel auch zusammen.
Der Gerfalke wirkt mit seinem langsamen Flügelschlag etwas schwer. Doch das ist eine Täuschung. Er kann in geradem Flug sogar einen Wanderfalken einholen.

Der Bestand des Gerfalken in der Westpaläarktis

Island	300–400 Paare (1993)[14]	Ein lokaler Bestand wuchs 1981–1987 von 40 auf 60 Paare (um 50 %) an. Seither stabil.
Norwegen	300–500 Paare (1993)	Stabil.
Schweden	ca. 100 Paare (1990)[23]	Anscheinend stabil.
Finnland	30 Paare (1993)[24]	Stabil.
Rußland	50 Paare (1993)[50]	

Gerfalke, juv. skandinavischer Herkunft.

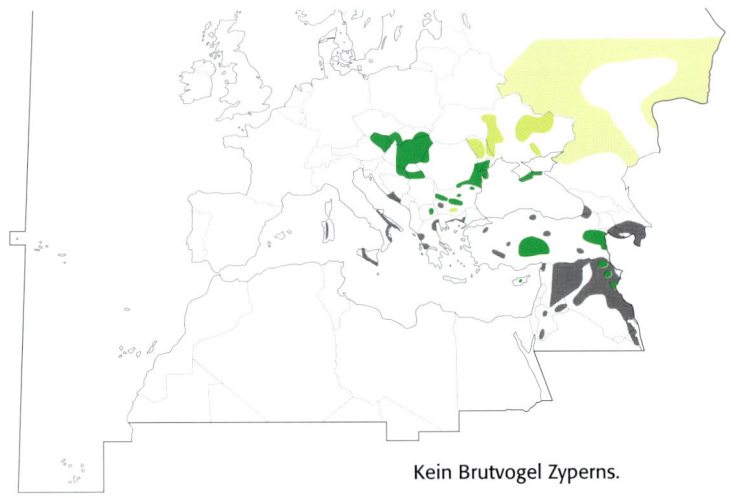

Kein Brutvogel Zyperns.

Würgfalke
Falco cherrug

Verbreitung

Der Würgfalke brütet außerhalb des in der Karte dargestellten Gebietes ostwärts in den Steppen und Waldsteppen in großen Teilen Zentralasiens bis nach China hin.

Zwei Rassen: die Nominatrasse u. a. in der Westpaläarktis; *F. ch. milvipes* in Zentralasien, mit rostrotem Band oberseits und ausgeprägter Zeichnung der Unterseite.

Bestandsschätzung

Der westpaläarktische Bestand beträgt 400–700 Paare.

Bestandsentwicklung

Bis kürzlich Rückgang, verursacht durch Abschuß, Jungenraub und möglicherweise Pestizide. Ferner werden viele Jungvögel (ca. 2000 jährlich) im Winterquartier (Naher Osten) eingefangen, um für die Falknerei abgerichtet zu werden.

Die Art war aber nicht zu unserer Zeit einem Bestandszusammenbruch ausgesetzt, so wie es beim Wanderfalken geschah – vielleicht, weil ihre Beutetiere (hauptsächlich Ziesel) nicht im gleichen Grad von Pestiziden betroffen wurden. Durch gute Schutzmaßnahmen, z. B. in Ungarn an den Nestern, sind der jahrelange Rückgang der Bestände gestoppt und die Bestände stabilisiert worden. Zugute kommt dem Würgfalken auch die heute positivere Haltung Greifvögeln gegenüber.

Zug

Zugvogel (russische Vögel) und Teilzieher. Einzelne überwintern schon in Tschechien und der Slowakei, in Österreich und Ungarn. Das eigentliche Überwinterungsgebiet liegt aber, wie aus der Karte ersichtlich, im Nahen Osten, im Kaukasus und in Nordostafrika.

Russische Vögel sind normalerweise von Ende September/Anfang Oktober bis März/Anfang April vom Brutplatz abwesend, rumänische oft nur im Dezember und Januar. Fernzieher sind vor allem die Jungvögel.

Am Bosporus wird der Würgfalke während des Herbstzuges nur spärlich gesehen (max. 13, 1971). Frühjahrszug am Cap Bon in Tunesien in einer Größenordnung von 25 Vögeln.

Außerhalb seines Brutgebietes ist der Würgfalke in Mittel- und Nordeuropa ein seltener Gast, am meisten noch in Südpolen und in Deutschland (je etwa 20). In Skandinavien erst 2mal nachgewiesen (in Halland 1900, Skagen 1991). Ist der Ringfund eines diesjährigen Jungvogels aus Ungarn in Holstein zur Monatswende Juli/August 1983 vielleicht ein Hinweis auf jugendliches Umherstreifen? Das Bild wird durch entflogene Gefangenschaftsvögel verwischt, so daß die bisherigen Irrgast-Nachweise nicht richtig deutbar sind.

Habitat

Bevorzugt als Brutbiotop Waldsteppen und bewaldete Kulturlandschaft, Brache und Steppen. Im Osten seines Brutgebietes auch bergige Halbwüsten und Berge bis 4700 m Höhe. Anspruch an das Brutrevier: guter Bestand an tagaktiven Kleinsäugern, in Europa an Zieseln. Außerhalb der Brutzeit mit Vorliebe an Flüssen, Sümpfen, Meeresbuchten und anderen Biotopen mit größeren Vogelansammlungen.

Stimme

Kann am Brutplatz recht laut sein. Die Stimme ähnelt der des Wanderfalken, ist aber gröber: ein lautes »gijäk« zur Balzzeit sowie ein scheckerndes »käk-käk-käk« bzw. »gijäk-gijäk-gijäk«.

Brutbiologie

Brütet wahrscheinlich erstmals im Alter von 2–3 Jahren, aber man hat schon Einjährige am Horst gesehen. Das Paar hält den größten Teil des Jahres zusammen, auch lange noch, nachdem die Jungen selbständig geworden sind. Die Ehe scheint lebenslänglich zu sein.

Würgfalke am Horst.

Zu Beginn der Brutzeit sieht man den Balzflug: Der Vogel steigt mit steifen Flügeln und breit gefächertem Schwanz im Winde auf große Höhe und wirft sich im Sturzflug laut wiehernd zum Horst hinunter.

In der Westpaläarktis brüten die meisten Paare in Bäumen, gerne in alten Greifvogelhorsten. Einzelne wählen auch steile Felsklippen oder Elektro-Stahlmasten wie in der Ukraine.

Die 3–5 (2–6) Eier werden in Mitteleuropa Mitte/Ende März bis Anfang April gelegt und in ca. 30 Tagen besonders vom Weibchen ausgebrütet. Die Nestlingszeit dauert 45–50 Tage, die Führungszeit der Jungen bis zur Selbständigkeit 30–45 Tage.

Nahrung

Zieselarten stellen die Hauptbeute. Weitere typische Beutetiere des Würgfalken sind Springmaus, Wühlmäuse, Wüsten-ratte, Maulwurf, Lemming und Hamster.

Der Würgfalke jagt auch Vögel von Lerchengröße bis zu Reihern und Trappen, im Winterquartier und auf dem Zug bevorzugt Limikolen und Wasservögel. Während der Brutzeit können Vögel 30–50 % der Beute darstellen, normalerweise aber dominieren Ziesel. Eidechsen, Frösche und Insekten sind als Beikost einzustufen.

Jagdtechnik

Sitzt gerne an, etwa auf Bodenerhebungen, von denen er einen weiten Rundblick hat. Entdeckt er eine Beute, greift er im Tiefflug direkt an und nutzt in der Art des Habichts die Überraschung aus. Ebenso praktiziert er einen Suchflug in 10–20 m Höhe. Zu Fuß jagt er vor allem nach Käfern.

Der Würgfalke wird zur Gazellenjagd abgerichtet.

Der Bestand des Würgfalken in der Westpaläarktis

Rußland	100 Paare (1993)[50]	
Ukraine	25–30 Paare (1993)[31]	Abnehmend.
Österreich	5–10 Paare (1992)[6]	Scheint positiv zu laufen.
Ungarn	120 Paare (1993)[58]	Zunahme durch konsequenten Horstschutz.
Tschechien	8–12 Paare (1993)[7]	Stabil. Ein Ansiedlungsversuch in Prag scheiterte.
Slowakei	30–45 Paare (1990)[8]	Abnehmend. Konsequenter Horstschutz.
Kroatien	10–15 Paare (1993)[30]	
Serbien	34–40 Paare (1993–95)[73]	Durch die Nutzung von Strommasten Zunahme seit 10 Jahren.
Montenegro	1 Paar (1993–95)[73]	
Mazedonien	1–5 Paare? (1993)[27]	Bestandsentwicklung unbekannt.
Bulgarien	30–50 Paare (1993)[21 a] ca. 50 Paare (1993)[21 b]	Scheint stabil.
Rumänien	2–6 Paare (1994)[62]	Abschüssen ausgesetzt, früher viel häufiger.
Moldawien	wenige (1993)[32]	
Türkei	30–300 Paare (1993)[4]	War früher im ganzen Land verbreitet.
Irak	? Paare	

Viele Würgfalken werden vor allem in den arabischen Winterquartieren gefangen –
und leben den Rest ihres Lebens als Beizvögel.

Feldeggsfalke, Lanner

Falco biarmicus

Verbreitung

Außerhalb der Westpaläarktis brütet der Feldeggsfalke in Afrika ohne die Urwaldzonen. Rassengliederung: *F. b. feldeggi:* Europa und Kleinasien. *F. b. erlangeri:* Marokko bis Tunesien; hellste und kleinste Rasse. *F. b. tanypterus:* Libyen bis Jordanien; etwas größer als *erlangeri* und gelegentlich dunkler.

Bestandsschätzung

Nach den zugänglichen Angaben (siehe Tabelle S. 236) brüten 225–250 Paare in Europa. Der westpaläarktische Gesamtbestand liegt in der Größenordnung von 3000 Paaren, mit Nordwestafrika als Verbreitungsschwerpunkt.

Bestandsentwicklung

Seit etwa 1960 gewaltiger Rückgang. Die Ursachen sind unbekannt, aber es ist naheliegend, auf Pestizide hinzuweisen (parallel zum Wanderfalken), auf Horstplünderungen und direkte Verfolgung. Ein deutscher Falkner horstete z. B. auf Sizilien 23 Junge aus. Das kann der Bestand nicht überleben.

Es liegen zwar nur wenige Angaben zur tatsächlichen Bestandsentwicklung vor, doch scheint die Situation heute positiver. Wesentlich ist natürlich, daß Italien mit dem größten Bestand in Europa nun Stabilität meldet – eine glückliche Nachricht aus einem Lande, wo Greifvögel nicht gerade auf besonderes Wohlwollen bauen können.

Der Lanner ist unter Falknern populär, und die Nester werden ständig in großem Umfang geplündert. Könnte man diesen Handel unterbinden, wäre es wahrscheinlich, daß der Vogel sein Brutareal ausdehnte und auf alle Fälle seine Bestände aufbessern könnte. Schließlich ist er in Afrika der häufigste Falke.

Zug

Standvogel, vielleicht in gewissen Fällen Strichvogel (Jungvögel). Es gibt jahreszeitlich bedingte Zugbewegungen vom Gebirge ins Flachland.

Nördlich seines Brutgebietes ist der Feldeggsfalke ein extrem seltener Irrgast. Es gibt nur 2 Nachweise aus Tschechien und der Slowakei (1906, 1931), 1 aus Nordostfrankreich (1855) und einige von der Iberischen Halbinsel (z. B. 4 von Gibraltar).

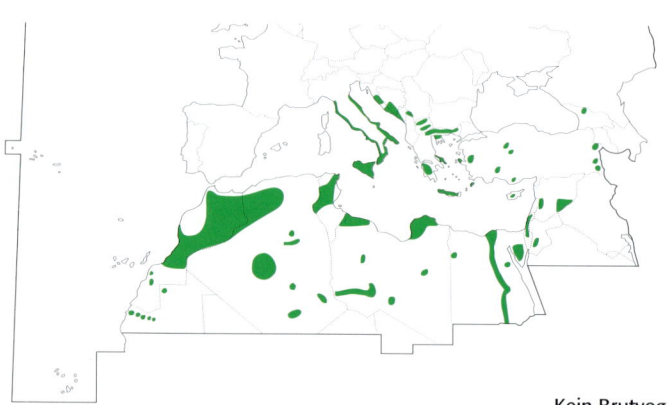

Kein Brutvogel Zyperns

Feldeggsfalke, ad. mit geschlagenem Hühnervogel.

Habitat

In Nordafrika Brutvogel der Halbwüsten, Wüsten und trockenen Savannen. Die europäischen Brutplätze liegen in Felsgegenden mit Steilwänden – in Sizilien in der Regel dort, wo sich die Steilwände über großen Weiden und Ackergebieten erheben. Brütet auch in Küstenfelsen.

Stimme

Höher als beim Wanderfalken. Ruft am Brutplatz. Ein schrilles »kri-kri, kirr-iii«.

Brutbiologie

Nicht besonders gut erforscht. Geschlechtsreife? Das Paar ist wahrscheinlich lebenslänglich verheiratet und bleibt das Jahr über zusammen.

Der Horst steht normalerweise auf einem Felsvorsprung oder auf einem Baum. Der Feldeggsfalke übernimmt dabei immer den alten Horst eines anderen Greifvogels oder ein Krähennest. Die 3–4 (2–5) Eier werden auf Sizilien Ende Februar bis Mitte März gelegt, auf dem Balkan vermutlich etwas später.

Sie werden von beiden Eltern in 30–35 Tagen ausgebrütet. Die Nestlingszeit beträgt 35–43 Tage, und die Jungen benötigen weitere 28–42 Tage, bis sie selbständig sind.

Der Bruterfolg 5 sizilianischer Bruten betrug 2,8 Junge pro Brut, eine hohe Zahl.

Nahrung

Überwiegend kleine und mittelgroße Vögel – vom Spatzen bis zum Rötelfalken und dem Steinhuhn, in Afrika bis zu Perlhuhn und kleinen Trappen. Kleinsäuger, Reptilien und Insekten sind lediglich Beikost. So waren von 73 Beutetieren an sizilianischen Ruheplätzen 66 Vögel, aber nur 3 Eidechsen, 2 Kleinsäuger, 1 Erdkröte und 1 Laufkäfer. Unter den Vögeln dominierten Dohlen (23), Rötelfalken (12) und Felsentauben (7).

In Afrika gern schwärmende Termiten.

Jagdtechnik

Fliegt schnelle, äußerst wendige Überraschungsangriffe auf fliegende Vögel. Einzeln wohl nur Jagd auf Kleinvögel, größere Vögel werden zu zweit gejagt. Bei dieser Kombinationsjagd stöbert das Weibchen die Beute auf, und das seitwärts in einigem Abstand folgende Männchen schlägt sie. Das ganze kann sich lange hinziehen und viele Fehlstöße ergeben. Von 16 in Sizilien beobachteten Jagdflügen waren nur 2 erfolgreich. Fliegen zum Aufstöbern durch Felsenhöhlen und jagen gerne in der Dämmerung. In Wüstengebieten mit Vorliebe an Wasserstellen.

Der Bestand des Feldeggsfalken in der Westpaläarktis

Italien	160–170 Paare (1991)[33]	Stabil.
Kroatien	10–20 Paare (1993)[30]	Stabil?
Serbien	3–5 Paare (1993–95)[73]	Bedroht.
Herzegowina	12 Paare (1993)[28]	
Montenegro	2–5 Paare (1993–95)[73]	
Mazedonien	10–15 Paare (1993)[27]	Leichte Zunahme?
Bulgarien	1–3 Paare (1993)[21 b]	Keine tatsächlichen Brutnachweise vorliegend.
Griechenland	20–30 Paare (1993)[43]	Bestandsentwicklung unbekannt.
Türkei	10–100 Paare (1993)[4]	Wird oft mit heller Morphe des Eleonorenfalken verwechselt.
Georgien	1 (2) Paare (1993)[53]	
Armenien	1–3 Paare (1993)[53]	
Syrien	< 50 Paare? (1993)[20]	Es gibt keinen sicheren Brutnachweis. Tritt aber recht häufig auf.
Israel	25–30 Paare (1980er)[5]	
Jordanien	? Paare	
Ägypten	10–500 Paare (1982)[35]	
Libyen	? Paare	
Tunesien	200–250 Paare (1982)[35]	
Algerien	zahlreich (1982)[35]	
Marokko	> 1000 Paare (1982)[35]	
Mauretanien	? Paare	

Wanderfalke

Falco peregrinus

Verbreitung

Die Karte zeigt die westpaläarktische Verbreitung. Darüber hinaus brütet der Wanderfalke in großen Teilen Asiens, Afrikas, Australiens und Amerikas und ist damit in der Greifvogelwelt einer der häufigsten Kosmopoliten.

Unterteilt in zahlreiche Rassen, von denen uns hier nur interessieren: Nominatrasse: größter Teil Europas und ostwärts bis zum Jenissei. *F. p. calidus:* die Tundra von der Varanger-Halbinsel ostwärts bis zur Lena; etwas größer, heller und oberseits blauer. *F. p. brookei:* vom Mittelmeerraum bis zum Kaukasus; kleiner als Nominatrasse, unterseits dunkler und mit rostfarbener Nackenzeichnung. *F. p. madens:* hat lediglich ein kleines Verbreitungsareal auf den Kapverdischen Inseln.

Bestandsschätzung

Für die gesamte Westpaläarktis ergibt sich anhand der Tabelle S. 242–244 ein Brutbestand von 9000–11 000 Paaren. Die Qualität der einzelnen Zahlen ist jedoch sehr verschieden – von sehr genau bis zu grober Schätzung. Das letztere gilt für alle Fälle für Rußland und Marokko.

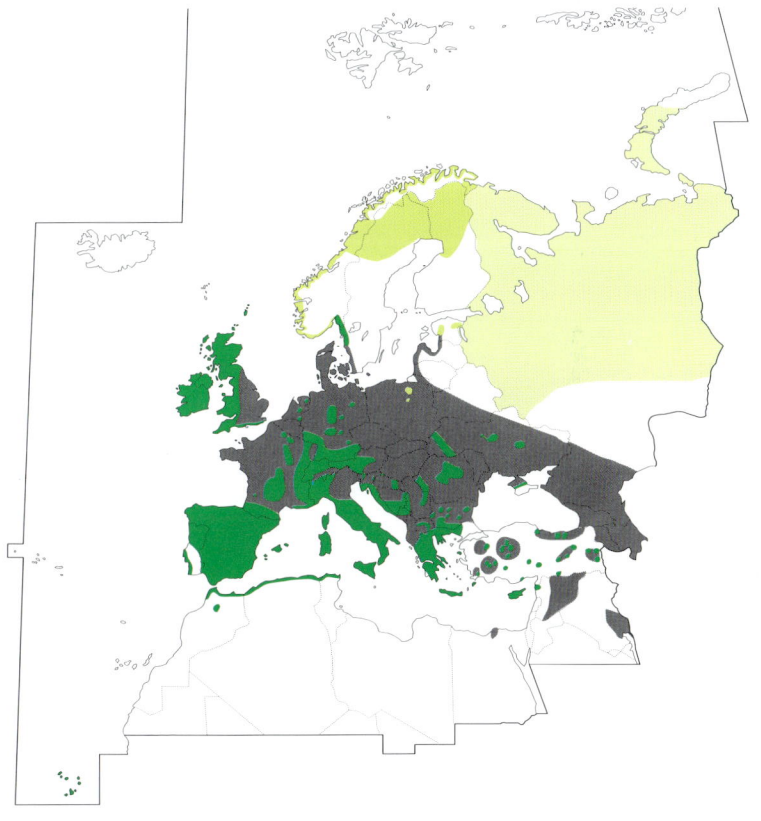

Wanderfalke, ad. Weibchen am Brutfelsen.

Bestandsentwicklung

Seit einigen Jahrhunderten ist der Wanderfalke Ziel ständiger Horstplünderungen durch Eiersammler und »Falkner« sowie Abschußziel für Jäger, Taubenzüchter und Jagdaufseher. Je nach Aufwand führten diese Verfolgungen zu größeren Verlusten im Bestand. Der Wanderfalke schaffte es jedoch zu überleben.

Aber etwa ab 1950 wurde es ernst! Die Pestizide kamen in Gebrauch. Wir wurden in den nächsten zwei Jahrzehnten Zeuge eines ungewöhnlichen totalen Zusammenbruchs eines an sich lebenskräftigen Bestandes in den hochindustrialisierten Ländern der nördlichen Halbkugel, so daß der Brutbestand über 90 % abnahm.

Zu Beginn dieser Katastrophe stand man allgemein vor einem Rätsel – man kannte ja die Ursachen nicht. Aber Anfang der 60er Jahre fanden u. a. britische Forscher heraus, daß die Schuld bei den Pestiziden, allen voran dem DDT, zu suchen war.

Das führte dazu, daß in vielen Ländern DDT und andere Pestizide mit starker Einwirkung auf die Umwelt in den darauf folgenden Jahren verboten wurden oder man ihre Anwendung erheblich eingeschränkt hat. Und langsam wendete sich das Blatt wieder zugunsten des Wanderfalken.

Heute können wir eine Wiederansiedlung in den schwerst getroffenen Ländern erleben: in Großbritannien, Irland, Deutschland, Schweiz und Finnland.

Unter Einsatz vieler Ornithologen und beträchtlicher Geldsummen ist man seit Jahren in Deutschland und in Schweden dabei, durch künstliche Aufzucht und anschließende Auswilderung sowie durch Horstüberwachung diesen Prozeß zu unterstützen oder überhaupt erst zu ermöglichen.

In Deutschland und Schweden haben diese Programme zu beachtlichen Erfolgen geführt. Diese Erfolge strahlen durch Ansiedlung auch in die Nachbarländer – z. B. Norwegen, Niederlande, Belgien – aus. Neu hinzugekommen ist Polen, wo von 1990–1994 insgesamt 51 Jungvögel freigelassen wurden. Entscheidend wird auch künftig die engmaschige Überwachung der Brutplätze sein – heutzutage oft schon durch versteckte Kameras wirkungsvoll gesichert. Ebenso sind abschreckende Strafen für gefaßte Nestplünderer sowie illegale »Züchter« und Händler eine unumgängliche Notwendigkeit.

Die südeuropäischen Bestände litten in der schweren Zeit weniger – offenbar aufgrund geringerer Giftbelastung. Andererseits hat man heute in Südeuropa andere Probleme: Der Abschuß wird noch ständig im weiten Umfang praktiziert. Aber die größte Belastung scheint von den Falknern auszugehen. Die Falknerei hat leider eine Renaissance erfahren, und Wanderfalkenjunge werden massenweise gestohlen. Man rechnet daher damit, daß allein mindestens 200 Junge Jahr für Jahr aus Italien nach Westdeutschland geschmuggelt werden. Eine Kontrolle von 30 Horsten in Süditalien und auf Sizilien (1981) ergab, daß diese nur 2 Junge enthielten. Die anderen ca. 100 Jungen waren von Falknern geraubt worden.

Eine solche gewaltige Belastung kann ein Bestand nur dann aushalten, wenn er stabil ist. Wenn es gelingt, in diesen Ländern die illegalen Praktiken zu stoppen, gibt es für eine Erholung der Bestände gute Chancen.

Zug

Die nördlichen und nordöstlichen Populationen sind Zugvögel, die mittel- und westeuropäischen meistens Strichvögel und die südlichen Standvögel, ihre Jungen im bestimmten Umfang Strichvögel.

Skandinavische Wanderfalken ziehen im Herbst nach Südwesten und überwintern in Südschweden, Dänemark, Norddeutschland, Benelux, Frankreich, England und Spanien.

Die Jungvögel Mitteleuropas verteilen sich nach dem Ausfliegen in alle Himmelsrichtungen, und etwa 70 % von ihnen trifft man im 1. Jahr mehr als 100 km vom Brutplatz entfernt an. Die Altvögel verbleiben hingegen im Brutrevier und seiner Umgebung.

Wie stark die Bestände dezimiert wurden, zeigen die Durchzugszahlen von Falsterbo, Schweden. 1942 sah man dort 110 abziehende Wanderfalken, 1973–1983 nur 1–5, 1986 jedoch wieder 42 im Herbst (Ende August bis Ende Oktober). Im Durchschnitt der Jahre 1986–93 waren es 22 Vögel. Während des Heimzuges im Frühjahr (Mitte März bis Ende Mai) zählte man im selben Zeitraum an der Nordspitze Dänemarks, in Skagen, ebenso durchschnittlich 22 Vögel jährlich. In ganz Dänemark, in dem der Wanderfalke seit 1972 ausgerottet ist, sieht man zu Beginn der 90er Jahre jährlich immerhin wieder 200–250 Wanderfalken.

Habitat

Nicht besonders spezialisiert. Zwei Bedingungen müssen erfüllt sein: ein gutes Nahrungsangebot (reiches Vogelleben) und ein sicherer Brutplatz. Der Brutplatz liegt im größten Teil der Westpaläarktis auf steilen Felsklippen, so-

wohl an der Küste als auch im Binnenland. Aber die von anderen Greifvögeln, Reihern oder Krähen übernommenen Horste können auch in einem hohen Baum stehen (Norddeutsches Tiefland, Osteuropa) oder am Boden in unwegbaren Hochmooren angelegt werden (u. a. Nordschweden, Finnland, Nordrußland und Estland).

Der Wanderfalke braucht freies Land für seine Jagd und einen unbeschwerten Zugang zum Horst. Er vermeidet daher große, geschlossene Waldgebiete.

Stimme

Am Brutplatz ein schnelles, keckerndes »kek-kek-kek« sowie ein rauhes »grägrä-grä« und weitere Rufe.

Brutbiologie

In seltenen Fällen schon als Einjähriger am Horst gesehen. Die meisten brüten erstmals im Alter von 2–3 Jahren. Die Ehe wird anscheinend lebenslang geschlossen.

Zu Beginn der Brutsaison sieht man den Balzflug: Die Vögel kreisen zusammen in großer Höhe, worauf (in der Regel) das Männchen in einem Sturzflug einen Ausfall gegen das Weibchen macht. Dieses dreht sich auf den Rücken, und die Gatten berühren sich mit den Fängen. Sie können sich im Schwebeflug auch mit dem Gefieder oder den Schnäbeln berühren (»Luftküssen«).

Die Eiablage erfolgt auf den Britischen Inseln, in Mittel- und Nordeuropa Ende März bis Mitte April. Die 3–4 (1–6) Eier werden von beiden Eltern in 29–32 Tagen ausgebrütet. Die Nestlingszeit beträgt 35–42 Tage, die Jungenführungszeit ungefähr 2 Monate.

In den 50er und 60er Jahren war die Jungenproduktion sehr niedrig. Viele Paare bekamen in dieser Zeit überhaupt keinen Nachwuchs. Britische Untersuchungen von vor 1950 ergaben 2,55 Junge pro erfolgreichem Paar gegenüber 2,09 in 1971, also vor und nach der Pestizidkatastrophe. In Bayern betrug 1984 der Bruterfolg (27 Paare) 2,0–2,2 Junge pro Brut, in Baden-Württemberg jedoch bei über 80 Paaren nur etwa 1,5 Junge pro Brut. Auch in Schweden waren die 80er Jahre geprägt von derart niedrigen Bruterfolgen (1,2–1,4 Junge pro Brut). Das Blatt hat sich inzwischen gewendet. Z. B. zogen 1992 in Rheinland-Pfalz 10 Paare 24 Junge groß, und die finnischen Wanderfalken haben in mehreren Jahren jetzt 2,4–2,5 Junge pro Brut gut hochgebracht. Ja, zum zweiten Mal in Deutschland wurde 1991 im Großraum Köln eine Brut mit 5 ausgeflogenen Jungfalken beobachtet! In Nordrhein-Westfalen lag der Bruterfolg 1986–1993 (19 Bruten) mit 3,11 Jungen pro angefangener Brut ohnehin sehr hoch; dieser Bestand hat sich weitgehend aus Zuzügen aufgebaut und zählte 1993 18 Brutplätze.

Nahrung

Fast ausschließlich Vögel, vom Goldhähnchen bis zum Fischreiher. In Großbritannien wurden 132 Vogelarten, in Mitteleuropa sogar 210 Arten als Beute nachgewiesen. Es hängt sehr vom Biotop ab, welche Vogelarten die Hauptbeute stellen.

In Großbritannien waren von 4130 Beutevögeln ein Drittel Haustauben, gewichtsmäßig aber 50 %. Es folgten auf dem zweiten Platz die Moorschneehühner mit 8,7 % (359), danach der Star mit 7 % (289). Die von Uttendörfer zusammengestellten Beutelisten überwiegend mitteleuropäischer Bruten ergaben unter 6410 Beutevögeln 31,9 % Haustauben, 18,9 % Stare, 9,6 % Drosseln, 7,5 % Kiebitze, 5,5 % Rabenvögel und 4,6 % Feldlerchen.

Haustauben spielen dort die größte Rolle, wo sie am häufigsten sind, das heißt in der Nähe dichter Bebauung. Doch

Wanderfalke, ad. Weibchen auf dem Brutfelsen.

ein derartiger Eingriff des Wanderfalken in eine bevorzugte Beute bleibt äußerst gering. Berechnungen an schottischen Moorschneehühnern ergaben, daß selbst bei anzunehmenden 142 Schneehühnern pro Wanderfalkenfamilie jährlich dies lediglich 1,0–3,6 % der Schneehuhnpopulation entspricht.

Jagdtechnik

Fängt fast ausschließlich fliegende Vögel. Dabei bevorzugt er die Ansitzjagd von einer erhöhten Warte aus. Früher oder später wird eine passende Beute vorbeifliegen. Der Wanderfalke startet dann sofort. Ist die Beute weiter weg, nutzt er den weiten Weg zur Erhöhung seiner Geschwindigkeit, er dreht dann richtig auf: Geschwindigkeiten bis 380 km/h sind gemessen worden. Das Schlagen der Beute erfolgt auf unterschiedliche Weise, der Aufprall auf die Beute ist heftig. Die hohe Geschwindigkeit ist andererseits aber oft die Rettung für die Beute. Denn sie sieht den Wanderfalken ebenfalls sehr schnell und versucht auf jede Art, ihm zu entkommen.

Ein scharfes Wendemanöver im rechten Moment läßt den Wanderfalken vorbeizischen, denn er kann aus der hohen Geschwindigkeit heraus seine Richtung nicht so schnell ändern.

In Schweden wurde festgestellt, daß der Wanderfalke nur in 19 von 252 Jagden erfolgreich war, d. h. 7,5 % der Jagden! Doch scheint der Vogel nicht immer ernsthaft darauf aus zu sein, die Beute zu schlagen. Er spielt offenbar zur Übung. Ernsthaft jagende, hungrige Wanderfalken an der Küste von Cornwall hatten bei 45 Jagden in 60 % der Fälle Erfolg; alle beobachteten 58 Jagden (auch nicht hungriger Tiere) ergaben 30 Beuten = 52 % Erfolg.

Mit Vorliebe jagen die Wanderfalken – sieht man von der Zeit der Jungenversorgung ab – frühmorgens oder am Abend. Hat ein Vogel eine größere Beute geschlagen, etwa eine Haustaube, so reicht sie für zwei Tage! Bei der Jagd auf geschlossene Verbände konzentriert sich der Wanderfalke auf abgesprengte Tiere, der Angriff direkt auf den Schwarm wäre zu gefährlich für ihn.

Der Bestand des Wanderfalken in der Westpaläarktis

Land	Bestand		Bemerkung
Dänemark			1972 ausgerottet. Hoffnung auf Neueinwanderung.
Norwegen	150–200 Paare (1993)[55]		Markante Zunahme. Starke Hilfe im Süden durch Zucht.
Schweden	ca. 60 Paare (1993)[23]		Um 1900 gab es ca. 1000 Paare. 1970 nahezu ausgerottet. Sehr starke menschliche Hilfe und Schutz; Erfolge vor allem im Norden.
Finnland	100 Paare (1993)[24]		Nach 1000-2000 Paaren in den 40er Jahren Rückgang auf ca. 20 Paare Mitte der 70er Jahre. Bestand wächst.
Weißrußland	0 Paare (1993)[18]		Die letzte bekannte Brut 1974.
Ukraine	12 Paare (1993)[31]	–	Rückgang.
Rußland	700 Paare (1995)[50, 50a]		Davon 450–550 Paare *calidus*, 30–40 Paare *brookei*, 150–200 Paare *peregrinus*.
Estland	0–2 Paare? (1994)[19]		Früher 40–50 Paare. Pestizide und Verfolgung rotteten sie aus.

Wanderfalke, ad. mit geschlagenem Kuckuck in den Fängen.

Polen	1–5 Paare (1995)[11,11a]	Ausgestorben in den 60er Jahren. Seither nur 3 gesicherte Bruten: 1964, 1970, 1990. Seit 1990 juv. auswildernd.
Deutschland	350 Paare (1993)[1]	Zunahme. Starke Hilfs- und Schutzmaßnahmen.
Niederlande	2 Paare (1993)[2]	Wieder einwandernd.
Belgien	1–2 Paare (1993)[17]	
Großbritannien	1200 Paare (1991)[12]	Starker Fortschritt in den letzten Jahrzehnten.
Irland	265 Paare (1991)[12]	
Frankreich	266–350 Paare (1990)[22]	1950–1975 Rückgang um 80 %. Seither zunehmend.
Portugal	50–90 Paare (1993)[26]	Zunahme.
Spanien	1658–1751 Paare (1986)[44]	Anscheinend stabil, trotz Nestplünderungen, Verfolgungen und Pestiziden (?).
Italien	470–524 Paare (1993)[33]	Stabil? Eine große Zahl der Nester wird geplündert.
Schweiz	120–150 Paare (1992)[3]	Stabil oder leichte Zunahme.
Österreich	130 Paare (1992)[6]	Zunahme.
Tschechien	6–8 Paare (1995)[76]	Gewaltige Abnahme seit den 60er Jahren; jetzt Zunahme.
Slowakei	8–13 Paare (1990)[8]	Gewaltige Abnahme seit den 60er Jahren.
Slowenien	20–30 Paare (1993)[15]	Zunahme.
Kroatien	150–200 Paare (1993)[30]	Stabil?

Serbien	50–55 Paare (1993–95)[73]	Stabil.
Herzegowina	ca. 20 Paare (1993)[28]	
Montenegro	15–20 Paare (1993–95)[73]	Leichte Zunahme.
Mazedonien	20–40 Paare (1993)[27]	Stabil?
Rumänien	4–6 Paare (1994)[62]	U.U. einige Brutpaare mehr an nicht bekannten Orten.
Bulgarien	ca. 100 Paare (1993)[21 b]	
Griechenland	200–300 Paare (1993)[43]	Wahrscheinlich stabil.
Türkei	500-2000 Paare (1993)[4]	Weitverbreitet, aber selten[64].
Zypern	selten (1996)[59]	
Syrien	? Paare (1993)[20]	Kein sicherer Brutnachweis, aber bestimmte Beobachtungen machen Brut wahrscheinlich.
Tunesien	> 200 Paare (1982)[35]	Einschließlich Wüstenfalke.
Algerien	zahlreich (1982)[35]	Einschließlich Wüstenfalke.
Marokko	> 1000 Paare (1982)[35]	Einschließlich Wüstenfalke.
Kapverdische Inseln	sehr selten (1982)[42]	

Wüstenfalke

Falco pelegrinoides

Verbreitung

Da die Art leicht mit dem Wanderfalken verwechselt wird, ist die Verbreitung nur unvollständig bekannt.

Außerhalb der Westpaläarktis finden sich einige wenige bekannte Brutplätze im Grenzgebiet von Algerien mit Mali und Niger sowie an der atlantischen Küste Westafrikas. Brütet ferner in West- und Zentralasien vom Iran bis zum Tianshan.

Zwei Rassen: Die Nominatrasse bewohnt die Westpaläarktis und *F.p. babylonicus* Asien; letztere ist u. a. größer und rostfarbener auf Scheitel und Nacken.

Der Wüstenfalke wurde lange Zeit als Rasse des Wanderfalken betrachtet, mit dem er in der Tat sehr nah verwandt ist.

Bestandsschätzung

Der Gesamtbestand beziffert sich anhand der vorliegenden Berichte auf schätzungsweise 1500 Paare. Im ehemals russischen Mittelasien leben ca. 50 Paare.

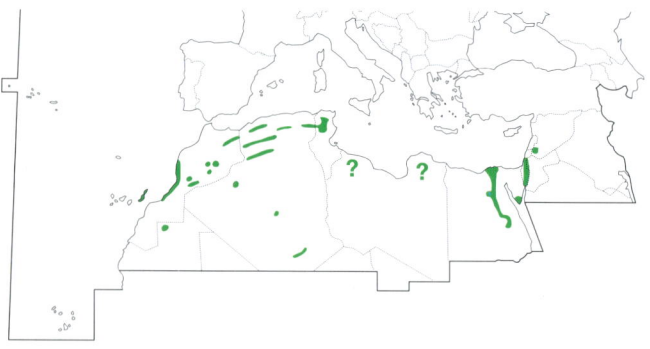

Man hat früher den Wüstenfalken (besonders die Rasse *babylonicus*) als spärlich bis selten eingestuft. Hauptsächlich aufgrund der hohen Zahl der zur Falkenjagd abgerichteten Jungvögel schätzt man heute den Bestand beider Rassen auf jeweils etliche hundert Paare.

Zug

Wahrscheinlich Strichvogel, aber unser Wissen ist mangelhaft. Die Altvögel werden im Brutgebiet das ganze Jahr über angetroffen und sind vielleicht Standvögel. Ägyptische Wüstenfalken aber sind Zugvögel, die außerhalb der Brutzeit im Sudan die Hauptzeit des Jahres leben (9½–10 Monate).

Habitat

Bewohnt unfruchtbare Landschaften, besonders Halbwüsten mit Felspartien. Brütet aber auch in den Felsen der Meeresküste (Atlantik und Rotes Meer) und entlang von Flüssen wie z. B. dem Nil.

Wüstenfalke, ad.

Wüstenfalke, ad.
Weibchen.

Brutbiologie

Nur unvollständig bekannt. Da das Paar ganzjährig im Brutrevier zusammenhält, kann man eine lebenslängliche Ehe vermuten.

Der Horst steht auf Felsen oder auf Gebäuden. Die 3 (2–5) Eier werden März bis Anfang April gelegt.

Nahrung

Fast ausschließlich kleine und mittelgroße Vögel; Tauben und Enten bilden die (normale) Obergrenze.

In Nordafrika sind Flughühner und kleine Tauben die Hauptbeutetiere, an der Meeresküste die Felsentaube. Fängt gelegentlich auch Fledermäuse.

Jagdtechnik

Sehr ähnlich der des Wanderfalken. Scheint jedoch noch schneller und wendiger zu sein.

Der Bestand des Wüstenfalken in der Westpaläarktis

Syrien	? Paare(1993)[20]	Kein Brutnachweis, ist aber ganzjährig anwesend, u. a. um Damaskus.
Israel	100 Paare (1980er)[5]	Brütet westlich des Toten Meeres und südwärts bis Eilat.
Ägypten	?	Brütet im Sinai, längs des Roten Meeres und des Nils.
Libyen	wenige? (1978)[37]	
Tunesien	> 200 Paare (1982)[35]	Einschließlich Wanderfalke.
Algerien	häufig (1982)[35]	Einschließlich Wanderfalke.
Marokko	> 1000 Paare (1982)[35]	Einschließlich Wanderfalke.
Mauretanien	?	Ein Horstfund an der Küste, möglicherweise Verwechslung mit Wanderfalke (1962)[37].
Kanarische Inseln	7 Paare (1990)[9]	Auf Lanzarote, Fuerteventura, Alegranza[71].

Eleonorenfalke

Falco eleonorae

Verbreitung

Brütet nur in der Westpaläarktis.

Bestandsschätzung

Die Informationen der Tabelle auf S. 250 ergeben einen Weltbestand von 4700–6000 Paaren. Im ganzen kennen wir heute knapp 100 Brutkolonien. Rund 65 % des Gesamtbestandes lebt in den griechischen Gewässern (Ägäis).

Bestandsentwicklung

Obwohl die Eleonorenfalken wie die Wanderfalken Kleinvögel fangen, scheinen sie nicht von Pestiziden betroffen zu sein. Man nimmt an, daß sie es dem Umstand verdanken, daß sie den größten Teil des Jahres von Insekten leben und nur 4 Monate die gifthaltigen Kleinvögel fressen. Da zudem ein großer Teil der erbeuteten Vögel Insektenfresser sind, wie z. B. Pirol und Wiedehopf, ist das Griftproblem sicherlich nicht so groß.

Früher wurden die Horstjungen lokal als Menschennahrung genutzt. Diese Sitte scheint heute zu verschwinden. Dafür sind die Störungen durch Touristen ein wachsendes Problem.

In bezug auf Eiersammler und Falkner ist die Art durch ihr kolonieweises Brüten verwundbar, da das Einsammeln leichter geht. Doch dürfte die Gefahr von Falknern nicht allzu groß sein, da sich die Art nicht als Beizvogel eignet.

Wie aus der Tabelle S. 250 ersichtlich, scheint der Eleonorenfalke heute generell gesehen nicht gefährdet zu sein – mit wachsenden oder auf alle Fälle stabilen Beständen.

Zug

Zugvogel mit Winterquartieren im ostafrikanischen Hochland, Madagaskar und den Inseln Mauritius, Reunion, Rodriguez. Beobachtungen von überwinternden Trupps in der südlichen Ägäis bedürfen der Bestätigung.

Man nimmt an, daß der Zug vom Mittelmeer her entlang der Roten Meer und entlang der ostafrikanischen Küsten nach Madagaskar verläuft. Ob die nordwestafrikanischen Vögel und die der Kanaren diesen Weg nehmen, weiß niemand. Denkbar wäre auch eine Überquerung des afrikanischen Konti-

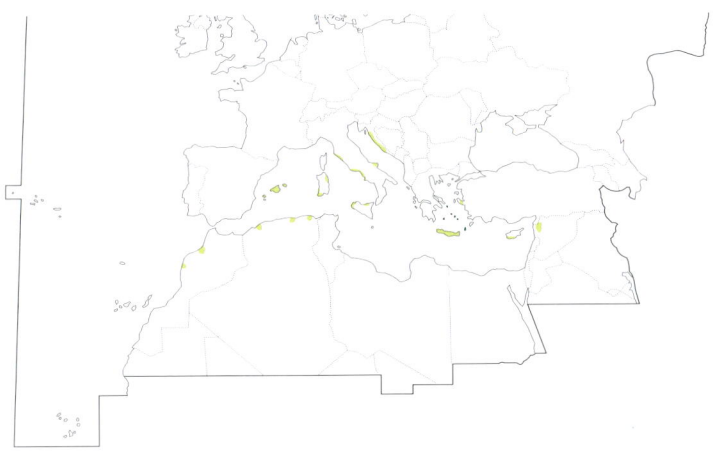

nents in großer Höhe (unsichtbar für uns) und in der Nacht. Denn am 5. November 1978 wurde kurz vor Sonnenaufgang in einer nebligen Zugnacht im Tsavo Nationalpark in Kenia ein völlig durchnäßter Eleonorenfalke am Boden aufgelesen und bei dieser Gelegenheit gleich beringt.

Die ersten Vögel sind ab Ende April an ihren Brutplätzen zurück, weitere kommen im Mai und Juni heim. Kleine Trupps sieht man im Sommer oft weit entfernt von den Brutplätzen, z. B. beim Insektenfang landeinwärts im Gebirge. Nördlich des Mittelmeerraumes ist die Art nur ein extrem seltener Irrgast. Es gibt Nachweise aus Großbritannien (3), Polen (2), Ungarn (> 5) und überra-schend 5 aus Schweden (Mitte Juli bis Anfang September), sowie 2 aus Dänemark (4. Oktober, 25. Mai).

Habitat

Brütet in Kolonien, normalerweise auf unbebauten Inseln im Mittelmeer. Kann auch auf größeren bewohnten Inseln brüten, wo unzugängliche Steilküsten vorkommen (z. B. Zypern). Das Winter-quartier-Biotop ist unbekannt.

Stimme

Bei Störungen am Brutplatz hört man ein schnelles, rhythmisches »ke-ke-ke-ke«, nicht so stark wie das der Großfalken, aber auch nicht so hoch und klang-voll wie z. B. des Baumfalken.

Eleonorenfalke, ad., dunkle Morphe, mit Beute.

Brutbiologie

Brütet erstmalig im Alter von 2 Jahren, gelegentlich schon einjährig. Lebenslängliche Ehe?

Wohnt in Kolonien von bis zu 200 Brutpaaren.

Da die Jungenaufzucht auf den herbstziehenden Kleinvögeln basiert, beginnt die Brutperiode spät – die Eiablage ab Mitte Juli. Zu Beginn der Brutzeit sieht man die Balzspiele, bei denen die Vögel in gewaltigen Sturzflügen Scheinangriffe gegeneinander führen. Auch beobachtet man gemeinsame Insektenjagd.

Die Horste stehen im Fels zwischen großen Steinen, in kleinen Höhlen, zwischen Büschen oder offen. Die 2–3 (1–5) Eier werden von beiden Eltern in ca. 28 Tagen pro Ei ausgebrütet. Die Nestlingszeit beträgt 35–40 Tage, und bereits 15 Tage danach sind die Jungen selbständig.

Nahrung

Während der Brutzeit hoch spezialisiert. Lebt dann hauptsächlich von nachts ziehenden Kleinvögeln, die auf dem Zug von Europa in ihre afrikanischen Winterquartiere sind.

Die Beuteliste ist lang, lokal aber dominieren bestimmte Arten: Auf einem Brutplatz im Ägäischen Meer waren es Laubsänger, Neuntöter, Braunkehlchen und Dorngrasmücke; in Marokko Rotkopfwürger, Dorngrasmücke, Nachtigall und Gartenrotschwanz. Sie machten an beiden Orten jeweils gut 50 % aus. Die Beuteliste dieser Orte zählte insgesamt 52 bzw. 37 Arten.

Eine Familie benötigt zur Brutzeit (75 Tage, Marokko) im Durchschnitt 8,9–16 kg Vögel (1–4 Junge), die ganze Mogadir-Kolonie 2153 kg pro Brutsaison. Bei einem durchschnittlichen Beutegewicht von 24 g entspricht diese Zahl 98 708 Kleinvögeln pro Brutsaison. Die 4400 Brutpaare fangen dann in einer Brutsaison ca. 1,6 Millionen Kleinvögel, täglich 26 700.

Auf den Gesamtstrom der im Herbst nach Afrika ziehenden Vögel berechnet (5 Milliarden Vögel), machen diese 1,6 Millionen 0,03 % aus. Der Eleonorenfalke bedeutet daher keine ernsthafte Gefahr für die ziehenden Arten.

Außerhalb der Brutzeit werden anscheinend nur Insekten gefangen: Käfer, Heuschrecken, Libellen, Schmetterlinge, Zikaden sowie schwärmende Ameisen.

Jagdtechnik

Die Jagdtechnik beim Vogelfang hängt von den äußeren Umständen ab. Im Ägäischen Meer läuft die Jagd im Morgengrauen ab, wenn der Nachtzug abebbt. Die Falken bilden hier eine charakteristische Frontlinie in 800–1000 m Höhe, etwa 10–20 Falken im jeweiligen Abstand von 100–200 m. Gegen den kräftigen Wind stehen sie auf der Stelle und warten darauf, daß ihnen die Zugvögel entgegenkommen. Die Beute wird im schnellen Angriff von oben geschlagen. Schlägt der Falke fehl, ist schon der »Nachbar« dabei, die Beute zu fangen. Die Jagd wird dadurch sehr effektiv. Nur die Hälfte der ziehenden Vögel kommt heil durch.

Bei Mogador/Marokko wurde eine andere Taktik beobachtet. Aufgrund des größeren Abstandes zum europäischen Festland kommen hier die Vögel von Norden den ganzen Tag hindurch an. Die Nachtzieher erreichen das Land nicht zur »normalen« Zeit. Daher jagen die Falken hier den ganzen Tag über. Kräftiger Wind kommt hier nur selten vor, so daß die Falken die aktivste Jagd tief über dem Wasser ausführen, auch hier natürlich mit großer Effektivität. Die ziehenden Vögel sind vermutlich müde, und sie können in dieser niedrigen Höhe nicht nach unten ausbrechen, ohne dabei ins Wasser zu fallen.

Die Insekten werden im Fluge gefangen. Der Eleonorenfalke kann auch rütteln und die Insekten auf der Erde schlagen.

Der Bestand des Eleonorenfalken
in der Westpaläarktis

Spanien	ca. 730 Paare (1987)[44]	Zunehmend.
Italien	400–500 Paare (1993)[33]	Stabil.
Kroatien	100–150 Paare (1993)[30]	Zunehmend.
Griechenland	3000–4000 Paare (1993)[43]	Bestandsentwicklung unbekannt.
Türkei	> 100 Paare (1992)[4, 64]	
Zypern	100–120 Paare (1995)[59]	Stabil.
Syrien	? Paare (1993)[20]	In geringer Zahl an möglichen Brutplätzen gesehen.
Libyen	? Paare	
Tunesien	60 Paare (1982)[35]	
Algerien	> 100 Paare (1982)[35]	
Marokko	90 Paare (1986)[46]	Zunehmend.
Kanarische Inseln	> 65 Paare (1990)[9]	Auf Lanzarote, Alegranza.

Eleonorenfalke, ad., helle Morphe.

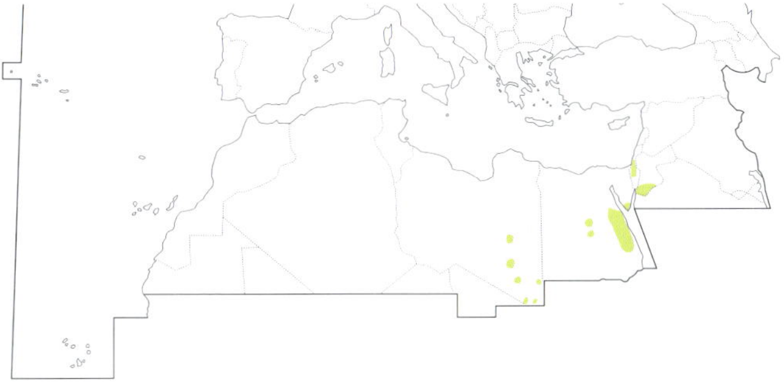

Schieferfalke

Falco concolor

Verbreitung

Wenig bekannt. Außerhalb der in der Karte ausgewiesenen Brutgebiete sind nur Brutplätze von den Küsten und Inseln des Persischen Golfes und des Roten Meeres bekannt geworden. Brütete bis vor einigen Jahren noch im südlichen Jordanien. Einmal als Irrgast auf Zypern[59].

Bestandsschätzung

Aufgrund der Beobachtungen im Winterquartier wird der Gesamtbestand mit ca. 20 000 angegeben (1982)[47]. Man kennt bis heute nur wenige der Brutplätze (wohl unentdeckte in Arabien und im nördlichen Afrika). In Israel brüten ca. 200 Paare (Ende der 80er Jahre)[5].

Zug

Zugvogel. Überwintert auf Madagaskar und entlang der Küste von Mozambique und in geringer Zahl von Natal. Lebt im Brutgebiet bis Oktober/November und im Winterquartier von November bis März. Der Frühjahrszug beginnt Ende Februar und läuft den März über durch.

Habitat

Brütet in sehr warmen und trockenen Gegenden ohne Bäume, oft in der eigentlichen Wüste. Bewohnt ferner Felseninseln.

Stimme

Nicht gerade gut bekannt. Bei Störungen am Nest äußert der Schieferfalke einen turmfalkenartigen Schrei.

Brutbiologie

Kaum bekannt. Brütet gern in Kolonien (bis zu 100 Paare), sie sind jedoch lockerer als die der Eleonorenfalken. Brütet aber auch einzeln. Die Eheschließung scheint im Winterquartier zu erfolgen. Der Horst wird in Hohlräumen und Felsennischen angelegt in Fels und unter Büschen. Die 2–3 (1–4) Eier werden Ende Juli und im August gelegt. Die Jungen sind Anfang Oktober flügge.

Nahrung

Sehr ähnlich der des Eleonorenfalken. Hat wie dieser eine ökologische Nische gefunden, wobei er seine Jungen mit Kleinvögeln auf dem Herbstzug atzt. Die Beutetiere variieren von Ort zu Ort in Abhängigkeit von der Zusammensetzung des Zuges. Im allgemeinen sind es Vögel von Laubsängern bis Wiedehopf. Die kleinen Sänger überwiegen. An einem Brutplatz am Roten Meer in Äthiopien von Mitte August bis Mitte September waren die häufigsten erbeuteten Arten zwei Bienenfresser, danach der Pirol und der Wiedehopf. Im Winterquartier werden fast aus-

schließlich Insekten gefangen. Dabei überwiegen Heuschrecken, fliegende Ameisen, Termiten und Libellen. Auf dem Zug durch Ostafrika jagt der Schieferfalke gerne die Blutschnabelweber *(Quelea* sp.*)*. Nimmt auch Fledermäuse.

Jagdtechnik

Gruppenjagd auf Zugvögel (wie beim Eleonorenfalken) kommt vor. Normalerweise jagen einige Männchen oder ein Paar zusammen.

Jagt die Zugvögel am häufigsten in der Dämmerung und im Morgengrauen und dabei sehr tief über dem Boden. Die Jagd während des Tages kommt vor, doch dann in größerer Höhe.

Schieferfalke, ad. fliegend (oben) und ansitzend (unten).

Der Bestand des Schieferfalken in der Westpaläarktis

Israel	200 Paare (Ende 80er Jahre)[5]	
Jordanien	? Paare	Brütete 1990 im Süden.
Ägypten	? Paare	

Baumfalke

Falco subbuteo

Verbreitung

Brütet im größeren Teil der Westpaläarktis. Von hier aus erstreckt sich
das Brutgebiet in einem sehr breiten
Gürtel durch Asien bis zum Stillen
Ozean, dort südwärts bis Hokkaido.
Die chinesische Population wird als besondere Rasse geführt: *F. b. streichi.*

Bestandsschätzung

Wie aus der Tabelle S. 257/258 ersichtlich, liegen aus den meisten westpaläarktischen Ländern Brutpaarzahlen
vor. Danach beträgt der Bestand
60 000–70 000 Paare. Die angegebenen
Zahlen sind Schätzungen. Da der Baumfalke zur Brutzeit ein recht heimliches
Leben führt, ist es schwer, ihn zu
zählen.

Bestandsentwicklung

Wahrscheinlich erfolgte Ende des
18. Jahrhunderts ein Rückgang auf ein
niedrigeres Niveau, vielleicht aufgrund

Als Brutvogel nicht mehr auf Zypern
gemeldet.

von Biotopveränderungen in Form von Trockenlegung, Drainage und Veränderung des Waldbestandes zu dichter wachsenden Arten.

Die Art war in den 50er und 60er Jahren nicht einem Bestandszusammenbruch durch Pestizide ausgesetzt. Die Ursache kann darin liegen, daß der Baumfalke sich im hohen Maße von Insekten ernährt, die nicht im gleichen Umfang Pestizide speichern, wie es z. B. von samenfressenden Singvögeln bekannt ist. In manchen Gebieten kam es aber zu Bestandsabnahmen, die vielleicht den Pestiziden angelastet werden können.

In bestimmten Ländern war die starke Verfolgung durch den Menschen der Begrenzungsfaktor für die Größe des Bestandes – und ist es ständig noch in südeuropäischen Ländern, in denen die Entwicklung negativ ist.

Die Art neigt zu starken Bestandsschwankungen im Takt mit witterungsbedingten Änderungen des Nahrungsangebotes, so daß eine Bewertung der Bestandsentwicklung schwierig ist.

Daß die Art generell in Osteuropa gut gedeiht, paßt zu der Auffassung, daß sie die extensiv genutzte Kulturlandschaft mit warmen und trockenen Sommern und einem reichen Großinsektenleben bevorzugt. Überraschend ist dagegen z. B. die Zunahme in den intensiv genutzten Niederlanden, die mit ihren ca. 2000 Brutpaaren Europas dichtesten Bestand besitzen. Hat sich die Art hier den neuzeitlichen geänderten Lebensbedingungen angepaßt?

Zug

Zugvogel. Überwintert im tropischen Afrika südlich des Äquators. Ist dort dann mitunter der häufigste Kleinfalke. Wird in Mittel- und Südeuropa im Winter nur ganz ausnahmsweise gesehen.

Breitfrontzieher über Meer und Sahara. Ein ausgesprochen guter Flieger. Keine Konzentrationen an den bekannten Zugtrichtern.

Baumfalke, ad.

Baumfalke, ad.

Der Herbstzug beginnt Ende August und kulminiert in Europa im September Der Zug ebbt Mitte Oktober ab. Nach Anfang Oktober werden die Beobachtungen in Nordeuropa, im November in Mitteleuropa sehr selten.

Im Winterquartier Ankunft Ende Oktober bis November. Sein Südzug ist eindeutig verbunden mit den südwärtsziehenden Regenfronten der Innertropischen Konvergenzzone.

Im Frühjahr verlassen die Baumfalken ihre Winterquartiere im Januar/Februar und passieren Kenia und Somalia Ende März bis Anfang April, wiederum Regenfronten begleitend. Sie überqueren das Mittelmeergebiet Mitte April bis Mitte Mai und kommen in Mitteleuropa in der 2. Aprilhälfte, bzw. Anfang Mai an. Der Zuzug verläuft den ganzen Mai hindurch. Die Jungen scheinen zu den Nachzüglern zu gehören.

Habitat

Bevorzugt zur Brutzeit warme Gegenden mit reichem Insekten- und Kleinvogelleben, am liebsten feuchte Wiesen, große Sümpfe und Heide. Als Horst wird oft ein altes Krähennest benutzt, am liebsten in einem kleineren Wald. Bewohnt auch größere Wälder, die von Lichtungen und Feldern durchbrochen sind. Der Baumfalke scheint Wälder auf sandigem Grund zu bevorzugen.

Im Winterquartier besonders im Brachystegia-Waldgürtel lebend, dabei Regenstürme zur Termitenjagd aktiv aufsuchend. Meidet trockene Gegenden.

Stimme

Der häufigste Ruf ist ein wendehalsartiges, schnelles, metallisches »kikikik« und zur Brutzeit ein sanftes »gji gji« oder »düiii düiii«. Im Winterquartier still.

Brutbiologie

Brütet normalerweise erstmalig als 2jähriger, einzelne Weibchen bereits mit 1 Jahr. Das Paar kann mehrere Jahre zusammenleben; wie oft das der Fall ist, weiß man jedoch nicht. Die Eheschließung scheint im Winterquartier oder während des Zuges zu erfolgen, da die Paare am Brutplatz gemeinsam ankommen.

Die Flugspiele sind verschieden. Sie können Sturzflüge vom Männchen zum Weibchen hin sein oder ein Flugspiel, an dessen Ende das Männchen eine Beute schlägt und sie dem Weibchen überreicht. Oder es ist ein Pendelflug vor dem auf einem Ast sitzenden Weibchen.

Kein Falke baut seinen Horst selbst! Der Baumfalke benutzt insbesondere alte Krähennester, am liebsten jene, die in Kiefern stehen, mehr und mehr auch die auf Starkstrommasten.

Die Eiablage beginnt spät. In Mitteleuropa frühestens Mitte Mai, oft im Juni, in Schleswig-Holstein frühestens Ende Mai, normalerweise in den ersten 10 Junitagen. Die 3 (2–4) Eier werden ausschließlich vom Weibchen bebrütet, die Jungen schlüpfen nach 28–31 Tagen. Die Nestlingszeit beträgt 28–34 Tage. Nach weiteren 30–40 Tagen sind die Jungen selbständig.

Der Horst des Baumfalken wird nicht selten geplündert, besonders von Krähen, aber auch vom Waldkauz. Nach deutschen Untersuchungen kann es fast die Hälfte des Bestandes in einem Gebiet betreffen. Darüber hinaus ist der Bruterfolg vom Wetter abhängig. Brandenburgische (n = 17) und schleswig-holsteinische (n = 53) Bruten ergaben

jeweils 2,0 ausgeflogene Junge pro erfolgreiche Brut. Die Berliner Population hatte 2,4 Junge pro erfolgreiche Brut (n = 277). 12 nordrhein-westfälische Bruten auf Starkstrommasten 1987–1991 hatten 2,4 juv. pro Brut (nur eine war nicht erfolgreich). Auch anderswo, z. B. im englischen Derbyshire, sind die Brutergebnisse sehr gut; hier gab es 1984–1994 (n = 55) 2,83 Junge pro Brut.

Nahrung

Hauptsächlich Kleinvögel und Insekten. Gelegentlich werden Fledermäuse, Kleinnager und Spitzmäuse, Maulwürfe und kleine Kaninchen gefangen, ausnahmsweise auch Reptilien; in den mittelasiatischen Steppen können Reptilien jedoch die Hauptnahrung stellen.

Mehr als 70 verschiedene Vogelarten sind als Beute nachgewiesen, bevorzugt Vögel der offenen Landschaft. Deutsche Untersuchungen an 74 Horsten ergaben 1395 Wirbeltiere als Beute. Davon waren nur 11 Säugetiere und 1 Eidechse. Alles andere waren Vögel: Schwalben 35 %, Feldlerche 15,7 %, Spatzen 14,9 %. Diese 3 Arten machen bereits zwei Drittel der Beute aus.

Der Baumfalke ist fähig, selbst den schnellen Mauersegler zu schlagen; in obigem Material waren es 57 = 4 %, in Ostberlin sogar die zweithäufigste Beute nach Spatz und vor dem Wellensittich (!)

Die Insekten scheinen rund 50 % der Beute auszumachen, doch sind die lokalen und individuellen Unterschiede sehr groß. Unter den Insekten dominieren große, fliegende Arten. Das Spektrum aber ist groß: große Käfer, Kiefernschwärmer, Nachtfalter, Kohlweißlinge, Libellen, Wassermotten, Eintagsfliegen, schwärmende Ameisen, Schnaken und viele andere mehr.

Im Winterquartier bilden Insekten, Vögel und Fledermäuse die Nahrung, wobei die Insektenjagd erst ab einer Lufttemperatur oberhalb 13 °C lohnt und Fledermäuse abends gejagt werden.

Baumfalke, juv.

Jagdtechnik

Der Baumfalke ist ein sehr schneller und wendiger Jäger. Jedoch benützt er bei der Vogeljagd in der Regel den Überraschungsangriff, wobei er tief über dem Boden angeflogen kommt oder plötzlich hinter Gebäuden, Hecken, Waldrändern auftaucht. Wahrscheinlich ist es dieser Taktik zuzuschreiben, daß der Baumfalke in der Lage ist, so schnelle Vögel wie Schwalben und Mauersegler zu fangen.

Insekten werden im langsamen Suchflug nach kurzer Verfolgung gefangen. Im afrikanischen Winterquartier werden die schwärmenden Termiten in ziemlicher Höhe in der Luft mit den Füßen gegriffen, vom harten Thorax und Kopf befreit und anschließend sofort verzehrt.

Die Kleinsäuger scheinen überwiegend dem Turmfalken geklaut zu sein. Kann wie ein Turmfalke rütteln. Geht auch zu Fuß auf Insektenjagd.

Der Bestand des Baumfalken in der Westpaläarktis

Dänemark	ca. 10 Paare (1989)[29]	Stabil. Klimagrenze? War Ende 19. Jh. viel zahlreicher.
Norwegen	70 oder mehr Paare (1994)	Zunehmend.
Schweden	ca. 1000 Paare (1981)[23]	Vermutlich stark unterschätzt.
Finnland	2000 Paare (1993)[24]	Stabil.
Rußland	30 000 Paare	(1993)[50]
Weißrußland	1100–1600 Paare (1993)[18]	Anscheinend stabil. Der häufigste Falke im Lande.
Ukraine	1000–1200 Paare (1993)[31]	Zunehmend.
Estland	500–600 Paare (1994)[19]	Stabil. Häufiger als der Turmfalke.
Lettland	lokal recht häufig (1995)[10b]	Stabil. Häufigster Falke.
Litauen	150–200 Paare (1995)[10b]	Rückgang.
Polen	1500–2500 Paare (1990)[11]	Stabil? Wohl unterbewertet.

Deutschland	7500 Paare (1993)[1]	Rückgang, vermutlich wegen verringerten Nahrungsangebotes.
Großbritannien	> 1000 Paare (1993)[56]	Markanter Zuwachs in den letzten Jahrzehnten.
Niederlande	1700–2100 Paare (1993)[2]	Zunehmend. Ursache unbekannt.
Belgien	250 Paare (1993)[17]	Deutlich unterschätzt.
Luxemburg	6–10 Paare? (1981)[13]	Wohl unterschätzt.
Frankreich	2000–3000 Paare (1990)[22]	Zunahme in den letzten 20 Jahren.
Spanien	1600 Paare? (1990)[44]	Bestandsentwicklung unbekannt.
Portugal	250–500 Paare (1993)[26]	Bestandsentwicklung unbekannt.
Italien	250–500 Paare (1993)[33]	Abnahme. Bestand halbiert seit den 40er Jahren durch Abschuß und vielleicht auch Pestizide.
Schweiz	80–250 Paare (1992)[3]	Stabil.
Österreich	400 Paare (1992)[6]	Lokal abnehmend. Gesamttrend nicht bekannt.
Ungarn	1000–1500 Paare (1993)[7]	Rückgang.
Tschechien	150–230 Paare (1993)[8]	Deutliche Abnahme.
Slowakei	600–800 Paare (1990)[8]	Bestandsentwicklung unbekannt.
Slowenien	200–400 Paare (1993)[15]	Stabil.
Kroatien	400–500 Paare (1993)[30]	Stabil?
Serbien	400–500 Paare (1993–95)[73]	Vielleicht leichte Zunahme.
Herzegowina	häufig (1993)[28]	
Montenegro	20–25 Paare (1993–95)[73]	Stabil.
Mazedonien	100–200? Paare (1993)[27]	Bestandsentwicklung unbekannt.
Bulgarien	mind. 200–300 Paare (1993)[21 a] > 200 Paare (1993)[21 b]	Anscheinend stabil.
Rumänien	800–900 Paare (1994)[62]	
Moldawien	recht häufig (1993)[32]	
Georgien	210–225 Paare (1993)[53]	
Griechenland	100–300 Paare (1993)[43]	Bestandsentwicklung unbekannt.
Türkei	1000–5000 Paare (1993)[4]	
Syrien	30–50 Paare (1993)[20]	
Israel	3000–4000 Paare (1980er)[5]	
Tunesien	20–30 Paare (1982)[35]	
Algerien	unregelmäßiger Brutvogel? (1982)[35]	
Marokko	500–1000 Paare (1982)	

Baumfalke mit 2 Jungen. Da alle Falken die »gebrauchten« Nester anderer Vögel nutzen und nicht selbst bauen, sind »ihre« Horste mitunter ausgesprochen komfortabel und groß.

Rotfußfalke

Falco vespertinus

Verbreitung

Eine kontinentale Art, deren Verbreitungsgebiet sich ostwärts in einem breiten Gürtel durch Rußland bis in die Gegend der Lena erstreckt.

Bestandsschätzung

Von der Mehrzahl der Länder (Tabelle S. 264) liegen Bestandszahlen vor. Danach zählt der westpaläarktische Bestand rund 23 000 Paare.

Bestandsentwicklung

In unserem Jahrhundert erfolgte lokal eine kräftige Abnahme der Bestände – in Ungarn wohl Folge der gewaltigen Biotopveränderungen (Landkultivierung). Noch in den 20er und 30er Jahren gab es dort Kolonien mit 500–600 Paaren. Heute zählen in Ungarn Kolonien maximal 20 Paare. Da der Rotfußfalke in Ungarn seine Westgrenze erreicht, können auch natürliche Ursachen zu dem Rückgang beigetragen haben. Größere Fluktuationen sind in Grenzpopulationen zudem nichts Ungewöhnliches.

Die Angaben in der Tabelle S. 264 zeigen recht eindeutig die Abnahme in mehreren Ländern auf. Eine klare Tendenz ist nicht erkennbar, da die Fluktuationen auch vom Nahrungsangebot abhängen dürften. Da jedoch die Art in den letzten Jahren häufiger nördlich und westlich ihres Brutareals aufzutreten scheint, könnten wir dies als positives Zeichen deuten.

Da der Rotfußfalke nur im Frühjahr meist einzeln, zu zweit oder zu dritt und dazu noch aus unserer Sicht »sehr

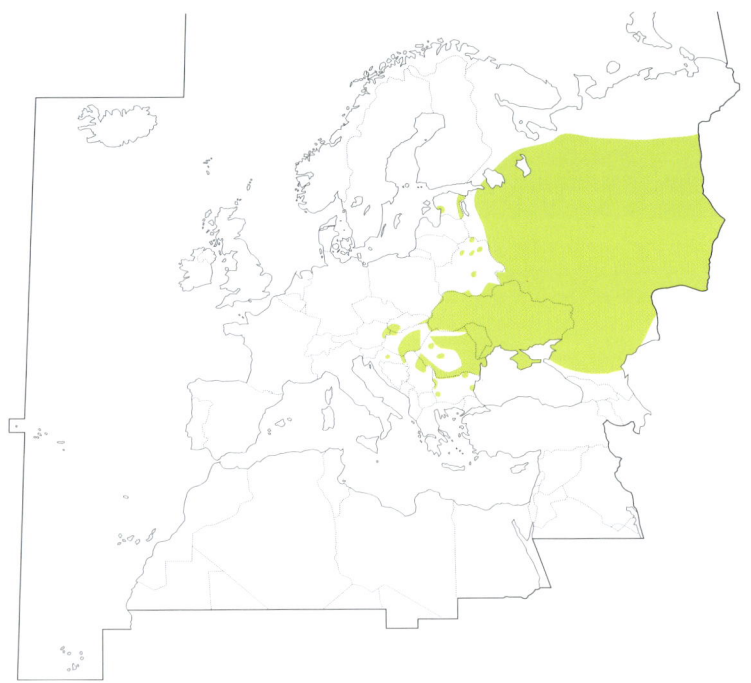

spät«, nämlich ab 2. Aprilhälfte bis ins 2. Junidrittel mit Höhepunkt im 2. Maidrittel nach Mitteleuropa kommt, kommt immer wieder das Gerücht auf, er schreite hier auch gelegentlich zur Brut. Gesicherte Brutnachweise aber kann man mit der Lupe suchen! Sie sind extrem selten. Es scheint zudem, daß die Mehrzahl der Durchzügler noch nicht geschlechtsreife Tiere sind, d. h., sie bummeln gemächlich heim.

Zug

Zugvogel. Die Winterquartiere liegen in Botswana, Südwestafrika, Südafrika und am Westrand Zimbabwes.

Die Brutplätze werden im August verlassen. Der Breitfrontenzug (Mitte August bis Oktober) verläuft westwärts bis Rumänien und schwenkt dort um über die Balkanhalbinsel und das östliche Mittelmeer (September/Anfang November) nach Süden. Regelmäßig kommen Rotfußfalken auch übers Baltikum im August/September nach Norddeutschland, Südschweden und Dänemark und drehen erst hier nach Süden ab. Schweden meldet durchschnittlich 60–80 Vögel pro Jahr, Dänemark 25–50 Vögel, Schleswig-Holstein in Invasionsjahren beträchtliche Zahlen (Herbst 1968 1493 Vögel); in Mecklenburg alljährlich im August/September ca. 35 Nachweise, teilweise mit vielen Vögeln. Da der Zug sehr hoch abläuft, wird er nur selten beobachtet.

Invasionen in den Ostseeraum erfolgen unregelmäßig alle paar Jahre im Spätsommer/Herbst. Z.B. wurden 649 Vögel 1975 und 746 Vögel 1979 in Nordeuropa gezählt; in Mecklenburg wurden 1979 Tagesziffern von bis zu 80 Vögeln notiert. Diese Invasionen folgen heißen Luftströmen aus Südost bei Hochdruckwetter. Die Vögel halten sich mitunter 3–4 Wochen bei uns auf.

Der Frühjahrszug verläuft westlicher. Die Art ist daher im Frühjahr selbst in Tunesien und Algerien häufig, und star-

Rotfußfalke, ad. Männchen.

ker Zug wurde aus Nordnigeria gemeldet. Das Mittelmeer wird Mitte April bis Mitte Mai überquert, und bereits Mitte April sind die ersten Vögel an ihren Brutplätzen in der Südukraine.

Bei diesem Schleifenzug wird Oberbayern alljährlich durchflogen (max. 63 Vögel); es bildet gewissermaßen die Nordwestecke der Ostschwenkung beim Frühjahrszug. Die Masse wird bereits im Mittelmeerraum (über Italien und Griechenland etwa) nach Nordosten abbiegen, wie Ringfunde tunesischer Durchzügler aus Italien, Rumänien und der Slowakei zeigen.

Rotfußfalke, juv. auf Ansitz.

Frühjahrsnachweise im übrigen Mittel-
und Nordeuropa gibt es weniger als im
Sommer/Herbst; in Schleswig-Holstein
beträgt das Verhältnis 35 : 1651.

Habitat

Bevorzugt in der Brutzeit Gras- und
Waldsteppen, ist aber auch häufig in
großen Hochmooren, in Flußtälern und
Waldlichtungen anzutreffen. Entscheidend ist, daß reichlich Nahrung (vor
allem an Insekten) im Brutrevier vorhanden ist. Bei uns sieht man den Rotfußfalken oft bei der Insektenjagd über
Gewässern im Binnenland.

Stimme

Als Koloniebrüter sehr mitteilsam. Erre-
gungsruf ein hohes klägliches »giv-giv-
giv«, auch am winterlichen Schlafplatz.

Brutbiologie

Ist schon mit 1 Jahr fortpflanzungsfähig,
doch wie häufig er in diesem Alter be-
reits brütet, ist unbekannt. Die Ehe
wird für eine Saison geschlossen.
Koloniebrüter; brütet bevorzugt in
Nestern von Saatkrähen und Elstern.
Wo Nahrung knapp ist sowie an den
Verbreitungsgrenzen auch Einzelbrüter.
Der Balzflug ähnelt sehr dem des Turm-

falken – mit gemeinsamen Kreisflügen und Ausfällen des Männchens gegenüber dem Weibchen. Ist das Männchen allein in der Luft, stürzt es laut rufend zum sitzenden Weibchen herab.

Die 3–4 (2–6) Eier werden Mitte Mai–Anfang Juni gelegt und von beiden Gatten in rund 28 Tagen pro Ei ausgebrütet. Die Nestlingszeit beträgt 27–30 Tage, die Selbständigkeit erreichen die juv. bereits nach weiteren 7–14 Tagen. Es gibt keine neuere Untersuchung.

Nahrung

Bevorzugt Insekten – es überwiegen Heuschrecken, Käfer und Ameisen; regelmäßig werden Libellen, Eintagsfliegen, Wespen, Hummeln, Zikaden, große Fliegen und Mücken angenommen. Im Winterquartier bilden schwärmende Termiten und Heuschrecken die Hauptnahrung.

Die Jungen aber werden überwiegend mit Wirbeltieren aufgezogen: Frösche, Eidechsen, ausgeflogene Jungvögel, Kleinnager und Spitzmäuse. Auch bei der 1968er Invasion fraßen die Rotfußfalken in den Marschen Schleswig-Holsteins viele Mäuse.

Jagdtechnik

Ansitzjagd von Telegrafendrähten, Pfosten oder Bäumen aus. Kehrt nach Erfassen der Beute meist auf den Ansitz zurück. Auch Suchflug tief über offenem Gelände, dabei Gleiten und Rütteln. Jagt

Rotfußfalken, Männchen (rechts) kommt mit Heuschrecke.

Rotfußfalke, Weibchen bei seinen Jungen.

auch zu Fuß. Insekten werden oft in der Luft verzehrt.

Hauptjagdzeiten sind für den Rotfußfal-ken die Morgenstunden und der Spät-nachmittag bis in den Abend hinein. Schmarotzt bei Turm- und Rötelfalken.

Der Bestand des Rotfußfalken in der Westpaläarktis

Rußland	20 000 Paare (1993)[50]	
Weißrußland	10–50 Paare (1993)[18]	Ernsthafter Rückgang in den letzten 20–25 Jahren.
Ukraine	400–600 Paare (1993)[31]	Seit 1970 mehr als 50 % Rückgang.
Estland	durchschnittlich 10 Paare (1994)[19]	Fluktuiert bis zu mehreren Dutzend Paaren in sog. Rotfußfalken-Jahren.
Lettland	? Paare (1993)[16]	Wahrscheinlich unregelmäßiger Brüter, doch fehlen Nachweise.
Österreich	3 Paare (1992)[6]	Verschwand als Brutvogel 1982. Eine kleine Kolonie neu 1992.
Ungarn	2000–2200 Paare (1993)[7]	Rückgang.
Tschechien	0–5 Paare (1993)[8]	Unsteter Brüter.
Slowakei	0–25 Paare (1990)[8]	Unsteter Brüter; negative Entwicklung.
Kroatien	5–10 Paare (1993)[30]	Stabil?
Serbien	120–150 Paare (1993–95)[73]	Fast alle in Vojvodina.
Rumänien	400–600 Paare (1994)[62]	Wahrscheinlich häufiger.
Bulgarien	10–20 (–50) Paare (1993)[21 a] ca. 50 Paare (1993)[21 b]	
Moldawien	recht häufig (1993)[32]	

Merlin

Falco columbarius

Verbreitung

Brutvogel im nördlichen Teil der Westpaläarktis. Von dort aus erstreckt sich das Brutgebiet des Merlins ostwärts, überwiegend durch die Nadelwald- und Waldtundragürtel, über Asien bis nach Nordamerika.

In 10 Rassen eingeteilt, von denen hier folgende interessieren: *F. c. subaesalon* in Island und auf den Faröern (wenig Nachweise aus Mitteleuropa vorlie-

gend), dunkler und etwas größer als *F. c. aesalon* in der übrigen Westpaläarktis und ostwärts bis zum Jenessei. Dort wird sie abgelöst von der helleren, etwas größeren *F. c. insignis*. Darüber hinaus der nochmals hellere *F. c. pallidus* in Südwestsibirien und dem nördlichen Kasachstan. Die zwei letztgenannten sind Wintergäste im südöstlichen Teil der Westpaläarktis. Die Nominatrasse bewohnt Nordamerika.

Bestandsschätzung

Lebt während der Brutzeit zurückgezogen und ist daher schwer zu zählen.

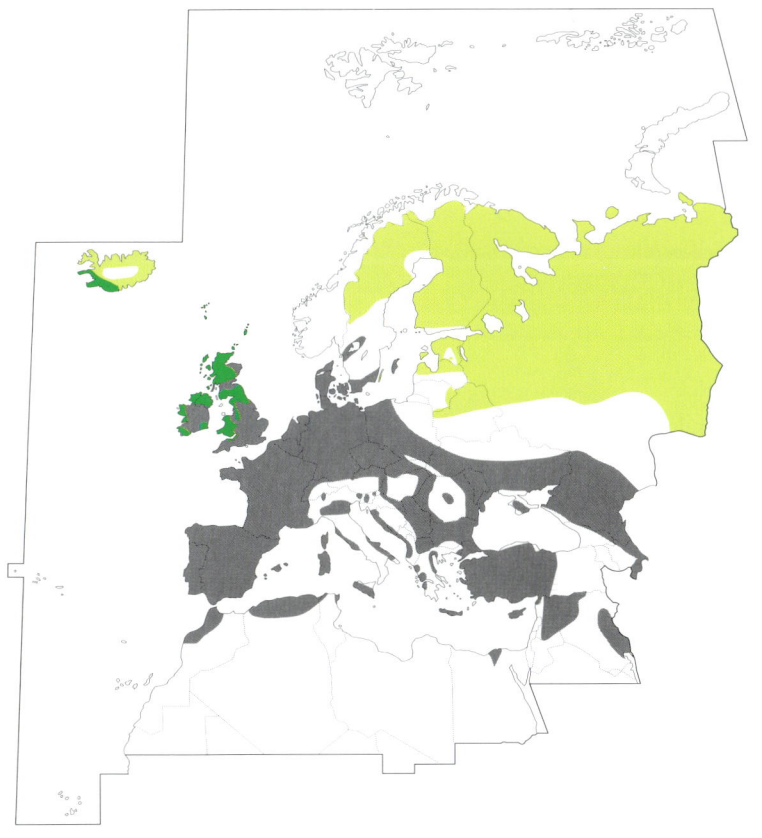

Merlin, ad. Weibchen.

Die angegebenen Zahlen sind daher nur mit Vorsicht zu verwenden.

Aus den erhaltenen Angaben (Tabelle S. 270) läßt sich der westpaläarktische Bestand mit 40 000–45 000 Brutpaaren veranschlagen.

Bestandsentwicklung

War während unseres Jahrhunderts ständiger Abnahme ausgesetzt, anscheinend aufgrund von Biotopveränderungen. Außerdem wurde der Merlin von den Pestiziden in den 50er und 60er Jahren hart getroffen – sicherlich eine Folge seiner nahezu ausschließlichen Vogelnahrung, die im hohen Grade DDT akkumuliert.

Lokal hat auch direkte Verfolgung am Brutplatz und im Winterquartier zum Niedergang beigetragen, neuerdings auch der ansteigende Tourismus.

Nach der Eindämmung der Pestizide haben sich die Bestände stabilisiert. In- teressant ist die Flexibilität des Merlins auf den Britischen Inseln, wo er von Heide- in Waldbiotope wechselt.

Der Vogel nimmt in den östlichen Randgebieten Mitteleuropas (im Baltikum und Weißrußland) stetig stark ab. Andererseits signalisieren die Frühjahrszugszahlen von Skagen in den letzten Jahrzehnten steigende Tendenz.

Zug

Überwiegend Zugvogel – die britischen, faröischen und isländischen Populationen sind aber zum Teil Standvögel. Breitfrontenzieher. Die Winterquartiere sind aus der Karte ersichtlich.

Norwegische und schwedische Vögel ziehen nach Südwesten und Südsüdwesten, hauptsächlich also nach Westeuropa – finnische überlappen diese im Winterquartier, werden aber auch östlicher angetroffen (z. B. in Franken (2 Ringfunde) und auf dem Balkan. Britische und irische Merline kreuzen nur selten den Kanal und überwintern an den eigenen Küsten; Isländer ziehen nach Westeuropa, falls sie nicht auf Island verbleiben, faröische scheinen Standvögel zu sein.

In Schleswig-Holstein ziehen wohl hauptsächlich nordeuropäische Merline durch oder überwintern, wenn auch 2 Ringfunde aus Finnland und Schottland stammen. Der Herbstdurchzug hat in Schleswig-Holstein und Mecklenburg seinen Höhepunkt in der 1. Oktoberhälfte, in Falsterbo in der 3. Septemberdekade. Im Januar erfolgt wahrscheinlich wegen Kälteeinbruchs ein erneuter Zuzug nach Mecklenburg und Brandenburg.

Das mitteleuropäische Binnenland wird überwiegend im Oktober durchzogen.

Ein norwegischer Merlin wurde im Oktober aus dem Kreis Düren zurückgemeldet. Die Zahl der in Mitteleuropa überwinternden Merline ist äußerst gering.

Der Frühjahrszug durch Mitteleuropa ist ausgesprochen unauffällig; er setzt im März ein und dauert den April über. Konzentrationen sind nur von Skagen bekannt, etwa 22./23. April 1973 mit über 100 Merlinen. Im Mai läuft der Zug aus.

Habitat

Brütet in Gegenden mit gutem Kleinvogelbestand und in offener, baumarmer Landschaft – auf Hochmooren, Heiden, in der Waldtundra, der Birkenzone des Fjälls, den Randzonen lichter Kiefern-

Merlin, ad. Männchen auf dem Horst.

Merlin, ad. Weibchen mit Beute.

wälder und baumloser Küsten – in Skandinavien am häufigsten in der Birkenzone, in Großbritannien und Irland überwiegend auf den großen Heiden, konnte aber in Waldbiotope wechseln, als die Heideflächen weniger wurden.
Überwintert in Marschengebieten und offener Trockenlandschaft mit geringem Baumbestand.

Stimme

Wird normalerweise nur am Horst gehört. Beide Geschlechter rufen sehr schnell und hoch »ki·ki·ki·ki·ki« und »ke·ke·ke·ke« (Weibchen), sehr ähnlich Turmfalke. Als Warnung und Angriffslaut benutzt.

Brutbiologie

Die Weibchen scheinen oftmals bereits als 1jährige zu brüten, die Männchen erst als 2jährige. 1jährig brütende

Männchen sind Ausnahmen. Die Vögel führen eine Saisonehe.
Der Horst steht entweder auf der Erde (in Großbritannien zu 75 %), auf Felsen oder in Bäumen (am häufigsten in Skandinavien); am beliebtesten ist ein altes Krähennest. Seltener brütet der Merlin in Spechthöhlen und großen Nistkästen.
Die 3–5 (–7) Eier werden in Nordeuropa Ende Mai/Anfang Juni gelegt, auf den Britischen Inseln ab Anfang Mai, und von beiden Gatten in 28–32 Tagen (26 Tage pro Ei) ausgebrütet. Die Nestlingszeit beträgt 28–32 Tage, die Führungszeit bis zur Selbständigkeit einen weiteren Monat.
Eine britische Untersuchung aus Wales ergab für 37 Bruten 1,95 Junge pro Brut (1967–1978), ein Drittel der Bruten waren erfolglos. In Schottland ermittelte eine Studie 1982 für 14 Bruten ca. 1,8 Junge pro Brut. Interessanter-

weise sind Merline, die in Wacholderdrosselkolonien brüten, erfolgreicher als Einzelbrüter. In der Birkenzone Schwedisch-Lapplands kamen 1971–1976 von 91 Koloniebruten 62 Junge (= 0,68 pro Brut), bei 34 Einzelbruten aber nur 8 Junge hoch (= 0,24 pro Brut).

Neue Zahlen aus Weißrußland ergeben bessere Werte, nämlich mehr als 1 juv. pro erfolgreiche Brut (14 von 19 Bruten) 1980–90.

Nahrung

Hauptsächlich Kleinvögel, speziell Arten der offenen Landschaften. In vielen Gegenden dominiert der Wiesenpieper (bis zu 90 %). Häufige Beute sind ferner Drosseln, Steinschmätzer, Ammern, Finken auf dem Zuge, Regenpfeiferarten und andere Limikolen.

In Weißrußland waren von 160 Beutetieren, mit denen die Nestjungen gefüttert wurden, 94,5 % Vögel. Junge Limikolen können zur Zeit ihres Massenschlüpfens in den Mooren hohe Anteile stellen.

Fängt auch mitunter Kleinsäuger; nach einer norwegischen Untersuchung rund 5 %. In guten Nagerjahren kann der Anteil auf fast 10 % zugehen. Jagt auch Fledermäuse.

Insekten stellen einen bescheidenen Anteil der Beute. Es sind Libellen, Käfer, Schmetterlinge und Netzflügler. Junge fangen mit Insektenjagd an.

Jagdtechnik

Jagt über offenem Land. Sitzt gerne auf einem Ausguck. Hat der Merlin eine Beute erspäht, fliegt der Vogel ganz tief (etwa 1 m hoch) und versucht, die Beute überraschend zu schlagen. Mißglückt

Merlin, ad. Weibchen mit geschlagener junger Lerche.

dies, wird die Beute über längere Strecken verfolgt.

Scheucht auch gerne die Beute auf; dabei jagen oft zwei zusammen, von denen der erste den Kleinvogel aufscheucht, der zweite ihn schlägt.

Die Beute wird in der Regel am Boden oder in sehr niedriger Flughöhe geschlagen. Bei 343 erfolgreichen Jagden wurde die Beute 278mal am Boden, 49mal in der Luft und 16mal auf einem Zweig u. ä. geschlagen.

Der Bestand des Merlins in der Westpaläarktis

Färöer	einige wenige Paare (1990)[51]	In Gefahr, ganz zu verschwinden.
Island	500–1000 Paare (1993)[14]	Nach starkem Rückgang (40–50 %?) die letzten Jahrzehnte anscheinend seit 1980 stabil.
Norwegen	3000–8000 Paare (1993)[55]	Stabil.
Schweden	ca. 5000 Paare (1981)[23]	Stabil?
Finnland	2000 Paare (1993)[24]	Stabil.
Rußland	30 000 Paare (1993)[50]	
Weißrußland	250–300 Paare (1993)[18]	Ernster Rückgang in den letzten 20–25 Jahren.
Estland	50–100 Paare (1993)[19]	Weiterhin Rückgang.
Lettland	spärlicher Brutvogel (1993)[16]	Rückgang.
Litauen	einige Paare (1994)[10b]	In Ost-Litauen stabil.
Großbritannien	500–650 Paare (1991)[12]	Wahrscheinlich stabil, aber Rückgang in den Heidegebieten. Neubesiedlung der Wälder.
Irland	110–130 Paare (1991)[12]	

Turmfalke, ad. Weibchen.

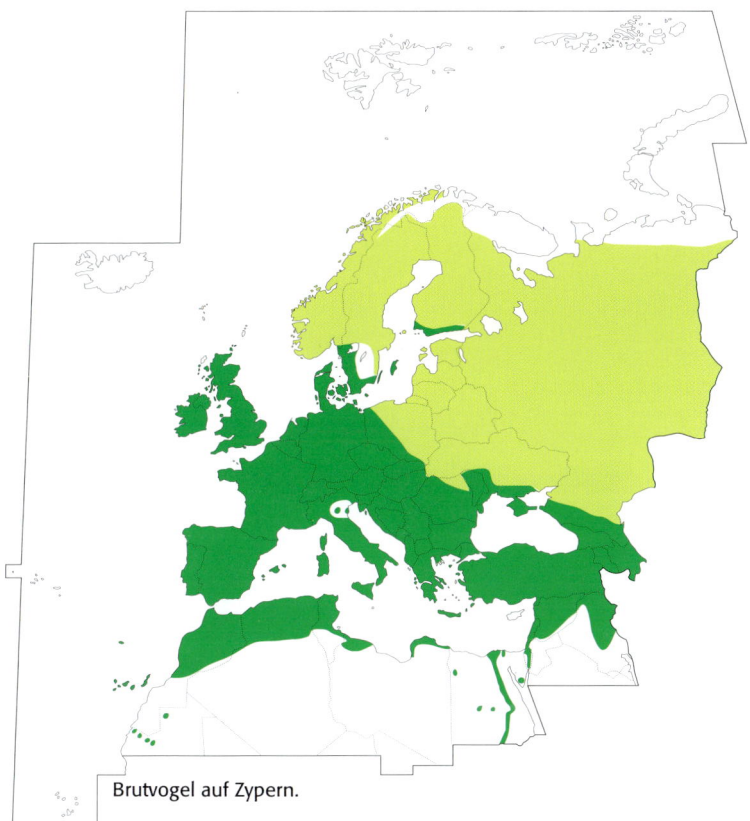

Brutvogel auf Zypern.

Turmfalke

Falco tinnunculus

Verbreitung

Außerhalb der Westpaläarktis brütet der Turmfalke im größten Teil Asiens und in großen Teilen Afrikas.

In zahlreiche Rassen eingeteilt, von denen folgende interessieren: Nominatrasse: Westpaläarktis und ostwärts bis Nordostsibirien. *F. t. canariensis:* westliche Kanarische Inseln und Madeira. *F. t. dacotiae:* östliche Kanarische Inseln. *F. t. neglectus:* nördliche Kapverdische Inseln. *F. t. alexandri:* südöstliche Kapverdische Inseln. *F. t. rupicolaeformis:* Ägypten bis Nordsudan und Arabien; kleiner, mit kräftigeren Farben.

Bestandsschätzung

Der gesamte westpaläarktische Bestand (siehe Tabelle S. 277/278) beziffert sich auf 350 000–400 000 Brutpaare.

Bestandsentwicklung

Verglichen mit dem 19. Jahrhundert scheint der Bestand generell zurückgegangen zu sein. Vermutlich eine Folge der intensiven Kultivierung feuchter Areale und der Äcker und Wiesen.

In den 50er und 60er Jahren gab es an

Turmfalke, ad. Männchen beim Rütteln.

vielen Orten der Westpaläarktis ausgeprägte Bestandsrückgänge. Es war die Zeit, in der die Pestizide ein großes Problem darstellten. Um 1970 herum erfolgte mit der verbesserten Umweltsituation in Nord- und Teilen Mitteleuropas eine gewisse Erholung der Bestände.

Doch ist die Entwicklung der Bestände stark von negativen Meldungen geprägt. Fast alle Länder, die dazu Aussagen machten, berichten von Abnahmen. In Nordeuropa ist die Ursache vermutlich vor allem die stetige Intensivierung der Landwirtschaft mit dem Übergang zu Getreideanbau und entsprechendem Abbau des Dauergrünlandes. In Südeuropa ist das Abschießen ohne Zweifel eine wichtige Ursache der negativen Bestandsentwicklungen.

Die Bestandsdichte ist aber lokal auch abhängig von schwankenden Kleinnagerbeständen, so etwa in Schleswig-Holstein mit Ausschlägen um rund 400 %. Außerdem sterben viele Turmfalken in strengen Wintern, was sich im darauf folgenden Jahr im Bestand bemerkbar macht.

In vielen nord- und mitteleuropäischen Ländern hat man Mitte der 80er Jahre begonnen, geeignete Nistkästen für Turmfalken aufzustellen – mit großem Erfolg. Offenbar ist der starke Mangel an Nistplätzen zur Zeit der Engpaß für eine Zunahme des Turmfalken.

Zug

Stand-, Strich- oder Zugvogel. Die nord- und osteuropäischen Populationen sind Zugvögel. Schleswig-holsteinische sind sowohl Zug- als auch Strich- und Standvögel. Bayerische und die schweizerischen Turmfalken sind fast ausschließlich Zugvögel. Die Anzahl der (erwachsenen) Standvögel nimmt nach Süden hin zu, und die atlantischen Inselpopulationen sind ausschließlich Standvögel. Auch die Stadtpopulationen sind im starken Maße Standvögel.

Die Jungvögel vieler Populationen verstreichen nach dem Verlassen des Horstes in alle Himmelsrichtungen.

Die Karte weist die Winterquartiere in der Westpaläarktis aus. In nicht geringem Umfang ziehen Turmfalken bis

Arabien und Afrika südlich der Sahara (vor allem östliche Populationen). Der Südraum beherbergt somit im Winterhalbjahr mehr Turmfalken als im Sommerhalbjahr.

Kontinentale Turmfalken erreichen im Winter selbst Madeira: ein Schweizer wurde im Februar zurückgemeldet.

Der Herbstzug verläuft in südwestlicher und südlicher Richtung. Ringfunde ergaben, daß finnische Vögel daher in einem weiten Raum von Portugal bis Bulgarien überwintern, bayerische ab Oktober von Malta über Tunesien bis Spanien und schleswig-holsteinische Turmfalken von Oberitalien bis Spanien einerseits und von Westschweden/Dänemark bis Belgien/Niederlande und Frankreich andererseits, nicht wenige zudem in Ostdeutschland. Der Äquator wird frühestens am 10. Oktober erreicht.

Der Turmfalke ist Breitfrontenzieher und daher nicht an Zugtrichter gebunden. Die Durchzugszahlen sind demnach entsprechend gering: Falsterbo ergab 609 Vögel (1992) und Skagen im Frühjahr maximal 660 (1991).

Der Frühjahrszug beginnt in Südeuropa im Februar, in Afrika Anfang März, zieht sich aber dort lange hin, wie u. a. auf Cap Bon in Tunesien in der ersten Maihälfte beringte bayerische Turmfalken zeigen. Auf Malta beginnt der Zug Anfang März, die Hauptzugzeit ist von Mitte März bis Mitte Mai.

Turmfalke, subad. Männchen.

Da der Turmfalke Breitfrontenzieher ist, läßt sich über den Ablauf des Heimzuges für Mitteleuropa nichts aussagen.

Habitat

Sehr weitgespannt und abhängig vom Vorkommen der Feldmaus bzw. anderer Wühlmäuse, in südeuropäischen Populationen auch vom Eidechsenvorkommen.

Brutvogel der Kultursteppe (Dörfer und Städte, Autobahnen- und Landstraßenumgebung sowie Flughäfen), Trockenrasen, Heiden, Feuchtgebiete. Wichtig ist auch das Vorhandensein geeigneter Niststätten: in alten Baumnestern etwa von Krähen, auf Felsklippen, in Gebäuden, besonders Kirchtürmen, oder Nistkästen.

Ein typischer Brutbiotop ist bei uns die abwechslungsreiche Kulturlandschaft mit Äckern und Feldgehölzen, wobei die Brut gerne in einem Krähennest aufgezogen wird.

Außerhalb der Brutzeit in allen offenen Biotopen anzutreffen.

Stimme

Oft recht gesprächig zur Brutzeit. Meistens hört man ein rhythmisches »kik-kik-kik-kik...«, das des Weibchens etwas tiefer im Klang als das des Männchens.

Brutbiologie

Brütet bereits einjährig. In Standvogel-Populationen bleibt das Paar ganzjährig zusammen und ist anscheinend lebenslang verheiratet. Zugvögel wechseln offenbar häufig den Gatten. Doch kennt man auch gemeinsam ziehende Paare.

Der Turmfalke zeigt zwei verschiedene Balzspiele: Das Männchen führt kurze, kreisförmige Angriffe gegen das sitzende Weibchen aus; sie duckt sich und nimmt eine Haltung mit erhobenem Schwanz ein, wobei sie intensiv ruft. Oder das Männchen vollführt einen Balzflug mit abwechselnden ruckarti-

gen Flügelschlägen und Gleiten, mit Schrägwenden des Körpers und »kix«-Rufen; es landet am Ende unmittelbar auf dem Weibchen und vollzieht die Kopula.

Baut als typischer Falke seinen Horst nicht selbst. Übernimmt ihn von anderen Arten (am häufigsten von Krähen) oder benutzt einen Felsvorsprung, ein Gebäude (z. B. Kirchturm, Siloturm, Hochhaus, Fabrikanlage, Ruine, Brücke oder große Scheune), einen Hochspannungsmast, einen Nistkasten oder einen hohlen Baum als Nistplatz. Wo dies alles fehlt, etwa auf einer Insel, brütet er auch auf dem Boden.

Wählt der Turmfalke einen Baumhorst, so befindet dieser sich entweder am Waldesrand, in einem Feldgehölz oder auf einem freistehenden Baum.

Die Eiablage erfolgt in Deutschland in der Regel ab Mitte April, im Norden und in höheren Lagen erst ab Ende April/Anfang Mai. Stadtturmfalken sind eher dran, und allgemein spielt die Witterung eine große Rolle. Die 3–6 (8) Eier werden vom Weibchen in 27–29 Tagen pro Ei ausgebrütet. Die Jungen schlüpfen innerhalb 3–5 Tagen. Die Nestlingszeit beträgt 27–32 Tage, die Jungenführungszeit danach rund 30 Tage. Gelegentlich bleiben die Jungen den Winter hindurch im Revier, doch normalerweise löst sich die Familie nach den 30 Tagen auf.

Der Bruterfolg schwankt mit den Massenwechseln der Wühlmäuse. In Jahren mit hohem Feldmausbestand kommt es dann mitunter zu kolonieartigem Brüten. Überaus erfolgreich sind die Nistkastenprogramme: So lag in einer westholsteinischen Knicklandschaft der Bruterfolg 1990–1993 (n = 64 Bruten) bei 4,5 Jungen pro Brut (von 2,90 im Jahr 1991 bis 5,32 im Jahr 1993); im brandenburgischen Landkreis Belzig 1986–1992 (n = 359 Bruten) bei 4,02 juv. pro Brut (von 3,6 im Jahr 1991 bis 5,1 im Jahr 1989).

18 Stadtbruten aus München hatten 2,6 Junge pro Brut.

Nahrung

Bevorzugt Kleinsäuger, speziell die Feldmaus. Fängt außerdem – normalerweise nur als Beikost – Kleinvögel, Reptilien, Amphibien, Insekten und Weichtiere. Vögel können eine große Rolle spielen, wenn Kleinnager nicht in ausreichender Anzahl zur Verfügung stehen. In Südeuropa sind Insekten und Eidechsen wesentliche Nahrungsquellen. Weitgehend unerforscht ist die Beute in afrikanischen Winterquartieren. Sie scheint dort sehr vielseitig zu sein, abhängig vom lokalen Angebot (von Ratten bis zu schwärmenden Termiten).

Von den Kleinsäugern sind es besonders die Feldmaus und in weitaus geringerem Maße die Rötelmaus, lokal auch andere Arten – so auf Amrum die Schermaus. Hausmaus und Waldmaus werden ebenfalls regelmäßig geschlagen, spielen aber nur eine untergeordnete Rolle. In den Niederlanden ist die Zwergmaus eine ständige Beute (152 = 6,18 % von 2458 Beutetieren). Mehr

Turmfalke, ad. Weibchen mit geschlagener Wühlmaus.

Turmfalke, ad. Weibchen rüttelnd.

zufällig werden Ratten, Spitzmäuse, Maulwürfe, Wiesel und Fledermäuse gefangen. Im östlichen Europa übernehmen andere Kleinnager lokal die Hauptrolle als Beute.

Die geschlagenen Vögel sind überwiegend Nestjunge oder gerade ausgeflogene Jungvögel von bodenbrütenden Kleinvögeln, vorzugsweise Stare, Haussperlinge, Feldlerchen, Finken, Ammerarten, Pieper und Drosseln – sekundär auch flügge gewordene junge Möwen, Limikolen und Hühnervögel. Die maximale Beutegröße stellen Kiebitz und Turteltaube dar, normalerweise aber schlägt der Turmfalke wesentlich kleinere Beute.

An Insekten fängt er bevorzugt große Käfer sowie Heuschrecken und Grillen. Viele Nahrungsuntersuchungen bestätigen die große Bedeutung der Kleinnager für den Turmfalken. In einer norddeutschen Untersuchung (516 Mägen) vom Beginn unseres Jahrhunderts fand man 642 Mäuse (überwiegend Feldmäuse), 1 junge Ratte, 1 jungen Hasen, 3 Spitzmäuse, 20 Vögel (Feldlerche, Spatzen, Goldammer, Zaunkönig), 9 Eidechsen und 1 Blindschleiche. In 125 Mägen waren ferner Insektenreste nachweisbar. Die Nager machten 95 % der Wirbeltierbeute aus, die Vögel 3 % und die Eidechsen gute 1,5 %.

Eine kleinere Untersuchung an Turmfalken Korsikas demonstriert die Unterschiede zwischen Mittel-/Nordeuropa und Südeuropa. Dort stellten Säugetiere 59 %, Reptilien 30 % und Kleinvögel 11 % der Wirbeltierbeute. Ferner wurden viele Insekten verzehrt.

Jagdtechnik

Am häufigsten nutzt der Turmfalke beim Jagen das Rütteln aus 10–40 m Höhe. Ferner Ansitzjagd von einem Weidezaun, einem Elektromast und dergleichen. Zum Fang fliegender Vögel ist er nicht besonders geeignet. Vogeljagd geschieht in der Regel als Überraschungsangriff. Der Turmfalke jagt auch zu Fuß auf Insekten, Regenwürmer und Schnecken.

Der Bestand des Turmfalken in der Westpaläarktis

Dänemark	1200–1500 Paare (1989)[29]	Zunahme – dank intensiver Nistkasten-Aktion.
Norwegen	2000–4000 Paare (1993)[55]	Schwankend.
Schweden	ca. 3000 Paare (1981)[23]	Rückgang? Doch läuft Nistkasten-Aktion.
Finnland	1500 Paare (1993)[24]	Rückgang.
Rußland	60 000 Paare (1993)[50]	
Weißrußland	700–1000 Paare (1993)[18]	Einige Abnahme in den letzten 20 Jahren.
Ukraine	3000–5000 Paare (1996)[81]	Rückgang in den letzten 20 Jahren.
Estland	200–400 Paare (1994)[19]	Ging stark seit Ende der 60er Jahre zurück.
Lettland	100–200 Paare (1993)[16]	Starker Rückgang seit den 60er Jahren. Jetzt stabil.
Litauen	ca. 100 Paare (1994)[10]	Stabil nach starkem Rückgang.
Polen	1500–2000 Paare (1993)[11]	Rückgang?
Deutschland	70 000 Paare (1993)[1]	
Großbritannien	ca. 50 000 Paare (1991)[12]	Rückgang in den westlichen Landesteilen.
Irland	ca. 10 000 Paare (1991)[12]	Rückgang. Ursache unbekannt.
Niederlande	6600–7700 Paare (1993)[2]	Zahlen eines sehr guten Brutjahres. Nistkasten-Aktion spielt große Rolle für Entwicklung.
Belgien	2300 Paare (1993)[17]	
Luxemburg	250–500 Paare (1993)[13]	
Frankreich	42 000–57 000 Paare (1982)[22]	Rückgang in den letzten 20 Jahren.
Portugal	1000–1500 Paare (1993)[26]	Wahrscheinlich abnehmend.
Spanien	5500–11 200 Paare (1989)[44]	Wahrscheinlich abnehmend.
Italien	5000–10 000 Paare (1993)[33]	Abnehmend.
Schweiz	2500–3000 Paare (1992)[3]	Geht zurück, vermutlich als Folge intensiver Landwirtschaft.
Österreich	4700 Paare (1992)[6]	Gesamtentwicklung nicht bekannt, aber regional abnehmend.
Ungarn	3000–4000 Paare (1993)[7]	Rückgang.
Tschechien	8000–10 000 Paare (1990)[8]	Bestandsentwicklung unbekannt.
Slowakei	4000–6000 Paare (1990)[8]	Bestandsentwicklung unbekannt.
Slowenien	1500–2000 Paare (1993)[15]	Rückgang.
Kroatien	12 000–15 000 Paare (1993)[30]	Stabil?
Serbien	3500–4000 Paare (1993–95)[73]	Durch Nutzung von Strommasten deutliche Zunahme.
Herzegowina	häufig (1993)[28]	
Montenegro	350–400 Paare (1993–95)[73]	Stabil.
Mazedonien	> 500 Paare? (1993)[27]	Entwicklung unbekannt.

Turmfalke, Weibchen mit Jungen an typischem Nestplatz.

Rumänien	3500–5000 Paare (1994)[62]	Weit verbreitet.
Bulgarien	1000–2000 Paare (1993)[21a] > 4000 Paare (1993)[21b]	Stabil.
Moldawien	häufig (1993)[32]	
Georgien	> 2300 Paare (1993)[53]	
Griechenland	> 4000 Paare (1993)[43]	Stabil.
Türkei	5000–10 000 Paare (1993)[4]	
Zypern	nicht selten (1995)[59]	
Syrien	1000–2000 Paare (1993)[20]	Überlebt nur an menschenfernen Brutplätzen.
Israel	15 000–20 000 Paare (1980er)[5]	
Irak	? Paare	
Ägypten	1000 Paare (1982)[35]	
Libyen	? Paare	Häufig im mediterranen Küstenbereich.
Tunesien	600 Paare (1982)[35]	
Algerien	häufig (1982)[35]	
Marokko	> 1000 Paare (1982)[35]	
Mauretanien	? Paare	
Madeira	> 300 Paare (1993)[26]	Zunahme.
Kanarische Inseln	ca. 4400 Paare (1990)[9]	Oft Nestplünderungen oder Abschüssen ausgesetzt.

Rötelfalke

Falco naumanni

Verbreitung

Außerhalb der Westpaläarktis (siehe Karte) brütet der Rötelfalke ostwärts bis zum Altai und stellenweise noch weiter östlich in Steppen und Halbwüsten.

Bestandsschätzung

Wie aus der Tabelle S. 284 ersichtlich, gibt es für die meisten Länder Bestandsangaben. Diese ergeben einen westpaläarktischen Bestand von 10 000–15 000 Paaren, wobei Spanien das Kerngebiet in Europa ist.

Bestandsentwicklung

Das schwärzeste Kapitel in der Entwicklung der westpaläarktischen Greifvogelbestände. In den 70er Jahren war der europäische Bestand (minus des russischen) auf 60 000 Paare geschätzt worden. Heute ist er auf fast ein Zehntel davon geschrumpft.

Die Tabelle S. 284 berichtet mit aller Deutlichkeit über die katastrophale Entwicklung. Wenn eine Art heutzutage abnimmt, sind die Ursachen in der Regel Pestizide, Verfolgung und Biotopänderungen.

Für einen Insektenfresser wie den Rötelfalken ist es von erheblicher Bedeutung, daß Pestizide und moderne An-

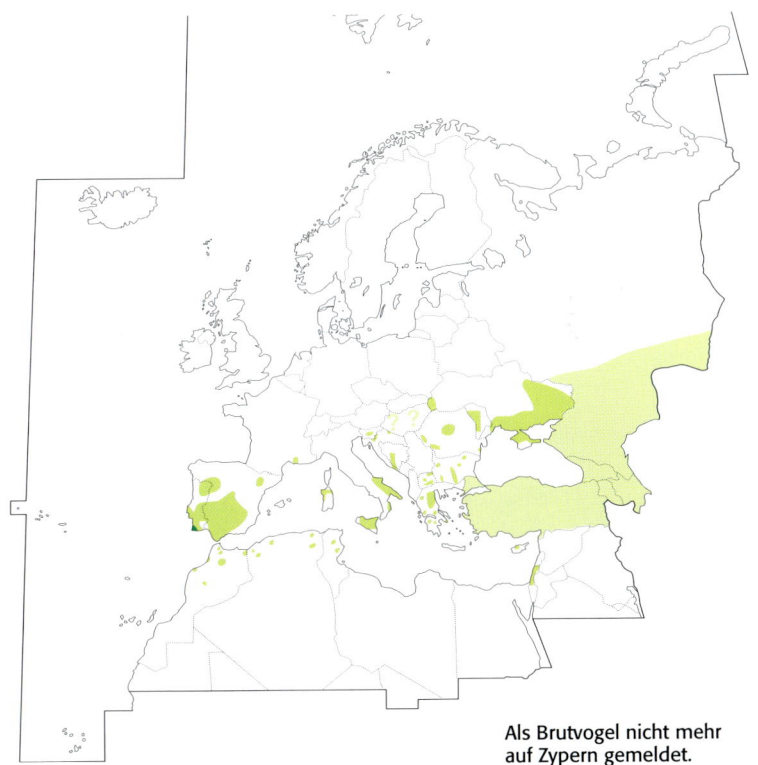

Als Brutvogel nicht mehr
auf Zypern gemeldet.

baumethoden im Brutgebiet allgemein die Zahl der Insekten vermindern, so daß als Folge sein Bestand sich laufend reduzieren muß. Aber daß sie verantwortlich dafür sein sollen, daß es in nur 10 Jahren zu einem regelrechten Bestandszusammenbruch kam, ist nicht wahrscheinlich. Es ist ebenso unwahrscheinlich, daß die Verfolgungen (Abschüsse) in unseren Tagen gezielt intensiviert wurden und eine wesentliche Ursache einer derart katastrophalen Entwicklung in einer so kurzen Zeitspanne gewesen sein könnten.

Dem schnellen Niedergang des Bestandes liegen als wahrscheinliche Ursachen offensichtlich die Zustände im Winterquartier zugrunde: mit der seinerzeitigen Austrocknung der Sahelzone, vor allem aber mit dem verstärkten Einsatz von Pestiziden gegen Heuschrecken. Denn der Rötelfalke jagt gemeinschaftlich zu Tausenden die riesigen Heuschreckenschwärme und folgt ihnen. Wehe, wenn da gespritzt wird – er verendet mit den Heuschrecken.

Ein weiterer Faktor in der beobachteten negativen Entwicklung können klimatische Verhältnisse sein. Der Bestand hat ja früher schon bedeutende Schwankungen durchgemacht. Die Perioden 1830 (?)–1850, 1885–1915 und 1940–1955 brachten der Art sowohl in bezug auf ihre Ausbreitung als auch ihren Bestand Spitzenwerte. In den Zwischenzeiten schrumpfte beides.

Rötelfalke, ad. Weibchen.

Lokale Abnahmen können auch Folge veränderter ökologischer Verhältnisse in der Nähe der Brutkolonien sein. Denn die Vögel suchen nach Möglichkeit höchstens in 1 km Abstand um den Brutplatz herum nach Nahrung. Sie können aber aufgrund veränderter Bedingungen an vielen Orten gezwungen gewesen sein, viel weiter weg ihr Futter zu suchen (bis zu 10 km wurde festgestellt).

Eine weitere Abnahmeursache sind sicherlich auch (wie beim Turmfalken) fehlende Nistmöglichkeiten – als Folge des Abbruchs verfallener und der Renovierung bewohnter Bauten, die der steigende Wohlstand ermöglichte. Aber alle negativen Einflüsse werden sicherlich übertroffen von der fatalen Liebe des Rötelfalken zur Gemeinschaftsjagd auf Heuschreckenschwärme, denn kaum etwas wird heute effektiver betrieben als deren Vernichtung.

Zug

Zugvogel mit Winterquartieren in großen Teilen Afrikas südlich der Sahara. In großer Zahl überwintert der Rötelfalke in Transvaal, Orangefreistaat und in der Kapprovinz. Altvögel halten lokal im geringen Maße in Nordafrika, Südspanien und der Türkei über Winter aus (siehe Karte).

Die Brutplätze werden Ende Juli/Anfang August zu einem ungerichteten Zwischenzug verlassen. Ende August/Anfang September beginnt der eigentliche Herbstzug, der im Mittelmeerraum um den 1. Oktober kulminiert.

Der Rötelfalke ist Breitfrontenzieher, so daß es an den bekannten Zugtrichtern nur zu geringen Konzentrationen kommt. Im übrigen läuft der Abzug im großen ganzen unbemerkt ab. Man sieht die Vögel erst wieder im nördlichen Teil des Überwinterungsgebietes. Daraus entstand die Theorie, daß sie einen 2500 km Direktflug über das Mittelmeer und die Sahara vornehmen. Auf

Rötelfalke, ad. Weibchen.

Malta sind Rötelfalken häufige Herbstdurchzügler, die recht hoch und mit langen Gleitphasen ziehen.

Die Winterquartiere im südlichen Afrika beherbergen sie von Ende Oktober bis Februar; dort Abzug im März. Die Masse der Vögel verläßt den afrikanischen Kontinent in der ersten Aprilhälfte.

Der Frühjahrszug wird eher gesehen. Kleinere Trupps sieht man regelmäßig auf ihrem Zug nach Norden. Die Ankunft erfolgt in Nordafrika Mitte Februar, in Spanien, Süditalien und Griechenland im März, in Mitteleuropa und großen Teilen Rußlands im April. Nördlich seines Brutgebietes ist der Rötelfalke ein sehr seltener Irrgast.

Rötelfalkenpaar, rechts das Männchen.

Habitat

Trockene und zugleich warme Steppen und Halbwüstengebiete, in denen die Vegetation den Boden nicht völlig bedeckt, so daß der Vogel unbeschwert seine Nahrung fangen kann. Verlangt ferner einen Hohlraum für sein Nest – entweder in einem Felsen, einem Steilhang, in Bäumen oder in Gebäuden und Mauern. Bildet oft Kolonien in Dörfern. Den Winter verbringt er in offenen afrikanischen Landschaften, wobei er nomadenartig einzeln oder in Schwärmen dem Nahrungsangebot folgt. Auf südafrikanischen Schlafplätzen können bis zu 75 000 gleichzeitig übernachten.

Stimme

Weicht stark von der des Turmfalken ab. Besteht teils aus heiseren »tscheh-tscheh-(tscheh)«, teils aus wohlklingenden, etwas limikolenartigen »gji gji« oder »düiii düiii«. Ferner ein schnelles, metallisches »kikikik«. Im Schwarm und am gemeinsamen Schlafplatz im Winterquartier sehr ruffreudig.

Brutbiologie

Brütet erstmals im Alter von 1–2 Jahren. Führt eine Saisonehe und brütet in Kolonien. Kolonien von 100–200 Paaren sind nicht selten. Kann aber auch einzeln brüten.

Anscheinend kommt das Männchen als erster am Brutplatz an. Es beginnt sofort mit der Suche nach Nistmöglichkeiten. Übrigens nimmt die Art auch Nistkästen an.

Mit der Ankunft des Weibchens beginnen die Balzspiele, die sehr denen der Turmfalken ähneln, doch ist das Vorspiel zur Kopula anders. Die Eiablage beginnt im Mittelmeerraum Mitte April, auf dem Balkan und in Nordafrika Ende April und im östlichen Mitteleuropa Anfang Mai. Die 3–5 (2–6) Eier werden von beiden Eltern in 28–29 Tagen pro Ei ausgebrütet, allerdings ist der Anteil des Männchens gering (5–10 %). Die Nestlingszeit dauert 28–29 Tage, die Führungszeit 1 Woche. In Frankreich leiden die Bruten unter der Nistplatzkonkurrenz der Dohlen.

Nahrung

Insekten: Heuschrecken und Käfer bringen die Hauptbeute. Im Frühjahr frißt der Rötelfalke zusätzlich Kleinsäuger, in der Mongolei Reptilien. Häufig sind auch Skolopender in der Nahrung. Im Winterquartier anscheinend fast ausschließlich von Insekten lebend; hier bilden schwärmende Termiten und Raupen des Heerwurms *Spodoptera exempta* beachtliche Nahrungsquellen.

An der Front eines Buschfeuers nimmt der Vogel auch kleine Eidechsen.

Aufsammlungen von 25 097 Beuteresten österreichischer Rötelfalken zeigen folgende Gewichtsverteilung: Feldgrillen 40,3 %, Maulwurfsgrillen 28,2 %, Großes grünes Heupferd 11,8 %, Körnerwarze (ein Laufkäfer) 7,8 %, Warzenbeißer (eine Laubheuschrecke) 3,6 %, Kleinsäuger (ca. 100) 3,5 % und Maikäfer 3,0 %. 10 junge Feldlerchen = 0,5 % waren auch dabei. Aufsammlungen aus Südwestspanien von 23 960 Beuteresten ergaben 14 362 Heuschrecken, 5317 Käfer und 1078 Kleinsäuger. Nur 52 Vögel, aber 271 Reptilien waren dabei.

Rötelfalke, ad. Männchen mit erbeuteter Maulwurfsgrille.

Jagdtechnik

Benötigt als Insektenjäger keine allzu große Kraft. Suchflug- und Rüttelflugjäger. Läßt sich wie am Fallschirm herunter, wenn er eine Beute erspäht hat. Erst aus 30 cm–1 m Höhe läßt er sich fallen. Fluginsekten werden mit den Fängen gegriffen und in der Luft verzehrt. Ist auch Ansitzjäger; selten nur jagt er zu Fuß.

Der Bestand des Rötelfalken in der Westpaläarktis

Rußland	100? Paare (1993)[50]	
Ukraine	45–50 Paare (1993)[31]	Seit 1970 starker Rückgang um > 50 %.
Ungarn	0–6 Paare (1993)[7]	Der kleine Bestand ist stabil.
Slowenien	5–10 Paare (1993)[15]	Rückgang. Bestand gefährdet.
Kroatien	5–10 Paare (1993)[30]	Stabil?
Serbien	2–10 Paare (1995)[73]	Nicht regelmäßig, eventuell ausgestorben.
Montenegro	0–15 Paare (1995)[73]	Im Süden, eventuell ausgestorben.
Herzegowina	ca. 50 Paare (1993)[28]	Schwankend.
Mazedonien	30–60 Paare (1993)[27]	Kräftiger Rückgang seit 1970.
Rumänien	50–80 Paare (1994)[62]	U. U. mehr.
Bulgarien	ca. 50 Paare (1993)[21 b]	
Moldawien	wenige (1993)[32]	
Georgien	220–225 Paare (1993)[53]	Ging seit Ende der 70er Jahre um ca. 75 % zurück.
Griechenland	1000–1500 Paare (1993)[43]	Dramatischer Rückgang.
Türkei	3000 Paare (1993)[68]	
Syrien	0 Paare (1993)[20]	Die alten Brutplätze stehen leer, wahrscheinlich ausgerottet.
Israel	400–500 Paare (1980er)[5]	
Frankreich	20–26 Paare (1992)[22]	Halbierung seit 1970.
Portugal	max. 150 Paare (1993)[26]	Markante Abnahme durch Nahrungsmangel und weniger Gebäude-Nistmöglichkeiten.
Spanien	4000–5000 Paare (1988)[44]	Katastrophaler Rückgang in den letzten 3 Jahrzehnten. Ursachen: Tod durch Pestizide, veränderte Landnutzung, Vernichtung der Brutplätze durch steigenden Wohlstand. In den 60er Jahren ca. 100 000 Paare.
Italien	ca. 1000 Paare (1993)[33]	In starker Abnahme begriffen.
Libyen	? Paare	In Tripolitanien.
Tunesien	< 100 Paare (1982)[35]	
Algerien	selten (1982)[35]	
Marokko	> 1000 Paare (1982)[35]	

Die Bestimmung fliegender Greifvögel

Innerhalb der Feldornithologie ist die Bestimmung der Greifvögel immer als besonders schwierig angesehen worden. Die einzelne Art kann große Unterschiede im Aussehen des Federkleides von Vogel zu Vogel und in Abhängigkeit von den Altersklassen zeigen, die Proportionen von Vogel zu Vogel und zwischen den Geschlechtern können variieren, eine steife Brise kann das Flugprofil eines Greifvogels radikal ändern, oft auch ist der Abstand zum Vogel bedeutend und die Beobachtungsverhältnisse sind häufig schlecht (z. B. gegen einen grauen Himmel).

Die Bestimmung erfolgt auf der Grundlage von drei Hauptkriterien: das Aussehen des Federkleides, die Proportionen des Vogels und die Flugform.

Das Federkleid

Von den drei Kriterien ist das Aussehen des Federkleides das konkreteste. Und wenn auch viele Arten eine große individuelle Variation zeigen und die Farbzeichnungen unbrauchbar für die Bestimmung sein können, so sind es doch einige, die anhand dieses Kriteriums leicht zu bestimmen sind: Fischadler, Schlangenadler, Zwergadler (helle Phase), ad. Seeadler, ad. Habichtsadler, junger Steinadler, Schmutzgeier, Rotmilan und Gleitaar – um nur einige sichere Fälle zu nennen.

Bei der Bestimmung der einzelnen Kleider werden folgende Ausdrücke für die verschiedenen Altersstufen gebraucht: Juveniles Kleid (juv.): das erste volle Federkleid des Vogels. Immature Kleider (imm.): das Stadium zwischen Jugendkleid-Mauser und Erwachsenenkleid. Adultes Kleid (ad.): das (die) Erwachsenenkleid(er). Darüber hinaus können auf den Tafeln genauere Altersangaben stehen – z. B. 2. K. Das heißt, daß das Kleid des Vogels im 2. Kalenderjahr getragen wird. Ein Vogel, der im Juni als 2. K. bezeichnet wird, ist also ungefähr 1 Jahr alt.

Die Proportionen

Mit den Unterschieden in den Proportionen beginnen die Schwierigkeiten. Es ist einfach festzustellen, daß der Turmfalke im Vergleich zum Mäusebussard sowohl schmalere Flügel als auch einen längeren Schwanz hat. Aber zu registrieren, daß der Rauhfußbussard längere Flügel als der Mäusebussard hat, verlangt Erfahrung, d. h., daß man eine bestimmte Anzahl Vögel beider Arten gesehen haben muß. Und die meisten werden sich noch auf unsicherem Grund fühlen, wenn sie entscheiden sollen, ob der Adler über unserem Kopf ein bißchen schlankflügeliger und kurzschwänziger ist, was uns zu der Vermutung berechtigt, daß er ein Kaiseradler anstatt eines Steinadlers sein könnte. Das verlangt viel Erfahrung.

Die Flugform

Erfahrung verlangt aber auch das Erkennen von Unterschieden in der Flugweise einzelner Arten. Wie viele Mäusebussarde im aktiven Flug muß man schon gesehen haben, bevor man entdeckt, daß der Wespenbussard beim aktiven Flug die Flügel anders bewegt? Normalerweise werden es viele gewesen sein – selbstverständlich abhängig vom Talent des Beobachters und davon, wie systematisch er ans Werk geht. Tatsache jedoch ist, daß man nicht ernsthaft davon reden kann, Greifvögel zu kennen, bevor man nicht das Gespür auch für diese Nuancen erworben hat. Jede Art hält auf eine typische Art und Weise ihre Flügel im Kreis- und Gleitflug. Es ist jedoch wichtig zu betonen, daß eben nur von einer »typischen« Art gesprochen wird. Denn Abweichungen hiervon sind zahlreich, besonders bei nur kurzer Beobachtungszeit und oft unter besonderen Wetterverhältnissen.

Darüber hinaus ist die Flügelhaltung beim Gleitflug abhängig von der Gleitgeschwindigkeit.

Abweichende Individuen

Selbst für Experten ist die Bestimmung von Greifvögeln ein schwieriges Gebiet. Allein schon die Entfernung zum Vogel wird oft eine sichere Artbestimmung verhindern, aber auch abweichende Individuen können einen foppen und die Bestimmung unmöglich machen. Ornithologen, die alle »Punkte« am Himmel bestimmen können, sind daher nicht glaubwürdig.

Versuch einer Vereinfachung

In dem sich anschließenden Artbestimmungsteil war es das klare Ziel, den schwierigen Stoff so einfach wie möglich darzustellen. **Das bedeutet nicht, daß die Sache dadurch einfach geworden ist.** Aber es bedeutet, daß die Anzahl der Kennzeichen auf das beschränkt wurde, was wir für eine sichere Artbestimmung für notwendig halten. Eine eingehendere Kleiderbeschreibung wird es daher nicht geben. Als Beispiel für dieses Prinzip können wir erwähnen, daß man unter Rotmilan im ganzen 10 Kennzeichen in bezug auf Proportionen und Kleider finden wird. Ohne allzusehr ins Detail zu gehen, könnte man gut weitere 10 nennen. Aber diese sind nicht notwendig. Die Art kann leicht anhand der erstgenannten 10 bestimmt werden. Die nächsten 10 zu erwähnen würde die Sache weniger übersichtlich machen.

Nun ist der Rotmilan ein Beispiel für eine Art, die leicht zu erkennen ist. Weit größere Schwierigkeiten tauchen auf, wenn es sich z. B. um die Bestimmung des Kaiseradlers im Vergleich zum Steppenadler handelt. Unter beiden war es deshalb notwendig, jeweils mehr als 30 unterschiedliche Kennzeichen in bezug auf Kleider und Proportionen anzuführen: Was schwierig ist, kann man nicht auf einfache Weise erkennen.

Analyse

Absolut notwendig ist es, beim Bestimmen eine Analyse der einzelnen Faktoren, aus der die Bestimmung besteht, vorzunehmen. Leicht erkennbare Arten kann man mit einer schnellen Ganzheitsbeurteilung abklären, aber schwierigere Arten müssen genau in bezug auf die drei genannten Elemente: Federkleid, Proportionen und Flugbild betrachtet werden. Auch hier ist es sehr wichtig, bereits im voraus zu wissen, welche Kennzeichen eine besondere Bedeutung für die Bestimmung der einzelnen Art haben. Wir bieten dafür das Notwendigste, das Grundlegende. Weiterführende Literatur kann und sollte darüber hinaus zu Rate gezogen werden. Je mehr man schon kann, desto öfter greift man danach.

Detaillierte Zeichnungen

Da die Zeichnungen ganz besonders auf ein naturgetreues Abbild der Wirklichkeit hin angelegt sind, wird man generell erfahren, daß in ihnen Kennzeichen auftauchen, die nicht im Text erwähnt sind. Aber das ist selbstverständlich die logische Folge der oben erwähnten Vereinfachung, die das wesentliche Motiv beim Textaufbau gewesen ist.

Die einzelnen Gefiederpartien

Bei der Arbeit mit dem Bestimmungsteil ist es notwendig, daß der Leser mit einigen wenigen Fachausdrücken vertraut ist oder sich mit ihnen vertraut macht. Die rechts abgebildete, besonders detaillierte Zeichnung eines Schwarzmilans dient diesem Ziel.

Die Flügelspannweiten der westpaläarktischen Greifvögel

Adler:

Seeadler	200–240 cm	Schwarzmilan	160–180 cm
Weißbindenseeadler	200–250 cm	Gleitaar	75–89 cm
Steinadler	204–220 cm		
Kaffernadler	225–245 cm	*Weihen:*	
Kaiseradler	190–210 cm	Rohrweihe	115–130 cm
Steppenadler	174–260 cm	Kornweihe	99–121 cm
Raubadler	172–185 cm	Wiesenweihe	97–115 cm
Schelladler	155–182 cm	Steppenweihe	99–117 cm
Schreiadler	134–159 cm		
Habichtsadler	150–180 cm	*Habichtartige*	
Zwergadler	110–132 cm	Habicht	96–127 cm
Schlangenadler	185–195 cm	Sperber	60–80 cm
Fischadler	145–170 cm	Kurzfangsperber	64–80 cm
		Schikra	60–70 cm
Geier:		Singhabicht	95–110 cm
Schmutzgeier	160–170 cm		
Gänsegeier	243–270 cm	*Falken:*	
Ohrengeier	255–290 cm	Gerfalke	120–135 cm
Mönchsgeier	250–295 cm	Würgfalke	104–129 cm
Bartgeier	250–280 cm	Feldeggsfalke	95–115 cm
		Wanderfalke	80–117 cm
Bussarde:		Wüstenfalke	80–100 cm
Mäusebussard	113–128 cm	Eleonorenfalke	90 cm
Rauhfußbussard	120–150 cm	Schieferfalke	85 cm
Adlerbussard	126–148 cm	Baumfalke	69–84 cm
Wespenbussard	135–150 cm	Rotfußfalke	58–70 cm
		Merlin	52–69 cm
Milane:		Turmfalke	68–82 cm
Rotmilan	175–195 cm	Rötelfalke	60–74 cm

Die Bestimmung fliegender Greifvögel

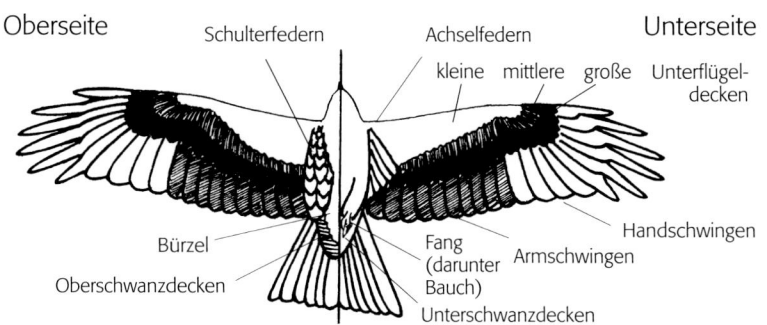

Oberseite — Schulterfedern — Achselfedern — Unterseite
kleine mittlere große Unterflügeldecken
Bürzel — Fang (darunter Bauch) — Armschwingen — Handschwingen
Oberschwanzdecken
Unterschwanzdecken

Wespenbussard

(Pernis apivorus)

Artbeschreibung: Seite 56

S: Bivråk
DK: Hvepsevåge
N: Vepsevåk
GB: Honey Buzzard
F: Bondrée apivoree
I: Falco pecchiaolo
ES: Halcón abejero

Wichtigste Kennzeichen:

Erinnert stark an Mäusebussard, hat aber längeren Schwanz und Flügel und einen kleineren, taubenartigen Kopf. Das Federkleid variiert unterseits individuell, aber die meisten Altvögel erkennt man am wellenförmigen Muster. Die jungen Vögel haben sehr ähnliche Proportionen wie der Mäusebussard.

Fügelspannweite:

135–150 cm.

Proportionen: Ähnelt Mäusebussard, hat aber schlankeren Hals und einen kleinen, taubenartigen Kopf (vgl. A1), der sehr schön über den Flügelrand hervorragt.
Der Schwanz ist länger – gleichlang der größten Flügelbreite oder länger –, im zusammengefalteten Zustand seitlich ausgebuchtet (H2) und entweder gerade abgeschnitten oder leicht abgerundet. Die Flügel sind länger, schmaler am Ansatz und mit einer volleren Hand. Jahresvögel des Wespenbussards gleichen mit ihrem kürzeren Schwanz und kürzeren Flügeln mit schmalerer Hand in hohem Grade dem Mäusebussard. Sie haben zudem im Vergleich mit ad. generell gesehen eine S-förmigere Flügelhinterkante und oft eine schwache Einkerbung am Schwanzende (vgl. O).

Gefieder: <u>Ad.:</u> Es variiert von Vogel zu Vogel. Das macht eine Artbestimmung nach dem Gefieder schwierig. Gewisse Merkmale haben jedoch alle Vögel gemeinsam; sie können immer als Artkennzeichen genutzt werden. Das Aussehen der Flügelfedern ist im Grunde gleich, unabhängig davon, ob es sich um helle oder dunkle Vögel handelt. Sie sind recht hell, mit einer sehr markanten dunklen Flügelhinterkante (B3) und mit 1–3 schmaleren Binden im Unterflügel. Ein fester Anhaltspunkt ist auch die Schwanzunterseite. Sie ist hell – mit einer markanten, breiten dunklen Endbinde (B4) – und mit 2–3 schmaleren Binden schwanzaufwärts.
Wie beim Mäusebussard erscheint die individuelle Variation in Farbe und Zeichnung ganz überwiegend auf der Unterseite, nämlich auf dem Bauch, den Flügeldecken und am Kopf. Weitaus die meisten Wespenbussarde (A,D,E,G,H,J) haben auf der Körperunterseite ein arttypisches Wellenmuster. Aber bei einigen ist es schwach entwickelt (F), und anderen, hellen (C) und dunklen (B) Vögeln fehlt es ganz. Farbe und Muster der Flügeldecken folgen denen des Bauches. Der typisch gezeichnete Vogel hat ein Zwei-Binden-Muster. Die dunkelsten dagegen sind nahezu einfarbig – und die hellen haben fast weiße Deckfedern.
<u>Geschlechtsunterschied:</u> Ca. 80 % der ad. haben so deutliche Geschlechtsmerkmale, daß sie im Felde unterschieden werden können.
Das Männchen ist oberseits gräulich (K) und hat sichtbare Binden auf Flügeln und Schwanz. Das Weibchen ist dunkler und brauner (I) und ohne sichtbare Binden auf den Flügeln – und der Bürzel ist oftmals hell gescheckt.

Auf der Unterseite gibt es Unterschiede in Anzahl und Plazierung der Binden auf den Flügelfedern. Männchen haben häufig weniger Binden im Flügel – und die Binden sind ungleichmäßiger verteilt als beim Weibchen. Es gibt somit einen großen Abstand zwischen der breiten hintersten Flügelbinde und der folgenden (z. B. A im Vergleich zu G). Den selben Geschlechtsunterschied sieht man auf dem Schwanz.
Die Geschlechter haben auch verschieden gefärbte Köpfe. Der des Männchens ist schiefergrau, der des Weibchens braun, einige jedoch mit Grau ums Auge. Die Flügelspitzen sind beim Weibchen dunkler. Das Männchen hat nur die Spitzen der »Finger« dunkel. Ca. 20 % sind nicht eindeutig und zeigen Kleidermerkmale beider Geschlechter. Nur Vögel mit allen oben genannten Merkmalen sollten geschlechtsbestimmt werden.

Jungvögel: <u>1.K.:</u> Im Gefieder weichen sie in mehreren wichtigen Punkten von den ad. ab. Wesentlich ist, daß die Armschwingen »gedämpft« (grau bis grauschwarz) wirken und <u>quer</u>gebändert sind (z. B. P5) – wie es aus der Zeichnung ersichtlich ist, und zwar unabhängig davon, ob es sich um dunkle oder helle Vögel handelt. Jungvögel ohne dieses Kennzeichen <u>kön-nen</u> jedoch vorkommen (Q) – ebenso kann man ad. mit verdunkeltem Arm sehen (J). Überdies ist die für die ad. so charakteristische dunkle Flügelendbinde bei Jungvögeln weniger auffallend. Weniger ausgeprägt ist, daß Jungvögel mehrere, oft 4, nicht besonders auffällige Schwanzbinden haben. Darüber hinaus sind die Flügelspitzen deutlich dunkler als bei den ad. Wie es gelegentlich bei den ad. der Fall ist, gibt es auch bei den Jugendkleidern meh-

Wespenbussard I – adulte Vögel

A ♂

1

B ♂

3

4

C ♂

D ♂

F ♂

E ♀

G ♀

H ♀

2

I ♀

J ♀

K ♂

L kreisend

M gleitend

289

rere Typen – von dunklen bis sehr hellen. Während das dunkelste Kleid (U) (ca. 20 %) unterseits (Kopf, Körper, Flügeldecken) schwarzbraun ist, tritt die häufigste Form (S) (ca. 60 %) mit einem charakteristischen Rotbraun unterseits auf – einem guten Feldkennzeichen dem Mäusebussard gegenüber (doch nicht Falkenbussard und Adlerbussard). Typisch für einen Großteil der Jungvögel (die allgemeine Form und der überwiegende Teil der hellen) ist es, daß die Brust längsgestreift ist. Jungvögel haben oberseits ein wenig hellere Spitzen auf den großen Flügeldecken (V) – aber nie so helle Flügeldecken, wie es Mäusebussarde haben können.

Vögel mit hellem Kopf sind anscheinend oft Jungvögel. Besonders bei den ganz hellen Vögeln bemerkt man eine dunkle Zeichnung ums Auge. Man sagt gerne, der Vogel trage eine Brille. Diese Kopfzeichnung kommt beim Mäusebussard nicht vor.

Im Auflicht sieht man auch kurze Entfernung sieht man auch deutlich, daß der Jungvogel, wie der Mäusebussard, eine gelbe Wachshaut hat. Erst ad. haben sie blaugraue.

2. K.: Kommt anscheinend nicht – oder gegebenenfalls äußerst selten bei uns vor. Jungvögel im 2. K. bleiben offenbar in hohem Maße im Winterquartier oder »auf halbem Wege« (auf dem Zug im Nahen Osten zu sehen). Der Mauserverlauf ist nur schlecht bekannt. Aber anscheinend tragen die Frühjahrsvögel im

2. K. im Ganzen betrachtet ihr zerschlissenes Jugendkleid und mausern (vielleicht) im Laufe des Sommers ganz in ihr Alterskleid. 3. K.: Kommen im Frühjahr im vollen ad.-Kleid an.

Flugbild: Die Flügelschläge sind im Vergleich zum Mäusebussard tiefer und elastischer – also stark abweichend. Im Kreisflug werden die Flügel gerade vom Körper abgespreizt, im Gegensatz zum Mäusebussard, der seine vornüber hält mit dem Ergebnis, daß die Vorderkante eine krumme Linie bildet. Im Kreisflug tritt der Flügelhinterrand des Wespenbussards mit weniger deutlicher S-Linie aufgrund der volleren Hand hervor als beim Mäusebussard. Die Flügel werden beim Kreisflug eben gehalten (L) – im Gleitflug gewölbter (M) mit fast »hängender« Hand, aber ohne den sichtbaren »Knick« zwischen Arm und Hand, wie es der Mäusebussard hat. Im langsamen Gleitflug ist das Profil des ad. Wespenbussards sehr typisch (G). Hier bildet die Hinterkante des Armes fast eine gerade Linie (F), ein Kennzeichen, welches man nur bei ad. Wespenbussarden sieht. Die des Mäusebussards ist gebogen.

Fliegt häufig mit angehobenem Haupt und zeigt damit ein arttypisches, fast kuckucksartiges Profil (A).

Verwechslungsmöglichkeiten:

<u>Wespenbussard – Mäusebussard:</u> Siehe bei Mäusebussard.

<u>Wespenbussard – Rauhfußbussard:</u> Helle Wespenbussarde können unterseits mit Rauhfußbussarden verwechselt werden. Sie haben jedoch nie deren markante Schwanzzeichnung.

<u>Wespenbussard – Mäusebussard – Zwergadler:</u> Helle Exemplare vom Wespenbussard und Mäusebussard können Merkmale haben, die an die helle Morphe des Zwergadlers erinnern. Bussarde haben jedoch nie die dunklen Schwungfedern des Zwergadlers. Der gleiche Unterschied gilt auch für dunkle Vögel von Mäuse- und Wespenbussard im Vergleich zur dunklen Morphe des Zwergadlers. Darüber hinaus ist die Kombination von dunklen Schwungfedern und 3 hellen innersten Handschwingen des Zwergadlers niemals bei Bussarden zu sehen. Diese haben immer größere oder kleinere Partien Weiß an den Handschwingen. Die hellen inneren Handschwingen des Zwergadlers sind jedoch nicht auffallend und werden nur bemerkt, wenn man darauf achtet. Beim ausgeprägten Kreisflug hält der Zwergadler die Flügel geradegestreckt, im Vergleich vor allem mit dem Mäusebussard, der seine leicht angehoben hält. Kann man die Oberseite des Vogels sehen, ist keine Verwechslung möglich. Zwergadler sind völlig verschieden von Bussarden.

N

O

P

5

Q

R

S

T

U

V

X

Gleitaar

(Elanus caeruleus)

Artbeschreibung: Seite 62

S: Svartvingad Glada
DK: Blå Glente
N: Svartvingeglente
GB: Black-winged Kite
F: Élanion blanc
I: Nebbio bianco
ES: Elanio azul

Wichtigste Kennzeichen:
Turmfalkengroß, kurz-
schwänzig, langflügelig.
Großer, eulenartiger Kopf.
Auffallendes Federkleid in
Schwarz, Blaugrau und Weiß.

Flügelspannweite:
75–87 cm.

Proportionen: Großer, vorgestreckter Kopf, der einen
fast eulenartigen Eindruck
macht (B1); lange Flügel (besonders langer Arm), breiter
als bei Falken; ein kurzer
Schwanz (kürzer als die Flügelbreite), im zusammengefalteten Zustand dt mit
schwacher Einbuchtung.

Gefieder: Die weitgehend
weiße Unterseite kontrastiert
mit den schwarzen Hand-
schwingen (A2). Die Oberseite ist hell blaugrau mit der
wesentlichen Ausnahme, daß
der Kopf (C3) und die äußeren Schwanzfedern weiß sind
sowie die kleinen und mittleren Flügeldecken (der Vorderflügel) schwarz (B3). Bei
guter Sicht sieht man auch
das rote Auge und den
schwarzen Augenstrich.

Jungvögel: Sind bräunlich
auf Brust, Kopf, Rücken und
Schwanz. Da die Schwung-
federn ebenfalls dunkler
sind, ist der Kontrast zu den
schwarzen Flügeldecken
oberseits nicht so ausgeprägt
wie bei den ad. Weiße Feder-

säume bilden eine Binde auf
der Flügeloberseite.
Im Alter von 3 Monaten beginnt beim Gleitaar die Mauser in das Erwachsenenkleid.
Bereits mit 6 Monaten sind
die braunen Federn auf der
Körperoberseite durch hellgraue ersetzt. Bei Beginn der
Brutzeit sind sie von den ad.
im Felde nicht zu unterscheiden.

Flugbild: Fliegt in weichem,
schnellem Flügelschlag. Man
sieht ihn oft beim Suchflug
wie eine Weihe tief über
dem Gelände fliegen und
auch mit angehobenen Flü-
geln, doch mit flach ausge-
streckter Hand, oder rüttelnd
(G) in 10–20 m Höhe, häufig
mit hoch angehobenen Flü-
geln. Beim Kreisflug werden
die Flügel vornüber und deutlich angehoben gehalten (I),
im seichten Gleitflug nahezu
waagerecht (H).

**Verwechslungsmöglich-
keiten:** Keine. Bei schlechter
Sicht kann der Gleitaar beim
tiefen Suchflug über offener
Landschaft an ein helles
Weihen-Männchen erinnern,
aufgrund der Farbverteilung
besonders an die Steppen-
weihe. Das häufige Rütteln
kann, bei oberflächlicher Betrachtung, zur Verwechslung
mit dem Turmfalken führen,
der von gleicher Größe ist.
Die Proportionen sind jedoch
sehr verschieden, u. a. ist der
Schwanz des Gleitaars auffallend kurz.

Rotmilan

(Milvus milvus)

Artbeschreibung: Seite 72
Farbtafel: Seite 295

S: Glada
DK: Rød glente
N: Glente
GB: Red Kite
F: Milan royal

I: Nebbio reale
ES: Milano real

Wichtigste Kennzeichen:
Langer, tief gegabelter,
rostroter Schwanz. Mar-
kantes weißes Feld auf der
Unterseite der Hand.

Flügelspannweite:
175–195 cm.

Proportionen: Hat lange, relativ schlanke Flügel und langen Schwanz (wesentlich länger als die Flügelbreite). Im
Vergleich mit dem Schwarzmilan ist er schlanker, hat
eine weniger abgerundete
Hand und längeren Schwanz,
in der Regel tiefer gegabelt.

Gefieder: Der Eindruck wird
von dem langen, tief gegabel-
ten, oberseits rostroten
Schwanz dominiert (C3) sowie von dem sehr auffälligen,
scharf abgegrenzten weißen
Feld auf der Unterseite der
Hand (A2). Diese Merkmale
unterscheiden den Rotmilan
von anderen Greifvögeln bei
uns. Die Körperunterseite ist
rotbraun und längsgestreift;
sie sieht man jedoch nur bei
guter Sicht. Die Schwanz-
unterseite ist hell. Körper- und
Flügeloberseiten sind weniger
kontrastreich, in warmen rotbraunen und braunen Far-
ben. Die mittleren Flügeldecken sind jedoch heller
und bilden ein Band (C4),
das man selbst auf größere
Entfernung sehen kann.
Der Kopf ist hell gräulich und
kann auf Abstand in gutem
Licht einen starken Kontrast
zum übrigen Gefieder bilden.

Jungvögel: 1.K.: Jungvögel
gleichen den Alten, aber unter passenden Sichtbedingun-
gen kann man sie erkennen.
Die beste Unterscheidungs-
möglichkeit findet sich auf
der Oberseite, die ohnehin
auch rotbrauner ist. Die Spit-

A ad.

2

B ad.

1

3

C ad.

D ad.

E juv.

F juv.

G juv.

H gleitend

I kreisend

293

zen der großen Flügeldecken bilden hier ein schmales Band über die Flügel (F5). Ferner ist das helle Band auf den mittleren Flügeldecken (F4) sowohl breiter als auch heller als bei den ad. Die Schwanzoberseite des jungen Vogels ist rostbraun, die des Altvogels rostrot.

Die Körperunterseite ist deutlich heller als die des Altvogels. Dadurch entsteht ein Kontrast zwischen Körper und Flügelunterseite (sichtbar nur aus der Nähe), wogegen dieser Kontrast den Altvögeln fehlt. Bei guter Sicht sieht man ferner weiße Spitzen bei den mittleren und großen Deckfedern, schmale Bänder bildend.

2.K.: Viele Jungvögel mausern den größten Teil der Körperfedern im Laufe des 1. Winters und gleichen beim Beginn der Brutzeit den Altvögeln. Sie können jedoch an den hellen Spitzen auf (vor allem) den großen Deckfedern der Oberseite erkannt werden. Nachdem diese im Laufe des Herbstes vermausert sind, ist eine Altersbestimmung im Felde nicht mehr möglich.

Flugbild: Der aktive Flug zeigt deutlich gewinkelte Flügel. Vielkreiser, wobei die Flügel ganz leicht angehoben werden (G), oder mit einer horizontalen, leicht gewölbten Flügelstellung. Der Gleitflug erfolgt mit in der Hand abgesenkten Flügeln (H). Von der Seite sieht es so aus, als ob die Flügel hängen. Der aktive Flug erfolgt mit tiefen, elastischen, langsamen Flügelschlägen.

Typisch ist, daß der Vogel beim Patrouillieren des Geländes etwas unruhig fliegt. Die Flügel werden individuell bewegt, und der Schwanz dreht sich um seine Achse bei der Ausführung verschiedener Manöver. Der Rotmilan ist in der Luft ein eleganter Vogel.

Verwechslungsmöglichkeiten:

Rotmilan – Schwarzmilan: Der Schwarzmilan ist kleiner und hat breitere, kürzere und rechteckigere Flügel. Auch die Flugweise unterscheidet sie. Der Rotmilan hat in der Regel einen mehr kornweihenartigem, leichten Flug, mit tieferem, elastischerem Flügelschlag. Ein wichtiger Unterschied besteht in Form und Farbe des Schwanzes. Der des Rotmilans ist rostrot und tief gegabelt, der des Schwarzmilans weniger eingekerbt und graubraun – einige Jungvögel jedoch mit einem Ton Rostbraun auf dem obersten Teil des Schwanzes. Der Unterschied in der Schwanzgabelung ist am deutlichsten, wenn der Schwanz zusammengefalten ist. Im gefächerten Zustand buchtet der Schwanz des Schwarzmilans nur leicht einwärts oder ist gerade abgeschnitten. Als Folge der Abnutzung kann er dazu noch abgerundet sein.

Selbst gefächert, sieht man beim Rotmilan die Gabelung (C).

Trotz des normalerweise wesentlichen Unterschieds der Schwanzgabelung kann man sich doch in der Praxis leicht dabei irren.

Im ganzen ist der Rotmilan ein hellerer Vogel, der in der Zeichnung größere Kontraste aufweist, dank des hellen Schwanzes sowie aufgrund der auffallenden hellen Flügelfelder, die im Durchschnitt eindeutig größer und heller sind und im stärkeren Maße mit den dunklen Armschwingen kontrastieren als beim Schwarzmilan. Die Farben der Oberseite sind beim Rotmilan Rostrot bis Graugelb gegenüber Mittelbraun bis Graubraun beim Schwarzmilan. Die Unterseite ist beim Rotmilan rotbraun bis hellrostbraun (juv.), beim Schwarzmilan dunkelbraun;

dessen Junge jedoch mit heller Brust und Bauch. Ein gutes Kennzeichen in gutem Licht ist auch, daß unterseits der Schwanz des Schwarzmilans farblich mit dem Körper übereinstimmt, während die rostrote Schwanzfarbe des Rotmilans kräftig absticht. Die juv. beider Arten sind am schwierigsten voneinander zu trennen. Die Kontraste sind nahezu gleich, sowohl ober- als auch unterseits. Die Jungvögel des Schwarzmilans haben demnach deutlich hellere Felder auf den Handschwingenfedern als die alten Vögel. Der Rotmilan ist aber im Grundton rotbraun, hingegen der Schwarzmilan graubraun – ein Unterschied, der besonders deutlich beim Schwanz ist. Weiterhin ist der Schwarzmilan im weißen Feld auf den inneren Handschwingen der Unterseite kräftig quergebändert.

Schwarzmilane des Nahen Ostens *(aegypticus)* verwechselt man häufig mit dem Rotmilan aufgrund ihres rostroten Körpers und den größeren weißen Feldern auf der Unterseite der Hand.

Hybride zwischen Schwarz- und Rotmilan: Können wahrscheinlich in allen Zwischenformen der Ausgangskleider auftreten. Zwei in Dänemark gesehene Vögel hatten beide die Proportionen des Schwarzmilans, u. a. mit rechteckigeren Flügeln und geringer Schwanzgabelung. Der eine sah farblich vollständig wie ein juv. Rotmilan, der andere wie ein Schwarzmilan aus, abgesehen davon, daß er einen roten Schwanz und große weiße Flügelfelder hatte.

Rotmilan

A ad.

2

1

B ad.

C ad.

3

4

F juv. 1.–2. K.

D juv. 1.–2. K.

E juv. 1.–2. K.

4

5

G kreisend

H gleitend

Schwarzmilan
(Milvus migrans)

Artbeschreibung: Seite 65

S: Brun Glada
DK: Sort glente
N: Svartglente
GB: Black Kite
F: Milan noir
I: Nebbio bruno
ES: Milano negro

Wichtigste Kennzeichen:
Langer, schwach gegabelter, brauner Schwanz. Dunkles Federkleid. Deutliches helles Band auf der Flügeloberseite (E3).

Flügelspannweite:
160–180 cm.

Proportionen: Im Vergleich mit dem Rotmilan kleiner und mit verhältnismäßig kürzeren, etwas breiteren, rechteckigeren und runden Flügeln (hat 6 sichtbare Handschwingenfedern gegenüber 5 beim Rotmilan).
Das ergibt im Vergleich zum Rotmilan einen kompakteren Eindruck. Die Schwanzgabelung sieht man deutlich, wenn der Schwanz zusammengefaltet ist (vgl. B). Ist der Schwanz dagegen gefächert, buchtet er nur schwach einwärts oder tritt mit gerader Hinterkante auf. In bestimmten Fällen kann er im gefächerten Zustand sogar schwach abgerundet sein (C).

Gefieder: Ein sehr dunkler Vogel. Viele Vögel wirken auf Distanz nahezu schwarz. Aus der Nähe sieht man, daß die Körperunterseite und die Flügeldeckfedern braun sind, mit einer Palette von Schwarz-, Oliv- und Rotbraun. Auf der Flügelunterseite sieht man ein helles Feld auf der Hand (A2), das in Größe und Deutlichkeit variiert. Die Oberseite

ist überwiegend dunkelbraun. Die mittleren Deckfedern (E3) sind heller und bilden in der Regel ein deutliches Flügelband. Bei einigen Vögeln ist es schwach ausgeprägt, und bei einzelnen kann es ganz fehlen.
Die Farbe des Schwanzes unterscheidet sich unterseits nicht von der übrigen Unterseite (*M. m. aegyptius* zeigt jedoch einen gewissen Kontrast zwischen Bauch und Unterschwanz). Von oben gesehen unterscheidet er sich auch nicht vom Rest des Gefieders (D4), doch kann er wärmer braun wirken. Einzelne Individuen haben einen rotbraunen Ton im Schwanz. Meist ist der Kopf deutlich heller als der übrige Vogel (B5).

Jungvögel: 1. K.: Die grundlegenden Unterschiede zwischen juv.- und ad.-Kleid sind beim Rotmilan: hellere Körper (G6), eine helle Binde auf Ober- und Unterseite beim Übergang von den mittleren Deckfedern zu den Schwungfedern (G7, F8) und eine breitere und hellere Binde auf den Deckfedern der Flügeloberseite (F3). Dazu kommt, daß das helle Feld auf der Flügelunterseite meist größer und heller ist, so daß die kleinen Flügeldeckfedern oberseits mit hellem Rand versehen sind, sowie der Bürzel hell ist.
2. K.: Mausert den größten Teil der charakteristischen Jungvogelfedern bereits im ersten Lebenswinter. Im Frühjahr kann man wahrscheinlich immer noch einige helle Bauchfedern sehen – und das große helle Flügelunterseitenfeld ist größer und heller als bei den Altvögeln. Zum Herbst hin kann man den Vogel vielleicht noch erkennen: an einer Mischung von juv. Handschwingen mit deutlich weißerer Basis und den weniger kontrastreichen frischen Federn des Altenkleides.

Flugbild: Erinnert sehr an das des Rotmilans (siehe dort). Ist jedoch nicht ganz so ein eleganter Flieger.

Typisches Verhalten: Sieht man häufig in Wassernähe jagen oder tieffliegend über dem Gelände nach Beute in leicht wackelndem Flug Ausschau halten. Hierbei werden die Flügel auf Milanart individuell bewegt und der Schwanz um seine eigene Achse gedreht.

Verwechslungsmöglichkeiten:
Schwarzmilan – Rotmilan: Siehe bei Rotmilan.
Schwarzmilan – Rohrweihe: Siehe bei Rohrweihe.
Schwarzmilan – Zwergadler: Die Unterseite der dunklen Morphe des Zwergadlers ist ein Problem, da sie sich sowohl farblich als auch in den Proportionen sehr ähnlich. Beide Arten schweben auf flach gehaltenen Flügeln. Die Schwänze beider Arten sind jedoch in der Regel unterschiedlich: gegabelt bzw. gerade abgeschnitten im gefalteten und gefächerten Zustand beim Milan – gerade abgeschnitten bzw. schwach abgerundet beim Zwergadler. Dieser kann jedoch im gefächerten Zustand einen gerade abgeschnittenen Schwanz haben. Außerdem ist der Kopf des Zwergadlers kräftiger und runder sowie der Schnabel kräftiger. Der Zwergadler kann im allgemeinen auch anhand des hellen Feldes auf den innersten Handschwingen bestimmt werden. Aber leider können sehr dunkle Schwarzmilane genau das gleiche Kennzeichen vorweisen. Die beiden Arten haben jedoch eine unterschiedliche Flugweise. Der Zwergadler ist sehr temperamentvoll und kraftbetont und zudem derjenige, der den schnellsten Flügelschlag benutzt.

Schwarzmilan

A ad. 2 1
B ad. 5
C ad.

D ad. 4
E ad. 3
F juv. 3 8

G juv. 6 7
H juv.
I juv.

J kreisend

K gleitend

297

Seeadler

(Haliaeetus albicilla)

Artbeschreibung: Seite 79

S: Havsörn
DK: Havørn
N: Havørn
GB: White-tailed Eagle
F: Pygargue à queue
       blanche
ES: Pigargo

Wichtigste Kennzeichen:
Ein sehr großer, schwerer und kurzhalsiger Adler mit langen, breiten Flügeln – und mit dem sehr weit vorgestreckten Kopf als das beste Kennzeichen in jedem Alter. Altvögel erkennt man leicht am weißen Schwanz.

Flügelspannweite:
200–240 cm.

Proportionen: Der größte Greifvogel unserer Westpaläarktis, auch größer als Steinadler. Die Flügel sind lang, sehr breit, haben parallel verlaufende Vorder- und Hinterkanten. Die recht volle Hand mit langen »Fingern«. Der Hals ist lang. Der Kopf mit dem sehr großen Schnabel ist deshalb ungewöhnlich weit vorgestreckt, länger als bei irgendeinem anderen europäischen Greifvogel (D1). Er ragt somit genau so weit über den vorderen Flügelrand vor wie der Schwanz über den hinteren (D). Der Schwanz ist im übrigen keilförmig (besonders bei Altvögeln) und recht kurz, etwa $^1/_2$–$^2/_3$ der Flügelbreite. Jungvögel haben ein wenig andere Proportionen. Der Schwanz ist länger, die Flügel sind breiter, und die Flügelhinterkante zeigt eine deutliche S-Schwingung.

Gefieder: <u>Ad:</u> Mit ihrem weißen Schwanz sehr typisch (D2). Darüber hinaus ist die Unterseite unter den meisten Sichtverhältnissen dunkel, abgesehen vom Kopf und der Brust, welche beide hellbräunlich bis gelbbraun sind (A3). Die Oberseite ist heller, mit gelbbraunen Flügeldecken (D4) gegenüber graubraunen bis dunkelbraunen Schwungfedern. Schnabel und Wachshaut sind gelb.

Jungvögel: Die Farbberingung junger Seeadler ist die Grundlage unserer heutigen guten Kenntnis des langwierigen Mauserablaufs vom Jugend- zum Erwachsenengefieder. Eine Altersbestimmung ist, trotz individueller Varianten, bis einschließlich 4. Kleid einigermaßen sicher. Danach ist der Verlauf so individuell, daß eine Altersangabe keine Aussagekraft mehr hat. Die Mauser – und damit die Veränderungen im Federkleid – geschieht bevorzugt im Sommerhalbjahr. Die angegebenen Kleidertrachten (bzw. Alter) sind daher typischerweise die aktuellen des Winterhalbjahres (daher z. B. die Angabe 2.–3. K.). Zu den Kopf- und Schwanzfärbungen der verschiedenen Alter siehe S. 300/301.
<u>1. Kleid (1.–2. K.):</u> In seinem 1. Kleid sieht der Seeadler auf Abstand und unter normalen Lichtverhältnissen dunkel aus. Gute Sicht enthüllt, daß der Kopf und Hals dunkler als Rücken und Brust sind, daß es unterseits einen hellen Fleck in der Achselhöhle (L 5) sowie 1–3 helle Bänder auf dem Unterflügel gibt (J6, L6), daß oberseits die kleinen und mittleren Deckfedern im wechselnden Grad heller sind (I und K), und daß der Hinterrücken und Bauch ebenso wie die »Hosen« rostbraun bis gelbbraun sind. Des weiteren haben die hellen Schwanz-

federn breitere (L) oder schmalere (K) dunkle Kanten. Der Schwanz wirkt zusammengefaltet in der Regel dunkel, aber mit deutlich helleren Federzentren im ausgebreiteten Zustand. Aufgrund der S-förmigen Hinterflügelkante wirkt der Schwanz beim Jungvogel länger; man beachte die deutliche Einbuchtung am Körperansatz. Das Kleid zeigt keine Mauserspuren; alle Federn gehören derselben Generation an, und es herrscht Symmetrie.
<u>2. Kleid (2.–3. K.):</u> Im nächsten Kleid wird der Vogel bunter – vor allem dadurch, daß die Brust und der Oberrücken heller werden (E, F). Kopf und Hals sind weiterhin dunkel und kontrastieren daher stärker mit Rücken und Brust. Auf der Oberseite zeigen die Flügeldecken oft eine hellere Partie von der Mitte und auf den Rücken hin. Davon abgesehen ist der Eindruck des juv.-Kleides im großen Ganzen beibehalten.
<u>3. Kleid (3.–4. K.):</u> Einige Vögel sind ständig bunter (H), andere sind einfarbiger braun auf Brust und Bauch (G). Kopf und Hals wurden heller, wodurch der Kontrast zu Rücken und Brust sich verringert.
<u>4. Kleid (4.–5.K.):</u> Individuelle Züge machen sich nun allgemein geltend. Eine Altersbestimmung ist daher für die letzten Stadien vor dem Alterskleid nicht möglich. Kopf, Körper und die Deckfedern der Oberseite sind nun deutlich heller und recht einfarbig graubraun. Der Schwanz erhält weiße Federn. Wird im Felde oft nicht vom Altvogel zu unterscheiden sein. Aber der gelbe Schnabel im Frühjahr signalisiert mindestens 5. K.
<u>5. Kleid (5.–6.K.):</u> Im Felde identisch mit ad. Nur das Mauserstadium offenbart, daß es noch nicht das Alterskleid ist.

Seeadler

A ad. 6.–7. K.

B 4. Kleid 4.–5. K.

C 4. Kleid 4.–5. K.

1

2

4

3

D ad. 6.–7. K.

E 2. Kleid 2.–3. K.

F 2. Kleid 2.–3. K.

G 3. Kleid 3.–4. K.

H 3. Kleid 3.–4. K.

I 1. Kleid 1.–2. K.

J 1. Kleid 1.–2. K.

6

K 1. Kleid 1.–2. K.

L 1. Kleid 1.–2. K.

6

5

M kreisend

N gleitend

6. Kleid = ad.: Das volle Alterskleid ohne irgendwelche Jungvogelzeichen wird im Alter von 6–7 Jahren erreicht. Einzelne Vögel besitzen ihr ganzes Leben lang dunkle Flecken im weißen Schwanz. Im übrigen kann man die Fleckung und Färbung des Schwanzes nur sehr grob als Alterskennzeichen im Mauserablauf nutzen. Im 1., 2. und 3. Kleid variieren Ausbreitung und Intensität des Weiß im dunklen Schwanz individuell. Im 4. Kleid wird ein Teil der Schwanzfedern weiß, in einigen Fällen der größte Teil – während sie im 5. Kleid dann ganz weiß werden.

Flugbild: Im Flugbild deutlich großer, schwerer Vogel mit langsamen, steifen und nicht besonders tiefen Flügelbewegungen. Oft empfindet man ihn als einen ein wenig »klotzigen« Vogel, der jedoch bei der Jagd überraschend agil wird. Im Kreisflug werden die Flügel waagerecht gehalten (M) oder evtl. ganz schwach angehoben und rechtwinklig vom Körper weggestreckt. Der Gleitflug wird entweder mit waagerecht gehaltenen Flügeln oder mit einer leichten Abwärts-Winkelung im Handgelenk und leicht hängender Hand ausgeführt (N).

Verwechslungsmöglichkeiten:

Seeadler – Steinadler: Siehe bei Steinadler.

Seeadler – die anderen großen Greifvögel: Bei schlechter Sicht kann der Seeadler mit einer Reihe großer Greifvögel verwechselt werden, aber keiner von ihnen hat Kopf und Schwanz gleich lang hervorragend wie der Seeadler. Dieses Kennzeichen ist besonders gut bei der Unterscheidung von Gänse- und Mönchsgeier, die beide einen wenig herausragenden Kopf im Flug zeigen. Die anderen großen Adlerarten, Stein-, Kaiser- und Steppenadler, können, wenn das Gefieder verschlissen ist, ebenfalls mit keilförmigem Schwanz auftreten. Diese weisen jedoch in ihren Kleidern angemessene charakteristische Unterschiede zum juv. Seeadler auf, während der ad., dunkle Vogel immer hell auf dem Kopf oder im Nacken ist, wo der junge Seeadler dunkel ist. Die Verwechslung ist am leichtesten mit ad. Steppenadler, aber diese haben immer ein auffallendes helles Feld auf der Hand-Oberseite und zeigen auch einen andersartigen Unterseiten-Kontrast.

Der erwachsene Seeadler kann mit seinem weißen Schwanz mit keiner anderen Art in der Westpaläarktis verwechselt werden.

Der Kopf des Seeadlers (in den verschiedenen Kleidern): Bei guten Sichtverhältnissen – z. B. der sitzende Adler wird mittels Teleskop beobachtet – können Färbungs-Einzelheiten von Kopf, Schnabel und Auge uns über das Alter des Vogels Bescheid geben.

1. Kleid (1.–2. K.): Dunkler, schwarzbrauner Kopf; schwarzer Schnabel, gelbliche Mundwinkel und Zügel; dunkelbraune Iris. Die gelbe Wachshaut leuchtet oft aus großem Abstand.

2. Kleid (2.–3. K.): Dunkler, schwarzbrauner Kopf; der Schnabel etwas heller (grauschwarz), mit hellem ovalen Fleck auf dem Oberschnabel, die gelbe Fläche des Zügels größer, geht nun über den ganzen Schnabel (Wachshaut); Iris dunkelbraun.

3. Kleid (3.–4. K.): Der Kopf etwas heller, oft mit hellen Federspitzen besonders auf dem Scheitel; der Schnabel ist nur schwach dunkel gezeichnet, der Unterschnabel ist gelb geworden; dunkelbraune Iris.

4. Kleid (4.–5. K.): Der Kopf ist deutlich heller; der Schnabel ist fast ganz gelb; Iris hellbraun.

5. Kleid (5.–6.K.): Der Kopf ist hellbraun; der Schnabel gelb; Iris gelbbraun.

6. Kleid = ad.: Der Kopf gelbbraun bis sandfarben; der Schnabel rein gelb; die Iris rein gelb.

1. Kleid

2. Kleid

3. Kleid

4. Kleid

5. Kleid

6. Kleid

Bindenseeadler

(Haliaeetus leucoryphus)

Artbeschreibung: Seite 89

S: Bandhavsörn
DK: Pallas Havörn
N: Pallashavørn
GB: Pallas's Fish Eagle
F: Pygargue de Pallas
I: Aquila di mare di Pallas
ES: Pigargo cabeciblanco

Wichtigste Kennzeichen:
Ein großer, wohlproportionierter, leicht gebauter
Adler, der an seiner auf-
fallenden Schwanzbinde
und der hellen Kopfpartie
erkennbar ist.

Flügelspannweite:
200–250 cm.

Proportionen: Lange und
für einen solch großen Adler
recht schmale Flügel mit
(ad.) parallel verlaufenden
Vorder- und Hinterkanten.
Langer Hals, recht kleiner
Kopf mit großem Schnabel.
Langer Schwanz.
Juv. haben einen schmaleren
Flügelansatz und eine schlankere Hand, so daß die Flügelhinterkante deutlich S-förmig
wirkt.

Gefieder: <u>Ad.:</u> Leicht kenntlich an der auffallenden
weißen Schwanzbinde (A1),
dem sandfarbenen Kopf und
dem hellen sandfarbenen bis
zimtfarbenen Hals und Vorderleib (A2).

Jungvögel: <u>1. K.:</u> Die Oberseite der juv. auf Distanz
recht einfarbig braun. Unter
guten Beobachtungsbedin-
gungen sieht man u. a., daß
die Oberschwanzdecken, die
Basis der Handschwingen
und die mittleren Flügeldeckfedern heller sind. Unterseits
ist der helle Fleck auf den
inneren Handschwingen
auffallend (E3), ebenso die
hellen mittleren Flügeldecken
(E4) und Armdecken.
<u>2.–5. K.:</u> In den immat.-Klei-
dern wird zu Beginn ein
großer Teil der Kennzeichen
des Jugendkleides bewahrt.
Aber allmählich wird der
Bauch nach und nach heller,
ebenso Partien am Kopf (F).
Die Schwanzbinde kann man
erahnen, aber sie ist diffus
gezeichnet.
Ist in seinem 4.–5. Kalenderjahr ausgefärbt.

Flugbild: Überrasschend
leicht und elegant. Benutzt
tiefe, gut durchgeführte Flügelschläge. Kreist auf geraden
Flügeln (G).

**Verwechslungsmöglich-
keiten:**
Die Schwanzzeichnung des
Altvogels ist so charakteristisch, daß er unter vernünftigen Beobachtungsbedingun-
gen mit anderen Arten nicht
verwechselt werden kann.
Junge Steinadler haben zwar
ebenfalls Weiß im Schwanz,
aber nicht als Binde – und
normalerweise hat der Steinadler auch eine ganz andere
charakteristische Zeichnung
auf den Flügeln. Die Jungvögel ähneln mehr den ande-
ren großen Adlern, oberseits
u. a. dem jungen Seeadler.
Vom Seeadler unterscheiden
sie sich durch ihre anderen
Proportionen, einen viel
leichteren Flug und völlig andere Unterseitenzeichnun-
gen, von den *Aquila*-Arten
durch andersartige Zeichnungen auf der Unterseite. Man
bemerke, daß Kaiser-, Step-
pen- (Jungvogel) und Raubadler ebenfalls helle innerste
Handschwingen besitzen.
Beim Bindenseeadler haben
diese jedoch einen breiten,
dunklen Abschluß zum Hin-
terrand hin.
Man bemerke auch, daß juv.
und imm. Bindenseeadler
(wie andere junge *Haliaeetus*) augesprochen spitze
(sägeförmige) Schwung- und
Schwanzfedern haben.

Bindenseeadler

A ad.

B ad.

C ad.

D juv.

E juv.

F imm.

G kreisend

1 2 3 4

303

Schmutzgeier

(Neophron percnopterus)

Artbeschreibung: Seite 90

S: Smutsgam
DK: Ådselgrib
N: Ätselgribb
GB: Egyptian Vulture
F: Percnoptère d'Egypte
I: Capovaccio
ES: Alimoche comün

Wichtigste Kennzeichen:
Ein kleiner Geier mit einem schwarz-weißen Feder- kleid, einem »spitzen« Kopf und einer Flügelspann- weite wie die größten Exemplare des Rauhfuß- bussards.

Flügelspannweite:
160–170 cm.

Proportionen: Die Zusam- mensetzung aus langen, recht breiten Flügeln, kleinem Kopf und kurzem Schwanz ist charakteristisch für Geier, von denen der Schmutzgeier ein- deutig der kleinste der west- paläarktischen Arten ist. Wich- tige Merkmale sind darüber hinaus, daß der Kopf auf- grund des langen dünnen Schnabels spitz wirkt, daß er recht weit über die Flügelkan- te herausragt (C1), und daß der Schwanz keilförmig (A2) und recht kurz ($^2/_3$–$^3/_4$ der Flügelbreite) ist.

Gefieder: Dank seines Ge- fieders ist der Schmutzgeier leicht zu bestimmen. Auf der Unterseite sind Schwanz, Körper und die Flügeldecken weiß (C3) im Kontrast zu den schwarzen Schwung- federn (C4). Die Oberseite ist hiermit nahezu identisch, aber nicht so rein gezeichnet. Die Armschwingen sind überwiegend weiß (F5), die Handschwingen haben deut- lich weiße Außenfahnen an der Basis. Die großen Flügel- decken haben schwarze Spit- zen, die eine Art Flügelbinde bilden. Darüber hinaus sind die Flügeldecken an den Handwurzeln schwarz und zeigen eine trübe Partie auf den innersten großen und mittleren Flügeldeckfedern. Aus der Nähe scheint die nackte, kräftig gelbe Partie im Gesicht und um den Schna- bel durch.

Jungvögel: 1. K.: Die Unter- seite ist sehr dunkel braun und wirkt unter normalen Beobachtungsbedingungen einfarbig schwarz (A). Die Oberseite ist heller. Die Schwungfedern sind im großen ganzen wie bei den Altvögeln gezeichnet, doch weniger kontrastreich und braunem Einschlag. Die Flü- geldeckfedern sind dunkel- braun mit weißen Spitzen, die im ganz frischen Kleid eine helle Binde über den Flügeln bilden. Sie verschleißen je- doch schnell weg.
2.–4. K.: Bei den folgenden Mausern wird der Vogel schrittweise heller auf Körper, Schwanz, Flügeldecken und Schwungfedern. Wie die Zeichnungen B und E zeigen, wirken die jungen Vögel in den Übergangskleidern sehr bunt.
Der Schmutzgeier ist mit ca. 5 Jahren ausgefärbt.

Flugbild: Man sieht ihn oft mit schwach gewölbten Flü- geln kreisen (G). Im schnel- len Gleitflug kann die Hand deutlich unter die Horizontale gesenkt werden. Der aktive Flug wird mit recht langsa- men, weichen und tiefen Flü- gelschlägen ausgeführt.

Verwechslungsmöglich- keiten: Keine wirklichen – man sei auf große Distanz je- doch wachsam gegenüber Verwechslung mit dem Weiß- storch. Der dunkle Jungvogel kann bei schlechten Beob- achtungsverhältnissen mit vielen Arten verwechselt wer- den, aber der deutlich keilför- mige Schwanz und der spitze Geierkopf sind bei angemes- sener Distanz so markant, daß normalerweise keine Probleme entstehen.
Schmutzgeier – Zwergadler: Der hellphasige Zwergadler hat zwar die gleiche Farbver- teilung auf der Unterseite wie der adulte Schmutzgeier, aber die Unterschiede in der Größe, der Kopfform und des Schwanzes macht die Artbe- stimmung leicht.
Schmutzgeier – Bartgeier: Junge Bartgeier sind kurz- schwänziger und breitflüge- liger als alte Vögel. Mit ihrer dunklen Farbe und den ab- weichenden Proportionen können sie dem Schmutz- geier ähneln. Der Bartgeier ist jedoch bedeutend größer und hat einen sehr lang- samen Flügelschlag. Aber kreisende Vögel auf Distanz können völlig fehlbestimmt werden.

Schmutzgeier

A juv.

B imm.

C ad.

4 ——   —— 3
          1

2

D juv.

E imm.

F ad.

5 ——

G kreisend

305

Gänsegeier

(Gyps fulvus)

Artbeschreibung: Seite 95

S: Gåsgam
DK: Gåsegrib
N: Gåsegribb
GB: Griffon Vulture
F: Vautour fauve
I: Grifone
ES: Buitre común

Wichtigste Kennzeichen:
Ein großer Geier mit langen, breiten, tief eingeschnittenen Handschwingen und mit Flügeldeckfedern, die heller als die Schwungfedern sind. Größer als die großen Adler.

Schwebt mit angehobenen Flügeln.

Flügelspannweite:
243–270 cm.

Proportionen: Lange, sehr breite Flügel mit tief eingeschnittenen Handschwingen, einem kleinen, nur sehr wenig hervortretenden Kopf (D1) und einem kurzen Schwanz, ca. $^1/_3$ der Flügelbreite (D2). Über das und seine kolossale Größe hinaus ist es typisch, daß die Flügelkanten eine deutlichere Kurve zeigen (B3).

Gefieder: <u>Ad.:</u> Sowohl die Ober- als auch die Unterseite der ad. werden gekennzeichnet durch den Kontrast von schwarzen Schwungfedern und hellen Flügeldecken (B4). Hat außerdem eine fast weiße Binde auf den kleinen und mittleren Flügeldecken der Unterseite (A5). Die Halskrause ist hell, ist aber schwierig zu sehen.

Jungvögel: <u>1. K.:</u> Im juv.-Kleid sind die Flügeldecken der Unterseite heller als bei den Altvögeln und bilden ein großes weißes Feld. Die Flügeldecken der Oberseite sind wärmer im Ton. Hat braune Halskrause.
<u>2.–5. K.:</u> Durch drei verschiedene immature Stadien, die sich normalerweise im Felde nicht von einander unterscheiden lassen, erfolgt ein langsamer Übergang in das Erwachsenenkleid.
Ist im Alter von 5–6 Jahren ausgefärbt.

Flugbild: Oft im Kreisflug mit angehobenen Flügeln (G). Im Gleitflug wird die Hand normalerweise abgesenkt (F). Beim aktiven Flug sind die Flügelschläge sehr langsam und tief.

Typisches Verhalten: Sieht man über lange Zeit über demselben Gebiet vor und zurück kreisen, z. B. entlang Felswänden.

Verwechslungsmöglichkeiten: Oberflächlich betrachtet kann der Gänsegeier einem großen Adler gleichen. Aber der kleine Kopf, die sehr breiten Flügel und der kurze Schwanz sind entscheidend anders.
<u>Gänsegeier – Mönchsgeier:</u> Wirklich verwechseln kann man ihn in Europa nur mit dem Mönchsgeier. Wesentlich ist hierbei, daß dieser mit waagerecht gehaltenen Flügeln kreist mit fast parallelen Vorder- und Hinterkanten, während der Gänsegeier seine Flügel zu einem offenen V hebt und an der Flügelhinterkante eine deutliche Kurve besitzt. Darüber hinaus gibt es bedeutende Kleiderunterschiede. Merkt man sich beim Gänsegeier den ausgeprägen Kontrast zwischen Schwung- und Flügeldeckfedern, dürften bei der Bestimmung keine Schwierigkeiten entstehen.
<u>Gänsegeier – Ohrengeier:</u> Siehe bei Ohrengeier.

Gänsegeier

A ad. — 5

B ad. — 3
4 — 3

C ad.

D juv.
2 — 1

E juv.

F gleitend

G kreisend

Ohrengeier

(Torgos tracheliotus)

Artbeschreibung: Seite 101

S: Örongam
DK: Øregrib
N: Øregribb
GB: Lappet-faced Vulture
F: Vautour oricou
I: Avvoltoio orecchiut
ES: Buitre oricu

Wichtigste Kennzeichen:
Erinnert am meisten an
Gänsegeier. Die Oberseite
ist jedoch weniger kontrastreich (wirkt auf Distanz
einfarbig dunkel). Schwebt
auf waagerecht gehaltenen
Flügeln.

Flügelspannweite:
255–290 cm.

Proportionen: Ein Zwi-
schenstück zwischen
Mönchs- und Gänsegeier.

Gefieder: Ad.: *(T. t. negevensis)* Die Oberseite wirkt auf
Distanz dunkel. Aus der Nähe
sieht man einen schwachen
Kontrast zwischen der braunen Färbung von Rücken und
Flügeldecken und den
schwarzen Schwungfedern
(B3). Ferner kontrastiert der
helle Kopf. Die Unterseite ist
kontrastreicher. Brust und
Körperseiten sind weiß, mit
schmalen schwarzen Streifen
(D1). Auf den Flügeldecken
sieht man 2 helle Binden

(D2). Die übrige Unterseite
ist sehr dunkel. Hat den Fe-
derkragen mit dunkelgrauen
Unterdunen untermischt.
Der Kopf ist graubraun, der
Nacken jedoch hellrot. Man
beachte die sehr zugespitzten
(sägeförmigen) Schwung-
und Schwanzfedern (hat
auch der Mönchsgeier).
Die nordwestafrikanische
Nominatrasse (C) hat weiße
Körperseiten, eine deutlichere Binde auf den Flügel-
decken der Unterseite und
einen roten Kopf.

Jungvögel: 1. K.: Die Unterseite ist weniger kontrastreich
als bei ad., da der Körper
dunkler ist und die Flügelbinden auf den Deckfedern weniger deutlich. Auch die Flügeldeckfedern der Oberseite
sind dunkler und einfarbiger
braun. Die Jungvögel der Nominatrasse kann man ferner
daran erkennen, daß der
ganze Kopf mit Ausnahme
der Augengegend und der
Backen mit weißen Dunen
bedeckt ist. Für Vögel im Nahen Osten und in Ägypten
kann die Dunenbekleidung
am Kopf nicht als Alterskrite-
rium genutzt werden, da die
Altvögel hier (im Gegensatz
zum übrigen Verbreitungsgebiet) auch den Kopf mit Dunen bedeckt haben.
2.–6. K.: Im ersten immaturen Kleid sind es in der Regel
nur Stirn, Scheitel und
Nacken, die von Dunen be-
deckt sind. Die Schenkel sind
außerdem hellbraun. Nach
dem nächsten Kleiderwech-

sel bekommt der Kopf ständig weniger Dunen, die Körperunterseite wird heller und
die Binden auf den Flügeldeckfedern ausgeprägter.
Ist anscheinend im Alter von
6–7 Jahre ausgefärbt.

Flugbild: Fliegt mit kraftvollen, tiefen Flügelschlägen.
Kreist mit waagerechten Flügeln (E).

**Verwechslungsmöglich-
keiten:**
Ohrengeier – Mönchsgeier:
Altvögel erkennt man gegenüber Mönchsgeier an an-
gemessener Distanz an der
Unterseitenzeichnung. Außerdem zeigt der Ohrengeier
einen gewissen Kontrast zwischen den Flügeldecken und
den dunkleren Schwungfe-
dern der Oberseite. Juv. Oh-
ren- und Mönchsgeier gleichen sich sehr. Junge Ohrengeier vom Nahen Osten und
aus Ägypten sind jedoch etwas heller. Außerdem hat der
Ohrengeier graue Beine, der
Mönchsgeier gelbe. Im übrigen kommen die beiden
Arten nur ausnahmsweise im
selben Gebiet vor.
Ohrengeier – Gänsegeier:
Das Federkleid dieser beiden
Arten ähnelt sich zu einem
gewissen Grade. Der Kontrast
auf der Oberseite zwischen
Flügeldecken und Schwung-
federn ist jedoch beim Gänsegeier eindeutig größer. Auch
schwebt der Gänsegeier mit
den Flügeln deutlich V-förmig,
während der Ohrengeier
seine waagerecht hält (E).

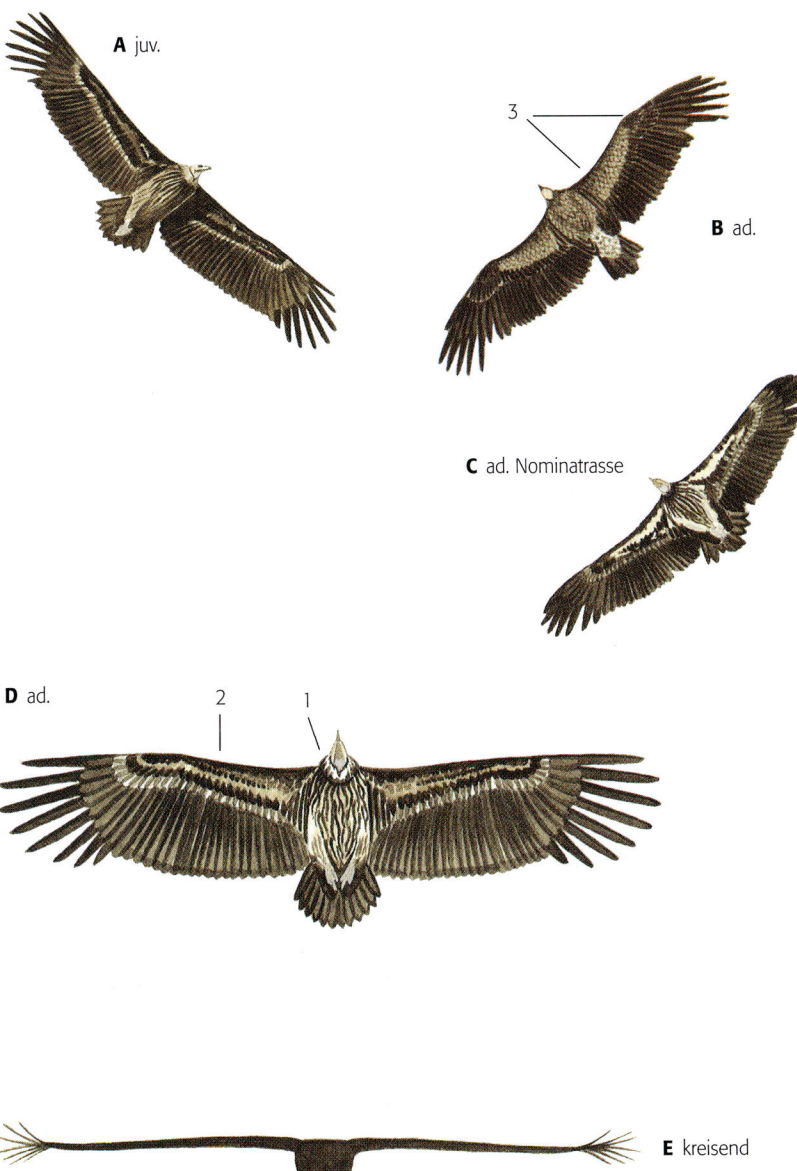

Ohrengeier *(negevensis)*

A juv.

3

B ad.

C ad. Nominatrasse

D ad.

2   1

E kreisend

Mönchsgeier
(Aegypius monachus)

Artbeschreibung: Seite 102

S:	Grågam
DK:	Munkegrib
N:	Munkegribb
GB:	Black Vulture
F:	Vautour moine
I:	Avvoltoio monaco
ES:	Buitre negro

Wichtigste Kennzeichen:
Ein sehr großer Geier (Europas größter Greifvogel) – mit tief eingeschnittenen, sehr langen und breiten Flügeln. Wirkt einfarbig schwarz. Kreist auf waagerecht gehaltenen Flügeln.

Flügelspannweite:
250–295 cm.

Proportionen: Lange, breite Flügel mit tief eingekerbten Handschwingen und einem kleinen, sehr wenig hervortretenden Kopf (A1) sowie einem kurzen Schwanz (A2), kürzer als die halbe Flügelbreite. Im Vergleich zum Gänsegeier hat der Mönchsgeier mehr parallel verlaufende Flügel. Der Hinterkante fehlt somit die markante Kurve des Gänsegeiers.

Gefieder: <u>Ad.:</u> Ein sehr dunkler Vogel, der auf Distanz schwarz wirkt. Der einzige Kontrast zu diesem Eindruck können der helle Kopf (A1) und die gräulich-bleichen gelblichen Füße sein. Unter guten Lichtverhältnissen und aus der Nähe kann man unterseits eine hellbraune Binde auf den mittleren Deckfedern sehen. Hat eine schwarze Gesichtsmaske und sehr zugespitzte (sägeförmige) Schwung- und Schwanzfedern.

Jungvögel: Noch dunkler als die ad. Ihnen fehlt somit auch die helle Binde auf den Unterflügeln. Der Kopf ist mit braunen Dunen besetzt – der ad. hat hellere Partien zwischendurch. Dies kann man nur aus allernächster Entfernung sehen. Das gleiche gilt für die Beobachtung, daß die Jungen nicht die Gesichtsmaske der ad. haben. Im Alter von 6 Jahren ist der Mönchsgeier ausgefärbt.

Flugbild: Sieht man oft beim Kreisflug. Die Flügel werden gerade gehalten (D), doch mit den äußersten Handschwingenspitzen nach oben gebogen. Die waagerechte Flügelhaltung beim Kreisflug ist ein wichtiges Feldkennzeichen. Beim Gleitflug sind die Flügel kräftig gewölbt mit dabei gesenkten Händen (E), wie man es bei Schrei- und Schelladler sieht. Der aktive Flug wird mit langsamen, tiefen Flügelschlägen ausgeführt.

Typisches Verhalten:
Braucht viel Zeit zum Kreisflug beim Hin- und Herfliegen über demselben Gebiet – im Gegensatz zum Gänsegeier jedoch oft einzeln oder wenige zusammen.

Verwechslungsmöglichkeiten:
<u>Mönchsgeier – Gänsegeier:</u> Siehe bei Gänsegeier.
<u>Mönchsgeier – Ohrengeier:</u> Siehe bei Ohrengeier.
<u>Mönchsgeier – Schelladler:</u> Auf Distanz kann Verwechslung mit dem Schelladler vorkommen, weil beide Arten sehr dunkel sind und einen Gleitflug mit gesenkter Hand ausführen. Der Schelladler hat aber einen größeren und mehr hervorragenden Kopf.

A ad.

2

1

B juv.

C ad.

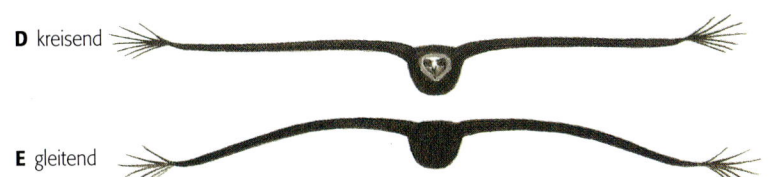

D kreisend

E gleitend

Bartgeier

(Gypaetus barbatus)

Artbeschreibung: Seite 106

S: Lammgam
DK: Lammegrib
N: Lammegribb
GB: Lammergeier
F: Gypaète bardu
I: Gipeto
ES: Quebrantahuesos

Wichtigste Kennzeichen:
Ein sehr großer Greifvogel mit langen, schmalen und spitzen Flügeln, deutlich hervorragendem Kopf und langem Schwanz. Die rostrote Farbe des Kopfes und Körpers sieht man auf große Entfernung.

Flügelspannweite:
250–280 cm.

Proportionen: Größenmäßig liegt der Bartgeier im gleichen Bereich wie Gänse- und Mönchsgeier (Flügelspannweite bis 2,80 m). Aber während die beiden anderen Arten breitflügelig, kurzschwänzig sind und einen sehr kleinen Kopf haben, hat der Bartgeier verhältnismäßig schmale Flügel, einen langen keilförmigen Schwanz (A1) – wesentlich länger als die größte Flügelbreite – und einen sehr auffallenden Kopf (A2).

Gefieder: <u>Ad.:</u> Die Unterseite ist sehr kontrastreich. Flügel und Schwanz sind dunkel, Kopf und Körper sind hell rostbraun (C3), eine Farbe, die man auf große Entfernung sieht. Die Oberseite ist einfarbig dunkelgraublau. Nur der helle Kopf sticht hiervon deutlich ab (A2), mit dem aus weiter Entfernung sichtbaren Bartstreif (F4).

Jungvögel: <u>1. K.:</u> Die Körperunterseite ist dunkel. Sie steht in keinem Farbkontrast zu den Flügeln (H) wie bei den Altvögeln. Die Oberseite gleicht mehr den Altvögeln, ist aber graubraun. Außerdem ist der Kopf dunkel (F4). Der Kleiderwechsel zum Erwachsenenkleid ist nicht im einzelnen untersucht, aber scheint in großen Zügen wie folgt abzulaufen:
<u>2.–3. K.:</u> Den ersten Kleiderwechsel erkennt man am deutlichsten daran, daß gräuliche, mehr oder weniger einfarbige Flecken auf den Schultern, dem Bürzel (G) und der Körperunterseite (D) entstehen.
<u>3.–4. K.:</u> Die Körperunterseite erhält jetzt ihre rostbraune Farbe. Aber der Kopf ist immer noch dunkel wie beim juv. (E). Auf der Oberseite gibt es immer einige braune Federn.
<u>5.–6. K.:</u> Kann an einzelnen schmalen schwarzen Streifen und Flecken am Hals, im Nacken und dem Scheitel erkannt werden. Ist im Alter von 5–6 Jahren ausgefärbt.

Flugbild: Sieht man oft im Kreisflug, wobei die Flügel waagerecht gehalten werden (I). Gleitflug wird mit gesenkten Händen ausgeführt (J). Beim selten zu sehenden aktiven Flug zeigt der Vogel langsame, weiche und elastische Schläge.

Typisches Verhalten:
Schwebt oft über Talstrecken oder entlang von Bergseiten.

Verwechslungsmöglichkeiten: Keine (siehe aber bei Schmutzgeier).

Bartgeier

A ad.

B ad.

C 5.–6. K.

1

2

3

D 2.–3. K.

E 3.–4. K.

4

F juv.

G 2.–3. K.

H juv.

I kreisend

J gleitend

313

Schlangenadler

(Circaetus gallicus)

Artbeschreibung: Seite 110

S: Ormörn
DK: Slangeørn
N: Slangeørn
GB: Short-toed Eagle
F: Circaète Jean-le-Blanc
I: Biancone
ES: Aguila culebrera

Wichtigste Kennzeichen:
Helle Unterseite. Der Kopf
und die Vorderbrust sind
im allgemeinen sehr auf-
fallend.

Flügelspannweite:
185–195 cm.

Proportionen: Etwas größer
als ein Fischadler, mit langen,
breiten Flügeln mit fast
parallelen Vorder- und Hinterkanten und einer besonders
langen, vollen und runden
Hand. Wenn der Vogel nicht
gerade mit ausgestreckten
Flügeln kreist, treten die
Handwurzeln sehr deutlich
hervor – ein Merkmal, das
selbst ohne Vergleichsgrund-
lage sehr stark vom Eindruck
eines Bussards abweicht. Der
Körper ist kräftig und langgestreckt, der Schwanz so
lang wie der Flügel breit ist
oder ein wenig kürzer. Der
Kopf ist breit, rund und deutlich vorgestreckt.

Gefieder: Ad.: Die meisten
Schlangenadler haben eine
auffallend dunkle Kopfpartie
(A1, B1, C1) – im Kontrast
zu einer hellen Unterseite,
die in ihrer Zeichnung recht
variabel sein kann. Einige
Vögel haben kräftige dunkle
Binden und Flecken – andere
sind wesentlich heller. Die
Variationsbreite demonstrieren die Zeichnungen A bis E.
So helle Vögel wie E sind
jedoch seltener.

Auf Distanz werden jedoch
die meisten Vögel unterseits
grauweiß wirken. Der Schwanz
hat mehrere Querbinden,
von denen besonders die
Endbinde deutlich ist (B2).
Man findet sie auch bei hellen Vögeln, aber wie ersichtlich, sind sie nur schwach
ausgebildet (E). Die Oberseite hat dunkle (schwarzbraune) Schwungfedern, kontrastierend mit den hellen (hellgrau bis gelbbraun) Flügeldecken und dem Rücken
(F3), sowie einen deutlich
gebänderten Schwanz (F).
Dunklere Vögel kommen
auch vor, und man sieht ferner Exemplare mit weißem
Bürzel und mit einer hellen
Flügelbinde (J). Schließlich
stimmen Ober- und Unter-
seite dahingehend überein,
daß ein Vogel mit ausgeprägt
heller Oberseite auch eine
helle Unterseite besitzt.

Abarten: Einige Exemplare
ohne dunklen Kopf (H und
E), im Herbst etwa 10 %.

Jungvögel: Können im Felde
nicht unterschieden werden.

Flugbild: Kreist mit ein
bißchen vornüber gepreßten
Flügeln und hält sie entweder
flach ausgestreckt oder – im
Wind – angehoben (K). Beim
aktiven Flug benutzt er einen
tiefen, kraftvollen und elastischen Flügelschlag. Charakteristisch ist auch der Gleitflug
mit ausgeprägt vorstehenden
Handwurzeln und rückwärts
angewinkelter Hand.

Typisches Verhalten: Am
Brutplatz rüttelt der Schlangenadler (C), aber nicht so
häufig auf dem Zug. Das Rütteln ist ein Schwenkschlag:
Die Flügel rotieren um ihre
Längsachse. Er kann auch auf
geraden Flügeln in der Luft
stille stehen. Beide Formen
sind gute Merkmale zum
Bestimmen, da sie bei Greifvögeln gleicher Größe –

außer beim Fischadler – nicht
vorkommen.

**Verwechslungsmöglich-
keiten:** Nicht naheliegend.
Der Fischadler ist zwar auch
ziemlich weiß unterseits, aber
ganz anders gekennzeichnet
und proportioniert. Es können helle Mäusebussarde mit
dunklem Kopf auftreten, aber
sie sind viel seltener, haben
immer dunkle Handwurzel-
flecken, ganz andere Proportionen und fliegen auch auf
völlig andere Weise (im aktiven Flug mit flacheren und
steiferen Flügelschlägen). Die
Unterseitenzeichnung dunkler Schlangenadler (A) kann
an das typische Kleid des
Wespenbussards erinnern,
aber ermangelt der dunklen
Handwurzelflecken dieser Art.
Der Schlangenadler ist auch
viel größer, vergleichsweise
langflügeliger und besitzt
scharfe Schwanzecken (B2).

Rohrweihe

(Circus aerugionosus)

Artbeschreibung: Seite 115

S: Brun Kärrhök
DK: Rørhøg
N: Sivhauk
GB: Marsh Harrier
F: Busard de roseaux
I: Falco di palude
ES: Aguilucho lagunero

Wichtigste Kennzeichen:
Die größte und schwerste
unter den Weihen. Das
Männchen besitzt eine
3-farbige Oberseite in Grau,
Schwarz und Braun; das
Weibchen ist ein brauner
Vogel mit hellem Scheitel
und Vorderflügeln. Im Flug
werden die Flügel (typisch
für Weihen) deutlich zu
einem V angehoben.

Flügelspannweite:
115–130 cm.

Schlangenadler

A

B

C

1

2

1

1

D

E

F

3

G

H

I

J

K kreisend

L gleitend

315

Proportionen: Die Rohrweihe ist die größte Weihe; das Weibchen ist so groß wie ein Mäusebussard, nicht aber so kompakt. Das Männchen ist etwas kleiner und schlanker. Kopf und Körper sind schlanker als beim Mäusebussard, die Flügel im Verhältnis etwas länger, schlanker und mit paralleler Vorder- und Hinterkante. Auch der Schwanz ist länger: normalerweise ein wenig länger als die größte Flügelbreite. Im Vergleich zu anderen Weihen sind Rohrweihen größer und schwerer, und besonders gegenüber Wiesenweihe und Steppenweihe haben sie rundere Flügelspitzen.

Gefieder: Ad. Männchen: Hat wie alle Weihen-Männchen schwarze Flügelspitzen (vgl. A1, E1). Aber ansonsten ist es deutlich dunkler als die Männchen der drei anderen Arten. Charakteristisch sind der graue Kopf und die Vorderbrust mit feiner Längsstreifung und der rotbraune Körper mit einer Tendenz zur Längsstreifung (C). Es kommen Vögel mit fast weißem Körper vor (A). Abgesehen von den schwarzen Spitzen der Handschwingen, ist die Flügelunterseite einfarbig grau oder weiß. Auf der Oberseite sind der Rücken und die kleinen und mittleren Flügeldeckfedern auf dem Arm bräunlich (E2). Die übrige Oberseite (abgesehen von den Flügelspitzen) ist hellgrau bis graubweiß.
Ad. Weibchen: Hat normalerweise einige schöne Feldkennzeichen: die gelblichweißen Partien auf dem Vorderflügel, auf Scheitel und Kehle (L3). Aber die beiden erstgenannten Kennzeichen können in seltenen Fällen fehlen. Der Haupteindruck ist darüber hinaus ein einfarbiger, brauner Vogel. Aus der Nähe sieht man, daß die Schwungfedern auf der Un-

terseite gräulich und (im Gegensatz zu juv.) dunkler als die Deckfedern sind. Alte Weibchen haben auf der Brust einen charakteristischen hellen Fleck (K4), u. U. ein helles Brustband. Oberseits ist der Schwanz heller graubraun-rotbraun als das übrige Gefieder.

Abarten: Speziell im Nahen Osten (u. a. auf dem Zuge durch Israel) treten regelmäßig wesentlich dunklere (melanistische) Exemplare der Rohrweihe auf.

Jungvögel: 1. K.: Im 1. Kleid (juv.) normalerweise sehr dunkel (schwarzbraun). Wie die Zeichnung P zeigt, ähneln sie dem Weibchen. Im allgemeinen fehlt ihnen jedoch das Helle auf den Vorderflügeln, aber ab und an kommt ein kleineres rostgelbliches Feld an der Basis der Flügelkante vor. Die hellen Partien auf Kopf und Kehle sind rostgelb (P5), im Gegensatz zu den gelblichweißen des ad. Weibchens. Einige können recht dunkel sein (Q). In einem solchen Kleid unterscheidet man sie am leichtesten von den ganz dunklen Weibchen an der hellen Binde auf der Flügeloberseite, die von den hellen Spitzen der großen Flügeldecken (P6) gebildet wird, sowie daran, daß die Schwungfedern heller als die Deckfedern sind. Hat ferner nicht die Brustzeichnung des ad. Weibchens.
2. K.: Im Laufe des Winters bleicht das juv.-Kleid teilweise aus, wie auch eine teilweise Mauser der Körperfedern und der kleinen Flügeldeckfedern erfolgt sein kann. Die jungen Vögel im 2. K. gleichen bei der Ankunft im Frühjahr in der Grundfarbe den erwachsenen, heller braunen Weibchen. Die Altersbestimmung geschieht am leichtesten anhand der Schwanzfedern. Sie

zeigen das Dunkelbraun des juv.-Kleides, und zwar in gleicher Farbe wie die übrige Oberseite – im Unterschied zum Rot- oder Graubraun des ad. Weibchens, bei dem die Schwanzfedern heller sind als die übrige Oberseite. Einige Jungvögel haben bei der Ankunft im Frühjahr mit der Mauser der Schwanzfedern begonnen und können geschlechtsbestimmt werden. Die Schwanzfedern des jungen Männchens sind dunkel silbergrau, mit breiteren dunklen Randbinden (O); die der Weibchen sind braun und ohne dunkle Randbinden. Unter Umständen können auch Reste der Oberseiten-Flügelbinde zur Altersbestimmung gebraucht werden (O), aber häufig ist sie ganz verschwunden. Vögel im 2. K. machen im Laufe von Frühjahr, Sommer und Herbst eine Mauser mit dem Auswechseln eines großen Teiles der Schwanz- und Schwungfedern durch, und die zwei Geschlechter können nun immer unterschieden werden.
Nachdem Weibchen im 2. K. ihre sämtlichen Schwanzfedern und die Flügeldeckfedern auf der Unterseite gewechselt haben, können sie von Erwachsenen nicht mehr unterschieden werden. Die Männchen bekommen ein Immatur-Kleid (H), das wesentlich dunkler ist als das des erwachsenen Männchens; gleichzeitig sind die grauen Armschwingen und inneren Handschwingen deutlich dunkler als bei erwachsenen Männchen. Der Körper ist noch überwiegend dunkel. Gleicht besonders auf Entfernung einem Weibchen mit grauen inneren Armschwingen (F). Der Schwanz ist grau mit einer recht breiten dunklen Randbinde.
3. K., Männchen: Im Frühjahr wie im Herbst des 2. K. Im

A ♂ ad.

B ♂ ad.

C ♂ ad.

1

D ♂
3. K. Herbst
4. K. Frühjahr

E ♂ ad.

2

F ♂
2. K. Herbst
3. K. Frühjahr

G ♂
3. K. Herbst
4. K. Frühjahr

1

H ♂
2. K. Herbst
3. K. Frühjahr

I kreisend

J gleitend

317

Laufe des neuen Sommers mausert der Vogel in ein Kleid, das sehr dem des ad. ähnelt. Es kann aber u. a. daran erkannt werden, daß auch ein Teil der Brust die braune Farbe des Bauches hat, an der diffusen dunklen Randbinde des Schwanzes und an den rostroten Schwingendeckfedern auf der Unterseite (D, G).

4. K. Männchen: Wie Männchen im Herbst des 3. K. – bis zur Sommermauser in das ad.-Kleid.

Flugbild: Typischer Weihenflug mit angehobenen Flügeln sowohl bei Kreis- (I) als auch bei Gleitflug (J). Die Flügelbewegungen sind leicht und elegant. Auf 5–10 Flügelschläge folgt oft ein Gleitflug. Aktiver Flug mit angewinkelten Flügeln. Flug aufgrund der Größe schwerer als bei Korn- und Wiesenweihe.
Während des Zuges kann die Rohrweihe zwischendurch auf gewölbten Flügeln gleiten und dadurch Anlaß zur Verwechslung mit anderen dunklen Greifvögeln geben.

Typisches Verhalten: Sucht das Gelände auf typische Weihenart in tiefem Suchflug über offener Landschaft ab, oft über Rohrwald und feuchtem Gelände.

Verwechslungsmöglichkeiten: Die Kleider sind normalerweise so typisch, daß keine Probleme auftreten sollten. Ganz dunkle Individuen können jedoch Schwierigkeiten machen. Hier ist es am einfachsten, sich an das charakteristische Weihen-Verhalten zu erinnern: u. a. mit den deutlich angehobenen Flügeln während des Schwebe- und Gleitfluges.
Rohrweihe – Mäusebussard: Die Unterschiede der Kleider sind groß. Aber nicht immer kann man sie sehen, z. B. bei Vögeln auf dem Zuge in

großer Höhe oder im Gegenlicht. Hier ist es besonders die ganz dunkle Rohrweihe, die Probleme machen kann. Man muß sich da an die Proportionen halten – wobei die Rohrweihe schlanker und mit schmaleren Flügeln (besonders das Männchen) mit fast parallel verlaufenden Vorder- und Hinterkanten ist und mit einem längeren und schmaleren Schwanz, der ausgebreitet schärfer dreikantig wirkt. Auch der Mäusebussard hält seine Flügel als offenes V hoch, jedoch nicht so ausgeprägt wie die Rohrweihe.
Rohrweihe – Wespenbussard: Wie beim Mäusebussard. Probleme können in einigen Fällen entstehen, wenn der Wespenbussard auf ebenen Flügeln gleitet (was die Rohrweihe bei bestimmten Gelegenheiten ebenfalls kann). Im übrigen gilt es jedoch sowohl für Wespenbussard und Mäusebussard, daß sie immer, selbst ihre dunkelsten Exemplare, auf den innersten Handschwingenfedern aufgehellt sind.
Rohrweihe – Kornweihe: Helle Männchen der Rohrweihe können, sieht man sie z. B. auf dem Zug von unten, schwierig von Männchen der Kornweihe zu unterscheiden sein. Aber sie haben nicht die dunkle Hinterflügelkante der Kornweihe. Man beachte auch die Verteilung des Schwarz auf den Flügelspitzen beider Arten. Sie ist etwas größer bei der Kornweihe, die auch kürzere Flügel und eine S-förmige Flügelhinterkante hat. Des weiteren hat die Kornweihe auf Vorderbrust und Kopf eine andere Zeichnung.
Rohrweihe – dunkle Morphe des Zwergadlers: Wenn die Kleiderunterschiede nicht zu sehen sind – z. B. die charakteristische Oberseite des Zwergadlers – kann man auch die Unterschiede in der Flügelhaltung heranziehen.

Der Adler kreist und gleitet auf waagerechten oder leicht gewölbten, hängenden Flügeln. Darüber hinaus ist er kräftiger gebaut, hat breitere Flügel mit voller Hand, und er ist kurzschwänziger und hat einen größeren, runden Kopf.
Rohrweihe – Schwarzmilan: Wie der Schwarzmilan jagt auch die Rohrweihe über offener Landschaft. Jungvögel und das Weibchen der Rohrweihe sind gleichfalls dunkel, was vielleicht zu Verwechslungen führen kann. Sie jagen jedoch mit deutlich angehobenen Flügeln, der Milan auf waagerechten oder hängenden und gewölbten.

Kornweihe
(Circus cyaneus)

Artbeschreibung: Seite 122

S:	Blå kärrhök
DK:	Blå kaerhøg
N:	Myrhauk
GB:	Hen Harrier
F:	Busard Saint Martin
I:	Albanella reale
ES:	Aguilucho pálido

Wichtigste Kennzeichen: Eine mittelgroße, typische Weihe, die man meistens in tiefem Flug über offenem Land mit hoch angehobenen Flügeln sieht. Männchen mit schwarzen Flügelenden und weißem Bürzel. Das Weibchen ist bräunlich, mit sehr deutlichem weißen Bürzel.

Flügelspannweite: 99–121 cm.

Proportionen: In der Größe zwischen Rohr- und Wiesenweihe. Hat im Vergleich zur Rohrweihe einen schlanken Körper, etwas schmalere, spitzere Flügel (schlankere Hand) mit deutlicher Kurve

L ♀ ad.

3

K ♀ ad.

4

M ♀ ad.

N ♀ ad.

O ♂ 2. K. Frühjahr (Mai/Juni)

P juv.

6

5

Q juv.

am Hinterrand und einen relativ längeren Schwanz.

Gefieder: Das. ad. Männchen hat eine grauweiße Unterseite mit dunklerem Kopf und Vorderbrust (B1) – kontrastierend dazu die schwarzen Handschwingen (B2). Die Oberseite ist grau, und auch hier sind die schwarzen Flügelspitzen auffallend (A2). Hat außerdem einen weißen Bürzel (A3). Das ad. Weibchen ist auf der Körperunterseite hell gelbbraun mit Längsstreifen. Sehr auffällige Binden sieht man auf den Schwungfedern (D4) und auf dem Schwanz (D5, H5). Die Oberseite wirkt auf Distanz einfarbig dunkelbraun – mit dem weißen Bürzel (G3) als stark leuchtendem Kontrast. Bei guten Beobachtungsverhältnissen sieht man auch die helleren mittleren Flügeldeckfedern. Die erwachsenen Weibchen können im Fühjahr sehr ausgebleicht sein.

Jungvögel: 1. K.: Im 1. Kleid (juv.) gleicht der Jungvogel dem erwachsenen Weibchen, wirkt aber doch generell dunkler. Ein sicheres Kennzeichen für juv. ist der rostrote Spitzensaum der Oberseite, der auf den großen Deckfedern ein helles Band über die Flügel zieht (G6). Aber sonst überlappen sich die meisten anderen jugendlichen Züge mit der Variation des Gefieders ad. Weibchen. Generell haben juv. eine dunklere Oberseite mit mehr hervortretender Aufhellung auf den mittleren Deckfedern und so dunklen Armschwingen, daß Flügelbinden nicht sichtbar sind. Weiterhin ist ihr Scheitel dunkler und die helle Kopfzeichnung größer (s. S. 326/327). Der Schwanz zeigt immer einen deutlichen Kontrast zwischen den dunkleren mittleren Federn und den äußeren, deutlich gebänderten (G). Die Unterseite ist

häufig deutlich gelbrotbraun auf Körper und Flügeldecken (K); und die Armschwingen sind auf der Unterseite ebenfalls oft so dunkel, daß man die Flügelbinden nicht sieht (K7). Aber ausgefärbte Weibchen können ebenfalls dunkle Armschwingen haben.

2. K., Weibchen: Nach dem Winter sind Jungvögel und erwachsene Weibchen so ausgebleicht, daß die verschiedenen Alterskennzeichen stark verwischt sind. Die jungen Weibchen kann man daher im Frühjahr nur ausnahmsweise im Feld erkennen – und nach der Sommermauser gleichen sie den erwachsenen Weibchen.

2. K., Männchen: Mit der ersten Mauser, die bei einzelnen Vögeln schon im Dezember/Januar beginnt, kann das junge Männchen daran erkannt werden, daß sich auf Körper und Flügeldecken graue Federn zeigen. Im Laufe des Sommers beginnt die Mauser von Schwungfedern und Schwanzfedern (F), und sie ist zum Herbst hin weit fortgeschritten (C) oder vollendet (E). Einzelne erreichen schon jetzt das volle ad.-Kleid.

3. K., Männchen: Einige Männchen können im Frühjahr altersbestimmt werden: an den braunen Federn an Hals und Brust, vielleicht an einer dunklen Schwanzspitze oder dunklerem Rücken und Scheitel (E).

Flugbild: Wie charakteristisch bei Weihen: mit hoch angehobenen Flügeln beim Kreis- und Gleitflug (L, M). Ausnahmsweise sieht man Kornweihen jedoch beim Gleitflug mit waagerechten, ja sogar mit hängenden Flügeln. Der aktive Flug gleicht dem der Rohrweihe, aber dank der geringen Größe verläuft er mit etwas leichteren und schnelleren Flügelschlägen.

Verwechslungsmöglichkeiten:
Kornweihe, Männchen – Wiesenweihe, Männchen: Siehe bei Wiesenweihe.
Kornweihe, Männchen – Steppenweihe, Männchen: Siehe bei Steppenweihe.
Kornweihe, Weibchen – Wiesenweihe, Weibchen: Siehe bei Wiesen- und Steppenweihe sowie S. 326/327.

Wiesenweihe
(Circus pygargus)

Artbeschreibung: Seite 128

S: Ängshök
DK: Hedehøg
N: Enghauk
GB: Montagu's Harrier
F: Busard cendré
I.   Albanella minore
ES: Aguilucho cenizo

Wichtigste Kennzeichen:
Typische kleine und leichte Weihe, die meistens in elegantem Flug über offenem Land mit hoch angehobenen Flügeln zu sehen ist. Die Männchen erkennt man an der Ausdehnung des Schwarz auf den Flügelenden und an der schwarzen Armbinde. Das Weibchen gleicht den anderen Weihenweibchen und ist schwierig zu bestimmen. Man erkennt es an dem leichten Flug, an den Proportionen und an der Gesichtszeichnung.

Flügelspannweite:
97–115 cm.

Proportionen: Im Vergleich mit der Konrweihe kleiner; schlanker gebaut; mit schmaleren, spitzeren Flügeln, mit längerer Hand sowie längerem Schwanz – wesentlich länger als die Flügelbreite. Im

A ♂ ad.

2

3

B ♂ ad.

2

1

C ♂ 2. K. Herbst

E ♂
2. K. Herbst
3. K. Frühjahr

D ♀ ad.

4

5

F ♂
2. K.
Sommer

H ♀ ad.

5

I ♂
2. K.
Frühjahr

G juv.
1.–2. K.

3

6

K juv.
1.–2. K.

7

J juv.
1.–2. K.

L gleitend

M kreisend

321

ganzen ergibt das ein sehr schlankes, elegantes Profil. Hat 4 sichtbare Handschwingenfedern gegenüber 5 bei der Kornweihe.

Gefieder: Ad. Männchen: Gleicht in großen Zügen den anderen hellgrauen Weihenmännchen mit schwarzen Flügelenden (C1). Aber es gibt klare Unterschiede, die unter vernünftigen Bedingungen leicht zu sehen sind. Charakteristisch ist die schwarze Binde auf den Armschwingenfedern, sowohl auf der Oberseite als auch auf der Unterseite (vgl. D1). Ferner ist die Wiesenweihe normalerweise »zweifarbig« im Grau der Oberseite, wo die zwei anderen Weihenmännchen recht einfarbig sind. Der Bürzel ist weißlich mit grauer Querbinde. Auf der Unterseite sind Vorderkörper und Kopf grau, Hinterkörper weißlich mit verstreuten rotbraunen Längsstreifen, und die Flügeldecken sind weiß mit deutlichen dunklen Zeichnungen. Kann in der Grundfärbung sehr variieren: von dunklem Aschgrau bis zu recht hellem Grau. Generell ist die Wiesenweihe die dunkelste der drei aktuellen Arten. Ad. Weibchen: Gleicht sehr dem der Konweihe. Die Unterseite hat eine hell gelbbraune Grundfarbe, der Körper ist längsgestreift, die Flügeldecken gefleckt/längsgestreift, die gräulichen Schwungfedern mit deutlicher dunkler Binde auf den Armschwingen (B3); der Schwanz mit 3 ausgeprägten Binden. Die Oberseite ist dunkelbraun, mit etwas helleren mittleren Flügeldeckfedern. Hat weiße Schwanzwurzelfedern mit dunklen, tropfenförmigen Flecken (A4).

Jungvögel: 1. K.: Gleichen im Jugendkleid dem Weibchen, doch mit dem entscheidenden Unterschied,

daß die Unterseite ungestreift (!) rotbraun ist (K), und die Armschwingen so dunkel sind (K5), daß man die Binden, die man beim ad. Weibchen findet (B3), überhaupt nicht oder fast nicht sieht. Die Kopfzeichnung ist ebenfalls kontrastreicher. Die Oberseite ist dunkler mit einem deutlich helleren Feld auf den mittleren Flügeldecken. In frischem Gefieder bilden die hellen Spitzensäume der großen Flügeldecken eine dünne helle Binde (K6). 2. K., Weibchen: Bei der Ankunft in Europa im Frühjahr ist das Jugendkleid ein wenig verblichen (J). Z.B. ist die Unterseite nun oft hell gelbbraun. Die Mauser der Körperfedern hat begonnen, aber wird erst im kommenden Winter abgeschlossen. Die neuen Federn sieht man deutlich in Form von Längsstreifen auf Hals und Vorderbrust. Im Sommer beginnt die Mauser der Schwung- und Schwanzfedern. 3. K., Weibchen: Kann bis zur Mauser im Laufe des Sommers an seinen dunkleren Armschwingenfedern erkannt werden (E). 2. K., Männchen, Frühjahr: Gleicht oft einem bleichen juv., aber die »fortgeschrittensten« haben graue Federn auf Vorderleib, Rücken und Flügeldeckfedern, samt weißen Federn mit rötlichen Streifen auf dem Bauch (G, I). Im Laufe des Sommers und Herbstes werden alle oder die allermeisten Schwungfedern ausgewechselt (H). 2. K., Männchen, Herbst und 3. K., Männchen, Frühjahr: Hat auf dem Kopf einzelne braune Federn sowie oft einen weißen Nackenfleck. Die Rückseite hat außerdem einen braunen Ton (F). Die schwarze Binde kann besonders auf der Oberseite schwach gezeichnet sein, die Brust ist nicht so weit zum

Bauch hin grau wie beim ad., und der Schwanz besitzt eine diffuse dunkle Randbinde.

Abarten: Es gibt eine seltene melanistische Morphe. Vor allem Körper- und Flügeldeckfedern sind dunkel (braunschwarz bis grauschwarz). Auch Schwung- und Schwanzfedern sind dunkler, aber nicht so sehr, daß die arttypischen Zeichnungen nicht mehr zu sehen wären. Gelegentlich sieht man teilmelanistische Vögel.

Flugbild: Wie typisch für die Weihen fliegt die Wiesenweihe beim Kreis- (L) und Gleitflug (M) mit deutlich angehobenen Flügeln – oft beim Kreisflug mit besonders hochgestellten Flügeln. Die Flügelschläge sind sehr elegant und werden mit solcher Kraft ausgeführt, daß der Vogel oft hochgehoben wird. Das gibt dem aktiven Flug ein hüpfendes, seeschwalbenartiges Gepräge, am stärksten ausgeprägt bei dem etwas leichteren Männchen. Der Gleitflug ist oft etwas wackelnd und langsam, unterbrochen von weichen Flügelschlägen.

Verwechslungsmöglichkeiten:
Wiesenweihe, Weibchen – Steppenweihe, Weibchen: Etliche Weibchen dieser Art bringen große Probleme, die nur bei besten Bedingungen gelöst werden können. In Proportionen und Kleid erscheinen die beiden Arten identisch. Geübte Beobachter werden bemerken, daß die Steppenweihe (das gilt auch für Männchen und Jungvögel) eine etwas kürzere Hand hat und daher kornweihenartig wirkt. Unterschiede in der Kopfzeichnung können jedoch genutzt werden (siehe S. 326/327). Auf der Unterseite zeigen die Armschwingenfedern der Wiesenweihe

Wiesenweihe

A ♀ ad.

4

B ♀ ad.

3

C ♂ ad.

1

D ♂ ad.

2

E ♀
2. K. Herbst
3. K. Frühjahr

F ♂
2. K. Spätherbst
3. K. Frühjahr

G ♂
2. K. Frühjahr

H ♂
2. K. Herbst
3. K. Frühjahr

I ♂
2. K. Frühjahr

J ♀
2. K. Frühjahr

K juv. 1.–2. K.

5   6

L kreisend

M gleitend

323

ungleiche Abstände zwischen den Binden (B3). Bei der Steppenweihe ist der Abstand zwischen allen 3 Binden gleich groß (siehe Steppenweihe C3). Bei der Wiesenweihe können die Binden auf dem Arm auch auf der Oberseite gesehen werden, nicht aber bei der Steppenweihe. Des weiteren haben einige (jüngere ?) Vögel beider Arten so dunkle Armschwingenfedern, daß man die Binden nicht sehen kann. Wiesenweihe, juv. – Steppenweihe, juv.: Nur bestimmbar unter optimalen Verhältnissen an der Kopfzeichnung (S. 326/327). Wiesenweihe, Männchen – Kornweihe, Männchen: Gleichen einander in mehreren Punkten. Ihre Proportionen sind jedoch verschieden. Die Wiesenweihe ist kleiner, zarter gebaut und mit längerem Schwanz. Die Flügel sind schmaler und spitzer, mit 4 sichtbaren Handschwingenfedern entgegen 5 bei der Kornweihe. Geht man in die Einzelheiten, gibt es entscheidende Unterschiede. Wesentlich ist es hier, daß die Wiesenweihe generell ein dunklerer Vogel ist, der zudem oberseits ein »mehrfarbiges« Grau zeigt, im Gegensatz zum recht einfarbigen Hellgrau der Kornweihe. Charakteristisch ist auch die dunkle Armbinde der Wiesenweihe. Außerdem hat die Wiesenweihe einen weniger ausgeprägten weißen Bürzel (oder er fehlt ganz) im Vergleich zu dem bei der Kornweihe scharf abgesetzten. Auf der Unterseite sieht man den wesentlichsten Unterschied. Die Wiesenweihe hat 2 dunkle Binden auf den Armschwingen und den inneren Handschwingen sowie eine größere schwarze Partie auf den Handschwingen. Wiesenweihe, Männchen – Steppenweihe, Männchen: Siehe bei Steppenweihe.

Wiesenweihe, Männchen – Kornweihe, Männchen: Siehe bei Kornweihe. Wiesenweihe, Weibchen – Kornweihe, Weibchen: Die Wiesenweihe ist schlanker, mit längerem Schwanz, längeren und schmaleren Flügeln, besonders längerer und spitzerer Hand. Die Kleider sind fast identisch. Die Kornweihe ist jedoch u. a. unterseits kräftiger längsgestreift, und die 3 Binden auf den Armschwingenfedern halten gleichen Abstand voneinander. Die Bestimmung gelingt am besten, wenn man die Unterschiede in der Proportionen mit der Flugweise zusammenbringt. Hier wird die Wiesenweihe als ein schlankerer und eleganterer Vogel mit elastischem, mitunter einer Seeschwalbe ähnlichem Flügelschlag erscheinen.

Steppenweihe
(Circus macrourus)

Artbeschreibung: Seite 135

S: Stäpphök
DK: Steppehøg
B: Steppehauk
GB: Pallid Harrier
F: Busard pâle
I: Albanelle palida
ES: Aguilucho papialbo

Wichtigste Kennzeichen: Eine kleine Weiheart, in Größe, Erscheinung und Flugweise wie Wiesenweihe. Das fast weiße Männchen ist leicht an den keilförmigen schwarzen Flügelspitzen zu erkennen. Das Weibchen gleicht sehr den anderen bräunlichen Weihenweibchen und kann nur bei besonders günstigen Bedingungen bestimmt werden (Kopfzeichnung!).

Flügelspannweite: 99–117 cm.

Proportionen: Wie Wiesenweihe, aber die Hand ist etwas kürzer. Das gibt dem Vogel (besonders dem Weibchen) eine Erscheinung etwas in Richtung Kornweihe. Die Weibchen sind, im Gegensatz zur Wiesenweihe, deutlich größer als die Männchen.

Gefieder: Das ad. Männchen ist leicht kenntlich an seiner weißen Unterseite und den dazu scharf kontrastierenden 2.–5. Handschwingen. Sie bilden ein Muster (B1), das völlig anders ist als bei Korn- und Wiesenweihe – ein Unterschied, der im Felde sofort wahrgenommen wird. Die Oberseite ist ebenso sauber gezeichnet, jedoch hellgrau gegen die schwarzen Flügelspitzen (A1). Ad. Weibchen: Gleicht sehr dem Weibchen von Korn- und (besonders) Wiesenweihe. Die Artbestimmung der Weibchen von Steppenweihe und Wiesenweihe ist besonders schwierig und fordert sehr gute Bedingungen. Am besten geht es anhand der Kopfzeichnungen (S. 327). Des weiteren gibt es Unterschiede zwischen den Unterseiten-Binden auf den Armschwingen (J3). Siehe unter Wiesenweihe: Verwechslungsmöglichkeiten.

Jungvögel: 1. K.: Identisch mit Wiesenweihe außer der Kopfzeichnung (S. 326/327). Hier ist besonders der helle Halsring wertvoll (L2, M2). 2.–3. K.: Die Kleiderwechsel verlaufen im Prinzip wie bei der Wiesenweihe ab. Siehe dort sowie die Zeichnungen C, D, E, G, H und I.

Flugbild: Wie bei den anderen Weihen verläuft sowohl der Kreis- als auch der Gleitflug mit deutlich angehobenen Flügeln. Hat einen Flug, der ganz dem der Wiesenweihe gleicht.

Steppenweihe

A ♂ ad.

1 ——

B ♂ ad.

1 ——

C ♂
2. K. Herbst
K. Frühjahr

D ♂
2. K.
Herbst
3. K.
Frühjahr

E ♂ 2. K. Frühjahr

F ♀ ad.

G ♂ 2. K. Herbst

H 2. K.

I ♀ ad. (3. K. +)

J ♀ ad.

—— 3

K juv.
1. K.
2. K. Frühjahr

L juv.
1. K.
2. K. Frühjahr

—— 2

M juv.
1. K.
2. K. Frühjahr

—— 2

325

Verwechslungsmöglichkeiten:

Steppenweihe, Weibchen – Wiesenweihe, Weibchen: Siehe bei Wiesenweihe.

Steppenweihe, juv. – Wiesenweihe, juv.: Siehe bei Wiesenweihe und die Kopfzeichnungen.

Steppenweihe, Weibchen – Kornweihe, Weibchen: Ihre Weibchenkleider sind fast identisch – abgesehen von den Kopfzeichnungen. Diese bei der Bestimmung anzuwenden, erfordert besonders gute Beobachtungsverhältnisse. Es gibt jedoch recht große Unterschiede in ihren Proportionen, wobei die Steppenweihe ein schlankerer, lang-, schmal- und spitzflügeliger Vogel ist (mit 4 sichtbaren Handschwingenfedern gegenüber 5 bei der Kornweihe), mit einem längeren Schwanz und einem leichteren, eleganteren Flug, identisch mit dem der Wiesenweihe. Große Weibchen können jedoch schwerer und einer Kornweihe ähnlicher sein.

Steppenweihe, juv. – Kornweihe, juv.: Die Unterscheidung der Jungvögel dieser beiden Arten ist viel leichter. Die Steppenweihe ist unterseits einfarbig auf Körper und Flügeldecken, die Kornweihe hat dunkle Streifen. Die Anwendung der Kopfzeichnungen soll mit Vorsicht geschehen, weil Jungvögel der Kornweihe eine kontrastreichere Zeichnung als die erwachsenen Weibchen haben. Dadurch kann eine Verwechslung mit dem ad. Steppenweihe-Weibchen entstehen. Die Identifizierung ist am leichtesten anhand des Proportionen-Vergleiches.

Steppenweihe, Männchen – Männchen von Wiesen- und Kornweihe: Das sehr helle Steppenweihe-Männchen mit dem ganz anders geformten Feld auf den Flügelenden unterscheidet sich klar von den zwei anderen Arten. Lei-

der können Männchen der Wiesenweihe (H) als auch der Kornweihe (C) im Herbst des 2. K. in einem Übergangskleid auftreten, bei dem das Schwarze auf den Handschwingen ein keilförmiges Muster sehr ähnlich dem der Steppenweihe bildet. Eine sichere Bestimmung verlangt daher genaue Beobachtung der unterschiedlichen Kleidermerkmale, Proportionen und Flugbilder.

Kopfzeichnungen bei Weibchen und Jungvögeln der Weihen

Die Kleider der Weibchen und Jungvögel von Kornweihe, Wiesenweihe und Steppenweihe gleichen sich in sehr hohem Grade. Die Kopfzeichnungen sind jedoch recht verschieden und können in den meisten Fällen zur Artbestimmung gebraucht werden. Leider gibt es atypische Individuen mit einem Aussehen, das sich mit dem einer anderen Art überlappt, so daß in solchen Fällen eine Artbestimmung anhand der Kopfzeichnung unmöglich wird.

Die Anwendung der Kopfzeichnungen erfordert besonders gute Beobachtungsbedingungen. Sicherlich kann man den Halskragen der jungen Steppenweihe im guten Licht aus recht weiter Entfernung sehen. Aber die Artbestimmung erfordert auch, daß man sich sicher ist, daß der beobachtete Vogel keinen Halskragen hat, wie z. B. beim Beobachten der Wiesenweihe. Und dies kann man mit Sicherheit nur aus ziemlicher Nähe feststellen.

Kornweihe, juv.: Kontrastreiche Zeichnung: mit dunklem Scheitel und Backen,

recht deutlichem, weißem Halskragen. Ohne weißer Zeichnung sowohl über als auch unterm Auge, dunkler Augenumgebung und Streifen auf Hals und Brust. Verwechslung mit ad. Weibchen der Steppenweihe naheliegend.

Kornweihe, ad. Weibchen: Zeichnung im großen ganzen wie juv., aber deutlich heller, was geringeren Kontrast bringt. Der Halskragen ist dadurch weniger deutlich.

Wiesenweihe, juv.: Kontrastreich. Ohne Halskragen. Hat die größte und deutlichste weiße Gesichtszeichnung. Der Augenbrauenstreif hängt in der Regel mit dem weißen Feld unter dem Auge zusammen. Hals und Brust sind ungestreift.

Wiesenweihe, ad. Weibchen: Weniger kontrastreich als juv. U.a. hellere Backen und Halsseiten. Aber im Prinzip die gleiche Zeichnung wie bei juv. Die dunklen Backen kann man aus recht großem Abstand sehen. Hat generell einen helleren Kopf als bei Steppenweihe. Längsstreifen auf Hals und Brust.

Steppenweihe, juv.: Deutlicher, (unterschiedlich) breiter, rostgelber Halskragen. Kontrastreich: Scheitel, Backen und Augenumgebung dunkel. Markanter Überaugenstreif, der normalerweise vom weißen Feld unterhalb des Auges getrennt ist. Hals und Brust ungestreift.

Steppenweihe, ad. Weibchen: Zeichnung im wesentlichen wie bei juv., aber der Kopf ist heller. Dadurch geringerer Kontrast. Der Halskragen ist ebenfalls weniger ausgeprägt, weil er mit dunklen Federn durchsetzt ist. Hals und Brust gestreift. Verwechslung mit juv. Kornweihe leicht möglich.

Kornweihe

juv.

ad. ♀

Wiesenweihe

juv.

ad. ♀

Steppenweihe

juv.

ad. ♀

Singhabicht

(Melierax metabates)

Artbeschreibung: Seite 138

S: Sånghök
DK: Sanghøg
N: Sanghauk
GB: Dark Chanting Goshawk
F: Authour-chanteur sombre
I: Astore musico
ES: Azor cantor

Wichtigste Kennzeichen:
Mittelgroßer, habichtartiger Greifvogel mit markanter Schwanzzeichnung und schwarzen Flügelspitzen. Juv. kann an einen Bussard erinnern.

Flügelspannweise:
95–110 cm.

Proportionen: Breite, kurze und abgerundete Flügel, bei ad. mit parallelen Kanten; juv. haben eine bogenförmige Flügelhinterkante. Langer Schwanz, länger als Flügelbreite.

Gefieder: Ad.: Die Oberseite ist schiefergrau bis dunkel braungrau, am dunkelsten auf Schulter, Rücken und Flügeldeckfedern. Die Oberschwanzdecken sind hell mit deutlicher dunkler Querstreifung. Der kontrastreiche Schwanz ist sehr auffallend: mit schwarzen mittleren Schwanzfedern und markanten Binden auf den äußeren (B1). Die Handschwingenfedern sind schwarzbraun (B2) und werden schrittweise nach innen zu heller, wo hellere Armschwingen mit schwacher gräulicher Querbänderung eine gewissen Kontrast zur übrigen Oberseite bilden.
Die Unterseite wirkt auf Abstand einfarbig weißlich hellgrau, abgesehen von den dunklen Handschwingen (A2) und der dunkleren, grauen Kopfpartie (A3). Erst auf sehr nahe Entfernung sieht man, daß der Körper, die Flügeldecken und die Schwungfedern fein graubunt quergestreift sind. Die Schwanzunterseite ist mit nur schwach markierten, dunklen Querbinden versehen. Beine, Wachshaut und Schnabelbasis orangerot. Geschlechter gleich gefärbt.

Jungvögel: 1. K.: Die Oberseite von Kopf, Nacken, Rücken und Flügeldecken ist braun mit helleren Rändern. Die Armschwingen sind hellbraun, mit schwach ausgeprägter Querbänderung. Sie stehen in einem gewissen Kontrast zu den dunkleren schwarzbraunen Handschwingen, bei denen die Spitzen ganz dunkel sind. Die Schwanzdecken oberseits sind hell mit dunklen Querbändern (D4). Der Schwanz hat deutliche Querbinden, und die mittleren Federn sind etwas dunkler.
Die Unterseite hat markante Querstreifen auf Körper und Flügeldecken, breiter als bei den Erwachsenen. Nur der äußerste Teil der Handschwingen ist dunkel. Auch bei den juv. steht die Kopfpartie in einem gewissen Gegensatz zur übrigen Unterseite (C3). Beine und Wachshaut sind gelb.
2. K.: Der Mauserverlauf ist nicht besonders gut bekannt. Aber wahrscheinlich beginnt die Mauser des Jugendgefieders, wenn der Vogel etwa 1 Jahr alt ist (2. K., Sommer) und führt zu einem kompletten (?) Erwachsenenkleid vor Jahresende. Der junge Vogel wird daher von Mai/Juni an in einem bunten Kleid auftreten, bestehend aus braunen und grauen Federn beider Kleidergenerationen.

Flugbild: Erinnert an *Accipiter,* aber die Flügelschläge sind nicht so schnell wie bei Habicht und Sperber. Kreist mit angehobenen Flügeln wie Rohrweihe.

Verwechslungsmöglichkeiten: Die Altvögel sind so typisch, daß normalerweise eine Verwechslung nicht vorkommt. Erinnert oberflächlich vielleicht an Kornweihen-Männchen. Doch sind große Unterschiede vorhanden, was die Proportionen und das Kleid angeht. Die Jungvögel sind weniger typisch und können sowohl an einen *Accipiter* als auch an Bussarde denken lassen. Der lange Schwanz, der helle Bürzel, die Zeichnung der Unterseite (u. a. fehlen dunkle Handwurzelflecken) sollten jedoch eine Bestimmung leicht machen.

Habicht

(Accipiter gentilis)

Artbeschreibung: Seite 140

S: Duvhök
DK: Duehøg
N: Hønsehauk
GB: Goshawk
F: Autour de palpobes
I: Astore
ES: Azor

Wichtigste Kennzeichen:
Ein breitbrüstiger, kräftig gebauter *Accipiter* mit einem recht spitzen Kopf. Das Weibchen mäusebussard-groß – das Männchen kleiner und leichter gebaut. Im Fluge deutlich »schwerer« als Sperber, u. a. mit deutlich langsamer ausgeführtem Flügelschlag.

Flügelspannweise:
96–127 cm.

Singhabicht

A ad.

2

3

B ad.

2

1

C juv.

3

D juv.

4

E kreisend

329

Proportionen: Auffallende Größenunterschiede der Geschlechter: das Weibchen ist mäusebussardgroß, das Männchen viel kleiner. Typisch für die Art ist ein langgestreckter, kräftiger Körper mit ausgeprägt breiter Brust und einer kräftig gebauten Beckenregion. Darüber hinaus ist der Kopf spitz, langgestreckt und vorwärts getragen (C1), mit kräftigem Schnabel; der Schwanz schmal und im gespreizten Zustand eindeutig fächerförmig (C2) mit runden Schwanzecken. Die Flügel sind verhältnismäßig länger als die des Sperbers. Besonders die Hand ist länger und spitzer.

Gefieder: Ad.: Die Unterseite der ad. ist auf dem Körper und den Flügeldecken quergebändert. Die Schwungfedern und der Schwanz besitzen Querbinden. Die Grundfarbe ist hell, was dazu führt, daß der Vogel auf Distanz recht einfarbig grau aussieht. Die quergebänderte Unterseite sieht man daher nur aus der Nähe. Die Unterschwanzdecken sind kräftiger weiß markiert als beim Sperber. Die Oberseite ist im frisch vermauserten Kleid im Herbst recht einfarbig blaugrau, im bleichen Kleid des Frühjahrs brauner. Der Schwanz zeigt deutliche Querbinden. Bei guten Beobachtungsbedingungen kann die Kopfzeichnung ein gutes Kennzeichen sein: dunkle Ohrdecken und dunkle Federn auf dem Scheitel, in Kontrast zu dem markanten weißen Überaugenstreif. Besonders beim Männchen ist der Überaugenstreif deutlich (E3) aufgrund der schwärzlichen Ohrdeckfedern.

Rassen: Bei den Vögeln der nordöstlichen Rasse *A. g. buteoides* ist der Jungvogel sehr hell, sowohl unterseits, wo die Zeichnung sehr schwach ist (D), als auch auf der Oberseite, die bunter ist als die der juv. der Nominatrasse, mit einem viel helleren Feld auf den mittleren Flügeldecken und deutlich helleren Federrändern.

Buteoides wird weiter östlich von der noch helleren Rasse *A. g. albidus* abgelöst.

Jungvögel: 1. K.: In seinem 1. Kleid ist der Vogel auf der Unterseite weiß (H) bis gelbbraun (G) mit längsgefleckten Körperfedern (G4). Die Oberseite ist dunkelbraun mit rostfarbenen Federrändern und Kontrast zwischen Schwungfedern und Flügeldeckfedern (I).

2. K.: Im Laufe des Frühjahrs und des Sommers mausert der Vogel ins Immatur-Kleid (C), in dem die Querbänderung der Unterseite breiter und größer ist, die Rückenseite brauner als bei den ad. ist, und im dem man einzelne dunkelbraunere Federn vom juv.-Kleid sieht. Die Gesichtszeichnung ist kontrastarmer. Die Bänderung auf den Schwungfedern ist deutlicher als bei ad.

3. K.: Wie 2. K., Herbst, hin zur Mauser ins ad.-Kleid im Laufe des Sommers.

Flugbild: Meistens eine Serie recht schneller Flügelschläge, gefolgt von Gleitflug, bei dem die Flügel waagerecht gehalten werden (H). Im Kreisflug hält das Weibchen die Flügel (J), sehr ähnlich den Großfalken, deutlich angehoben (G), während die des Männchens bloß schwach angehoben sind. In der Regel erfolgt der Kreisflug mit gefächertem Schwanz.

Verwechslungsmöglichkeiten:

Habicht – Sperber: Das große Weibchen sollte keine Schwierigkeiten machen, ist es doch kein Riesenvogel. Aber öfter als man denkt, wird das Habicht-Weibchen übersehen und für einen Mäusebussard gehalten, vor allem wenn es zielstrebig über freie Flächen fliegt. Selbst für den erfahrenen Beobachter ist es schwer, das Habicht-Männchen vom Sperber-Weibchen zu unterscheiden, da sie in der Größe recht dicht beieinander liegen. Doch gibt es einige Unterschiede in den Proportionen. Der Habicht, auch das Männchen, ist ein kräftiger Vogel. Das sieht man deutlich am Körper, der langgestreckter wirkt, eine breitere und kräftigere Brust und eine breitere und kräftigere Beckenpartie besitzt als der Sperber. Darüber hinaus ist der Kopf größer und vorgestreckter, er wirkt fast dreikantig, während der des Sperbers rund erscheint. Weiterhin ist der Schwanz des Habichts deutlich breiter. Am leichtesten sind die Vögel beim Kreisflug zu unterscheiden: Der Habicht erinnert mehr an einen »großen Falken«, da die Flügel spitzer sind als die des Sperbers. Der Schwanz ist darüber hinaus abgerundet und fächerförmig, während der des Sperbers gerade abgeschnitten und nahezu dreieckig ist. Beim Kreisflug wirkt der Habicht gedrungener, schwerer und hat regelmäßigere, etwas steife und nicht besonders tiefe Flügelschläge. Der Sperber wird in gleicher Situation 4–5 schnelle und energische Flügelschläge ausführen. Aus nächster Nähe ist die Kopfzeichnung des Habichts (ad.) deutlicher, da die Ohrdecken dunker sind.

Habicht – Gerfalke: Siehe bei Gerfalke.

5

B ♀ ad.

A ♀ ad.

C imm.
2. K. Herbst
3. K. Frühjahr

1

2

D (buteoides/
albidus)

3

E ♂ ad.

F

G juv.
1.–2. K.

4

H juv.
1.–2. K.

I juv.
1.–2. K.

J kreisend

K gleitend

331

Sperber

(Accipiter nisus)

Artbeschreibung: Seite 148

S: Sparvhök
DK: Spurvehøg
N: Spurvehauk
GB: Sparrowhawk
F: Epervier d'Europe
I: Sparviere
ES: Gavilán común

Wichtigste Kennzeichen:
Ein kleiner Habicht mit breiten, recht abgerundeten Flügeln und rundem Kopf. Im Flug ein leichter Vogel, der meist 5–6 schnelle Flügelschläge macht und danach gleitet.

Flügelspannweite:
60–80 cm.

Proportionen: Das Männchen ist turmfalkengroß, das Weibchen etwas größer. Der Körper ist im Vergleich zum Habicht weniger kräftig, besonders an Brust und Becken. Der Kopf tritt kaum hervor und ist runder, der Schwanz ist schlanker und fast gerade abgeschnitten, beim Kreisflug nahezu dreieckig (B), und die Flügel sind relativ breiter und runder.

Gefieder: Ad. Männchen: Unterseite mit typischer Sperberung. Die Grundfarbe ist hellgräulich, die Querbänderung auf dem Körper rötlich, auf der übrigen Unterseite braun – alles in allem ergibt das auf Distanz den Eindruck einer einfarbig rotbraunen Unterseite. Die Oberseite variiert farblich von blaugrau bis dunkel schiefergrau – zum Frühjahr hin durch Ausbleichen mit braunem Schimmer. Die Oberseite wirkt auf Distanz einfarbig, abgesehen von den deutlich sichtbaren 4–5 Schwanzbinden, die

auch unterseits sehr deutlich erscheinen. Die Augen sind gelb, bei ad. Männchen orangerot.
Ad. Weibchen: Unterscheidet sich vom Männchen dadurch, daß die Streifen auf der Unterseite des Körpers dunkelgrau sind. Manche Weibchen haben jedoch rostrote Streifen auf Backen und Brust – und die weniger roten Männchen überlappen mit den rötlichsten Weibchen. Doch normalerweise macht die Geschlechtsbestimmung anhand der Unterseitenfärbung keine Probleme. Das Weibchen ist oberseits brauner und hat einen deutlichen hellen Überaugenstreif (C2), der dem Männchen meist fehlt. Die Augen sind gelb.

Jungvögel: 1. K.: Es variiert die Grundfarbe auf der Unterseite zwischen Weiß (G), Sahnefarben und (selten) Rotbeige (H). Auch sind die Querstreifen breiter und unregelmäßiger. Die Wangen sind dunkelbraun, Längsstreifen sieht man auf Hals und Vorderbrust (G3). Die Oberseite ist dunkelbraun mit rostfarbenen Federrändern.
2. K.: Im Frühjahr noch im Jugendkleid. Im Laufe des Sommers mausert es in ein den ad. sehr ähnliches Kleid. Aber bräunliche Federn, vor allem auf der Oberseite, enthüllen das Alter.
3. K.: Im Frühjahr noch immer einzelne braune Federn auf der Rückseite. Mausert im Laufe des Sommers ins Erwachsenenkleid.

Flugbild: Typisch habicht-/sperberartig, somit mit wenigen, schnellen Flügelschlägen, gefolgt von Gleitflug. Dieser verläuft mit nahezu waagerecht gehaltenen Flügeln (K). Man sieht ihn auch beim Kreisflug, meist während des Zuges, oft mit nur leicht gespreiztem Schwanz – demnach entge-

gengesetzt dem Verhalten des Habichts. Die Flügel werden ganz leicht angehoben oder waagerecht gehalten (J).

Typisches Verhalten: Jagt häufig über der Erde, im Winter zwischen Häusern und Gärten, und versucht unter Ausnutzung aller möglichen Deckung Kleinvögel zu überrumpeln.

Verwechslungsmöglichkeiten:
Sperber – Habicht: Siehe bei Habicht.
Sperber – Kurzfangsperber: Siehe bei Kurzfangsperber.
Sperber – Turmfalke: Wegen fast gleicher Größe Verwechslung nicht ausgeschlossen, z. B. wenn Färbung nicht erkennbar ist. In kräftigem Wind beugt der Sperber die Flügel rückwärts und wirkt dann spitzflügelig wie ein Falke. Doch ist der Sperber deutlich breitflügeliger als Falken. Im Kreisflug wirkt sein Schwanz gerader abgeschnitten (B).
Sperber – Merlin: Siehe bei Merlin.

Kurzfangsperber

(Accipiter brevipes)

Artbeschreibung: Seite 156

S: Balkanhög
DK: Balkanhøg
N: Balkanhauk
GB: Levant Sparrowhawk
F: Espervier à pieds courts
I: Sparviere levantino
ES: Gavilán griego

Wichtigste Kennzeichen:
Ein kleiner, spitzflügeliger Habicht. Männchen mit heller Unterseite. Beide Geschlechter mit deutlich dunklen Flügelspitzen. Augen rotbraun.

Flügelspannweite:
64–80 cm.

A ♀ ad.

B

C ♀ ad.
2

E ♀ ad.

D ♂ ad.

F ♂ ad.
1

H juv.
1.–2. K.

G juv.
1.–2. K.
3

I juv. 1.–2. K.

K gleitend

J kreisend

Proportionen: So groß wie ein Sperber, an den er sehr erinnert. Die Flügel sind jedoch schlanker, die Hand ist länger und spitzer – hierdurch falkenartiger Eindruck

Gefieder: <u>Ad. Männchen:</u> Unterseits in unterschiedlichem Ausmaß (B,G) sehr hell, mit deutlichen schwarzen Flügelspitzen (B1). Der Körper ist hell und rostrot quergestreift, die Flügelunterseiten sind hellgrau und rahmfarben. Der Schwanz hat 5–6 sichtbare Querbinden (und damit mehr als beim Sperber) (E2); die mittleren 2 Federn sind jedoch einfarbig, so daß die Binden bei gefaltetem Schwanz randständig bleiben. Oberseits hell blaugrau (E1).
<u>Ad. Weibchen:</u> Ähnelt in weit höherem Grade einem Sperber. Es hat jedoch auch deutliche dunkle Flügelspitzen (A1) und – wie das Männchen – 5–6 Binden auf dem Schwanz (D). Die Oberseite ist braun mit einem grauen Schimmer; die Kopfzeichnung ist dunkler als beim Sperber. Auch fehlen Augenstreifen. Aus der Nähe kann man einen dunklen Strich auf der Kehle sehen.

Jungvögel: <u>1. K.:</u> Erkennt man am besten daran, daß die Körperunterseite kaffeebraun tropfenförmig längsgefleckt ist (C3) und daß sich entlang der Kehle ein deutlicher dunkler Mittelstreifen findet. Dieser ist beim Weibchen nur undeutlich zu sehen. Ein heller Fleck auf dem Oberrücken fällt auf. Die Augen sind grau bis graubraun. Hat auch schwarze Flügelspitzen, aber nicht so ausgeprägt wie bei ad.
<u>2.–3. K.:</u> Wohl gleicher Mauserablauf wie beim Sperber.

Flugbild: Sehr ähnlich dem des Sperbers.

Verwechslungsmöglichkeiten:
<u>Kurzfangsperber – Sperber:</u>
Der Kurzfangsperber ist schlanker, hat eine etwas längere Hand, ist spitzflügeliger und hat vor allem schwarze Flügelspitzen. Schwerer zu sehen sind die Schwanzbinden. Der Kurzfangsperber hat 5–6, der Sperber 4–5. Man beachte, daß die mittleren Schwanzfedern des Kurzfangsperbers einfarbig sind, so daß beim aktiven Flug mit geschlossenem Schwanz dieser einfarbig wirkt. Beim Kurzfangsperber-Männchen sind oberseits die Flügelenden deutlich schwarz.
<u>Kurzfangsperber – Habicht:</u>
Juv. Kurzfangsperber und junge Habichte sind beide längsgestreift. Habicht-Männchen und Kurzfangsperber-Weibchen sind nahezu gleich groß. Die Unterseite des Habichts ist kräftiger gezeichnet – und die Schwanzbinden sind unterschiedlich. Im Fluge wirkt der Habicht kräftiger schwerer.
<u>Kurzfangsperber – Rötelfalke:</u>
Das sehr helle Männchen des Kurzfangsperbers kann, aufgrund der falkenartigen Erscheinung der Art, mit dem gleich hellen Männchen des Rötelfalken verwechselt werden. Doch dessen schwarzes Schwanzende entlarvt ihn.

Schikra
(Accipiter badius)

Artbeschreibung: Seite 159

S, DK, N, GB, I: Shikra
F: Espervier shikra
ES: Gavilán shikra

Wichtigste Kennzeichen:
Ein kleiner, heller Habicht mit schwarzen Flügelspitzen. Auge orangerot (ad.).

Flügelspannweite:
60–70 cm.

Gefieder: <u>Ad. Männchen:</u>
Die Oberseite ist hell blaugrau, die 4–5 längsten Handschwingen mit fast schwarzen Spitzen (B1) und die äußerste Schwanzfeder mit schwach ausgeprägten, dunklen Binden (B2). Die Unterseite ist sehr hell, die Flügelspitzen sind etwas dunkler (A1). Aus der Nähe sieht man einen dunklen Streif auf der Kehle (A3). Der Schwanz ist recht dunkel und mit deutlichen Querbinden (A4) versehen. Gleichfalls sieht man aus der Nähe die schwachen, rotbraunen Querstreifen auf dem Körper.
<u>Ad. Weibchen:</u> Oberseits etwas dunkler (brauner). Unterseits heller und mit helleren Flügelspitzen; schwächere und breitere Querstreifen auf dem Körper.

Jungvögel: Im juv.-Kleid ist die Oberseite dunkelbraun mit rostroten Federrändern; ferner hellerer Kopf und hellere Schwanzdecken. Der Schwanz hat 5–8 ausgeprägte Querbinden. Auf der Unterseite ist der Körper mit großen , bläulichen, tropfenförmigen Flecken besetzt, ebenso die Flügeldecken, und die Schwungfedern sind kräftiger gefleckt und gebändert als bei den Altvögeln. Das Auge ist bei juv. weißgelblich.

Flugbild: Erinnert an Sperber.

Verwechslungsmöglichkeiten: Erinnert in Farben und Zeichnung am meisten an Kurzfangsperber, aber dieser ist mehr falkenartig (hat spitzere Flügel) und hat dunklere Flügelspitzen. Auch sind die ad. Schikra deutlich heller als Kurzfangsperber. Die juv. sind im Felde anhand der Kleider schwer zu trennen. Hier mangelt es bisher an Wissen und Erfahrung.

Kurzfangsperber

A ♀ ad.
1

B ♂ ad.
1

C juv. 1.–2. K.
3

D ♀ ad.

E ♂ ad.
1
2

F juv. 1.–2. K.

G ♂ ad.

Schikra

A ♂ ad.
1
3
4

B ♂ ad.
1
2

C juv.

335

Mäusebussard

(Buteo buteo)

Artbeschreibung: Seite 160

S: Ormvråk
DK: Musvåge
N: Musvåk
GB: Buzzard
F: Buse variable
I: Poiana
ES: Ratonero común

Wichtigste Kennzeichen:
Ein kompakter, mittel-
großer Greifvogel mit einer
(in der Regel) einfarbigen
dunklen Oberseite. Fär-
bung und Zeichnung auf
der Unterseite variieren
individuell, alle aber haben
dunkle Handwurzelflecken
und ein weißes Feld an
der Basis der Hand.
Schwebt mit leicht ange-
hobenen und vorgescho-
benen Flügeln.

Flügelspannweite:
113–128 cm.

Proportionen: Das Verhältnis zwischen Flügelbreite,
Schwanzlänge und dem dicht
an der Flügelvorderkante pla-
zierten Kopf gibt dem Mäusebussard ein sehr kompaktes
Aussehen.
Juv. haben schmalere Flügel,
einen längeren und schlankeren Schwanz – und haben
daher eine weniger kompakte Silhouette. Die Unterscheidung von ad. und juv. an-
hand der Proportion erfordert
jedoch große Felderfahrung,
um sie mit angemessener
Sicherheit nutzen zu können.

Gefieder: Der Mäusebussard
ist einer der Arten, bei der
das Federkleid eine große
Variation aufweist. Das macht
die Bestimmung anhand der
Gefiederfärbung schwierig.
Die Mehrheit der Vögel liegt
jedoch innerhalb des »nor-

malen« Typus, bei dem die
Oberseite dunkelbraun bis
dunkel graubraun ist (F). Das
gilt für die Schwungfedern,
die, bei gutem Licht, deutlich
quergebändert und mit einer
breiten, auffallenden Endbinde versehen sind (D1) –
und, charakteristisch für Bussarde, für die helle Basis der
äußeren Schwungfedern. Sie
bilden ein helles Flügelfeld
(C1), zwei Handwurzel-
flecken sind ebenfalls »obliga-
torisch« (C2), doch sind sie
am auffallendsten bei hellen
Vögeln. Der Schwanz ist
ebenfalls im großen ganzen
bei allen gleich gezeichnet:
gräulich mit vielen schmalen
Querbinden und einer mar-
kanten breiteren Endbinde
(D3). Was individuell variiert,
sind besonders die Farben
und Muster auf der Unter-
seite des Körpers und der
Flügeldecken. Die Variationsbreite zeigen die Zeichnungen A–E; die weitaus häufigsten sind B, D und E. Hier
sind die Flügeldeckfeder-
Gruppen von verschiedener
Farbe. Die kleinen sind gerne
einfarbig dunkel, die mittleren
sind deutlich heller und bilden
oft eine helle Binde, die großen sind oft dunkler als die
mittleren. Die Körperunterseite ist beim typischen Vogel
in drei Zonen unterteilt: mit
einer dunklen Brust, einem
hellen Brustband und einem
Bauch, der quergebändert
sein kann (B, E) oder fast einfarbig dunkelbraun (D).
Neben den typischen gibt es
sehr helle (A, C) Vögel. Diese
können zu Fehlbestimmun-
gen führen, doch haben sie
die typische Zeichnung der
Art des Schwung- und
Schwanzfedern sowie die
dunklen Handwurzelflecken.
Sie haben häufig eine hellere
Oberseite (Q) und oft einen
oberseits hellen Schwanz (Q).

Rassen: Mehrere Rassen
kommen in der Westpaläarktis vor. Zwei davon: *B. b. vulpi-*

nus, Falkenbussard, in Nord
und Ost brütend, und
B. b. menstriesi aus dem
Südosten der Westpaläarktis
können oft im Felde unterschieden werden.
Der Falkenbussard ist kleiner,
hat etwas schmalere und
spitzere Flügel als die Nominatrasse und ist unterseits
kontrastreicher. Ferner ist, wie
auf den Zeichnungen G, H
und I zu sehen, der helle
Fleck auf den Handschwin-
gen wesentlich größer, und
auch die Armschwingen treten heller hervor. Dadurch
wird die schwarze Hinterflügelkante schärfer abgesetzt.
Der Schwanz ist gelbweiß,
hell rotbraun oder zimtfarben.
Der Falkenbussard tritt in
3 ausgeprägten Morphen auf,
wo Körper und Flügeldeck-
federn einfarbig rotbraun (I),
graubraun (H) oder (unge-
wöhnlich) nahezu schwarz
(G) sind. Darüber hinaus
sieht man einige »mehrfarbi-
ge«, die sehr an die Nomin-
rasse erinnern und sich häufig nicht bestimmen lassen.
B. b. menstriesi ähnelt dem
Falkenbussard, ist aber größer
(durchgehend größer als
unsere heimische Rasse).
Charakteristisch ist für sie ein
rostroter Gefiederton.

Jungvögel: 1. K.: Der Mäusebussard kann oft, wenn die
Beobachtungsmöglichkeiten
gut sind, im Felde altersbestimmt werden. Das beste
Kennzeichen ist die Zeichnung des Schwanzes. Er-
wachsene Mäusebussarde
haben in der Regel ein
deutlich breites und scharf
gezeichnetes Band am
Schwanzende (D3); es fehlt
den Jungvögeln (O3, P3).
Dieses Kennzeichen sieht
man am besten, wenn der
Vogel kreist und der Schwanz
gefächert ist. Allgemein sind
Jungvögel heller als ad. Oft
haben sie die Unterseite
deutlich längsgestreift (K).
Dunkle Vögel haben dazu

A

B

C

2

D

1

E

F

G Falkenbussard

H Falkenbussard

I Falkenbussard

J Falkenbussard

auch das typische Brustfeld längsgestreift.

Die meisten juv. haben helle, rostrote Federränder auf Schulter- und Flügeldecken, und sieht man einen Mäusebussard mit einer hellen Binde, gebildet aus den hellen Spitzen der großen Deckfedern (S4), ist die Altersbestimmung sicher. Sehr helle Vögel können nicht mit Sicherheit altersbestimmt werden, scheinen aber im allgemeinen junge Vögel zu sein. Junge Mäusebussarde haben auch eine diffus gezeichnete Hinterflügelkante und dunklere, gröber gezeichnete Armschwingenfedern, aber diese Kennzeichen erfordern große Erfahrungen. Die Unterschiede zu den ad. sind oft gering.

2. K.: Trägt im Frühjahr sein verschlissenes und ausgebleichtes Jugendkleid. Im März/April mausert der Vogel in ein Kleid, das normalerweise im Felde nicht mehr von ad. unterscheidbar ist.

Flugbild: Beim Kreisflug werden die Flügel leicht angehoben (T) und deutlich vorgeschoben (F). Der Gleitflug wird mit dem ganz leicht angehobenen Arm und waagerecht gehaltener Hand (U) ausgeführt. Beim kräftigen Gleitflug hängt die Hand mehr (wie beim Wespenbussard) und dann in der Regel mit einem deutlich gewinkelten Übergang zwischen Arm und Hand (im Gegensatz zum Wespenbussard). Im Gleitflug wird der Arm schräg vorgestreckt, die Hand schräg nach hinten, so daß die Flügel einen ausgeprägten Winkel bilden. Die Flügelbewegungen sind dabei recht steif und nicht besonders tief.

Besonderes Verhalten: Rüttelt ab und zu während der Nahrungssuche.

Verwechslungsmöglichkeiten:

Mäusebussard – Wespenbussard: Selbst wenn es eine Reihe Kennzeichen für die zwei Arten gibt, entstehen in der Praxis oft Schwierigkeiten bei einer Artbestimmung, besonders bei jungen Vögeln. In der Silhouette tritt der Wespenbussard mit kleinerem Kopf, schlankerem Hals und, im Gegensatz zum Mäusebussard, mit ausgestrecktem Kopf hervor, so daß der Schnabel sichtbar ist. Der Wespenbussard hat auch einen längeren Schwanz, der zusammengelegt konvex geformt ist und abgerundete Ecken besitzt; oft sieht man zudem eine schwache Einbuchtung, am ausgeprägtesten bei Jungvögeln. Die Flügel sind ebenfalls länger, schmaler am Ansatz und mit vollerer Hand. Die Unterscheidung anhand der Silhouette kann schwierig sein, wenn es sich um junge Wespenbussarde handelt. Diese sind in charakteristischer Ausgestaltung mehr mäusebussardähnlich als Folge andersartig proportionierter Flügel. Diese sind kürzer als bei den Altvögeln mit einem breiteren Arm und schmaler Hand, aber auch mit einem deutlicheren Übergang zwischen Arm und Hand. Einzelne juv. Wespenbussarde haben auch kürzere Schwänze und können so in Verbindung mit der jugendlicheren Flügelform oft Proportionen wie ein Mäusebussard besitzen.

Im Kreisflug hält der Wespenbussard in groben Zügen seine Flügel eben – der Mäusebussard seine deutlich angehoben und vorgeschoben. Beim Gleitflug ist es charakteristisch, daß der Wespenbussard eine »hängende« Hand hat, während der Mäusebussard seine Flügel möglichst eben hält. In diesem Punkt kommen jedoch auch Überlappungen vor – z. B. gleiten

Mäusebussarde oft mit hängender Hand. Man wird da, außer an der geringeren Spannweite, den Mäusebussard an dem ausgeprägteren Übergang (Winkel) zwischen Arm und Hand erkennen. Im übrigen ist es für den Wespenbussard beim aktiven Flug charakteristisch, den Kopf zu heben, so daß die Brust sich wölbt, und daß er auf Milanart seinen Schwanz oft um die eigene Achse dreht. Selbst die Flügelbewegungen treten für den geübten Beobachter als ein Kennzeichen hervor: Der Wespenbussard hat einen deutlich tieferen, weicheren und elastischeren Flügelschlag.

Trotz der verwirrenden Mannigfaltigkeit wird man bei vernünftigen Beobachtungsverhältnissen in den meisten Fällen die Gefiedertypen zur Unterscheidung beider Arten anwenden können. Charakteristisch sind somit die meisten ad. Wespenbussarde (A, D, G, H und J) mit ihrem gesperrten Körpermuster und den typischen Unterflügelzeichnungen. Man beachte, daß die Zeichnungen auf den Schwingenfedern beim Mäusebussard gleichmäßiger verteilte, schmale Bänder sind. Für alle erwachsenen Wespenbussarde gilt, daß sie eine ausgeprägte dunkle Hinterkante am Flügel und Schwanz haben, dazu, im Gegensatz zum Mäusebussard, im deutlichen Kontrast zu den benachbarten Federpartien.

Während die jungen Mäusebussarde im hohen Maße den ad. gleichen, ist das Kleid junger Wespenbussarde weniger typisch. Die Armschwingenfedern sind in der Regel dunkel (»schattig«) (P5) und quergebändert mit der Flügelhinterkante und Schwanzendbinde ohne das typische dunkle Band. Als Ersatz besitzt ein großer Teil der jungen Wespenbussarde (in

K

L

M

N

O

3

P

3

Q

R

S

4

T kreisend

U gleitend

Skandinavien 60 %) ein typisches Gelbrotbraun auf Körper und Flügeldecken als Feldkennzeichen (S). Die dunklere Morphe (U) (in Skandinavien ca. 20 %) kann von unten her gesehen von dunklen Mäusebussarden anhand der hellen großen Flügeldeckfedern unterschieden werden, die als ein diffuses helles Band auf der Flügelunterseite verlaufen (U). Man beachte, daß dunkle Mäusebussarde (Nominatrasse) immer ein helles Feld auf der Brust haben (D).

Mäusebussard – Rauhfußbussard: Siehe bei Rauhfußbussard.

Mäusebussard – Adlerbussard: Siehe bei Adlerbussard.

Mäusebussard – Schlangenadler: Siehe bei Schlangenadler.

Rauhfußbussard

(Buteo lagopus)

Artbeschreibung Seite 168

S: Fjällvråk
DK: Fjeldvåge
N: Fjellvåk
GB: Rough-legged Buzzard
F: Buse pattue
I: Piona calzata
Es: Ratonero calzado

Wichtigste Kennzeichen:
Ein großer, langflügeliger Bussard. Hat einen weißen Schwanz mit einer markanten Endbinde, deutlich dunkle Handwurzelflecken und einen dunklen Bauch.

Flügelspannweite:
120–150 cm.

Proportionen: Die Flügel und der Schwanz sind verhältnismäßig länger als die des Mäusebussards. Im Tiefflug über offenem Land ergeben diese Proportionen eine gewissen Ähnlichkeit mit den größeren Weihen.

Gefieder: Ad.: Wie es für Bussarde charakteristisch ist, wechselt auch beim Rauhfußbussard das Aussehen von Vogel zu Vogel – doch nicht in dem Umfang wie z. B. beim Mäusebussard. Die Artbestimmung ist leicht durch den weißen Schwanz mit der breiten dunklen Schwanzbinde (vgl. A1, K1) – ein Kennzeichen, das sich gegen die ansonsten dunkle, recht einfarbige Oberseite deutlich abhebt. Darüber hinaus liegt das Aussehen der Schwungfedern auf der Unterseite einigermaßen fest. Sie sind hell, mit feinen Querbinden (die meisten und am prägnantesten [B] beim Männchen) und haben dunkle Spitzen, die eine deutliche dunkle Flügelhinterkante bilden (A2); keine Binden an der Basis der äußersten Handschwingen, wodurch sich ein helles Flügelfeld bildet (A3). Darüber hinaus sind die 2 dunklen Handwurzelflecken (A4) ein fester Bestandteil der Unterseitenzeichnung – am deutlichsten bei hellen Vögeln. Der Rest des Aussehens der Unterseite ist in hohem Maße geschlechtsbestimmt, unterliegt aber auch individueller Variation.

Geschlechtsunterschiede:
Erwachsene Vögel können häufig geschlechtsbestimmt werden. Das Männchen hat oberhalb der Schwanzendbinde weitere 2–4 schmale Binden (F); sie sind am sichtbarsten auf der Schwanzoberseite. Das Weibchen hat nur die auffallende Endbinde (J), in selten Fällen eine schwache Binde gleich davor. Das Männchen (B) ist normalerweise unterseits deutlich dunkler: mit dunkler Kehle und Vorderbrust, mit einer hellen Brustbinde und,

charakteristisch, einem quergebänderten Bauch. Die Armschwingenfedern sind kräftiger quergebändert als beim Weibchen, ebenso die Deckfedern (B). Das Weibchen (A) unterscheidet sich normalerweise durch eine hellere, längsgestreifte Kehle. Der Bauch erinnert mehr an den des Jungvogels, mit Annäherung an einen dunklen Bauchfleck. Armschwingenfedern und Deckfedern haben weniger Querbinden und sind dadurch heller.

Die Körperzeichnung der Geschlechter überlappt sich. Das macht eine sichere Geschlechtsbestimmung schwierig. Oberseits ist das Männchen etwas grauer als das Weibchen und oft ein wenig dunkler auf dem Scheitel.

Jungvögel: 1. K.: Gleichen einer kontrastreichen Ausgabe des Weibchens. Charakteristisch sind heller Kopf und Vorderbrust, ein markantes, zusammenhängendes schwarzbraunes Brustschild (C5), 2 sehr deutliche dunkle Handwurzelflecken (C4), sehr helle Armschwingen ohne die auffallende Flügelendbinde (G), helle Flügeldeckfedern und eine diffuse Binde am Schwanzende. Die Oberseite zeigt einen hellen, gräulichen Kopf, hellbraunen Vorderrücken und Flügeldeckfedern und in der Regel ein großes helles Feld auf den Handschwingen (H6). Wenn man an einen »typischen Rauhfußbussard« denkt, ist es in Wirklichkeit ein Jungvogel, um den es sich dreht!

2. K.: Im Frühjahr trägt der Vogel hauptsächlich sein zerschlissenes juv.-Kleid. Die Mauser der juv. Schwung- und Schwanzfedern beginnt im April, aber wird normalerweise in diesem Jahr nicht beendet!

2. K. Herbst: Man kann die jungen Vögel in der Regel an

Rauhfußbussard

A ♀ ad.
3
1
4

B ♂ ad.

G juv. 1.–2. K.
4
4
5

D 2. K. Herbst

E ♂ ad.

F ♂ ad.

I
2. K. Herbst
3. K. Frühjahr

G juv.
2. K. April/Mai

H juv. 1.–2. K.
6

J ♀ ad.

K ♂ ad.
1

L kreisend

M gleitend

341

der Mischung von juv. und ad. Schwung- und Schwanzfedern erkennen: die dunklen Flügel-/Schwanzhinterkanten zeigen sich unterbrochen (D), und die äußeren Handschwingen besitzen noch Reste des weißen Flügelfeldes (I).

3. K.: Im Frühjahr wie 2. K. – Herbst. Das ad.-Kleid wird im Laufe des Sommers angelegt.

Abarten: Man sieht – jedoch selten – helle Vögel ohne dunklen Bauchfleck (E).

Flugbild: Kreist mit leicht nach vorn gedrückten Flügeln (wie Mäusebussard [H] aber etwas höher gehalten) (L), oft weihenartig.
Gleitflug wird mit deutlich angehobenem Arm und waagerechter Hand (M) ausgeführt, mit einem deutlichen »Knick« zwischen Arm und Hand (wie beim Steinadler).
Der aktive Flug erfolgt mit sehr langsamen, elastischen Bewegungen (im Gegensatz zu den recht steifen des Mäusebussards).

Typisches Verhalten:
Rüttelt oft. Häufig im tiefen Suchflug über offenem Gelände zu sehen.

Verwechslungsmöglichkeiten:
Rauhfußbussard – Weihen: Direkt betrachtet, beim Flug tief über dem Boden, erinnert der Rauhfußbussard auffallend an eine große Weihe, wenn man den weißen Schwanz sieht, an eine Kornweihe oder auch an die Rohrweihe. Aber die Unterschiede sind doch so groß, daß diese Verwechslung normalerweise schnell erkannt wird.
Rauhfußbussard – Mäuse-/ Wespenbussard: Kann mit hellen Mäuse- und Wespenbussarden verwechselt werden. Einen weißen Bürzel sieht man bei hellen Mäusebussarden, und juv. und ad.

Weibchen des Wespenbussards können einen mehr oder weniger deutlichen Bürzel haben. Aber keiner hat den weißen, mit einer schwarzen Endbinde ausgestatteten Schwanz. Falkenbussarde können in der Schwanzzeichnung an den Rauhfußbussard erinnern. Die Größe wird hier helfen. Der Falkenbussard ist kleiner als unsere Nominatrasse des Mäusebussards und zudem eindeutig kleiner als der Rauhfußbussard. Hat man aber Probleme, den typischen Schwanz zu sehen, können die verhältnismäßig längeren Flügel beim Rauhfußbussard ein gutes Kennzeichen sein. Gegenüber dem Mäusebussard sind schwerere und ausladendere Flügelschläge ein Artkennzeichen – und gegenüber beiden Arten ist die angewinkeltere Flügelhaltung im Kreis- und Gleitflug ein wesentliches Kennzeichen.
Rauhfußbussard – Adlerbussard: Siehe bei Adlerbussard.

Adlerbussard

(Buteo rufinus)

Artbeschreibung: Seite 174

S:	Örnvråk
DK:	Ørnevåge
N:	Örnvåk
GB:	Long-legged Buzzard
F:	Buse férose
I:	Poina codabianza
ES:	Ratonero moro

Wichtigste Kennzeichen:
Proportionen wie Rauhfußbussard. Der typische Adlerbussard hat einen hellen Kopf und Schwanz, ein helles Feld auf den Handschwingen ober- wie unterseits.

Flügelspannweite:
126–148 cm.

Proportionen: In Größe und Proportionen sehr ähnlich Rauhfußbussard – demnach im Verhältnis zum Mäusebussard deutlich größer, langflügeliger und langschwanziger (Schwanz ca. so lang wie Flügelbreite).

Gefieder: Ad.: Wie für Bussarde charakteristisch, variiert auch der Adlerbussard im Aussehen von Vogel zu Vogel – besonders am Körper und bei den Flügeldecken der Unterseite. Die Art besitzt jedoch folgende gute Kennzeichen: Kopf und der vorderste Teil der Brust sind oft sehr hell (D1) im Kontrast zum dunklen Bauch und Bürzel (D2). Darüber hinaus haben die meisten einen hellen Schwanz (D3). Bei ausgefärbten, hellen Vögeln sieht man die dunkle Flügelhinterkante deutlich (D4). Alle haben auch auf der Unterseite ein markantes weißes Feld auf den Handschwingen (D5), oft im Kontrast zu den schwarzen Handwurzeln (D6) oder dunklen Flügeldecken. Die Oberseite ist oft durch 4 Kennzeichen charakterisiert: heller Kopf (F1), heller Schwanz (E3), helles Feld auf Handschwingen (E5) und rotbraune Flügeldecken im Kontrast zu den dunklen Armschwingen (E7). Man unterscheidet 3 Farbmorphen: eine helle, eine rote und eine dunkle. Zwischen den beiden ersten kommen alle möglichen Übergangsformen vor, während eine letzte im großen ganzen eine rein dunkle Form ist. Der Schwanz ist bei dieser (G) mit einem Querband versehen. Der dunkle Adlerbussard brütet nur vom Wolgagebiet an ostwärts, wird aber auf dem Zug im Nahen Osten gesehen.

Jungvögel: 1. K.: Die Jungvögel der zwei helleren Morphen gleichen ausgeglichenen Ausgaben der ad. Der

A ad.

B ad.

Adlerbussard

C ad.

5
1
D ad.
6
4
3
2

E ad.

1 **F** ad.

G ad.

H ad.

K juv.
1.–2. K.

7

7

J juv.
1.–2. K.

I juv. 1.–2. K.

L juv.
1.–2. K.

M kreisend

N gleitend

343

Schwanz ist jedoch nicht einfarbig, sondern hat (9–12) feine, schmale Querbinden. Diese zu erkennen, bedarf es aber guter Beobachtungsverhältnisse.

Wie üblich bei Bussarden, ist die schwarze Flügelhinterkante bei den Jungvögeln diffuser oder nur angedeutet. Darüber hinaus ist das dunkle Bauchschild wenig entwickelt. Helle Vögel sind anscheinend oft Jungvögel. Die Jungvögel der dunklen Morphe kann man im Felde nicht mit Sicherheit unterscheiden.

2. K.: Die Entwicklung zum Erwachsenenkleid ist nicht besonders gut bekannt. Aber wahrscheinlich läuft die Mauser wie beim Rauhfußbussard ab. Es zeigte sich, daß das Frühjahrs-Kleid im 2. K. das zerschlissene, gebleichte juv.-Kleid ist, und daß ein großer Teil des Schwanzes und der Schwungfedern im Laufe des Sommers ausgewechselt wird.

3. K.: Im Frühjahr wie Herbst des 2. K.; hat auch stetig einzelne juv. Flügel- und Schwanzfedern. Sie werden im Laufe des Sommers ausgewechselt, und der Vogel trägt nun das ad.-Kleid.

Flugbild: Sehr ähnlich dem des Rauhfußbussards – somit mit recht langsamen, elastischen Bewegungen. Im Kreisflug werden die Flügel leicht vorwärts gehalten, wie es der Mäusebussard tut; und im Vergleich mit diesem ist es

ein gutes Feldkennzeichen, daß die Flügel noch höher angehoben werden (M). Im Gleitflug werden die Arme gehoben, die Hand im großen ganzen waagerecht und mit einem typischen »Knick« zwischen Arm und Hand (N), sehr ähnlich wie Rauhfußbussard und Steinadler.

Charakteristisches Verhalten: Ansitzjäger.

Verwechslungsmöglichkeiten:

Adlerbussard – Rauhfußbussard: Im Profil und Flugbild dem Rauhfußbussard sehr nahestehend. In gewissen Fällen ähnelt sich auch das Gefieder. Der Rauhfußbussard hat jedoch immer eine breite Schwanzendbinde. Hat der Adlerbussard eine Schwanzendbinde, dann ist sie rot und ziemlich schwach (E3). Die beiden Arten werden jedoch nur ausnahmsweise im selben Gebiet vorkommen.

Adlerbussard – Falkenbussard: Die rotbraune Phase des Falkenbussards gleicht in der Zeichnung störend dem Adlerbussard. Er ist jedoch deutlich kleiner und hält beim Kreisflug die Flügel nicht so hoch. Wie der Name Adlerbussard andeutet, erinnert er auch im hohen Maße an einen Adler, u. a. mit seinen verhältnismäßig langen Flügeln. Sieht man Falken- und Adlerbussard zusam-

men, gibt es deshalb keine großen Probleme. Daß der Bauch des Adlerbussards im Verhältnis zu den umgebenden hellen Partien dunkel ist, ist normalerweise ein gutes Kennzeichen. Die meisten ad. Adlerbussarde haben unterseits gleichfarbige oder mäusebussardähnlich gezeichnete Körper und Flügeldecken, in Verbindung mit sehr hellen Handschwingen, die am Ende breit schwarz gefärbt sind. Junge Falkenbussarde können sehr hell sein, aber weder diese noch ad. haben den dunklen Bauchschild. Dieser ist zwar bei den jungen Adlerbussarden nicht besonders ausgeprägt, aber der Gesamtkontrast ist auch bei diesen charakteristisch für Adlerbussarde. Der Falkenbussard kann durchaus unterseits dunkel sein, aber in der Regel sieht man das Dunkel auf der Brust, also höher als beim Adlerbussard.

Normalerweise ist der Kopf des Adlerbussards auch heller, und die Oberseite ist kontrastreicher zwischen Schwingen- und Deckfedern. Hier zeigt der Falkenbussard in der Regel eine einfarbige Oberseite mit Ausnahme der hellen Felder auf der Hand und dem hellen Schwanz. Der helle Schwanz des Falkenbussards ist im übrigen mit mehreren schwach gezeichneten Querbinden besetzt, während der des ad. Adlerbussards ganz hell ist.

A	Wespenbussard, ad. ♂
B	Rauhfußbussard, ad. ♂
C	Adlerbussard, ad.
D	Adlerbussard, juv.
E	Mäusebussard, juv.
F	Wespenbussard, ad. ♂
G	Rauhfußbussard, juv.
H	Wespenbussard, juv.
I	Rauhfußbussard, ad. ♀
J	Mäusebussard, juv.
K	Wespenbussard, ad. ♀

Wespenbussard, Mäusebussard, Adlerbussard oder Rauhfußbussard?
Prüfen Sie Ihr Wissen. Die Antworten stehen auf Seite 344 unten.

Kaffernadler

(Aquila verreauxii)

Artbeschreibung: Seite 186

S: Klippörn
DK: Sort örn
N: Verreauxørn
GB: Black Eagle
F: Aigle de Verreaux
I: Aquila de Verreaux
ES: Aguila cafre

Wichtigste Kennzeichen:
Ein dunkler, sehr großer
Adler (der größte in der
Westpaläarktis), mit sehr
ähnlichen Proportionen
wie beim Steinadler. Die
Altvögel sind an ihrem
schwarzen Kleid mit
weißem Bürzel, Hinter-
rücken und den 2 weißen
Rückenbinden leicht zu erkennen. Jungvögel sind
viel bunter.

Flügelspannweite:
225–245 cm.

Proportionen: Hat im Vergleich mit dem Steinadler einen längeren Schwanz und
längere Flügel. Die Flügelbasis ist sehr schmal, und der
Flügelhinterrand bildet eine
deutliche S-Kurve.

Gefieder: Ad.: Ein im ganzen
schwarzer Vogel, jedoch mit
kontrastierenden weißen
Zeichnungen, die die Bestimmung leicht machen. Besonders markant ist die Rückseite mit ihrem weißen Bürzel
und Hinterrücken (A1) und
den 2 weißen Binden auf
dem Rücken (A2). Diese
können vom weißen Hin-
terrücken getrennt sein und
ein auffallendes V bilden.
Darüber hinaus hat der Vogel
auf der Hand ein weißes Feld
(B3), gebildet von den inneren Teilen der Handschwingenfedern und der Basis der
großen Handdecken (A3).

Jungvögel: Die Entwicklung
zum Erwachsenenkleid, das
erreicht wird, wenn der Vogel
etwa 5 Jahre alt ist, ist noch
nicht im einzelnen bekannt.
1. K.: Gesamteindruck des
juv.-Kleides ist das eines bunten, sehr schwarzbraunen/
braungelben Vogels. Die
Oberseite ist braungelb auf
Scheitel, Nacken, Rücken und
den mittleren Flügeldecken
(E4) und bildet ein »Muster«,
das unter den aktuellen Adlerarten einmalig ist. Auffällig
sind auch der weißgefleckte
Hinterrücken und Bürzel (E5)
im Kontrast zu dem sehr
dunklen Schwanz – und das
große helle Feld auf der
Hand. Dies ist ober- wie unterseits sichtbar. Die Unterseite ist im übrigen dunkel mit
hellem Hinterkörper (D6).
2.–5. K.: Das Erwachsenenkleid wird schrittweise vom
2.–5. Jahr entwickelt. Ein charakteristisches Merkmal dieser immaturen Kleider sind
helle »Hosen«. In seinem letzten imm.-Kleid ist es sehr
schwer, den Jungvogel vom
ad. zu unterscheiden. Der
einzige Unterschied: Die
Handschwingenfedern haben
einen braunen Schimmer.

Flugbild: Erinnert sehr an
das des Steinadlers: leicht
und unbeschwert. Aktiven
Flug sieht man selten. Benutzt meist Kreisflug mit sehr
hochgestellten Flügeln (E).

**Verwechslungsmöglich-
keiten:** Der ad. kann mit keiner anderen Art verwechselt
werden. Die juv. ähneln dagegen mehreren der juv. anderer großer *Aquila*-Arten.
<u>Kaffernadler – Kaiseradler:</u>
Der junge Kaffernadler kann
mit dem jungen Kaiseradler
verwechselt werden, ist aber
auf Unterflügeln und Vorderkörper dunkler. Er hat nicht
die 3 hellen Handschwingenfedern! Des weiteren kreist
der Kaiseradler auf waagerecht gehaltenen Flügeln. Bei

imm. Kaiseradlern Kinn,
Backe, Hals und Brust oft
schwärzlich, in Kombination
mit einem abstechenden hellen Hinterrücken. Die inneren
Handschwingenfedern kön-
nen quergebändert mit breiter dunkler Endkante sein.
Aber die Unter- und Ober-
flügeldeckfedern sind in der
Regel sehr buntscheckig;
auch ist der Schwanz in diesem Stadium zweifarbig.
<u>Kaffernadler – Steppenadler:</u>
Imm. Steppenadler mit dunklem Vorderkörper wie junge
Kaffernadler können durchaus vorkommen, aber zeigen
niemals den auffälligen hellen
Scheitel und Nacken – und
die dunkle Brustpartie ist in
der Regel diffuser gegenüber
den helleren Hinterkörper ab-
gegrenzt. Wahrscheinlich hat
der Steppenadler in diesem
Stadium auch bedeutend
hellere Unterflügeldeckfedern
plus der weißen Flügelbinde,
die ganz oder teilweise vorhanden ist. Der Steppenadler
hat nie wie der Kaffernadler
ein weißes Feld auf den
Handschwingen der Unterseite, und er kreist mit waagerecht gehaltenen Flügeln.
<u>Kaffernadler – Steinadler:</u>
Kann bei schlechten Lichtverhältnissen aufgrund der Proportionen und der Flügelhaltung verwechselt werden. Die
Kleider sind jedoch sehr verschieden, und eine Ver-
wechslung ist ausgeschlossen, wenn man die Farben
und Zeichnungsmuster sieht.

Steinadler

(Aquila chrysaetos)

Artbeschreibung: Seite 178

S: Kungsörn
DK: Kongeørn
N: Kongeørn
GB: Golden Eagle
F: Aigle royal
I: Agila reale
ES: Aguila real

Kaffernadler

A ad.

3

2

1

B ad.

3

C imm.

D juv.

6

E juv.

4

5

F kreisend

Ein sehr großer Adler, mit leichtem, unbeschwertem Flug und einer wohlproportionierten Silhouette. Die Altvögel erkennt man am besten am hellen Nacken und Scheitel und dem hellen Feld auf den Flügeldecken der Oberseite. Jungvögel haben viele feine Kennzeichen in den hellen Feldern auf den Flügeln und einen weißen Schwanz mit schwarzer Endbinde.

Flügelspannweite:
204–220 cm.

Proportionen: Kleiner als Seeadler, aber größer als Kaiseradler und Steppenadler. Kopf mächtig und sehr vorgestreckt, Schwanz voll und lang, etwa wie Flügelbreite. Die Flügel sind lang und breit und haben tiefe Einschnitte zwischen Handschwingen (markante freie »Finger«), wie es für große Adler charakteristisch ist. Besonders die Flügel der Jungvögel haben eine deutliche S-Kurve längs der Hinterkante. Deren Flügel sind auch schmaler am Ansatz, und der Schwanz scheint ein bißchen länger.

Gefieder: Ad.: Der erwachsene Vogel wirkt auf Abstand (ca. 500 m) einfarbig dunkel. Aus der Nähe sieht man, daß die Unterseiten-Deckfedern mit den Schwung- und Schwanzfedern kontrastieren. Diese sind hell quergebändert mit dunkler Endbinde (B1). Die gleiche Zeichnung sieht man, allerdings weniger ausgeprägt, auf der Oberseite (A1). Vögel mit einfarbig dunklem Schwanz kommen jedoch vor. Auf den Flügeldecken oberseits sieht man ein helles Feld (A2). Dies variiert in Größe und Intensität und erscheint in allen Kleidern vom 2. K.-Herbst

kleid an. Dies ist ein gutes Artkennzeichen. Gleichfalls (in allen Kleidern) sind Stirn dunkel, Nacken und Scheitel heller rotgold bis gelbbraun/ockerfarbig (A3).

Jungvögel: Die Jungen des Steinadlers gehören (bis kurz vor dem ad.-Kleid) zu den am leichtesten erkennbaren Greifvögeln. Dies gebührt zwei auffallenden Kennzeichen: einem großen weißen Feld am Grunde der Schwungfedern sowohl unten wie oben (z. B. F4) und einem weißen Schwanz mit einer auffallenden dunklen Endbinde (z. B. E5). Diese Flügelfelder variieren individuell in ihrer Ausdehnung unabhängig vom Alter; sie können in seltenen Fällen (H) fehlen. Juv. und imm.-Kleider gleichen einander sehr. Aber bei guten Beobachtungsbedingungen können die einzelnen Kleider und Alter mit angemessener Sicherheit gut bis zum 4. Kleid unterschieden werden. Danach wird die Entwicklung in weit höherem Grad von individuellen Unterschieden geprägt.
1. Kleid (juv., 1.–2.K.): Unterscheidet sich am besten dadurch von anderen Jugendkleidern, daß die Flügeldeckfedern auf der Oberseite einfarbig dunkelbraun sind und im großen ganzen die selbe Färbung wie der Rest von Ober- und Unterseite haben (F, vgl. Fotos S. 181, 183).
2. Kleid (2.–3. K.): Bereits ab 2. K.-Herbst sind die Flügeldeckfedern der Oberseite ausgebleicht und stechen als eine große helle Partie auf den Vorderflügeln hervor. Die kleinen Deckfedern sind zum Teil durch frische dunkle Federn ersetzt und sehen aus wie ein dunkleres, dreieckiges Band vom Flügelrand zum Körper hin. Vögel dieses Alters sind selbst aus großem Abstand leicht erkennbar, da das gesamte helle Feld in

diesem Kleid seine größte Ausdehnung hat (G).
3. Kleid (3.–4. K.): Das helle Feld auf den Deckfedern der Oberseite ist in diesem Kleid typisch schmal (E) – gebildet von den mittleren Deckfedern. Schwanzzeichnung und Flügelfelder wie beim juv., aber die dunkle Schwanzbinde kann unregelmäßig sein.
4. Kleid (4.–5.K.): Dadurch charakterisiert, daß adulte, etwas dunklere, quergestreifte Schwung- und Schwanzfedern unter den juvenilen zu sehen sind (C, D).
5. Kleid: Die adult-gezeichnete Schwung- und Schwanzfedern dominieren, aber man sieht noch einige zurückgebliebene juv.-Federn.
6. Kleid: Das weiße Flügelfeld der Oberseite ist nun verschwunden, kann aber stetig auf der Unterseite erahnt werden. Vielleicht ein heller Bürzel.
7. Kleid (ca. 6 Jahre alt): Wie ad. (ein 8jähriger hatte immer noch teilweise juv.-Schwanz).

Flugbild: Der leichte und unbeschwerte Flug mit tiefen, kraftvollen Flügelschlägen und voller Beherrschung selbst bei kräftigem Wind führt oft zur Unterschätzung der Größe des Vogels. Beim Kreisflug werden die Flügel leicht angehoben gehalten (J) und ein bißchen nach vorne gepreßt, so daß die Vorderkante eine gebogene Linie bildet (A). Beim langsamen Gleitflug werden die Flügel auch wie ein großes V gehalten, bei größerer Fahrt jedoch stets flacher (K).

Verwechslungsmöglichkeiten:
Steinadler – Seeadler: Möglich aufgrund der Größe. Die beiden haben jedoch sehr verschiedene Flugweisen. Während der Steinadler in der Luft ausgesprochen elegant fliegt, wirkt der Seeadler

Steinadler

A ad.

2

3

1

B ad.

1

C 4. Kleid
4.–5. K.

D 4. Kleid
4.–5. K.

E
3. Kleid
3.–4. K.

5

F 1. Kleid
1.–2. K.

4

4

G 2. Kleid
2.–3. K.

H 1. Kleid
1.–2. K.

I 1. Kleid
1.–2. K.

J kreisend

K gleitend

349

schwerer und mit recht steifen Flügelschlägen.
Der Steinadler gebraucht weiche, tiefe Flügelschläge. Darüber hinaus hält der Seeadler beim Kreisflug seine Flügel gerade oder ein bißchen angehoben – nicht wie das offene V des Steinadlers.
In den Proportionen sind der deutlich hervorragende Kopf und der kurze Schwanz des Seeadlers maßgebliche Unterschiede. Junge beider Arten können von den Kleidern her nicht verwechselt werden. Hier sind des Steinadlers heller Scheitel und Nacken gute Kennzeichen.
<u>Steinadler, ad. – Steppenadler, ad.:</u> Proportionsmäßig ist der Steppenadler kleiner, hat rechteckigere Flügel, sein Kopf ragt nicht so weit hervor, und der Schwanz, der oft keilförmig ist, ist kürzer. In den Kleidern hat der Steinadler einen deutlich hellen Nacken und Scheitel sowie ein helles Feld auf den mittleren Oberflügeldecken und einen zweifarbigen Schwanz. Die Schwunfedern sind unterseits nur an der Basis heller – im Unterschied zu den gräulichen, deutlich quergebänderten des Steppenadlers, bei denen nur der Hinterrand dunkel ist. Während der Steinadler unterseits auf Abstand einfarbig dunkel zu sein scheint, wird der Steppenadler selbst auf weiten Abstand so aussehen, als ob der Körper dunkel ist im Kontrast zu den etwas grauen Unterflügeln mit schwarzen Spitzen. Normalerweise besitzt der Steppenadler helle Felder auf der Hand der Oberseite. Diese können jedoch ersetzt sein von einer schwächeren Markierung mit nur wenigen hellen Schäften der Handschwingen.
Im Flug gilt ferner der Unterschied, daß der Steinadler mit leicht angehobenen Flügeln kreist, während der Steppenadler seine gerade

gestreckt hält, u. U. schwach hängend, wie man es bei Schrei- und Schelladler sieht.
<u>Steinadler – Kaiseradler:</u> Siehe bei Kaiseradler.
<u>Steinadler juv./imm. – Rauhfußbussard:</u> Haben Schwanzzeichnung und Flügelhaltung gemeinsam. Man kann sie nur bei schlechten Sichtverhältnissen verwechseln.

Kaiseradler

(Aquila heliaca)

Artbeschreibung: Seite 187

S:	Kejsarörn
DK:	Kejserørn
N:	Keiserørn
GB:	Imperial Eagle
F:	Aigle impérial
I:	Aguila imperiale
ES:	Aguila imperial

Wichtigste Kennzeichen:
Ein großer Adler. Der erwachsene Vogel hat ein sehr dunkles (schwärzliches) Federkleid, wodurch sich der hellgelbliche Scheitel und Nacken kräftig abheben.
Die juv. treten in vielen verschiedenen Kleidern auf, deren bestes Kennzeichen die hellen, silbergrauen inneren Handschwingenfedern sind.

Flügelspannweite:
190–210 cm.

Proportionen: Verhältnismäßig lange, breite Flügel mit tief eingeschnittenen Handschwingen(»Finger«). Der kräftige Kopf und Schnabel ragen weit über den Flügelvorderrand – mehr als beim Steppenadler und sehr ähnlich wie beim Steinadler. Der Schwanz ist voll und lang, etwa wie die Flügel breit. Zwischen jungen und alten Vögeln gibt es Proportions-

unterschiede. Die alten haben fast rechteckige Flügel, während die jungen eine S-förmig geschwungene Flügelhinterkante besitzen.

Gefieder: <u>Ad.:</u> Sind sehr dunkel (schwarzbraun). Im scharfen Kontrast dazu steht die hellgelbliche Oberseite von Kopf und Nacken (G1). Auf der Oberseite findet man viele oder wenige helle Schulterfedern (G2), oft sichtbar aus großem Abstand. Der Schwanz ist gräulich mit breiter, dunkler Endbinde. Auf der Unterseite ist der weiße Steiß (findet sich nicht immer) mit ein hervorstechendes Merkmal des zweifarbigen Schwanzes. Dieser ist aus recht großem Abstand sichtbar (A3) und ein wesentliches Kennzeichen auf der ansonsten dunklen Unterseite. Der Unterflügel-Kontrast variiert (B, C) und ist nur sichtbar, wenn der Vogel gut beleuchtet ist. Individuen mit kräftig quergebänderten Schwungfedern zeigen weniger Kontrast zwischen den Deck- und Schwungfedern der Unterseite (B). Oft kommen Kaiseradler mit ganz dunklen Unterflügeln vor, und die Querbänderung der Schwungfedern mit breiterer dunkler Randbinde tritt nie so hervor wie bei ad. Steppenadler.

Rassen: Die ad. der spanischen Rasse (I) haben eine sehr ausgeprägte helle obere Arm-Vorderkante (die kleinen Deckfedern).

Jungvögel: <u>1. K. (juv.):</u> Wird altersbestimmt u. a. an einem völlig intakten Kleid ohne Mauserspuren. Der Jungvogel ist sehr kennzeichnend. Der Gesamteindruck ist der eines hellen Vogels, mit hell gelbbraunen Federn auf Kopf und dem größten Teil des Körpers sowie auf den kleinen und mittleren Flügeldecken ober-

Kaiseradler I – ad. und imm.

A ad.

3

B ad.

C ad.

D ad.

E 5. K.
Frühjahr/Sommer

1 2

G ad.
(adalberti)

H
4. K. Herbst
5. K. Frühjahr

F 5. K.
Frühjahr/Sommer

I
4. K. Herbst
5. K. Frühjahr

J
4. K. Herbst
5. K. Frühjahr

K kreisend

L gleitend

351

wie unterseits (N4, R4). Die Brust und der obere Teil des Bauches haben eine mehr oder weniger ausgeprägte dunkle Längsstreifung. Auf Abstand nimmt man es als dunkles Brustband wahr (M5, P5). Junge *adalberti* sind jedoch ungestreift.

Auch die Unterflügeldeckfedern sind längsgestreift, aber in einer Weise, daß ein gelber Gesamteindruck erhalten bleibt. Bei bestimmten Individuen ist die dunkle Zeichnung auf den mittleren oder großen Flügeldeckfedern so schwach, daß eine diffuse Flügelbinde entsteht, die an den Steppenadler erinnern kann (R). Die dunklen Schwung- und Schwanzfedern haben weiße Spitzen, die sich zu Randbinden formen. Die weißen Hinterkanten sieht man auf Entfernung nicht, und Jungvögel können aus diesem Grund schlanker wirken, als sie es eigentlich sind. Ein entscheidendes Kennzeichen für die jungen Kaiseradler sind die 3 inneren Handschwingenfedern, die silbergrau sind (R6). Die Kontraste der Oberseite entsprechen denen der Unterseite. Doch haben die mittleren und großen Flügeldecken helle Spitzen, und dadurch entstehen 2 helle Flügelbinden (N7). Im ganz frischen Kleid können diese sehr breit sein, nahezu ineinanderfließend. Der hintere Rücken und der Bürzel bilden eine große weißliche Fläche. Das helle Flügelfeld, das aus den 3 hellen Handschwingen gebildet wird, sieht man auch oberseits deutlich (N6). Bei der Mauser zum Erwachsenenkleid, das in einem Alter von 5–6 Jahren erreicht wird, kann man zwischen zwei Übergangskleidern unterscheiden. Der Mauserverlauf ist vermutlich von großen individuellen Unterschieden geprägt. Die auf den Tafeln angegebenen Altersbezeich-

nungen müssen daher als ungefähr betrachtet werden.
1. Übergangskleid (2. K., Herbst–4. K., Frühjahr): Gleicht juv., zeigt aber Mauserspuren. Die Schwungfedern sind vom juv.-Typ. Die neuen sind ein wenig länger als die zerschlissenen alten und haben weiße Spitzen. An den alten Federn ist das Weiß weggeschlissen. Körper- und Flügeldeckfedern sind von mehreren Generationen und geben dem Vogel ein bunteres Aussehen (Q und U).
2. Übergangskleid (4. K., Frühjahr–5./6. K.): Die Körper- und Flügeldeckfedern werden laufend bis zu den dunklen ad.-Typen gewechselt – zuerst auf Kehle, Brust und den kleinen Flügeldeckfedern. Der Vogel wird also schrittweise dunkler – und in dieser Phase oft wesentlich dunkler (H, I, J und T). Auch die Schwungfedern werden allmählich gegen den ad.-Typ ausgewechselt. Auf diese Weise verschwindet das silbergraue Feld auf den inneren Handschwingenfedern. Der Schwanz ändert sich schrittweise vom dunklen juv. zum ad. 2farbigen.

Flugweise: Ein eleganter Vogel, doch weniger als der Steinadler. Besonders ad. kann schlank und elegant wirken. Die Flügelschläge sind stark und gut ausgeführt. Im Kreisflug werden die Flügel gerade gehalten (K) oder in bestimmten Fällen schwach angehoben und in einem rechten Winkel weg vom Körper – demnach nicht vorgepreßt wie beim Steinadler. Im schnellen Gleitflug wird gern eine Flügelstellung mit hängender Hand angewendet, sehr ähnlich einem (großen) Wespenbussard, aber ohne den »Knick« in der Handwurzel.

Kaiseradler – Steppenadler: Siehe bei Steppenadler.
Kaiseradler – Schell-/Schreiadler: Siehe bei Schelladler.
Kaiseradler – Steinadler: In den Proportionen hat der ad. Kaiseradler ein wenig schmalere Flügel mit parallelen Vorder- und Hinterrändern, so daß sie mehr rechtwinklig wirken. Der Flügel hat somit nicht die S-Krümmung der Hinterkante wie beim Steinadler. Aber die beiden Arten können sich unglaublich ähneln. Der Schwanz des Kaiseradlers ist jedoch knapp so lang und füllig. Bei den Kleiderunterschieden ist wesentlich, daß der Steinadler eine helle Stelle (goldbraun) auf den Oberflügeldecken hat, und daß der Schwanz des Kaiseradlers von unten gesehen deutlich zweifarbig ist. Dieser Eindruck wird verstärkt durch in der Regel helle Unterschwanzdecken. Der alte Steinadler hat zwar auch einen 2farbigen Schwanz, aber das sieht man nur unter wirklich guten Beobachtungsumständen. Der cremefarbene Oberkopf und die hellen Schulterfedern des Kaiseradlers sind markant, aber helle Schulterfedern kann man auch beim Steinadler sehen. Letzterer hat auch einen hellen Oberkopf, doch ist dieser mehr rostfarben und leuchtet aus Abstand nicht weiß. Im Kreisflug hält der Kaiseradler die Flügel waagerecht (oder schwach hängend), und oft ist der Schwanz zusammengefaltet. Der Steinadler kreist mit angehobenen Flügeln, aber besonders alte Vögel kann man mit einer flacheren Flügelhaltung im Kreisflug sehen.
Im Gesamteindruck sind somit beide Arten recht gleich. Dies gilt sowohl in bezug auf das Majestätische in Gestalt und Flug als auch auf die Kontraste im Federkleid.

H juv. 1.–2. K.

5

7

O juv. 1.–2. K.

5

4

P juv.
1.–2. K.

N juv. 1.–2. K.

R juv.
1.–2. K.

S juv.
2. K. Frühjahr

6

Q
2. K. Herbst
3. K. Frühjahr

4

U
3. K. Herbst
4. K. Frühjahr

T
4. K. Herbst
5. K. Frühjahr

353

Steppenadler

(Aquila nipalensis)

Artbeschreibung: Seite 192

S: Stäppörn
DK: Steppeørn
N: Steppeørn
GB: Steppe Eagle
F: Aigle des steppes
I: Aquila delle steppe
ES: Aguila nipalense

Wichtigste Kennzeichen:
Ein großer, schwerer, kräftiger, lang- und breitflügligcher Adler, der in Gestalt und im Fluge an die Schell-/Schreiadler erinnert. Das beste Kennzeichen der ad. ist das helle Flügelfeld auf der Oberseite in Verbindung mit der Gestalt. Die Jungvögel erkennt man leicht an der hellen Flügelbinde auf der Unterseite.

Flügelspannweite:
174–260 (?) cm.

Proportionen: Ähnelt den kräftigsten Schelladlern in der Gestalt. Aber im Vergleich zu Schell- und Schreiadler sind die Flügel länger, besonders der Arm. Von hinten und vorne gesehen, fällt der Körper selbst im Profil weniger auf als bei diesen. Der Schwanz ist länger und schmaler, der Kopf auffallend vorgestreckt, der Schnabel größer.
Der erwachsene Vogel hat nahezu rechteckige Flügel mit tief eingeschnittenen, langen »Fingern« – länger als die von Schell- und insbesondere Schreiadler – und mit einer gerade abgeschnittenen Flügelspitze. Die Jungvögel sind besser proportioniert, mit schmaleren Flügeln, längerem Schwanz, deutlich S-förmiger Hinterkante und ein wenig mehr abgerundeten Flügelspitzen.

Gefieder: <u>Ad.:</u> Die Unterseite erscheint oft einfarbig dunkel. Ist aber die Beleuchtung gut, wird einem – selbst auf große Entfernung – oft ein typischer Kontrast auffallen: der einfarbige dunkle Körper gegen gräuliche Unterflügel mit dunklen Flügelspitzen (A1) und dunklen Handwurzelflecken. Näher heran sieht man, daß die Schwung- und Schwanzfedern grau sind. Viele Individuen haben auf Schwanz- und Schwungfedern eine dunkle Querbänderung mit einer etwas breiteren dunklen Hinterkante (A2) – andere haben mehr oder weniger einfarbige. Die Flügeldeckfedern der Unterseite variieren in ihrer Färbung. Bei einigen Vögeln sind sie heller als die Schwungfedern (A), bei anderen dunkler (B). Aber die meisten haben Deckfedern, die nicht mit den Schwungfedern kontrastieren (C). Oft sieht man unterseits Reste der weißgeränderten großen Flügeldeckfedern des Immatur-Kleides.
Die Grundfärbung der Oberseite ist normalerweise recht einfarbig dunkelbraun, aber besonders die Flügeldeckfedern können etwas ausgebleicht sein. Eine größere Anzahl hat helle Oberschwanzdeckfedern und einen weißen Fleck auf dem Rücken (E) – aber das kommt bei einigen Arten vor. Wichtig ist es, sich ganz besonders auf den hellen Fleck auf der Hand zu konzentrieren. Dieser besteht aus deutlichen hellen Federschäften und hellen Innenfahnen, besonders der inneren Handschwingenfedern über die ganze Hand hin (E3) – und ist wesentlich auffallender als beim Schelladler. Oft wird das Feld weiter aufgehellt durch die Wurzeln der inneren Handschwingenfedern.
Hat einen etwas helleren, rostfarbenen Fleck in Nacken. Sogar die Kehle ist in allen Kleidern hell. Der gelbe Mundwinkel erstreckt sich ganz weit hinterwärts bis unter das Augenende.

Jungvögel: <u>1. K. (juv.):</u> Altersbestimmung u. a. an einem völlig intakten Federkleid ohne Mauserspuren. Im juv.-Kleid ist der Steppenadler äußerst kennzeichnend – vor allem durch das unterseits große, weiße Flügelband, das von den großen Deckfedern (vgl. S4) gebildet wird. Die 3 inneren Handschwingenfedern sind etwas heller als die übrigen, und man sieht auf ihnen eine dichte Querbänderung (R7). Es ist somit nicht wie beim Kaiseradler die Rede von hellen Federkielen. Sowohl Flügel als auch Schwanz haben eine deutliche weiße Hinterkante, die man oft nicht sieht (gegen den blauen Himmel) und die die Jungvögel schlanker erscheinen lassen, als sie es eigentlich sind.
Die Kontraste der Oberseite entsprechen denen der Unterseite. Abgesehen von den weißen Oberschwanzdecken, den dunklen großen Flügeldecken mit hellen Spitzen, die dadurch ein schmales helles Band auf dem Übergang zwischen Flügeldecken und Schwungfedern bilden.
Evtl. sieht man eine weniger deutliche Binde an der Spitze der äußeren mittleren Deckfedern; eine Aufhellung auf dem basalen Teil der Handschwingen ist immer vorhanden. Die Aufhellung auf den 3 innersten Handschwingen sieht man etwas deutlicher als auf der Unterseite, aber diese sind nicht hell silbergrau wie beim Kaiseradler (Q7). In seltenen Fällen hat der junge Steppenadler einen ganz hellen Hinterrücken wie der Kaiseradler.
Die auf den Tafeln vermerkten Altersangaben für die jungen Vögel sind nur ungefähre. Die Mauser zum Erwach-

A ad.

B ad.

C ad.

2

1

D 4.–6. K.

E ad.

3

F 5.–6. K.

G
4. K. Herbst
5. K. Frühjahr

H
4. K. Herbst
5. K. Frühjahr

I
4. K. Herbst
5. K. Frühjahr

J
3. K. Herbst
4. K. Frühjahr

K
3. K. Herbst
4. K. Frühjahr

senenkleid nimmt nämlich einen sehr individuellen Verlauf. Nach dem juv.-Kleid gibt es 2 Übergangskleider, ehe der Vogel im Alter von 5–6 Jahren ausgefärbt ist. Die Mauser findet besonders im Sommerhalbjahr statt. Ein Vorjahreskleid wird demnach (abgesehen vom Verschleiß) mit dem Herbstkleid des Vorjahres identisch sein.

1. Übergangskleid (2. K., Herbst–4. K., Frühjahr): Die Schwungfedern gleichen denen der juv., zeigen aber Mausereinfluß: Die neuen Federn sind länger und haben weiße Spitzen (die an alten Federn weggeschlissen sind). Auf der Unterseite werden Körper und Flügeldeckfedern bunter (J, K, L, M und N), u. a. wird der (Vorder)körper dunkler als der des juv. Die Flügelbinde der Unterseite wird unregelmäßiger. Die Oberseite gleicht dem juv.-Kleid, ist aber öfter etwas dunkler mittelbraun.

2. Übergangskleid (4. K., Sommer –5./6. K.): Die Oberseite gleicht nun der der ad., aber normalerweise gibt es noch Spuren der weißen Flügelbinde (D, F). Das kräftigere weiße Flügelband der Unterseite ist verschwunden und durch ein weniger deutliches abgelöst, gebildet von den hellen Rändern der großen Flügeldeckfedern (G). Die Schwungfedern sind neuer Generation, sehr ähnlich denen der ad.

Flugbild: Fliegt im aktiven Flug mit schweren, ein wenig steifen Flügelschlägen und hat eindeutig das Profil eines »großen Adlers«. Das verdankt er u. a. der Tatsache, daß er beim Aufwärtsheben die Flügel ganz ausgebreitet hält. Der Steppenadler kreist meist mit ebenen (T) oder schwach hängenden Flügeln, gerade vom Körper weg ausgestreckt – also nicht vorgeschoben wie beim Steinadler.

Im Gleitflug werden die Flügel im Handgelenk (U) am beim Schelladler gewinkelt, aber kaum so ausgeprägt.

Verwechslungsmöglichkeiten:

Steppenadler – Schelladler: Siehe bei Schelladler.
Steppenadler – Schreiadler: Siehe bei Schreiadler.
Steppenadler – Steinadler: Siehe bei Steinadler.
Steppenadler – Kaiseradler: Im Vergleich zum ad. Kaiseradler ist der Steppenadler klobiger bebaut, breitflügeliger und kurzschwänziger. Er hat ebenso eine weniger hervortretende Kopfpartie. Im Gefieder weicht er durch seinen dunklen Kopf ab (evtl. mit etwas hellem Nacken), durch den nicht zweifarbigen Schwanz und daß er gräuliche Schwungfedern mit deutlichen, dunklen Querbinden hat. Dies gibt dem Steppenadler auf Abstand einen typischen Kontrast zwischen dem fast schwarzen Körper und den helleren Unterflügeln. Hier wird der Kaiseradler gleichmäßiger dunkler wirken – selbst abgesehen vom zweifarbigen Schwanz und dem hellen Oberkopf. Bei gutem Licht kann der Kaiseradler oft einen scharfen Kontrast zwischen dem schwarzen Körper, den mittleren und hellen Flügeldecken zum übrigen grauen Unterflügel aufweisen. Ganz junge Steppen- und Kaiseradler liegen in den Proportionen dicht beieinander. Der Kaiseradler hat jedoch ein größeres und mehr vorragendes Haupt, einen kräftigeren Hals und größeren Schnabel. Normalerweise jedoch gibt es entscheidende Unterschiede im Gefieder. Der Kaiseradler ist durchgehend heller gelbbraun. Am charakteristischsten sind die weißen, großen Flügeldeckfedern auf der Unterseite. Diese ziehen sich als weißes

Band unter dem Flügel hin. Dieses Band ist fast in allen Jungvogelkleidern sichtbar, ganz oder teilweise. Hier besitzt der Kaiseradler nur ein schmales, schwer erkennbares Band.
Ein anderer entscheidender Unterschied ist das Muster auf den 3 innersten Handschwingen. Das Silbergrau des Kaiseradlers bildet hier einen hellen Keil, während die des Steppenadlers bloß wenig heller sind und dazu quergebändert und höchstens wie ein helles, durchschimmerndes Feld wirken. Typisch für den Kaiseradler ist auch, daß die Brust kräftig längsgestreift ist – was sich auf Entfernung wie ein Brustband ausnimmt. Der mausernde Steppenadler kann ähnlich aussehen, hat aber auch die Kehle dunkel.
Die Oberseite beider Arten ist ähnlicher, ausgenommen die hellen inneren Handschwingen und die helle Partie auf Hinterrücken und Bürzel. Hier sind beim Steppenadler nur die Oberschwanzdecken weiß, aber in seltenen Fällen kann bei ihm auch ein heller Hinterrücken vorkommen.
Bei Übergangskleidern kann es schwierig sein, beide zu unterscheiden, da beide recht buntscheckig auftreten können. Beim Kaiseradler wird in der Regel entweder das charakteristische Handschwingenfenster vorhanden sein oder der helle Scheitel und Nacken des älteren Vogels samt dem zweifarbigen Schwanz. Der Steppenadler hat in den meisten Fällen unterseits Teile des Flügelbandes bewahrt. Doch es kann auch ganz fehlen, und solche Vögel gleichen daher ad. Steppenadler oder dem fast ausgefärbten Kaiseradler. Steppenadler in solch einem Kleid haben jedoch nicht den hellen Scheitel und Nacken des Kaiseradlers und den zweifarbigen Schwanz.

L
2. K. Herbst
3. K. Frühjahr

M
2. K. Herbst
3. K. Frühjahr

N
3. K. Herbst
4. K. Frühjahr

P juv. 1.–2. K.

O juv. 1.–2. K.

R 2.–3. K.

7

Q juv. 1.–2. K.

7

5

S juv. 1.–2. K.

4

6

T kreisend

U gleitend

Raubadler

(Aquila rapax)

Artbeschreibung: Seite 195

S:	Stäppörn
DK:	Rovørn
N:	Rovørn
GB:	Tawny Eagle
F:	Aigle ravisseur
I:	Aquila rapace
ES:	Aguila rapaz

Wichtigste Kennzeichen:
Ein mittelgroßer Adler mit
einer Gestalt sehr ähnlich
der des Steppenadlers –
und einem Kleid, das bei
vielen Individuen jungen
Kaiseradlern gleicht.

Flügelspannweite:
172–185 cm.

Proportionen: Sehr ähnlich
Steppenadler.

Gefieder: <u>Ad.:</u> Das Aussehen und die Kleiderwechsel
von juv. zum ad. sind nicht
voll erforscht.
Das Aussehen variiert von
Vogel zu Vogel. Wie es für
viele Arten charakteristisch ist,
sind es die Färbung von Körper und Flügeldeckfedern,
die verschieden sind. Sie variiert zwischen hellgelbbraun
(A), mittelbraun (B, C) und
schwarzbraun. Aber es kommen auch Vögel mit viel bun-
terem Aussehen (F) vor. Hier
sind Körper und Flügeldeckfedern oft mehrfarbig – z. B.
in einer Kombination von
hellem, cremefarbenen Kopf,
dunkler, brauner Brust – hellem, gräulichem Hinterkörper
– hellen Unterflügeldecken –
und Oberflügeldeckfedern
mit alten (ausgebleichten)
und neuen (dunkleren)
mittelbraunen Federn. Die
meisten Vögel haben einen
weißen Hinterrücken und
weiße Oberschwanzdecken
(C1).

Schwanz- und Schwungfe-
dern samt den großen Flügeldecken der Oberseite scheinen daher in hohem Maße
gleichfarbig. Sie sind sehr
dunkelbraun, oft in starkem
Gegensatz zum übrigen Fe-
derkleid. Unterhalb der Hand
gibt es ein helles Feld (B2,
D2, F2). Es variiert in Ausdehnung und Intensität und
kann (bei den dunkelsten
Vögeln?) bis auf eine Andeu-
tung auf den 3 inneren
Handschwingenfedern be-
schränkt sein. Die nordafrikanischen Raubadler scheinen
oft von hellerem Typ zu sein.
Das Federkleid wird von der
Sonne deutlich gebleicht (besonders bei hellen Vögeln ?).

Jungvögel: <u>1.–2. K.:</u> Erkennt
man u. a. an den intakten
Flügeln ohne Mauserspuren.
Die nordafrikanischen Jungvögel tragen ein helles Kleid
mit einer Grundfarbe von
rotbraun, gelbbraun (G) bis
weißlich cremefarben (ausgebleicht ?) (H). Die 3 inneren
Handschwingen sind weißlich
(G2). Die großen Flügeldeckfedern haben ober- wie unterseits helle Spitzen, die ein
Band am Übergang zwischen
Deck- und Schwungfedern
bilden (H3). Ebenso haben
Flügelhinterkante und
Schwanzende weiße Binden.
<u>Imm.:</u> Ab 2. K. (Herbst) sieht
man neue, nicht ausgebleich-
te, deutlich unterschiedlich
gefärbte (oft mennigerot,
gelbbraun oder dunkelbraun)
Federn im Kleid (D und E).
Das ad.-Kleid wird im Alter
von 5–6 Jahren angelegt.

Flugbild: Sehr ähnlich
Steppenadler.

**Verwechslungsmöglich-
keiten:**
<u>Raubadler – Kaiseradler:</u> Hel-
le Vögel gleichen juv. Kaiseradlern, die jedoch deutlicher
längsgestreift sind (gilt aber
nicht für die Jungvögel der
spanischen Rasse *adalberti*)
– u. a. auf der Brust, wodurch
ein breites Brustband entsteht. Die geringere Größe
des Raubadlers kann eben-
falls einen Fingerzeig geben.
Darüber hinaus neigt der
Kaiseradler dazu, seine Flügel
beim Kreisflug ein bißchen
anzuheben.
<u>Raubadler – Steppenadler:</u>
Im Vergleich zu juv. und imm.
Steppenadlern fehlt dem
Raubadler deren helles Band
auf dem Unterflügel. Die Länge des deutlichen Mundwin-
kels ist ebenfalls verschieden:
Beim Steppenadler erreicht
er den »Hinterrand«, beim
Raubadler die Mitte des
Auges. Der Raubadler hat
eine gelbe Iris, der Steppenadler eine dunkelbraune,
gelegentlich graubraune.
<u>Raubadler – andere Adler:</u>
Dunkle Raubadler können
verwechselt werden mit
Kaiser-, Schrei- und Schelladler. Doch wird es immer
eine Kombination von Einzelheiten geben, die jede dieser
Arten ausschließt.

Schelladler

(Aquila clanga)

Artbeschreibung: Seite 197

S:	Större skrikörn
DK:	Stor skrigeørn
N:	Storskrikørn
GB:	Spotted Eagle
F:	Aigle criard
I:	Aquila anatraia maggiore
ES:	Aguila moteada

Raubadler

A ad.

B ad. 2

1 C ad.

D imm.

2

E imm.

F ad./subad.

2

G juv. 1.–2. K.

2

2

H 2. K.

3

3

I kreisend

Wichtigste Kennzeichen:
Ein mittelgroßer Adler mit einem bussardähnlichen Kopf und einem Gleitflug mit deutlich abgesenkter Hand. Die alten Vögel sind normalerweise breitflügeliger und kurzhalsig und wirken in ihrem dunkelbraunen Kleid auf Distanz schwarz. Die jungen Vögel haben schmalere Flügel, einen längeren Schwanz und sind an der weißen Flügelbinde der Oberseite und der schwarzbraunen Grundfarbe erkennbar.

Flügelspannweite:
152–182 cm.

Proportionen: Mit seinen langen, breiten und stark »gefingerten« Flügeln ein typischer Adler. Der Kopf ist bussardähnlicher als bei Kaiser- und Steppenadler, und der Schelladler ist nicht so langflügelig wie diese. Zwischen Alt- und Jungvögeln gibt es Unterschiede. Die Altvögel haben nahezu rechteckige Flügel, sie sind breitflügeliger und kurzschwänziger (B). Die Jungen haben schmalere Flügel, einen längeren Schwanz und deutliche S-förmige Flügelhinterränder. Wegen der Schwingenformel siehe bei Schreiadler.

Gefieder: Ad.: Die Variationen des Gefieders und die Überlappung mit anderen Arten macht die Bestimmung sehr schwierig und erfordert gute Beobachtungsbedingungen. Im Ganzen ein sehr dunkler (dunkelbrauner) Vogel. In gutem Licht und bei angemessenem Abstand kann man die Einzelheiten der Unterseite sehen. Der »klassische« Schelladler ist auf den Flügeldecken dunkler als auf den Schwungfedern (B), aber Vögel mit hellen Deckfedern (C!) oder kontrastlosen Flügeldecken/Schwung-

federn (E) kommen auch vor. Das wichtigste Artkennzeichen auf der Unterseite ist ein kleines, halbmondförmiges, recht auffallendes helles Feld an der Basis der äußeren Handschwingenfedern (vgl. D4), oft begrenzt auf einen hellen Fleck (C). Dieses Kennzeichen, das man besonders leicht auf Abstand sieht, findet man bei sämtlichen Vögeln in allen Altersklassen und ist ein gutes, aber nicht 100 %ig sicheres Artkennzeichen.
Die Flügeloberseiten sind fast einfarbig dunkelbraun. Die Deckfedern sind nur ein wenig heller als die Schwungfedern. Unter guten Beobachtungsbedingungen wird man bei vielen Vögeln sehen, daß die mittleren Deckfedern ein wenig heller sind (A2), aber ohne daß dadurch eine farbkontrastierende Abgrenzung entsteht wie beim Schreiadler. Darüber hinaus sieht man ein nicht besonders helles Feld auf der Hand, gebildet von den hellen Schäften der inneren Handschwingen (A3).

Jungvögel: 1. K (juv): In bezug auf die großen Schwierigkeiten, die normalerweise mit der Bestimmung der *Aquila*-Adler verbunden sind, ist es wichtig die Altersklassen unterscheiden zu können. Es gehören nämlich in der Regel besondere Kleider zu den verschiedenen Altersstufen. Der ganz junge Vogel (1. K.–2.K., Frühjahr) kann an seinem vollständig intakten Gefieder erkannt werden, das symmetrisch und gleiche Abnutzung z. B. auf allen Schwung- und Schwanzfedern zeigt, aufgrund der noch nicht begonnenen Mauser. Der typische Jungvogel hat eine fast schwarze Oberseite und zahlreiche helle Federspitzen, die unterschiedlich viele hervortretende helle Binden auf den Deckfedern

bilden (K). Die Anzahl heller Federspitzen variiert individuell. Treten sie jedoch in einer Anzahl auf, wie auf den Zeichnungen J und K, d. h. in 3–4 Binden, kann die Artbestimmung schon allein auf dieser Grundlage erfolgen. Bei weniger gut gezeichneten Individuen mit 1–2 Binden (L), wie beim Schreiadler, kann die Bestimmung auf Grundlage der oberseits dunkleren Flügeldeckfedern und der schwarzen Grundfarbe vorgenommen werden. Kennzeichnend für junge Vögel sind außerdem weiße Oberschwanzdeckfedern und die weißen Hinterkanten der Flügel und des Schwanzes. Das helle Flügelfeld auf der Oberseite der Hand ist größer und deutlicher als bei ad. Auf der Unterseite besitzt der juv. den »typischen« Kontrast des Schelladlers – mit fast schwarzen Flügeldeckfedern im Kontrast zu den helleren, mehr grauen Schwungfedern (V.).
2. K.: Im Frühjahr im verschlissenen juv.-Kleid, aber ohne Mauserspuren. Viele der hellen Federspitzen sind auf der Oberseite verschwunden, aber in der Regel sind 1–2 helle Flügelbinden intakt geblieben. Im Laufe des Sommers erfolgt eine Teilmauser der Schwung- und Schwanzfedern. Die mittleren Flügeldeckfedern auf der Oberseite werden erneuert und gleichen den juvenilen mit hellen Spitzen (K). Die Grundfärbung ist ständig schwarz. Die Zeichnung L bildet einen 1.–2. K.-Vogel ab, der zu den am wenigsten gekennzeichneten gehört. Er gleicht einem Vogel im 2.–3. K. auf den Deckfedern, abgesehen davon, daß die helle Flügelbinde völlig intakt ist, Flügel- und Schwanzhinterkanten ebenso.
3. K.: Gleicht im Frühjahr einer verschlissenen Ausgabe des juv. Die Oberseite hat

A ad.

2

3

B ad.

1

C ad.

1

D ad.

4

E ad.

F 3. K.

G 4. K.

H gleitend

nun in groben Zügen keine weißen Spitzen auf den frisch gemauserten großen Flügeldeckfedern mehr – und daher nur eine (gebrochene) helle Flügelbinde (F). Die Flügelhinterkante wirkt unregelmäßig aufgrund neuer (längerer) Schwungfedern mit breiteren hellen Spitzen als die aufgeschlissenen. Nach der Sommermauser besitzt der Vogel Schwungfedern dreier Generationen, von denen die juv.-Federn so abgeschlissen sind, daß sie keine weißen Spitzen mehr haben. Ständig sehr dunkel.

4. K.: Nun deutlich dunkelbraun und dicht vor dem ad.-Kleid. Schwache Spuren von hellen Spitzen auf den großen Flügeldecken sieht man noch ständig (G).

5. K.: Sehr 4. K. gleichend, aber ganz schwache Spuren heller Spitzen auf den großen Deckfedern.

6. K.: Ad.-Kleid ist erreicht.

Abarten: Die ansonsten dunkle Art kann in einzelnen Fällen mit einem atypisch hellen Unterkörper auftreten (M). Als eine völlig abweichende Morphe gibt es Vögel mit so vielen und kräftigen hellen Feder-»spitzen«, daß sie einen hellen Kopf, hellen Körper und helle Flügeldeckfedern bekommen. Nur die Schwungfedern und der Schwanz sind normal gezeichnet (N, O, P). Man nennt solche Vögel *fulvescens*-Varianten, da man früher glaubte, daß es sich um eine besondere Art *(Aquila fulvescens)* handele. In Europa ist sie sehr selten, man sieht sie häufiger in Winterquartieren in Asien.

Flugbild: Wirkt schwerer als der Schreiadler – mit einer langsameren Flügelbewegung. Der Schelladler bewahrt selbst beim aktiven Flug einen Knick im Handgelenk und wirkt dadurch mehr reiherartig. Der Schreiadler wird oft schnellere, bussardartige Flügelschläge haben. Im Kreisflug hält er seine Flügel fast wie der Wespenbussard, während der Schelladler seine Flügel oft etwas mehr wölbt. Für beide Arten gilt, daß sie besonders im Gleitflug eine typische »Schell- bzw. Schreiadler«-Haltung zeigen, mit dem Arm angehoben (Schell-) oder waagerecht (Schreiadler) und hängender Hand – am ausgeprägtesten beim Schelladler (H), mit einer Haltung, die stark an die des Steppenadlers erinnert.

Verwechslungsmöglichkeiten:

Schelladler – Steppenadler: Die dunklen, erwachsenen Vögel gleichen einander in der Gestalt. Der Steppenadler ist jedoch normalerweise deutlich größer – mit einem längeren, mehr »adlerartigen« Flügel mit deutlich längeren sichtbaren »Fingern«. Von vorne oder hinten gesehen, hat der Steppenadler ein Profil, bei dem der Körper relativ weniger füllig ist – er hat einen längeren Hals und dadurch einen mehr vorgestreckten Kopf – und einen deutlich langsameren Flügelschlag, geprägt durch die Schwere des größeren Vogels. Im Gleitflug verwischen sich die Gestaltsunterschiede stark, und eine Artbestimmung kann unmöglich werden. Der Steppenadler kann den gleichen Unterflügel-Kontrast aufweisen wie der Schelladler, aber unter guten Lichtverhältnissen sieht man in den meisten Fällen die gebänderten Schwungfedern der Art mit der deutlich abgesetzten dunklen Flügelhinterkante – ein Muster, das man auch auf dem Schwanz erkennt. Weiterhin hat der Steppenadler normalerweise größere und deutlichere weiße Felder auf der Flügeloberseite. Die des Schelladlers können schwierig zu erkennen sein, da sie lediglich aus hellen Federschäften bestehen. Juv./imm. Schelladler können mit imm. Steppenadlern verwechselt werden. Aber diese werden oft auf den Unterflügeln Reste des breiten weißen Bandes oder die charakteristischen gebänderten Schwungfedern haben.

Schelladler – Schreiadler: Siehe bei Schreiadler.

Schelladler – »die großen« Adler: Siehe bei Schreiadler.

Schreiadler
(Aquila pomarina)

Artbeschreibung: Seite 201
Farbtafeln: Seite 365/367

S:	Mindre skrikörn
DK:	Lille skrigeørn
N:	Småskrikørn
GB:	Lesser Spotted Eagle
I:	Aquila anatraia minore
ES:	Aguila pomerana

Wichtigste Kennzeichen:
Ein mittelgroßer bis kleiner Adler mit einem bussardartigen Kopf, gleitfliegend mit hängender Hand. Kann normalerweise vom Schelladler durch die braungelben Deckfedern der Oberseite im Kontrast zu den dunkleren Schwungfedern samt einem deutlichen hellen Feld auf der Hand unterschieden werden. Ist im Gesamteindruck ein brauner Vogel.

Flügelspannweite:
134–159 cm.

Proportionen: Trotz einer Größe wie etwa der des Rauhfußbussards empfindet man ihn mit seinen langen, »gefingerten« Flügeln deutlich

I juv.
1.–2. (3.) K.
seltene
Abart

J juv.
1.–2. K.

K juv.
1.–2. K.

L juv.
1.–2. K.

M juv.
1.–2. (3.) K.

O *fulvescens*

N *fulvescens*

P *fulvescens*

363

als Adler. Der Kopf ist bussardartig, der Schwanz hat $^2/_3$–$^3/_4$ der Flügellänge. Zwischen Alt- und Jungvögeln gibt es Unterschiede in den Proportionen. Die Jungvögel haben schmalere Flügel mit deutlicher S-Form der Flügelhinterkante und längerem Schwanz. Die Altvögel haben breitere, rechteckigere Flügel. Sowohl Jung- als auch die Altvögel beider Arten gleichen sich außerordentlich – und wenn auch der Schelladler im Durchschnitt breitflügeliger und ein kurzschwänziger und plumper gebauter Adler im Vergleich zum Schreiadler ist, bewirken Verschleiß und Mauser häufig ein Überlappen der Silhouetten beider Arten. Daher kann man die Proportionen nur als ein Indiz bei der Bestimmung anwenden.

Es gibt jedoch Unterschiede in der Ausformung der Flügelspitzen: Der Schelladler hat tiefer eingeschnittene Handschwingen (längere »Finger«). Sie sind auch mehr von gleicher Länge, so daß der Flügel rechteckiger bleibt. Der Schreiadler hat mehr abgerundete Flügelspitzen. Konkret kann dies an der Länge der 7. Handschwingenfeder beim kreisenden Vogel illustriert werden (gezählt von außen her). Beim juv. Schreiadler kann man diese genau sehen (J1), und der Flügel hat bloß 6 sichtbare »Finger« (N). Beim ad. ist die 7. Handschwingenfeder etwas länger (C1), aber nie so lang wie bei imm./ad. Schelladlern (B1, C1), deren Kleider die größten Probleme im Vergleich zum Schreiadler machen. Bei juv. Schelladlern ist die 7. Handschwinge gut und gern von gleicher Größe wie beim ad. Schreiadler. Aber diese Altersklasse des Schelladlers macht normalerweise keine Bestimmungsprobleme aufgrund ihrer charakteristischen Oberseite.

Gefieder: Ad.: Das Kleid des ad. ist so charakteristisch, daß es normalerweise zur Bestimmung genutzt werden kann. Aber zwischendurch treten so abweichende Vögel auf, daß die Bestimmung aus sämtlichen anwendbaren Kriterien zusammengesetzt werden muß. Vögel mit charakteristischer Oberseite (A) haben einen hellen braungelben Kopf samt den kleinen und mittleren Flügeldeckfedern (A2) – im Gegensatz zu den dunkelbraunen großen Flügeldeckfedern und Schwungfedern (A3). Darüber hinaus sieht man ein weißes Feld an der Wurzel der Handschwingenfedern (A4), das in Ausbreitung und Intensität variiert.

Auf der Unterseite sind die Flügeldeckfedern in den meisten Fällen heller (gelbbraun bis warm rotbraun) als die dunkleren Schwungfedern (B), doch kann der Kontrast nur schwach sein (C) oder ganz fehlen. Ähnliche Kontrastverhältnisse sieht man beim Schelladler. Die helle, halbmondförmige Zeichnung an der Basis der Handschwingenfedern ist beim Schreiadler anders ausgeformt als beim Schelladler. Sie ist schmaler, länger, etwas weniger deutlich und wird oft ergänzt durch eine weitere halbmondförmige Zeichnung an der Basis der großen Handdeckenfedern. Der Schreiadler hat somit oft auf der Handwurzel einen doppelten Halbmond (z. B. B6), während der Schelladler nur einen Halbmond oder bloß einen hellen Fleck hat – ein gutes, aber nicht 100 %iges Artkennzeichen (siehe Schelladler M).

Jungvögel: 1. K.: Hat, wie charakteristisch für diese Altersklasse, ein vollständig intaktes Kleid, ohne Anzeichen von Mauser. Die Oberseite ist charakteristisch: mit

warmen hellbraunen kleinen und mittleren Flügeldeckfedern im Gegensatz zu dunklen großen Flügeldeck- und Schwungfedern. Die hellen Spitzen an den großen Flügeldeckfedern bilden eine Flügelbinde am Übergang von Deck- und Schwungfedern. Normalerweise haben junge Schreiadler nur eine helle Flügelbinde (I). Aber eine etwas weniger deutliche kann doch vor dieser vorkommen, und zwar auf den Spitzen der mittleren Flügeldeckfedern (J). Da juv./imm. Schelladler ebenfalls mit einer Flügelbinde auftreten können, ist dieses Kennzeichen für die Artbestimmung nicht brauchbar. In der Regel hat der junge Vogel größere und deutlichere helle Flügelfedern auf der Hand als der erwachsene (J4).

Auf der Unterseite variieren die Flügeldeckfedern in der Färbung – von hell gelbbraun bis dunkler braun (schwarzbraun). In der Regel sind die Unterflügeldeckfedern heller als die Schwungfedern (I), aber kontrastlose Vögel sind nicht selten (L und N). Die Zeichnungen I, K, L, M und N zeigen die Variationen im Aussehen der Unterseite. Andere Jungvogel-Merkmale sind eine schmale helle Binde längs der Spitzen der großen Unterflügeldeckfedern, eine helle Hinterkante an Flügel und Schwanz und oft ein heller Fleck auf dem Rücken (J). Bei sehr großer Nähe kann man einen hellen (gelbbraunen) Nackenfleck sehen (J5), auch nach dem 1. Kleiderwechsel. Aber er kommt ebenso beim Schelladler vor, wenn auch selten. 2.–5. K.: Der Wechsel zum ad.-Kleid ist noch nicht in Einzelheiten bekannt, aber die Kleider weichen im zeitlichen Ablauf nicht sehr voneinander ab. Die größten Kleiderunterschiede scheinen aufgrund von Verschleiß und

Schreiadler I – ad. und imm.

A ad.

2 —— 2

—— 2

—— 4

B ad.

—— 6

C ad.

1

D subad.

E imm.

F imm.

G gleitend

H kreisend

365

Ausbleichung eher als durch Mauser zu entstehen – sichtbar u. a. im Kontrast der Unterflügeldeckfedern zum Körper und den Schwungfedern (E und F). Mit steigendem Alter verschwinden die weißen Binden auf der Oberseite und die hellen Spitzen auf Schwanz- und Schwungfedern. Das Erwachsenenkleid wird in einem Alter von 4–5 Jahren erreicht.

Flugbild: Siehe Schelladler.

Verwechslungsmöglichkeiten:

Schreiadler – Schelladler: Der Schreiadler ist die kleinere Art. Es handelt sich im Flügelmaß durchschnittlich nur um ca. 4 %, und eine Überschneidung kommt vor. Die Größe kann daher nicht zur Artbestimmung dienen. In bezug auf die Gestalt beider Arten siehe unter »Proportionen«. Die Gefiedermerkmale der Oberseite sind vernünftig anwendbar, um die beiden Arten unterscheiden zu können. Der Schreiadler hat deutlich helle kleine und mittlere Flügeldeckfedern im Gegensatz zu den großen Flügeldeckfedern und den Schwungfedern – samt einem deutlichen weißen Fleck auf der Hand. Imm. und ad. Schelladler haben eine mehr einfarbige Oberseite und ein weniger auffallendes Flügelfeld auf der Hand. Dieses besteht nur aus hellen Schwungfederschäften. Gut gekennzeichnete juv. Schelladler erkennt man »leicht« an mehreren hellen Binden auf den Deckfedern der Oberseite und an der im übrigen fast schwarzen Grundfärbung der Oberseite. Auf Distanz kann man die hellen Flecken auf den Deckfedern jedoch nicht immer unterscheiden, sondern sie geben den Eindruck, daß die Flügeldeckfedern hell sind oder ein »milanartiges« breites Band haben. Gleich-

zeitig können die hellen Schaftstreifen auf der Hand auf Distanz fälschlicherweise wie ein helles Flügelband ausgeben. Eine Fehlbestimmung als Schreiadler ist deshalb naheliegend, da diese Merkmale typisch für ihn sind.

Die Kontraste der Unterseite überlappen sich zwischen den zwei Arten. Charakteristischerweise hat der Schreiadler jedoch hellere Flügeldeckfedern als Schwungfedern. Sind hingegen die Flügeldeckfedern dunkler als die Schwanzfedern, dann ist die Artbestimmung Schelladler im Vergleich zum Schreiadler sicher. Zur Unterscheidung der Handwurzelzeichnung siehe unter »Gefieder, ad.«. Man kann im ersten Augenblick die Vögel anhand einer Ganzheitsbetrachtung des Gefieders beurteilen, bevor man in Einzelheiten geht. Der Schelladler ist normalerweise ein sehr dunkler, fast schwarzer Vogel. Der Schreiadler ist deutlich heller und wirkt auf Distanz in gutem Licht braun.

Schreiadler – Steppenadler: Juv./imm. Schreiadler haben mit den hellen Deckfedern, der Flügelbinde und dem hellen Feld auf der Hand oberseits ein Aussehen, das nahezu identisch ist mit dem des imm. Steppenadlers. Die Bestimmung muß daher auf Grundlage der Unterseitenzeichnung erfolgen sowie anhand der Größe oder der Proportionen.

Schell-/Schreiadler – Stein-, Kaiser- und Seeadler: Gelegentlich geschehen Verwechslungen zwischen den großen Adlern und Schell-/Schreiadlern. Die großen Adler haben jedoch alle einen auffallend vorragenden Kopf im Vergleich zu den mehr bussardartigen der Schell-/Schreiadler. Stein- und Kaiseradler sind darüber hinaus so langschwänzig, daß es im allgemeinen keine Proble-

me geben sollte. Auch die bedeutende Flügelspannweite aller drei Großadler ist in Betracht zu ziehen. Zu Einzelheiten siehe bei den jeweiligen Arten.

Habichtsadler

(Hieraaetus fasciatus)

Artbeschreibung: Seite 210
Farbtafel: Seite 369

S:	Hökörn
DK:	Høgeørn
N:	Haukørn
GB:	Bonelli's Eagle
F:	Aigle de Bonelli
I:	Aquila del Bonelli
ES:	Aguila perdicera

> **Wichtigste Kennzeichen:**
> Sehr auffallend mit seiner weißen Körperunterseite im Kontrast zu den dunkleren Flügeln sowie mit dem hellen Rückenteil. Juv. sind ebenfalls leicht erkennbar an ihrer rotbraunen Unterseite.
>
> **Flügelspannweite:**
> 150–180 cm.

Proportionen: Variiert in der Größe: von kleinen Männchen, die nur ein bißchen größer sind als ein Rauhfußbussard, bis zu großen Weibchen von der Größe eines Schlangenadlers. Auch in den Proportionen gibt es eine ausgesprochene Variation. Bestimmte Vögel können sehr lang- und schlankflügelig sein. Aber im allgemeinen sind die Flügel recht breit mit leicht schlankerer Flügelbasis (D); auch die Hand ist ein wenig schlanker und abgerundeter. Im Vergleich zum Zwergadler ist sie voller. Der Kopf ist recht klein, aber deutlich vorgestreckt (A). Der Schwanz ist lang – ein wenig länger als die Flügelbreite.

Gefieder: Die ad. können normalerweise nicht verwechselt werden. Der weiße Körper (B1) im Kontrast mit den dunklen Flügeln ist sehr auffällig. Darüber hinaus tritt im unterschiedlichen Ausmaß Weiß längs der Flügelvorderkante auf (C2). Zwischen diesem und dem recht hellen Schwungfedern bilden einige sehr dunkle Flügeldecken eine schwarze Binde (A3, C3). Ein schönes Feldkennzeichen sieht man auch auf der Oberseite in Form eines hellen Feldes auf dem Rücken (D4), sichtbar selbst aus 1–2 km. Auch dieses Feld kann stark variieren, sowohl in der Größe als auch in der Intensität, und es kann in seltenen Fällen ganz fehlen (E). Der quergebänderte Schwanz schließt mit einer breiten schwarzen Endbinde ab.

Jungvögel: 1. K.: Das typische Jugendkleid ist unterseits sehr charakteristisch: mit einem hellen Rotbraun auf Körper und Flügeldeckfedern (J5), hellen (grauen) Schwungfedern und dunklen Flügelspitzen (J6); dazu kommt bei den meisten Individuen eine schmale dunkle Binde (I7), gebildet von den schwarzen Spitzen der großen Flügeldeckfedern. Diese kann jedoch fehlen (J) oder auf die Hand beschränkt sein. Die schiefergraue Kopfpartie kontrastiert mit der übrigen Unterseite (J). Der Oberseite fehlt das für Altvögel so typische helle Rückenteil. Der Schwanz hat keine dunkle Endbinde. Die Abbildungen I und J zeigen typische Juv. Es gibt hellere als auch dunklere Vögel.
2.–5. K.: Der Mauserverlauf hin zum Erwachsenenkleid ist in seinen Einzelheiten unbekannt. Die Entwicklung erfolgt schrittweise. 2. K. hat noch das juv. Kleid. Die Mauser der Schwanzfedern beginnt im Sommerhalbjahr (H). Der

3. K.-Vogel (G) hat bereits ad. Körperfedern und zum Teil auch bereits ad. Flügeldeckfedern, während Schwung- und Schwanzfedern eine bunte Mischung von juv. und ad. sind. Auf der Oberseite zeigen sich bei dieser Altersstufe in der Regel erste helle Partien auf dem Rücken. Ist im Alter von 4–5 Jahren ausgefärbt.

Flugbild: Der aktive Flug wird mit schnellen und kraftvollen, jedoch nicht besonders tiefen Flügelschlägen ausgeführt. Den Vogel sieht man oft im schnellen Gleitflug, und besonders dann erinnert er an einen Wespenbussard oder sogar an einen Habicht. Der Kreisflug wird mit leicht vornüber gezogenen, waagerecht (K) gehaltenen Flügeln und weit gespreiztem Schwanz ausgeführt (D).

Typisches Verhalten: Agressiv und flink, in seinem Verhalten häufig wie ein Habicht. Am Brutplatz sieht man ihn oft den größten Teil des Tages über die Gegend hin- und hergleiten.

Verwechslungsmöglichkeiten:
Bei ausgefärbten Vögeln normalerweise keine.
Habichtsadler – Wespenbussard: Es gibt große Gleichheit der Proportionen, aber auch große Größenunterschiede. Verwechslungen erfolgen besonders beim Gleitflug, wo beide Arten mit stark angewinkelten, gewölbten Schwingen auftreten. Der Habichtsadler hat jedoch paralleler verlaufende Flügelkanten, eine vollere Hand (6 sichtbare Handschwingenfedern gegenüber 5 beim Wespenbussard) und tiefer eingeschnittene »adlerartige« Handschwingenfedern (»Finger«). Darüber hinaus ist der Schnabel deutlich größer.

Habichtsadler – Habicht: In Proportion und Verhalten gibt es auch eine gewisse Ähnlichkeit mit dem Habicht. Doch sind die Unterschiede in den Kleidern sehr groß. Der Habichtsadler zeigt auch mehr Adlermerkmale, u. a. längere Flügel mit voller Hand und großem Schnabel.
Habichtsadler – Zwergadler: Siehe bei Zwergadler.

Zwergadler
(Hieraaetus pennatus)

Artbeschreibung: Seite 206
Farbtafel: Seite 371

S:	Dvärgörn
DK:	Dvaergørn
N:	Dvergørn
GB:	Booted Eagle
F:	Aigle botté
I:	Aquila minore
ES:	Aguila calzada

Wichtigste Kennzeichen:
Nur mäusebussardgroß, aber doch mit deutlichen Adlermerkmalen (eingeschnittene Flügelspitzen, kräftiger Schnabel). Die verschiedenen Farbmorphen haben eine sehr charakteristische Oberseite (E). Die helle Morphe kann leicht mit anderen Arten verwechselt werden. Bei den dunklen Morphen sind die hellen inneren Handschwingenfedern ein wichtiges Kennzeichen.

Flügelspannweite:
110–132 cm.

Proportionen: Im Vergleich zum Mäusebussard sind die Flügel länger und schmaler, im Kreisflug oft mit nahezu parallel verlaufender Vorder- und Hinterkante der Flügel. Die tief eingeschnittenen Handschwingen geben einen

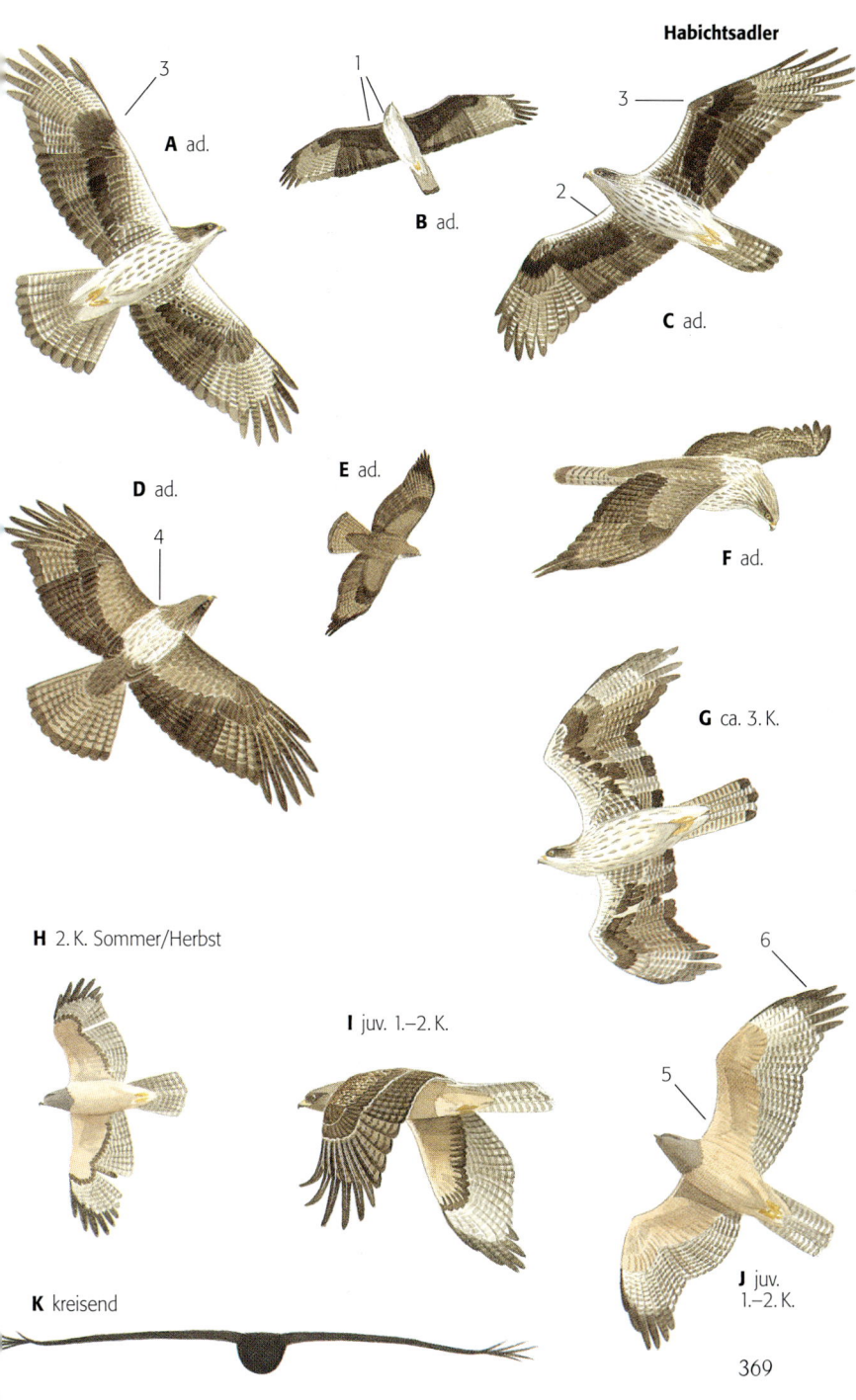

Habichtsadler

3 — **A** ad.

1 — **B** ad.

3 — **C** ad.

2 —

D ad.

4 —

E ad.

F ad.

G ca. 3. K.

H 2. K. Sommer/Herbst

I juv. 1.–2. K.

6 —

5 —

J juv.
1.–2. K.

K kreisend

369

»adlerartigen« Eindruck. Wenn die Handschwingen zusammengehalten werden, können die Flügel spitz wirken. Runder Kopf, nicht besonders hervorragend, fast mäusebussardartig, doch mit kräftigerem Schnabel. Der Schwanz ist lang, etwa so lang wie die größte Flügelbreite, gerade abgeschnitten oder schwach abgerundet und mit scharfen Schwanzecken.

Gefieder: Tritt in 3 verschiedenen Farbmorphen auf: einer hellen, einer dunklen und einer rotbraunen. Hiervon ist die helle die häufigste. Die rotbraune ist recht selten und wird hauptsächlich im Nahen Osten beobachtet. Die Oberseite der 3 Morphen ist gleich (E). Sie ist in ihrer bunten Erscheinung sehr typisch: mit den hellen mittleren Flügeldeckfedern sowie einem »milanartigen« Band über die Flügel (E1); im Kontrast zu den übrigen etwas dunkleren Deckfedern der Oberseite und noch dunkleren Schwungfedern und Schwanz (E2). Auffallend sind auch die hellen (bräunlichen bis weißen) Schwanzdecken (E3). Von vorne gesehen geben ein paar weiße Flecken an der Flügelvorderkante ein gutes Kennzeichen ab (J5 und E). Die Unterschiede im Aussehen der 3 Morphen zeigen sich ausschließlich bei der Körperunterseite und den Unterflügeldeckfedern! Die Schwungfedern sind demnach immer dunkel (Querbänderung sieht man selten), abgesehen von den inneren Handschwingenfedern, die heller als die übrigen sind (z. B. A4) und ein wichtiges Bestimmungsmerkmal bei der dunklen und der rotbraunen Morphe darstellen. Auch die Unterseite des Schwanzes ist bei allen Morphen gleich: grau mit einer dunkleren Endbinde. Die Unterschiede

in den Unterseiten der 3 Morphen können folgendermaßen beschrieben werden:
Helle Morphe: Auf Körper und Flügeldecken weiß bis cremefarben (G3), oft mit einem Anflug von rostfarben (juv.?). Kopf und Brust oft mit dunkleren Längsstrichen. Das Aussehen ist ausgesprochen charakteristisch.
Dunkle Morphe: Unterseite nahezu einfarbig rostfarben (B), oft dunkelbraun (B). Die dunkle, recht einheitliche Unterseite ist in vielen Fällen ein Bestimmungsproblem. Es ist daher wichtig, das helle Feld auf den inneren 3 Handschwingen (A4) zu registrieren.
Rotbraune Morphe: Rotbraun auf Körper und Flügeldeckfedern (H). Die großen und mittleren Flügeldeckfedern sind am dunkelsten, und nur bei guter Beleuchtung heben sie sich als dunkles Band ab. Auch hier sind die 3 inneren hellen Handschwingen ein wichtiges Erkennungszeichen (H4).

Jungvögel: Junge der dunklen und rotbraunen Morphe können im Felde nicht von Erwachsenen unterschieden werden.
Junge der hellen Mophe können (vielleicht ?) in gewissen Fällen von ad. unterschieden werden – durch eine warme rotbraunere Färbung auf Nacken und Scheitel sowie den Schenkeln und durch mehrere kräftige Striche auf der Unterseite. Im Felde fordern diese Einzelheiten sehr gute Beobachtungsbedingungen.

Flugbild: Hält beim Kreisflug normalerweise die Flügel gerade vom Körper weg (G) und waagerecht (J) bis leicht gesenkt, mit halb gespreiztem Schwanz.
Beim Gleitflug ist die Flügelstellung gewinkelt mit stark vorwärts gerichteten

Knöcheln; die Flügelhaltung ist flach bis schwach hängend (K). Der Flügelschlag ist beim aktiven Flug schnell, kraftvoll und recht tief – oft folgt auf 4–5 Schläge Gleitflug. Oft sturzfliegend (I).

Verwechslungsmöglichkeiten:
Zwergadler – Rohrweihe: Aufgrund einer gewissen Gleichheit der Proportionen und Farbzeichnung kann die dunkle Morphe mit der Rohrweihe verwechselt werden. Doch sieht man die Rohrweihe fast immer – im Gegensatz zum Zwergadler – mit hoch angehobenen Flügeln. Darüber hinaus sind die Oberseiten beider Arten sehr verschieden.
Zwergadler – Schwarzmilan: Die dunkle Morphe kann noch öfter mit dem Schwarzmilan verwechselt werden – aufgrund der recht einheitlichen dunklen Unterseiten und Schwanzlängen. Die verschiedene Schwanzform ist normalerweise ein gutes Erkennungszeichen, aber der Zwergadler kann eine gewisse Tendenz zur Einkerbung haben (z. B. während der Mauser), und der Schwarzmilan kann wiederum einen abgeschnittenen Schwanz zeigen. Die Oberseite des Schwarzmilans erinnert aufgrund der hellen Binde bei oberflächlicher Betrachtung an die des Zwergadlers. Aber es gibt entscheidende Unterschiede – z. B. die weißlichen Oberschwanzdecken des Zwergadlers. Der Schwarzmilan kann auf den Handschwingen auf gleiche Weise hell sein wie der Zwergadler.
Zwergadler – Schmutzgeier: Die helle Morphe des Zwergadlers hat unterseits eine Zeichnung, die sehr ähnlich gefärbt ist wie beim Schmutzgeier. Dieser ist jedoch bedeutend größer, hat längere Flügel, einen keilförmigen Schwanz und eine ganz an-

A dunkle Morphe

B dunkle Morphe

C dunkle Morphe

4

D Zwischenform

G helle Morphe

3

3

Oberseite
e
orphen)

2

F helle Morphe juv. ?

H rotbraune Morphe

4

kreisend

5   5   5

gleitend

I

371

ders gestaltete Kopfpartie. Ferner sind die Oberseiten beider Arten ganz verschieden.

Zwergadler – Habichtsadler: Habichtsadler können im Übergangskleid sehr dunkel wirken; besonders auf Distanz kann daher die Bestimmung der dunklen Morphe schwierig sein. Die beiden Arten können eine verblüffend gleiche Silhouette haben, aber in der Regel ist der Habichtsadler doch größer, hat breitere Flügel mit vollerer und runderer Hand. Der verhältnismäßig kleine, wespenbussardartige Kopf des Habichtsadlers – deutlich vorgestreckt – ist jedoch ein Merkmal, das verwendet werden kann, selbst auf recht große Distanz. Bei genauerem Hinsehen wird man evtl. eine breite, dunkle Flügelbinde auf den Flügeldeckfedern der Unterseite sehen, die rotbraun-gräulich scheckigen Körper sowie die in allen Kleidern beim Habichtsadler etwas helleren Schwungfedern. Die Oberseite des Zwergadlers mit ihrer typischen Zeichnung wird immer ein gutes Feldkennzeichen sein.

Zwergadler – Mäuse- und Wespenbussard: Siehe bei Wespenbussard.

Fischadler

(Pandion haliaetus)

Artbeschreibung: Seite 214

S:	Fiskgjuse
DK:	Fiskeørn
N:	Fiskeørn
GB:	Osprey
F:	Balbuzard pêcheur
I:	Falco pescatore
ES:	Aguila pescadora

Wichtigste Kennzeichen: Der Farbkontrast der Unterseite und die Verteilung zwischen weißen und dunklen Federpartien sind sehr kennzeichnend. Erinnert im Fluge – oberflächlich betrachtet – an eine Großmöwe.

Flügelspannweite: 145–170 cm.

Proportionen: Wesentlich größer als Mäusebussard und mit ganz anderen Proportionen. Die Flügel sind sehr lang und schmal, der Schwanz hat mittlere Länge (etwas kürzer als die Flügelbreite), der Kopf ist verhältnismäßig klein, aber auffallend vorgestreckt und der Schnabel ist kräftig.

Gefieder: Die Unterseite ist sehr typisch durch den weißen Körper, den weißen Kopf und die weißen kleinen und mittleren Deckfedern (A1) – im Gegensatz zu den dunklen großen Flügeldecken und Armschwingen (A2). Die Handschwingen sind weniger heller. Auffallend sind auch die schwarzen Handwurzeln. Die Oberseite ist nahezu einfarbig dunkelbraun und bildet einen starken Kontrast zur Unterseite. Der weiße Kopf (E3) leuchtet stark hervor und ist ein gutes Feldkennzeichen. Deutlich ist auch der dunklere Augenstreif. Die Geschlechter können oft unterschieden werden. Das dunkle Brustband ist beim Männchen schwächer oder fehlt ganz. Das des Weibchens (und der Jungvögel) ist breiter und dunkler. Aber das sind Angaben zum durchschnittlichen Verhältnis, denn man hat auch Brutpaare gesehen, bei denen das Verhältnis umgekehrt war.

Jungvögel: Erkennbar an der hellen Farbe der Oberseite und ihrem buntscheckigeren Aussehen aufgrund der hellen Ränder der Flügeldecken und Rückenfedern (D). Darüber hinaus sind Scheitel und Nacken dunkler. Die Unterseite unterscheidet sich im Felde nicht von der der Erwachsenen.

2. K.: (Sieht man nicht bei uns – sie übersommern im Winterquartier oder im Mittelmeerraum). Die hellen Ränder der Oberseitenfedern schleißen sich im Laufe des ersten Winters ab, und danach kann man die Jungvögel nicht mehr von den Altvögeln unterscheiden.

Flugbild: Mit seinen langen, schmalen Flügeln, die beim Gleitflug betont angewinkelt sind (I) und mit den weit hervortretenden Flügelknöcheln (C) ist der Vogel im Flug sehr typisch. Sein Aussehen erinnert mehr an eine große Möwe. Im Kreisflug werden die Flügel mit schwach hängender Hand gehalten. Beim aktiven Flug sind die Flügelschläge kraftvoll. Typisch sind lange Perioden mit Gleitflug zwischen den einzelnen Serien der Flügelschläge.

Typisches Verhalten: Steht über Wasser in der Luft still (rüttelt), wenn ein Fisch erspäht ist oder um eine Beute aufzunehmen (D). Sturztaucht mit Kopf voraus ins Wasser (G).

Verwechslungsmöglichkeiten: Keine naheliegenden. Siehe aber bei Schlangenadler S. 314.

A ♂ ad.

B

2

C ♀ ad.

1

E ad.

3

D juv. 1. K.

F

G

H kreisend

I gleitend

373

Gerfalke

(Falco rusticolus)

Artbeschreibung: Seite 225.

S, N: Jaktfalk
DK: Jagtfalk
GB: Gyrfalcon
F: Faucon gerfaut
I: Girfalco
ES: Halcón gerifalte

Wichtigste Kennzeichen:
Ein mäusebussardgroßer, kräftig gebauter Falke mit langem Schwanz. Außerhalb des Brutgebietes sieht man meistens Jungvögel. Sie zeigen einen deutlichen Kontrast zwischen Deck- und Schwungfedern auf der Unterseite, wobei der Körper längsgestreift ist. Der Kopf ist meist kontrastlos, weshalb der Bartstreif nicht gut zu sehen ist. Die Oberseite ist graubraun.

Flügelspannweite:
120–135 cm.

Proportionen: Die Weibchen sind groß und recht schwer, die Männchen kleiner und schlanker. Der Körper ist kräftig, der Schwanz breit und lang. Kopf groß, mit kräftigem Schnabel. Die Flügel sind lang und besonders am Flügelansatz breit – im Vergleich zum Wanderfalken mit längerem Arm sowie vollerer und spitzerer Hand. Die mehr abgerundete Hand sieht man besonders am kreisenden Vogel.

Gefieder: Tritt in verschiedenen geographisch bedingten Farbmorphen auf. Die Vögel Skandinaviens, Nordfinnlands und Nordrußlands gehören überwiegend der dunklen Morphe an.
Dunkle Morphe, ad.: Die verhältnismäßig einfarbige Ober-

seite variiert farblich zwischen graubraun und hell schiefergrau. Bei den dunkleren, bräunlichen Vögeln geben der hellgraue Bürzel und der hellgraue Schwanz mit feiner Querbänderung in gutem Licht einen Kontrast zur übrigen Oberseite. Die Kopfoberseite ist in der Regel recht hell, aber kann auch dunkel schiefergrau sein. Die Backen sind hell mit dunklen Flecken, auf Distanz erscheinen sie grau. Das deshalb, weil der charakteristische recht schmale Bartstreif nicht besonders deutlich hervortritt (C1). Die Unterseite ist weiß mit einer größeren oder kleineren Anzahl dunkler tropfen- oder pfeilförmiger Flecken. Die Zeichnungen A, B und C zeigen die Variationsbreite. Auf den Flügelunterseiten existiert ein gewisser Kontrast zwischen mittleren Deck- und Schwungfedern, indem die großen und mittleren Flügeldecken normalerweise dunkler sind und ein mehr oder weniger deutliches Band (C2) bilden.
Graue Morphe, ad. (charakteristisch für die isländischen und südgrönländischen Gerfalken, selten in Skandinavien/ Nordfinnland): Gleicht unterseits der dunklen Morphe. Die Variationsbreite ist jedoch größer, da einige Vögel schwächer gezeichnet sind (L). Die Oberseite ist deutlich heller. Während die dunkle Morphe nur aus einigem Abstand einfarbig dunkel wirkt, hat die graue eine deutlich hellere, buntere Erscheinung. Der Kopf ist überwiegend weiß mit dunklen Schaftstreifen, doch kann das Aussehen stark variieren. Gesamteindruck: ein heller, grauer Vogel.
Weiße Morphe (Grönländische und ostsibirische Vögel, äußerst selten in Nordeuropa): Im Gesamten ein weißer Vogel mit schwarzen Flügelspitzen (N). Federkleid jedoch mit vielen dunklen Flecken.

Übergangsformen zwischen grauer und weißer Morphe machen in Grönland anscheinend ca. 9 % aus.

Jungvögel: Dunkle Morphe, 1. K.: Die graubraune Oberseite mit helleren gelblichen Federrändern (G), am deutlichsten längs der Spitzen der großen Deckfedern. Dadurch entsteht ein gewisser Kontrast zwischen Deck- und Schwungfedern. Vögel mit schmalerem hellen Saum oder ältere Vögel mit abgeschlissenen Säumen wirken jedoch einfarbiger (vgl. Wanderfalke). Die Kopfzeichnung gleicht bei den dunkelsten Vögeln der des Wanderfalken, aber die Backen sind dunkler und der diffuse Überaugenstreif läuft ganz um den Nacken herum. Viele haben jedoch einen recht hellen Kopf mit unauffälliger Zeichnung und daher nur einen undeutlichen Bartstreif (H1). Die Unterseite zeigt normalerweise deutliche dunkle Längsstreifung (I). Die dunkleren großen und mittleren Flügeldecken (H2) bilden oft ein deutliches Band auf dem Unterflügel.
2. K.: Beginnt die Mauser ins ad.-Kleid in seinem ersten Winter, und ab Sommer ist sie dann so weit fortgeschritten, daß eine Altersbestimmung im Felde nicht mehr mit Sicherheit möglich ist.
Graue Morphe, 1. K.: Die Oberseite zeigt große helle Flecken und Federränder als der Jungvogel der dunklen Morphe. Sie ist im Vergleich auch heller und bunter.
2. K.: Siehe bei dunkler Morphe.
Weiße Morphe: Kann im Felde normalerweise nicht altersbestimmt werden. Einige besitzen jedoch eine diffuse Längsstreifung am Körper. – Jungvögel haben blaugraue Füße, Wachshaut und Augenring. Die der Erwachsenen (aller Morphen) sind gelb.

A ad.

B ad.

C ad.

D ad. (Skand./Island)

E imm. – ad.

F imm.

G juv. 1.–2. K.

H juv. 1.–2. K.

I juv. 1.–2. K.

J juv. 1. K.

375

Gerfalke

Flugbild: Aufgrund der bedeutenden Größe hat die Art für einen Falken recht langsame Flügelbewegungen. Sie wirken fast so, als ob sie nur mit der Hand ausgeführt werden. Kleinere Männchen können jedoch einen Flugstil haben, der in seiner Behendigkeit dem des Wanderfalken nicht hintenan steht.

Verwechslungsmöglichkeiten:

<u>Gerfalke – Wanderfalke:</u> Der <u>ad.</u> Gerfalke ist normalerweise viel größer, hat einen etwas längeren Arm und eine breitere, abgerundetere Hand sowie in der Regel einen deutlich längeren Schwanz. Junge Wanderfalken können jedoch recht langschwänzig sein. Die Unterseite des Gerfalken ist oft heller und ohne den Kontrast des Wanderfalkens zwischen der hellen Vorderbrust und dem dunkleren Bauch. (Einzelne Wanderfalken-Männchen haben jedoch eine nahezu einfarbige helle Unterseite.) Die Oberseite ist etwas heller, aus der Nähe gesehen mit hellen Federrändern und Binden/Flecken. Der Gerfalke wirkt normalerweise recht einfarbig grau, also ohne großen Kontrast zwischen Ober- und Unterseite. Auch der Kopf ist nicht so kontrastreich wie der des Wanderfalken, bei dem der Bartstreif in allen Kleidern mit der hellen Wange kontrastiert. Der <u>junge</u> Gerfalke ähnelt dem jungen Wanderfalken mehr. Ein gutes Kennzeichen

ist, daß der Gerfalke unterseits einen deutlichen Kontrast zwischen Flügeldecke und Schwungfedern zeigt. Die Vögel der grauen und weißen Morphe sind oberseits so hell, daß sie nicht mit den anderen großen Falken verwechselt werden können.

<u>Gerfalke – Würgfalke:</u> Die dunkle Morphe kann mit dem Würgfalken verwechselt werden. Beide Arten haben eine fast gleiche Silhouette. Normalerweise ist der Würgfalke etwas kleiner, aber der Größenunterschied ist schwer zu erkennen. Generell ist der Kopf des Gerfalken dunkler, die Oberseite heller und »schuppiger«. Gerfalken sind oberseits gräulich, während Würgfalken braun in verschiedenen Nuancen sind. Die Jungvögel der Würgfalken sind im Vergleich zu denen des Gerfalken wahrscheinlich dunkler braun und in der Regel kontrastreicher gezeichnet, besonders auf den Unterflügeln. Der Kopf des Gerfalken ist oft dunkler, während der Würgfalke in der Regel einen deutlicheren Kontrast zwischen breitem dunklen Augenstreif, dünnem, wohl differentiertem dunklen Bartstreif und helleren (aber gefleckten) Backen mit deutlichem weißen Überaugenstreif zeigt. Gerfalke und Würgfalke leben jedoch – außer im Altai, wo sie hybridisieren – in geographisch weit voneinander getrennten Gebieten.

<u>Gerfalke – Habicht:</u> In Nordeuropa entstehen in der Pra-

xis zwischen diesen zwei Arten Bestimmungsschwierigkeiten – und dies, obwohl es klare Unterschiede gibt, u. a. in der Gestalt. Die Probleme entstehen durch Überinterpretation der (im Vergleich zu anderen Falken) relativ stumpfen Flügelspitze beim Kreisflug und der breiten Hand des Gerfalken – und (im Vergleich zu Habichten) durch die recht langen und (beim Männchen) spitzen Flügel. Beide Arten werden daher am häufigsten beim Kreisflug verwechselt, wenn Handschwingen und Schwungfedern ausgefächert sind. Hier ist es wichtig, die S-förmige Flügelhinterkante beim Habicht zu erkennen. Der lange, abgerundete Schwanz des Habichts ist voller, etwas länger und fächerförmiger als der des Gerfalken, der scharfe Schwanzecken hat. Der hervorragende (wespenbussardartige), zugespitzte Kopf des Habichts ist auch kennzeichnend im Vergleich zum abgerundeten, mehr bussardähnlichen der Gerfalken. Im aktiven Flug ist der Unterschied bei beiden Arten groß. Der Habicht zeigt die typische Habichtflugweise, bei der einige wenige Flügelschläge mit Gleitflug abwechseln, während der Gerfalke für längere Zeit aktiv fliegt. Seine Flügelbewegungen sind recht flach und steif, die Bewegung erfolgt überwiegend von der Hand. Der Habicht schlägt tiefer, mit Bewegungen von Hand und Arm.

Gerfalke, juv.

Habicht, juv.

Wanderfalke, juv.

Gerfalke, ad.

Habicht, ad.

J ad.
(Skand./Island)

M ad.
(Grönland)

L ad.
(Island)

O juv.
(Grönland)

N ad.
(Grönland)

P juv. 1.–2. K.
(Grönland)

Q ad.
(Grönland)

R juv.
1.–2. K.
(Grönland)

S kreisend

Würgfalke

(Falco cherrug)

Artbeschreibung: Seite 230

S: Tatarfalk
DK: Slagfalk
N: Tatarfalk
GB: Saker
F: Faucon sacre
I: Falco sacro
ES: Halcón sacre

Wichtigste Kennzeichen:
Ein sehr großer, kräftig gebauter Falke (Flügelspannweite wie etwa der Mäusebussard), mit großem Kontrast zwischen dem hellen Kopf und der dunklen, bräunlichen Oberseite.

Flügelspannweite:
104–129 cm.

Proportionen: Ähnelt sehr dem Gerfalken – ebenso mit langen, oft etwas abgerundeten und breiten Flügeln sowie langem Schwanz. Aber es gibt starke individuelle Schwankungen in den Proportionen.

Gefieder: Der ad. kann unterseits sehr hell sein (cremefarben) mit nur einigen wenigen dunklen Flecken auf Körper und Flügeldecken, einer schwach ausgeprägten Querbänderung auf den Schwungfedern und leicht dunklen Handschwingenspitzen (C). Anscheinend sind es Männchen, die so hell sind. Die Weibchen haben häufig Körper und Flügeldecken kräftiger gefleckt, besonders die großen Flügeldeckfedern, die auf Distanz wie eine dunkle Flügelbinde wirken (B1). Die Oberseite variiert von dunkelbraun über rot- und gelbbraun bis graubraun mit dunkleren Schwungfedern, wodurch (wie beim Turmfalken) ein gewisser Kontrast

zum übrigen Gefieder entsteht. Die Schwanzzeichnung ist recht ausgeprägt. Die mittleren Schwanzfedern sind oft einfarbig. Die anderen besitzen ovale, gelblich-braune Flecken auf Außen- und Innenfahnen (E2).
Auf der Oberseite ist der geschlossene Schwanz einfarbig. Ausgefächert wirkt er schwach gebändert – doch selten so auffällig markiert wie beim Lanner. In allen Fällen ist die Schwanzunterseite quergebändert (B5). Der helle Kopf hebt sich auf Distanz deutlich von der ansonsten dunklen Oberseite ab (D3). Er ist cremefarben mit einer feinen bräunlichen Längsstreifung. Ein schmaler Augenstreif erstreckt sich vom Auge aus nach hinten und bildet einen Kontrast zu einem weißlichen Überaugenstreif und einer hellen Backe. Der Bartstreif ist sehr schmal und langgestreckt – in bestimmten Fällen nur angedeutet oder fehlt ganz (D4, E4). Die Kennzeichen am Kopf sieht man nur unter wirklich guten Beobachtungsmöglichkeiten.

Jungvögel: 1. K.: Meist sind sie sowohl in der Grundfarbe als auch der Zeichnung dunkler. Die Körperunterseite zeigt oft kräftige, dunkle Längsstreifung vor Flecken (G6). Die Flügeldecken sind normalerweise deutlich dunkler (G7). Die hellen Federränder der Oberseite sind schmaler, so daß die Federn dunkler wirken. Das gleiche gilt für den Kopf, wo der schwarze Streif hinter dem Auge breiter und der Bartstreif kräftiger gezeichnet ist. Eine Alterszuordnung ist in bestimmten Fällen nur möglich durch Zusammenschau der genannten Merkmale.
2. K.: Im Alter von rund 1 Jahr gleichen die juv. den ad. In der Regel kann man sie jedoch fortwährend erkennen,

am deutlichsten an den langen, dunklen Streifen der Unterseite, sowie daran, daß die großen Flügeldecken unterseits nicht gemausert wurden. Sie stechen als deutliche, dunkle Binde hervor (H). Im Alter von rund 2 Jahren ist der Würgfalke ausgefärbt. Einzelne Vögel bewahren jedoch »Jungvogel-Kennzeichen« lebenslänglich in ihrem Gefieder, z. B. treten viele Vögel mit einer dunklen Binde auf den Unterflügeln auf (B).

Abarten: Die Europäer tragen das beschriebene Kleid. Andere Rassen in Asien sind teils heller, teils dunkler. In Europa sieht man Vögel mit ausgeprägt blaugrauem oder quergestreiftem Bürzel. Diese nennt man »saceroides«-Typ (F), nach einer hellen Rasse in Asien.

Flugbild: Aufgrund seiner Größe fliegt der Würgfalke mit recht langsamen Flügelschlägen. Diese sind nicht besonders tief und scheinen fast nur mit der Hand ausgeführt zu werden. Während der Jagd erhöht sich die Schlagfrequenz, und die Schläge werden tiefer. Kleine Männchen können sehr behende und wanderfalkenartig sein.

Typisches Verhalten: Steht oft mit hängendem Schwanz gegen den Wind. Rüttelt ab und an. Schlägt die meiste Beute am Boden. Normalerweise Überraschungsjäger. Eine dramatische Verfolgung eines Vogels über längere Strecken sieht man nicht so häufig.

Verwechslungsmöglichkeiten:
Würgfalke – Lanner: Siehe bei Lanner.
Würgfalke – Gerfalke: Siehe bei Gerfalke.
Würgfalke – Wanderfalke: Im Vergleich zum Wanderfalken

Würgfalke

A ♂ ad.

B ♀ ad.

1

5

C ♂ ad.

D ad.

3

4

E ad.

2

4

F ad.
»saceroides«-Kleid

G juv.
1.–2. K.

7

6

H
2. K. und älter

I juv.
1.–2. K.

J kreisend

379

wirkt der Würgfalke deutlich größer und hat breitere und rundere Flügel mit verhältnismäßig etwas längerem Arm und knapp so langer Hand samt längeren Schwanz. Der Kopf ist außerdem sehr kräftig und rund. Der Wanderfalke hat zudem eine blaugraue bis schiefergraue Oberseite mit deutlich hellerem Hinterrücken, während der Würgfalke braun ist. Auch die Kopfzeichnungen sind verschieden, wobei die des Wanderfalken deutlich dunkler sind und immer einen kräftig gezeichneten Bartstreif besitzen. Darüber hinaus zeigt der Wanderfalke in der Regel einen starken Kontrast zwischen einer hellen Vorderbrust und einem dunkleren Bauch. Juv. beider Arten zu unterscheiden, kann schwieriger sein – speziell junge Wanderfalken der Rasse *calidus,* die eine Kopfzeichnung sehr ähnlich dem Würgfalken haben können. Hier kann die Bestimmung mittels des Unterflügel-Kontrastes beim Gerfalken zwischen Deck- und Schwungfedern erfolgen. Beim Wanderfalken kommen einfarbig dunkle Unterflügel vor.

Feldeggsfalke, Lanner

(Falco biarmicus)

Artbeschreibung: Seite 234

S: Slagfalk
DK: Lannerfalk
N: Slagfalk
GB: Lanner
F: Faucon lanier
I: Lanario
ES: Halcón borni

Wichtigste Kennzeichen: Ein großer, langschwänziger Falke (der kleinste der 4 Großfalken) mit heller Unterseite und rostfarbenem Kopf im Kontrast zu einer dunkleren, schiefergrauen Oberseite.

Flügelspannweite: 95–115 cm.

Proportionen: Ein langgestreckter, verhältnismäßig schlanker Falke mit langen Flügeln. Diese haben einen recht breiten Arm und spitze Hände, die im Kreisflug rund erscheinen können. Im Vergleich zum Würgfalken ist der Körper schlanker und der Kopf kleiner. Kann mit seinem langen Schwanz an einen (Riesen-)Turmfalken erinnern.

Gefieder: Ad. oft sehr hell unterseits (beige oder mit rostfarbenem Schimmer), mit nur wenigen dunklen Flecken (A), auf Körperseiten und Flügeldecken plaziert. Die Schwungfedern haben schwach ausgebildete Querbinden. Dunklere Vögel gibt es, u. a. mit Flecken auf der Brust (C). Aber auch fleckenlose (Männchen) kommen vor.
Die Oberseite ist hell oder dunkel-schiefergrau. Aus der Nähe sieht man hellere Federränder, auf Distanz aber wirkt sie einfarbig, heller werdend zum Bürzel (G). Die Oberseite wie der Schwanz mit hellen Querbinden besetzt. Der Kopf ist oberseits einfarbig rostfarben (G1), die Stirn jedoch fast schwarz. Ein breiter, dunkler Strich verläuft vom Auge nach hinten (A2), und einen Bartstreif sieht man in der Regel deutlich auf der hellen Wange (A2). Einige Vögel haben den Bartstreif nur angedeutet.

Rassen: Die oben stehende Beschreibung gilt für *F. b.*

feldeggii, zu denen die europäischen Vögel = Feldeggsfalken gehören. Ad. Vögel der Rassen *F. b. erlangeri* (Nordwestafrika) und *F. b. tanypterus* (Libyen, Nahost) sind ober- und unterseits heller (u. a. durch weniger Flecken), haben generell schwächere Bart- und Augenstreifen und einen heller gefärbten Scheitel (D).

Jungvögel: 1. K.: Die Unterseite ist mehr oder weniger kräftig längsgestreift (E3) und hat dunklere Flügeldecken (E4). Die Oberseite ist dunkel, oft schwärzlich, mit einem braunen Schimmer. Der Kopf ist ebenfalls dunkler als bei ad. Der Scheitel ist demnach satter rotbraun. Bei bestimmten Vögeln erstreckt sich die dunkle Partie auf dem Scheitel länger nach hinten. In Verbindung mit einem breiten, dunklen Augenstreif und einem gut sichtbaren Bartstreif ergibt dies ein sehr wanderfalkenartiges Aussehen, wobei der rotbraune Einschlag auf den Nacken begrenzt sein kann oder gar ganz fehlt. 2. K.: Im November (1. K.) beginnt die Mauser ins Erwachsenenkleid, angefangen mit den Körperfedern. Einige scheinen direkt ins Alterskleid zu mausern. Andere sind noch als 1jährige erkennbar, u. a. durch dunkle Streifen auf der Brust (doch weniger kräftig als bei juv.) sowie daran, daß die großen Flügeldecken unterseits nicht gemausert sind und deshalb als dunkle Flügelbinde erscheinen (B5).

Flugbild: Ein eleganter Vogel in der Luft – doch schwerer und weniger behende als Wander- und Wüstenfalken. Der aktive Flug ist schnell, mit flachen Flügelschlägen. Während der Jagd ist die Schnelligkeit bedeutend größer, und die Schläge sind tiefer.

A ad.

B imm. 2. K.

2

5

C ad.

D ad. *erlangeri/tanypterus*

E juv.
1.–2. K.

3

4

F ad.

G ad.

1

I kreisend

D juv.
1.–2. K.

Verwechslungsmöglich-keiten:

Feldeggsfalke – Wanderfalke:
Der Feldeggsfalke hat etwas längere Flügel, mit längerem Arm und etwas breiterer Hand. Während des Kreisfluges sind die Flügel mehr abgerundet. Darüber hinaus ist der Schwanz länger. Ad. zeigen große Kleiderunterschiede. U. a. ist der dunkle Kopf beim Wanderfalken ein gutes Kennzeichen – ebenso wie der in der Regel scharfe Kontrast zwischen der weißen Brust und dem dunkleren Bauch. Bestimmte Wanderfalken-Männchen haben jedoch eine fast weiße Unterseite. Der Feldeggsfalke hat auch hellere Unterflügel – u. U. mit einem dunkleren Band auf den großen Deckfedern. Bei Jungvögeln ist das Problem größer. Der Unterschied in der Kopfzeichnung ist nicht so ausgeprägt; Wanderfalken sind jedoch normalerweise kontrastreicher mit breiterem Bartstreif. Beim Feldeggsfalken ist unterseits der Kontrast zwischen Flügeldeckfedern und Schwungfedern ein gutes Merkmal. Hier erscheint der junge Wanderfalke einfarbig dunkel. Entscheidend für die Bestimmung sind auch die großen Proportions-Unterschiede beider Arten.

Feldeggsfalke – Gerfalke:
Der ad. Feldeggsfalke hat einen schlankeren, mehr ovalen Körper, einen kleineren Kopf und vermittelt einen schlankeren Ganzheitseindruck als der Gerfalke. Dieser wirkt normalerweise breitbrüstig und hat oft einen schmaler werdenden Schwanz. Die proportionellen Unterschiede sind im übrigen versucht worden, in den Zeichnungen bei den zwei Arten genau wiederzugeben.
Beide Arten haben einen hellen Kopf im Kontrast zu einer dunkleren Oberseite. Diese ist überwiegend (aus Abstand) einfarbig schiefergrau

beim Feldeggsfalken und (rot)braun mit gutem Kontrast zwischen Deck- und Schwungfedern beim Würgfalken. Die Kopfzeichnung ist verschieden. Der Feldeggsfalke hat einen rostbraunen/gelbbraunen Scheitel (bleicher bei *erlangeri* und *tanypterus*), in der Regel einen kräftig ausgeprägten schwarzen Augenstreif und einen deutlichen, schmalen Bartstreif (schwächer bei *erlangeri* und *tanypterus*). Der Kopf des Würgfalken ist hell cremefarben, mit einem längeren, schmalen, dunklen Augenstreif, und einem deutlichen hellen Überaugenstreif. Die Zeichnung auf der Schwanzoberseite ist verschieden. Die des Feldeggsfalken ist aschgrau und dicht quergebändert. Die des Würgfalken hellbraun mit ovalen, hellen Flecken auf den äußeren Federn; zusammengefaltet aber wirkt er einfarbig.

Jungvögel: Auf Distanz sind die Jungvögel beider Arten oft unmöglich zu unterscheiden. Man kann jedoch einen Fingerzeig durch die Gestalt bekommen. Aus der Nähe sieht man beim Würgfalken den Kontrast oberseits zwischen dem Braun von Flügeldecken und Rücken und den fast schwarzen Schwungfedern. Der Lanner ist hier einfarbig dunkel. Die Kopfzeichnung ist ebenfalls unterschiedlich, wobei oberseits die des Feldeggsfalken die dunkelste ist. Beide Arten können dunkle mittlere Schwanzfedern aufweisen. Die äußeren haben beim Würgfalken ovale Flecken, während sie beim Feldeggsfalken regulär quergebändert sind.

Wanderfalke
(Falco peregrinus)

Artbeschreibung Seite 237

S: Pilgrimsfalk
DK: Vandrefalk
N: Vandrefalk
GB: Peregrine
F: Faucon pèlerin
I: Falco pellegrino
ES: Halcón común

Wichtigste Kennzeichen:
Ein mittelgroßer bis großer, kräftiger, spitzflügeliger und verhältnismäßig kurzschwänziger Falke mit einem kraftbetonten Flug. Hat eine dunkle, blaugrauschiefergraue Oberseite mit hellerem Hinterrücken, einen sehr deutlichen Bartstreifen und (in der Regel) eine helle Vorderbrust im Kontrast zu einer gräulichen Unterseite.

Flügelspannweite:
80–117 cm.

Proportionen: Großer Größenunterschied zwischen Männchen und Weibchen. Wirkt recht kompakt aufgrund eines sehr kräftigen Körpers mit breiter Brust und einem für Falken relativ kurzen und breiten Schwanz. Die Flügel sind lang und spitz, mit einem recht kurzen, breiten Arm und langer, schmaler Hand. Die Proportionen können ein ganzes Stück variieren: von großen, breitflügeligen, gerfalkenartigen Weibchen bis zu schlankflügeligen, baumfalkenartigen Männchen. Juv. sind oft langschwänziger, und besonders die größten Weibchen können sehr gerfalkenartig erscheinen.

Gefieder: Ad.: Die helle Unterseite mit auffallender dunkler Querbänderung.

A ♂ ad.

2

1

B ♀ ad.

C ♂ ad.

D ♀ ad.

E ♂ ad. *(brookei)*

F ♀ ad.

G ♂ ad.

H kreisend

Kehle und Oberbrust sind streifenlos und stehen in scharfem Kontrast zum Rest der Körperunterseite – auffälliger beim Männchen (A) als beim Weibchen (D). Dies ist auf Distanz ein gutes Feldkennzeichen. Die Flügelunterseiten wirken auf Entfernung einfarbig. Die Oberseite ist blaugrau oder schiefergrau. Ein größeres blaugraues Feld auf Hinterrücken und Bürzel ist charakteristisch und selbst aus großem Abstand sichtbar. Der sehr deutliche, breite Bartstreif (A1) ist ein anderes gutes Feldkennzeichen, gesehen im Zusammenhang mit dem sehr dunklen Oberkopf (A2) und dem weißen Kinn.

Rassen: Die nördliche Rasse *calidus* ist größer, unterseits heller mit schmaleren Querstreifen, hellgrau bis blaugrau oberseits und mit schmalerem, spitzerem und langgestrecktem Bartstreif.
Juv. *calidus* (N und O) gleichen der Nominatform, können aber heller in der Grundfarbe sein. Bestimmte sehr helle Vögel (O) zeigen eine Kopfzeichnung wie juv. Würgfalken (aber nicht die zweifarbige Flügelunterseite dieser Art).
Die Mittelmeerrasse *brookei* ist kleiner, dunkler, besitzt deutlich rostfarbene Nackenfedern (können auch bei der Nominatrasse vorkommen), einen rostfarbenen Schimmer auf der Unterseite und einen breiteren und runderen Bartstreif.

Jungvögel: 1. K.: Dunkler als ad. Die Oberseite ist dunkler mit rostfarbenen Federrändern, wirkt aber auf Distanz recht einfarbig dunkelbraun (I). Individuen mit deutlichem Kontrast zwischen Deck- und Schwungfedern sind jedoch nicht außergewöhnlich. Hat eine deutliche helle Schwanzspitze. Der Bartstreif ist auffallend, doch kommt er aufgrund der dunklen Zeichnung auf dem Hals kaum so scharf gezeichnet hervor wie beim ad. Die Unterseite variiert zwischen einer fast weißen und einer warmgelben Grundfärbung. Der Körper ist mit kräftigen schwarzbraunen Längsstreifen versehen (J3). Sie können so stark sein, daß die Unterseite nahezu einfarbig dunkel wirken kann. Auf Abstand erscheint die Flügelunterseite einfarbig dunkel.
2. K.: Erst im Winter hat der Jungvogel seine ersten blaugrauen Federn auf der Oberseite erhalten (besonders auf Bürzel/Hinterrücken) im Rahmen der Mauser, die im Laufe des Sommers zu einem fast totalen Wechsel ins ad.-Kleid führt. Danach kann der Vogel nicht mehr mit Sicherheit im Felde altersbestimmt werden – selbst wenn die Querbänderung auf der Unterseite im Durchschnitt gröber ist und höher die Brust hinaufreicht.

Flugweise: Der aktive Flug ist in der Regel zielgerichtet und kraftvoll mit etwas steifer und nicht besonders tiefer Flügelführung. Kein anderer Vogel schießt mit so großer Fahrt mit derart begrenzten Flügelbewegungen vorwärts. Jagt gerne im Sturzflug oder übt die Jagd in einem tiefen, den Boden fast streifenden Flug aus.

Verwechslungsmöglichkeiten: Im Vergleich mit den 3 Großfalken, Ger-, Würg- und Lannerfalke, erkennt man den Wanderfalken verhältnismäßig leicht anhand der verschiedenen Proportionen. Die Flügel sind normalerweise schlanker, mit einem etwas kürzeren Arm und einer vergleichsweise längeren und spitzeren Hand, der Körper weniger langgestreckt, der Schwanz ein wenig kürzer. Beim Kreisflug fallen die spitzeren Flügel auf. Große Weibchen der Wanderfalken und kleine Männchen der anderen Falken können sich in Größe und Proportionen überlappen.
Im übrigen ist der Größenunterschied zwischen Wanderfalke und Lanner gering. Wesentlich ist auch, daß die ad. Wanderfalken eine helle Vorderbrust haben, während die ad. der 3 Großfalken auf der ganzen Unterseite sehr hell sind. Den Wanderfalken unterscheidet man am einfachsten von diesen anhand des dunklen Kopfes und des scharf gezeichneten, breiten Bartstreifs auf weißer Wange. Die Unterschiede bei den Jungvögeln der 4 Arten sind jeweils bei den 3 großen Arten beschrieben.
Wanderfalke – Baumfalke: Verwechslungsmöglichkeit, besonders gegenüber dem jungen Wanderfalken. Doch in der Regel eindeutig verschieden in den Proportionen, wenn auch überraschende Ähnlichkeit vorkommen kann. Der Baumfalke ist jedoch dunkler und hat einen schmaleren und spitzeren Bartstreif.
Wanderfalke – Eleonorenfalke: Siehe bei Eleonorenfalke.
Wanderfalke – »Kleinfalken«: Normalerweise ist der Wanderfalke, insbesondere das große Weibchen, so typisch in seiner Gesamterscheinung, daß man sich schnell darüber klar ist, daß man einen großen Falken vor sich hat. Die kleinen Männchen können schwerer zu bestimmen sein, besonders auf Distanz und im Gegenlicht. Eine Verwechslung mit Baumfalke und Merlin ist dann durchaus möglich. Bei gutem Licht wird man jedoch selbst auf große Entfernung die helle Brust des ad. Wanderfalken oder die blaugraue Oberseite mit dem hellen Hinterrücken erkennen – Merkmale, die keiner der Kleinfalken besitzt.

I ♀ juv.

J juv. 1.–2. K.

K 2. K.
Mai–Juni

L juv. 1.–2. K.

juv.
(*calidus*)

O juv.
(*calidus*)

M juv. 1.–2. K.

385

Wüstenfalke

(Falco pelegrinoides)

Artbeschreibung: Seite 244

S, DK, N: Berberfalk
GB: Barbary Falcon
F: Faucon de Barnarie
I: Falco di Barberia
ES: Halcón de Berberia

Wichtigste Kennzeichen:
Sehr ähnlich dem Wanderfalken. Sichere Artkennzeichen im Vergleich zum Wanderfalken sind der rostfarbene Scheitel und Nacken des Wüstenfalken.

Flügelspannweite:
80–100 cm.

Proportionen: Wie Wanderfalke, aber etwas weniger kompakt durch den schlanken Körper. In der Größe oft wie der kleinste Wanderfalke.

Gefieder: Die Oberseite der ad. ist hell graublau mit grauschwarzen Handschwingen. Scheitel und Nacken sind rotbraun (B1), Stirn und Bartstreif schwärzlich. Normalerweise sieht die Gesichtszeichnung dunkel und sehr ähnlich dem Wanderfalken aus. Die Unterseite wirkt einfarbig hell – aus der Nähe gelbbraun und nur mit wenigen dunklen Flecken und Querstreifen versehen. Die östliche Rasse (*babylonicus* – vom Iran an ostwärts) hat eine noch hellere Oberseite, hellbraune Stirn und Nacken sowie einen nur schwachen Bartstreif.

Jungvögel: 1. K.: Erinnern sehr an die des Wanderfalken (insbesondere von *brookei*), haben aber eine braunere und zudem hellere Oberseite (helle Federränder), einen helleren Kopf mit einem größeren und rotbrauneren

Nackenband, schmaleren Bartstreif und schmalere Längsstreifen auf rotbrauner Unterseite – aber alles zusammen genommen sind es Merkmale, die in der Praxis unmöglich im Felde zu erkennen sind.

Flugbild: Wie das des Wanderfalken, oft sehr temperamentvoll und mit Vorliebe für Sturzflüge bei der Jagd.

Verwechslungsmöglichkeiten:
Wüstenfalke – Wanderfalke:
Gleicht sehr dem Wanderfalken, ist aber – wie gesagt – etwas weniger kompakt gebaut (schlankerer Körper). Die Unterseite ist deutlich heller gelb und wirkt einfarbig, während der Wanderfalke fast immer kontrastreicher ist aufgrund seiner deutlich helleren Vorderbrust. Man kann jedoch auch Wanderfalken mit ebenso heller Unterseite sehen, wenn auch selten. Die Oberseite ist heller als beim Wanderfalken.
Bei guten Beobachtungsverhältnissen sind der rotfarbene Scheitel und Nacken ausgezeichnete Merkmale. Ferner tritt der Bartstreif schwächer hervor als beim Wanderfalken.
Wüstenfalke – Feldeggsfalke:
Die ad. Vögel beider Arten haben eine ähnliche Färbungsverteilung. Dadurch werden die Proportionsunterschiede zum wichtigsten Kennzeichen. Der Feldeggsfalke ist langschwanzig, wohingegen der Wüstenfalke als kurzschwanzig bezeichnet werden muß. Der Feldeggsfalke hat einen vergleichsweise längeren Arm und eine rundere Hand. Oft gibt es auch einen auffallenden Größenunterschied. Der Feldeggsfalke gehört ja zu den »Großfalken«. Aber die größten Wüstenfalken-Weibchen haben eine größere Flügelspannweite als die kleinsten Feldeggsfalken-Männchen.

Im Verbreitungsgebiet des Wüstenfalken ist Verwechslung am wahrscheinlichsten mit den hellen Rassen des Feldeggsfalken: *F. b. erlangeri* und *tanypterus*. Im Vergleich zu diesen ist der Wüstenfalke etwas dunkler auf dem Scheitel, der selbst aus der Nähe schwärzlich wirkt, wogegen der Feldeggsfalke einen deutlich hellen Scheitel aufweist (fast wie ein Rotfußfalken-Weibchen).

Eleonorenfalke

(Falco eleonorae)

Artbeschreibung: Seite 247
Farbtafel: Seite 389

S, DK, N: Eleonorafalk
GB: Eleonora's Falcon
F: Faucon d'Eléonore
I: Falco della Regina
ES: Halcón de Eleonor

Wichtigste Kennzeichen:
Ein mittelgroßer, besonders wohlproportionierter Falke mit sehr langem Schwanz und sehr langen Flügeln. Die Vögel der dunklen Morphe sind dunkel schiefergrau. Die Vögel der hellen Morphe erinnern an die Baumfalken, aber zeigen auf der Unterseite einen starken Kontrast zwischen Deck- und Schwungfedern.

Flügelspannweite:
90 cm.

Proportionen: Ähnelt dem Baumfalken. Der Eleonorenfalke ist aber größer, die Flügel sind verhältnismäßig länger und breiter (besonders der Arm ist etwas länger), und vor allem ist der Schwanz bedeutend länger. Alles in allem handelt es sich um einen sehr schlanken und wohlproportionierten Falken.

A ad.

B ad.

1

C juv. 1.–2. K.

D juv. 1.–2. K.

E

Eleonorenfalke

Gefieder: Helle Morphe, ad.: Unterseite kräftig längsgestreift auf cremefarbenem bis rotbraunem Grund (B, E und F). Bei einigen Vögeln sind nur die Unterschwanzdecken rotbraun (wie beim Baumfalken). Die Flügeldeckfedern sind einfarbig dunkelbraun, die Schwungfedern grau – ein guter Kontrast (vgl. B1). Kehle und Backen treten auffallend hell hervor im Verhältnis zum dunkelbraunen Oberkopf und zu den deutlichen schmalen und spitz auslaufenden Bartstreifen (B2). Die Oberseite erscheint einfarbig dunkelbraunschwarz bis blauschwarz.
Dunkle Morphe, ad. (ca. 25 %): Oberseits wie helle Morphe. Die Unterseite ist dunkelschiefergrau, doch sind die Schwungfedern etwas heller gefärbt im Kontrast zu den schwärzlichen Flügeldeckfedern (A1).
Beide Morphen haben einen quergebänderten Schwanz, jedoch sind die mittleren Federn einfarbig dunkel. Die äußere dunkle Schwanzbinde ist breiter und formt auf dem zusammengefalteten Schwanz eine breite, dunkle Schwanzspitze (F). Ob es Zwischenformen gibt, ist noch nicht klar.

Jungvögel: 1. K.: In seinem ersten Jugendkleid ist der Vogel deutlich heller. Die Körperunterseite ist auf gräulichem Grund diffus längsgestreift, die Schwungfedern haben schmale, dunkle Querbänder und stehen in einem gewissen Kontrast zu den dunkel gefleckten Flügeldeckfedern. Selbst die Flügelhinterkante ist dunkel. Auf der Oberseite bilden helle Federsäume eine schmale helle Binde längs der Spitzen der großen Oberflügeldeckfedern und tragen zu einem gewissen Kontrast zwischen Deck- und Schwungfedern bei. Darüber hinaus haben die Jungvögel

schmalere helle Binden auf dem Schwanz.
2. K.: Die Kleiderwechsel des Eleonorenfalken sind noch nicht im einzelnen bekannt. Aber 2. K. (Sommer) (H) besitzt in der hellen Morphe einen ad.-Körper, jedoch mit hellerer rostroter Grundfarbe und weniger deutlicher Längsstreifung. Die Unterflügel sind wie bei 1. K. gezeichnet. Die dunkle Morphe kann mit dunklem, rußfarbenem Körper und juv. Unterflügeln auftreten.

Flugbild: Ein wirklich guter Flieger, der sich oft in gewaltige Sturzflüge wirft, selbst wenn er nicht jagt. Beim aktiven Flug wirken die Flügelschläge entspannt, weich, nicht besonders tief und recht langsam. Während der Jagd sind sie schnell und kraftbetonter.

Typisches Verhalten: Man sieht ihn in kleinen Trupps jagen. Wirft sich dabei häufig in größere und kleinere Sturzflüge. Wird oft bei den Kolonien auf Inseln des Mittelmeerraumes gesehen.

Verwechslungsmöglichkeiten:
Eleonorenfalke – Baumfalke: Aufgrund des Profils und der Farbverteilung Probleme am wahrscheinlichsten bei den Vögeln der hellen Morphe. Der Eleonorenfalke ist aber größer und kräftiger gebaut, hat einen etwas breiteren und längeren Arm sowie längeren Schwanz. Altvögel unterscheiden sich auch durch die andersartige Zeichnung der Unterflügel und den dunkleren Körper, oft mit einem tief rotbraunen Ton. Die Jungvögel beider Arten gleichen sich mehr, aber die dunklen Unterflügeldecken beim Eleonorenfalken im Kontrast zu den graueren Schwungfedern sind arttypisch, wie auch die Längs-

streifen des Körpers mehr zerfließen.
Eleonorenfalke – Rotfußfalke: Vögel der dunklen Morphe können mit dem ad. Männchen des Rotfußfalken verwechselt werden. Der Rotfußfalke ist jedoch kleiner, schlanker und zeigt oberseits deutlichen Kontrast zwischen dunklen Flügeldecken und hellen Schwungfedern. Dazu ist er auf Unterschwanzdecken und »Hosen« rotbraun gefärbt und hat nicht die hellen Schwungfederansätze wie der Eleonorenfalke. 2. K.-Männchen des Rotfußfalken besitzen ein Kleid ohne Oberseitenkontrast und können auch auf der Unterseite sehr ähnlich 2. K.-Eleonorenfalken aussehen, abgesehen von der rotbraunen Färbung von Unterschwanzdecken und »Hosen«. Die Jungvögel können in ihren Kleidern fast identisch sein. Doch hat der Eleonorenfalke einen dunklen Scheitel. Bestimmte junge Rotfußfalken können ebenfalls recht dunkle Scheitel aufweisen, aber hier ist die artspezifische dunkle Augenpartie aus der Nähe ein gutes Kennzeichen.
Eleonorenfalke – Wanderfalke: Auch Verwechslung mit dem Wanderfalken ist möglich. Er hat aber in der Regel eine ganz andersartige, kompakte Silhouette, mit u. a. deutlich kürzerem Schwanz. Aus der Nähe sieht man dessen quergestreifte Unterseite, aus der Ferne die kontrastreiche, helle Brust. Im ganzen ist der Wanderfalke auch heller. Junge Wanderfalken sind aber sowohl längsgestreift als auch recht dunkel. Kleine, recht schlanke junge Männchen können daher sehr irreführen. Einen wesentlichen Unterschied hat man immer in dem deutlich kürzeren Schwanz des Wanderfalken.
Eleonorenfalke – Schieferfalke: Siehe bei Schieferfalke.

Eleonorenfalke

A ad. dunkle Morphe

1

1

B ad. helle Morphe

1

1

2

E ad. helle Morphe

C ad. helle Morphe

D ad. dunkle Morphe

F ad. helle Morphe

H 2. K. Sommer

G juv. 1.–2. K.

I juv. 1.–2. K.

J kreisend/gleitend

389

Schieferfalke
(Falco concolor)

Artbeschreibung: Seite 251

S: Sotfalk
DK: Sodfalk
N: Gråfalk
GB: Sooty Falcon
F: Faucon concolore
I: Falco unicolore
ES: Alcotán unicolor

Wichtigste Kennzeichen:
Etwas kleiner, aber sonst
in der Gestalt wie Eleo-
norenfalke. Das Kleid wie
dunkle Morphe des Eleo-
norenfalken, abgesehen
von dem beim Schieferfal-
ken fehlenden Kontrast
zwischen Deck- und
Schwungfedern der Unter-
seite. Dafür aber mit Oberseitenkontrast durch die
dunkleren Flügelspitzen.

Flügelspannweite:
85 cm.

Proportionen: Wie Eleonorenfalke, nur etwas (10 %)
kleiner, mit etwas kürzerem,
keilförmigem Schwanz durch
die verlängerten mittleren
Schwanzfedern (A1).

Gefieder: Ad. Männchen:
Oberseits hell schiefergrauer
Körper und Flügeldecken mit
deutlich schwarzen Hand-
schwingen (A2) und dunkel-
grauem Schwanz. Unterseits
ist der Körper dunkler als die
Flügel, wo nur die Flügelspitzen schwarz sind. Bei
gutem Licht sieht man oben
wie unten eine breite dunkle
Schwanzendbinde. Beine,
Wachshaut und Augenring
sind orangegelb.
Ad. Weibchen: Gleicht Männchen, ist aber dunkler, mehr
rußgrau auf Kopf und Flügeldecken. Der Kontrast zu den
schwarzen Handschwingen
wird dadurch geringer (ist bei

guter Sicht aber stets deutlich). Beine, Wachshaut und
Augenring sind zitronengelb.

Jungvögel: 1. K.: Schiefergraue Oberseite mit bräunli-
chem Anstrich, dunkler Kopf
mit deutlichem dunklen Bartstreif gegen eine helle, gelbbraune Backe und helle,
gelbbraune Halsseiten (C3).
Die Kehle ist hell graubraun
mit verwaschenen bis kräftigen dunklen Längsstreifen,
besonders auf der Oberbrust
(kann wie ein Brustband her-
vorstechen). Bei einigen Vögeln sind die dunklen »Längsstreifen« so kräftig, daß der
Körper aussieht, als hätte er
helle Längsstreifen auf dunklem Grund. Flügeldecken und
Schwungfedern sind gefleckt/
quergebändert, die Flügelspitzen sind schwarz. Die
mittleren Schwanzfedern wie
bei ad. (A1, F1). Wachshaut
und Augenring sind bläulich,
die Beine hellgelb.
2. K.: Mausert im Laufe des
Winters in ein Kleid, das
dunkler als das der ad. ist.
Die schwarzgraue Oberseite
hat einen bräunlichen Schimmer; die Unterseite ist einfarbig schwarzgrau. Teile des
Bartstreifs sieht man noch
(auch in schwacher Form bei
einigen ad.).

Flugbild: Der normale Flug
ähnelt dem des Baumfalken.
Jagt mit starkem, tiefem
Flügelschlag, sehr ähnlich
dem Wanderfalken.

Typisches Verhalten: Wird
im Winterquartier oft in kleinen Trupps beim Insekten-
fang gesehen. Am Brutplatz
jagt er gerne morgens und
abends.

**Verwechslungsmöglich-
keiten:**
Schieferfalke – Eleonorenfalke: Das dunkle Weibchen des
Schieferfalken und die dunkle
Morphe des Eleonorenfalken
sehen auf Distanz praktisch

identisch aus. Aus der Nähe
kann man erkennen, daß der
Schieferfalke auf der Unterseite nicht den hellen
Schwungfederansatz gegen
die dunklen Unterflügel-
decken des Eleonorenfalken
besitzt. Oberseits ist dieser
darüber hinaus einfarbig dunkel, während der Schieferfalke mit seinen dunkleren
Handschwingenfedern »zweifarbig« ist. Das hellere Männchen wird bei guten Beob-
achtungsverhältnissen als ein
deutlich hellerer Vogel als der
dunkle Eleonorenfalke er-
scheinen – mit noch deutli-
cherem Kontrast auf der
Oberseite zwischen Deck-
und Schwungfedern.
Juv. und die helle Morphe
des Eleonorenfalken gleichen
juv. Schieferfalke. Aus der
Nähe wird man den jungen
Schieferfalken jedoch daran
vom Eleonorenfalken unterscheiden können, daß er
nicht dessen bleiche rotbraune Grundfarbe auf Körper
und Unterflügeldecken be-
sitzt, sowie daran, daß der
Schieferfalke oft ein verwa-
schenes Brustband zeigt.
Der Schieferfalke hat einen
keilförmigen Schwanz, der
zudem verhältnismäßig etwas
kürzer ist. Die verlängerten
mittleren Schwanzfedern sind
ein gutes Kennzeichen für den
Schieferfalken. Aber Eleonorenfalken mit frisch gemauserten mittleren Schwanz-
federn können ebenfalls mit
diesem Merkmal auftreten.
2. K.-Vögel beider Arten erscheinen in fast identischen
Kleidern, mit dunkel schiefer-
grau(brauner) Oberseite,
Kopf und Körperunterseite,
wobei die Unterflügel wie bei
juv. gezeichnet sind. Aus
guter Nähe betrachtet, kann
der dunkle Eleonorenfalke
evtl. verstreute dunkle Federn
zwischen den kleinen und
mittleren Unterflügeldeckfedern vorweisen – ein Kennzeichen, das nie beim Schieferfalken vorkommt.

A ♂ ad.

2

1

B ♂ ad.

C juv. 1. K.

3

D ♀ ad.

F juv. 1.–2. K.

1

E juv. 1.–2. K.

G kreisend/gleitend

Schieferfalke – Rotfußfalke:
Das ad. Männchen des etwas
kleineren Rotfußfalken hat
oberseits die umgekehrte
Verteilung der hellen und
dunklen Partien im Vergleich
zum Schieferfalken – also
dunkle Flügeldecken und
helle Flügelspitzen. Darüber
hinaus hat er rote Unter-
schwanzdecken und »Hosen«.
Die juv. beider Arten haben
im großen ganzen eine iden-
tische Unterseite – abgesehen
von der Tendenz des Schieferfalken zu einem Brustband.
Bei guter Sicht kann man jedoch sehen, daß das Schwarz
der Flügelspitzen des juv. Rotfußfalken begrenzter ist als
beim juv. Schieferfalken. Die
beiden juv. unterscheiden
sich oberseits recht leicht
durch den helleren Kopf des
Rotfußfalken.
Schieferfalke – Baumfalke:
Juv. Schieferfalken gleichen
Baumfalken, die ebenfalls
einen keilförmigen, aber deutlich kürzeren Schwanz haben
können. Der Schieferfalke
zeigt jedoch eine graubraun-
gelbbraune Grundfärbung auf
der Körperunterseite gegen
die hell beigefarbene des
Baumfalken – und weniger
ausgeprägte Längsstreifung
samt weniger Tendenz zum
Brustband. Darüber hinaus
hat er nicht die rostroten
Unterschwanzdecken und
»Hosen« des Baumfalken.

Baumfalke

(Falco subbuteo)

Artbeschreibung: Seite 253

S: Lärkfalk
DK: Laerkefalk
N: Lerkefalk
GB: Hobby
F: Faucon hobereau
I: Lodolaio
Es: Alcatán

Wichtigste Kennzeichen:
Ein kleiner bis mittelgroßer,
recht kräftig gebauter Falke
mit sehr schlanken, langen
und spitzen Flügeln und
recht kurzem Schwanz. Im
Flugprofil wird er oft mit
dem Mauersegler vergli-
chen – im Riesenformat!
Die Oberseite ist einfarbig
dunkel, der Bartstreif ist
deutlich ausgeprägt gegen
die hellen Backen, die
Unterseite ist längsgestreift.
Auffallend sind auch die
rostroten Unterschwanz-
decken.

Flügelspannweite:
69–84 cm.

Proportionen: So groß wie
der Turmfalke, aber mit ganz
anderen Proportionen. Die
Flügel sind schlanker und
spitzer und die Arme dabei sehr
kurz und die Hand lang und
schmal. Normalerweise ist
der Schwanz recht kurz.
Unter den Falken ist der
Baumfalke neben dem Wan-
derfalken die Art, die den
kürzesten Schwanz besitzt.

Gefieder: Ad.: Die Oberseite
ist nahezu einfarbig dunkel –
bei der Ankunft im Frühjahr
(frisch vermausert) dunkel
blaugrau – im Herbst im ab-
genutzten Gefieder mit braunen Ton. Gute Feldkennzeichen sind der dunkle Kopf in
derselben Farbe wie der
Rücken (C1), der deutliche

Bartstreif (A2) samt dem hellen Kinn und den Backen.
Der Bauch ist hell beigefarben
und mit kräftigen, dunklen
Längsstreifen besetzt. Auffallend ist auch die rostrote
Färbung der Unterschwanz-
federn, der Steißgegend und
der »Hosen«. Die Flügelunterseite wirkt aus einigem Abstand einfarbig dunkel. Bei
guter Sicht kann man erkennen, daß die Flügeldeckfedern
mit Flecken übersät und die
Schwungfedern deutlich gebändert sind. Die Flügelspitzen sind etwas dunkler. Die
Geschlechter sind im Gefieder gleich. Sieht man das
Paar zusammen, dann ist das
Weibchen etwas größer und
kräftiger und hat breitere
Flügel.

Jungvögel: 1. K.: Ähneln
sehr den Altvögeln. Auf der
Unterseite haben sie jedoch
eine schwache rostgelbe Tö-
nung, und die Unterschwanzdecken und »Hosen« haben
dieselbe Farbe. Sie sind also
nicht rostfarben wie bei den
Altvögeln. Die Oberseite ist
dunkler als bei den Altvögeln
(schwarzbraun), mit rost-
gelben Kanten auf den Deckfedern. Die hellen Feder-
spitzen bilden u. a. eine helle
Binde am Übergang zwischen
Flügeldecken und Schwung-
federn (H). Der Schwanz ist
unterseits deutlicher, dichter
quergebändert als bei ad.
2. K., Frühjahr: Läßt sich von
den Altvögeln verhältnis-
mäßig leicht unterscheiden
durch einen deutlichen braunen Einschlag auf der Oberseite und durch die anders-
farbigen Unterschwanzdecken
und »Hosen«. Diese sind entweder gelblich rostgetönt wie
im 1. K. oder rostbräunlich
überhaucht. Das Erwachse-
nenkleid wird im Laufe des
Sommers erworben.

Flugbild: Ein Vogel mit
phantastischen Fähigkeiten in
der Luft, allein schon dadurch

Baumfalke

A ad.

B ad.

1

2

C ad.

D ad.

E juv. 1.–2. K.

F 2. K. Frühjahr

G 2. K. Frühjahr

H juv. 1.–2. K.

I juv. 1.–2. K.

J kreisend/gleitend

illustriert, daß er oft sowohl Schwalben als auch Mauersegler jagt. Beides erfordert Schnelligkeit und blitzschnelles Reagieren. Der aktive Flug erfolgt mit recht langsamen, nicht besonders tiefen und etwas steifen Flügelschlägen. Während der Jagd sind die Bewegungen schneller, tiefer und elastischer. Zwischendrin wird der aktive Flug von kurzen Gleitperioden unterbrochen. Der Gleitflug erfolgt mit gerade gehaltenen Flügeln (J).

Typisches Verhalten: Außer beim dramatischen Vogelfang sieht man den Baumfalken auch häufig mit Insektenfang beschäftigt, nicht zuletzt zur Abendzeit über Feuchtgebieten.

Verwechslungsmöglichkeiten:

Baumfalke – Rotfußfalke: Die Flugprofile beider Arten gleichen sich. Der typische Rotfußfalke ist geringfügig langschwänziger und kurzflügeliger als der typische Baumfalke. Sieht man sie zusammen, dann ist der Baumfalke auch etwas größer und kräftiger gebaut. Mauser und Verschleiß des Gefieders können die Unterschiede austilgen. Ihre Silhouetten überlappen sich häufig, und eine Überschneidung mit Hilfe der Proportionen allein ist nicht ausreichend.
Die Kleider ergeben in den meisten Fällen entscheidende Unterschiede. Alte Männchen des Rotfußfalken sind so dunkel, daß sie bei einigermaßen angemessener Beleuchtung leicht unterscheidbar sind. Die Weibchen und Jungvögel haben einen deutlich hellen Kopf, die Jungvögel in der Regel auch einen ausgeprägten Halsring im Gegensatz zu den dunkelköpfigen Baumfalken.
Bei schlechtem Licht künden dunkle Unterseite, helles Kinn und Backen normaler-

weise Baumfalke an. Aber 2. K.-Rotfußfalken beider Geschlechter sowie die ad. Weibchen können ebenfalls diesen Kontrast im Gegenlicht zeigen. Man hat in solcher Situation keine Freude an den entscheidenden Unterschieden, die man in der Gefiederzeichnung findet. Die Artbestimmung ist unter weniger günstigen Umständen faktisch oft unmöglich. Ernsthafte Schwierigkeiten kann man auch bekommen beim Baumfalken und 2. K.-Männchen des Rotfußfalken, die sich in verwirrendem Ausmaß gleichen können und nur unter guten Umständen bestimmt werden können. Hier sind die kräftigen Längsstreifen auf der Unterseite des Baumfalken und der zweifarbige Unterflügelkontrast entscheidende Kennzeichen. Der 2. K.-Rotfußfalke kann im Frühjahr (selten) im baumfalkenähnlichen juv.-Gefieder auftreten. Doch ist er deutlich heller als der Baumfalke, mit u. a. hellem Kopf und hellem Halsring, deutlich quergebändertem Schwanz und weniger ausgeprägter Längsstreifung auf der Unterseite.
Im Verhalten liegt ein Unterschied darin, daß der Rotfußfalke häufig rüttelt, was der Baumfalke nur äußerst selten tut.
Baumfalke – Eleonorenfalke: Siehe bei Eleonorenfalke.
Baumfalke – Wanderfalke: Siehe bei Wanderfalke.

Rotfußfalke

(Falco vespertinus)

Artbeschreibung: Seite 260

S: Aftonfalk
DK: Aftenfalk
N: Aftenfalk
GB: Red-footed Falcon
F: Faucon kobez
I: Falco cuculo
ES: Cernícalo patirrojo

Wichtigste Kennzeichen: Ein kleiner Falke, ein bißchen kleiner als der Baumfalke, dem er in der Silhouette sehr ähnelt. Das Männchen ist ein dunkler, schiefergrauer Vogel mit roter Aftergegend. Das Weibchen erkennt man am besten an seinem hellen, rostgelben Kopf im Kontrast zur blaugrauen Oberseite.

Flügelspannweite: 58–70 cm.

Proportionen: Körper schlank; mit langen, schmalen, spitzen Flügeln; im Vergleich zum Baumfalken nicht ganz so langflügelig und mit einem etwas breiteren Arm. Der Schwanz ist normalerweise länger als der des Baumfalken.

Gefieder: Ad. Männchen: Sehr typisch in seinem grauschwarzen Kleid, von dem allein die roten Unterschwanzdecken und die »Hosen« auffallend abstechen. Sowohl ober- wie unterseits stehen die dunklen Flügeldeckfedern im Kontrast zu den etwas helleren, silberfarbenen Schwungfedern (A1, B1). Ausgefärbtes Weibchen: Hat eine schwach rostfarbene oder gelbliche Unterseite mit weitgehend fleckenfreien Flügeldecken und Körper (F3). Die Schwungfedern sind dicht quergebändert. Die Oberseite ist überwiegend blaugrau mit dichter Querbänderung und mit einem schwachen Kontrast zur dunkleren Farbe der Handschwingenspitzen. Wirklich auffallend sind der helle, in der Regel rostgelbe Kopf (C2) und der quergestreifte Schwanz. Eine deutliche schwarze Zeichnung um das Auge samt einem schmalen Bartstreifen machen sich auch bemerkbar (C2).

A ♂ ad.

B ♂ 3. K. (?) Frühjahr

1

1

C ♀ ad.

2

D ♂ 2. K. Herbst

3

E ♀ 2. K.
Aug./Sept.

F ♀ ad.

G ♀ 2. K.
Mai/Juni

H ♀ 2. K.
Mai/Juni

Jungvögel: 1. K.: Gleicht einem jungen Baumfalken. Der Körper zeigt eine charakteristische Längsstreifung, die Flügeldeckfedern sind mit dunklen Flecken besetzt, die Schwungfedern sind quergebändert und die Flügelhinterkante ist ausgeprägt dunkel. Die Oberseite ist überwiegend braun mit einer sehr dunklen Hand. Dadurch entsteht ein turmfalkenartiger Kontrast. Aufgrund heller Spitzenverbrämung bestimmter Flügeldeckfedern entsteht ein Paar heller Binden. Diese verschleißen aber schnell. Der Kopf ist wie der des Weibchens hell, und oft sieht man einen hellen Halsring, der sich um den ganzen Nacken zieht. Wenn die Vögel im darauffolgenden Frühjahr nach Europa zurückkehren, können die Geschlechter unterschieden werden. Ziemlich wenige haben aber noch das juv. Kleid.
2. K.-**Männchen:** Sie können bei der Ankunft im Mai/Juni (I–L) mehr oder weniger wie das ad. Männchen aussehen. Aber es kann immer an der Unterseite erkannt werden, die stetig die quergebänderten/gefleckten Deck- und Schwungfedern des juv.-Kleides hat. Die Körperunterseite kann grauschwarz und die Unterschwanzdecken und »Hosen« können rot sein; die Oberseite ist recht einfarbig dunkel schiefergrau; der Schwanz ist oft eine Mischung aus dem quergebänderten Jugendgefieder und den einfarbigen dunklen Federn des ad.-Kleides (kann aber auch fertig vermausert und daher einfarbig dunkel wie bei ad. sein). Andere junge Männchen sind noch nicht so weit mit der Mauser fortgeschritten und ähneln mehr juv. Die Kehle ist hell und die übrige Unterseite dunkler (rotbraun) und ohne markante Zeichnung (J), so wie der Oberkopf normalerweise dunkel

ist. Typisch sind an den Halsseiten Reste des Halsringes des juv.-Kleides. Zwischen den äußeren Extremen (L und I) gibt es alle Übergänge. Im Herbst ist die Mauser ins ad.-Kleid weit fortgeschritten. Das imm. Männchen kann aber ständig daran erkannt werden, daß einige Schwungfedern noch juvenile sind (D).
2. K.-**Weibchen:** Sie können bei der Ankunft im Frühjahr nur unter günstigen Verhältnissen von den ad. – anhand der nicht vermauserten juv.-Federn – unterschieden werden. Ferner zeigt die Oberseite einen braunen Schimmer. Und die Körperunterseite ist oft mit verwaschenen dunklen Streifen oder feinen, tropfenförmigen Flecken versehen. Die Deckfedern der Unterseite sind oft die gefleckten des Jungvogelkleides. 2. K.-Weibchen kann man ferner erkennen an den u. U. nicht gemauserten, schmaler gebänderten juv. Schwanzfedern (G). Zum Sommer hin ist die Mauser so weit fortgeschritten, daß die Vögel im Felde nicht mehr länger von den ad. Weibchen unterschieden werden können.

Flugbild: Bei der aktiven Verfolgung von Insekten erinnert der Flug sehr an den des Baumfalken. Mit schnellen, elastischen und nicht besonders tiefen Flügelbewegungen streicht der Vogel in der Regel flach über das Gelände. Ein anderes Mal kann er in seinem nicht besonders zielbewußten Suchflug an einen Turmfalken erinnern – eine Parallele, die durchschlagend wird, wenn der Rotfußfalke rüttelt, ein Verhalten, das man dann besonders sieht, wenn es im Luftraum nicht genügend Insekten zum Jagen gibt. Während des Zuges sieht man sowohl die sehr zielbewußte, baumfalkenartige Flugweise als auch die turmfalkenartige.

Typisches Verhalten: Rüttelt häufig. Die Insektenjagd erfolgt oft von einem oder zwei vorgezogenen Aussichtsposten aus, wohin der Rotfußfalke nach den kurzen Jagden auf ein bestimmtes erspähtes Insekt zurückkehrt. Er ist auffallend wenig scheu.

Verwechslungsmöglichkeiten:
Rotfußfalke – Baumfalke: Siehe bei Baumfalke.
Rotfußfalke – Eleonorenfalke: Siehe bei Eleonorenfalke.
Rotfußfalke – Turmfalke: Nicht jeder rüttelnde kleine Falke ist notwendigerweise ein Turmfalke. Die Kleider sind sehr unterschiedlich, so daß eine Verwechslung eigentlich nicht vorkommen dürfte.

Merlin
(Falco columbarius)

Artbeschreibung: Seite 265

S:	Stenfalk
DK:	Dvaergfalk
N:	Dvergfalk
GB:	Merlin
F:	Faucon émerillon
I:	Smeriglio
ES:	Esmerejón

Wichtigste Kennzeichen: Ein kleiner, spitzflügeliger und kompakter Falke, den man hauptsächlich im blitzschnellen Flug sieht. Männchen etwa so groß wie Misteldrossel. Das oberseits blaugraue Männchen hat dunklere Flügelspitzen und eine beigefarbene Unterseite. Das Weibchen ist oberseits braun und hat unterseits kräftige Längsstreifung.

Flügelspannweite: 52–69 cm.

I ♂ 2. K. Frühjahr

J ♂ 2. K. Frühjahr

K ♂ 2. K. Frühjahr

L ♂ 2. K. Frühjahr

N juv. 1. K.

M
1.–2. K.
Winter

O juv. 1. K.

4

R Baumfalke im Gegenlicht

P ♀ im Gegenlicht

Q ♂ 2. K.
im Gegenlicht

Proportionen: Ähnelt sehr einem Wanderfalken im Miniformat: Die Flügel haben einen recht kurzen, breiten Arm und eine lange, spitze Hand. Der Körper ist kräftig mit breiter Brust, und der Schwanz ist im allgemeinen mittellang. Das Männchen ist Europas kleinster Greifvogel. Die größten Weibchen können größer werden als die anderen Kleinfalken, aber sie sind in der Regel kleiner als diese.

Gefieder: Ad. Männchen: Oberseits sind Rücken, Flügeldecken und die inneren Armschwingen blaugrau: Die äußeren Arm- und die Handschwingen bilden daher einen dunklen Kontrast dazu (A1). Der ober- wie unterseits blaugraue Schwanz hat eine breite, dunkle Endbinde (B2). Die Körperunterseite ist beigefarben, oft mit einem rostfarbenen Anflug mit feinen, dunklen Längsstreifen (B). Diese sieht man jedoch nur aus der Nähe. Unterseits sind die Deckfedern fein und dicht dunkel gefleckt und die Schwungfedern dicht quergebändert.
Ad. Weibchen: Sie sind oberseits überwiegend braun (D), doch mit einem grauen Schimmer auf Rücken, Flügeldecken und Bürzel. Die Unterseite ist hell gräulich (u. U. mit einem gelblichen Anstrich) und kräftig längsgestreift (E). Der braune Schwanz ist ober- wie unterseits dicht besetzt mit einer Reihe heller Binden (D3, E3).

Jungvögel: Können im Felde normalerweise nicht von Weibchen unterschieden werden. 1. K.-Vögeln fehlt zwar der graue Schimmer auf Rücken, Flügeldecken und Bürzel, und sie wirken in frischem Gefieder warmer braun aufgrund der rostfarbenen Federränder. Aber um das zu sehen, bedarf es sehr guter Umstände. Wachshaut und Füße sind grüngelb – im Gegensatz zu dem kräftigen Gelb der ad. Vögel.
2. K.: Vom Ende des Winters an kann man die jungen Männchen an den blaugrauen Federn auf der Rückseite (F) erkennen. Zum Herbst hin haben die Vögel ins ad.-Kleid gemausert und sind im Felde nicht mehr unterscheidbar. 2. K.-Weibchen sind im Felde nicht von ad. Weibchen zu unterscheiden.

Flugbild: Man sieht den Merlin oft in großer Geschwindigkeit und zielgerichtetem Flug. Ein so kleiner Vogel muß, um solches zu erreichen, selbstredend eine große Flügelschlagfrequenz anwenden. Der aktive Flug wird von kurzen Gleitflugperioden unterbrochen. In der Luft wirkt der Merlin sehr temperamentvoll.

Typisches Verhalten: Man sieht ihn oft in voller Fahrt tief über offener Landschaft fliegen oder auf einem Zaunpfahl, einer Elektroleitung oder auf dem Boden sitzen.

Verwechslungsmöglichkeiten: Allein schon wegen seiner geringen Größe können häufig die anderen Arten aussortiert werden. Dies gilt besonders für alle Männchen und die kleineren Weibchen. Die kompakte Silhouette (man beachte den kräftigen Körper, die kurzen, recht breiten Flügel und den verhältnismäßig kurzen Schwanz) kennzeichnet ihn gegenüber den anderen kleinen Falken. Diese treten auch anders auf – sie sind oft nicht so schnell, zielgerichtet und temperamentvoll wie der Merlin. Die Kleidermerkmale des Merlins sind oft im Felde schwierig zu erkennen, und seine Silhouette wird somit oft zum wichtigsten Kennzeichen.
Merlin – Wanderfalke: Aufgrund der großen proportionalen Ähnlichkeit können auch Probleme in bezug auf den Wanderfalken auftreten, wenn man den Vogel in Silhouette gegen den Himmel beim Kreis- oder Gleitflug sieht, weil dann Färbung und Zeichnung nicht zu sehen sind und es nicht möglich ist, die Größe zu erkennen. Der Wanderfalke hat jedoch eine etwas längere Hand, einen kräftigeren Körper und kürzeren Schwanz. Kleine Wanderfalken-Männchen können fast genauso temperamentvoll auftreten wie der Merlin – in blitzschnellem Aktivflug.
Merlin – Sperber: Eine Verwechslung ist möglich mit dem Sperber, besonders, wenn dieser bei der Jagd flach über offenes Land streicht (z. B. an Zugorten) und seine Hand zusammengefaltet hält, so daß der Flügel spitz und falkenartig erscheint. Der Merlin ist aber schlankflügeliger und hat einen wesentlich kürzeren Schwanz als der Sperber. Auf der Oberseite wird in allen Fällen das »Turmfalken-Kontrastmuster« des Merlin-Männchens eine gute Hilfe sein.

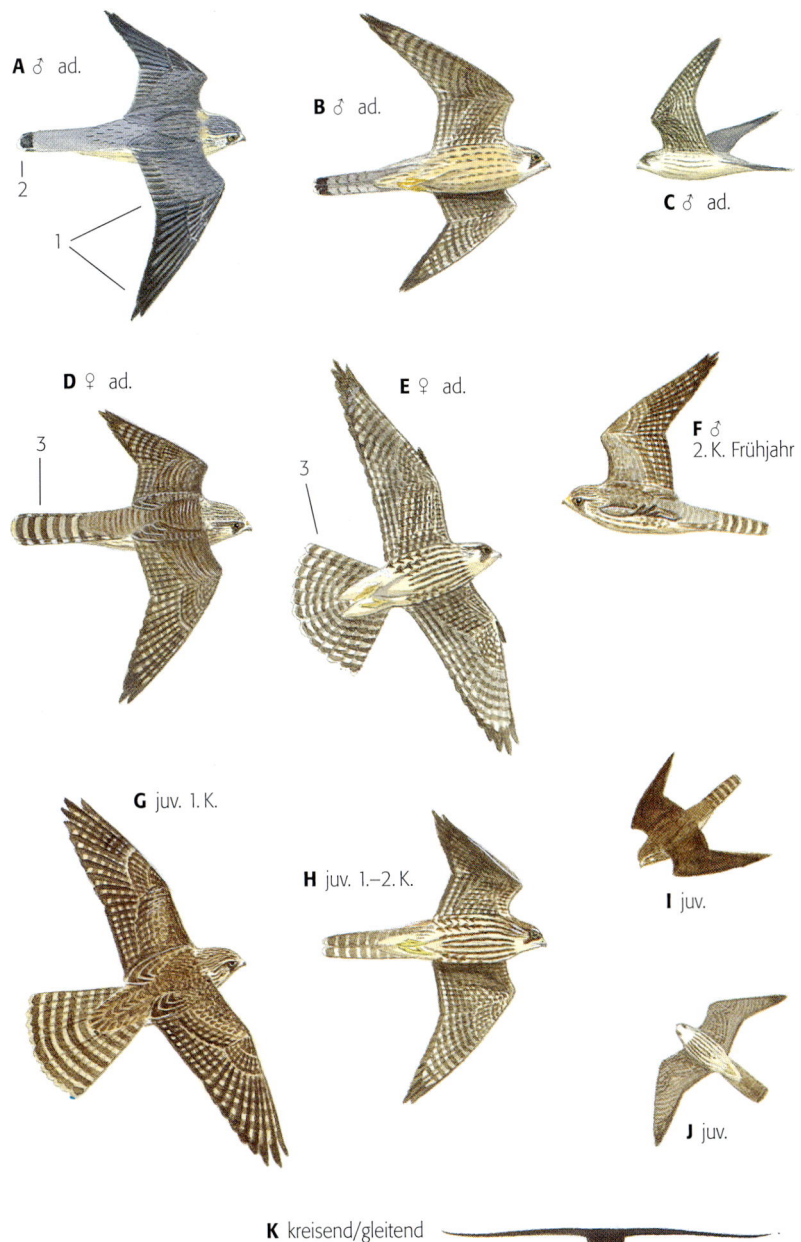

A ♂ ad.

1
2

1

B ♂ ad.

C ♂ ad.

D ♀ ad.

3

E ♀ ad.

3

F ♂
2. K. Frühjahr

G juv. 1. K.

H juv. 1.–2. K.

I juv.

J juv.

K kreisend/gleitend

Turmfalke
(Falco tinnunculus)

Artbeschreibung: Seite 271

S: Tornfalk
DK: Tårnfalk
N: Tårnfalk
GB: Kestrel
F: Faucon crécelle
ES: Cernicalo vulgar

Wichtigste Kennzeichen:
Ein kleiner bis mittelgroßer
Falke mit langen, schma-
len und spitzen Flügeln
und einem sehr langen
Schwanz.
Das Männchen zeichnet
sich durch seine rotbraune
Oberseite mit dunklen
Flügelspitzen sowie dem
graublauen Kopf und
Schwanz aus. Das Weib-
chen ist gedämpfter in der
Färbung und mehr dunkel
gefleckt. Rütteln sehr viel.

Flügelspannweite:
68–82 cm.

Proportionen: So groß wie
ein Baumfalke, doch mit
anderer Gestalt (und ganz
anderem Verhalten). Die Flügel sind ein bißchen breiter,
runder und die Hand ist nicht
ganz so lang. Der Schwanz ist
länger – abgesehen vom
Rötelfalken vergleichsweise
der längste unter den Kleinfalken.

Gefieder: Ad. Männchen: Es
ist unterseits lehmfarben.
Sowohl der Körper als auch
die Flügeldecken sind mit
Flecken besetzt, aber besonders die Flügeldecken wirken
doch recht hell. Die Schwungfedern sind schwach gebändert. Der Schwanz ist hellgrau
bis blaugrau und zeigt eine
deutliche, endständige
schwarze Querbinde (A4,
B4). Die Oberseite ist mit
ihrer rotbraunen Farbe auf

dem Rücken und den mei-
sten Flügeldeckfedern (B1)
sehr auffallend. Beide sind
mit einer Reihe dunkler
Flecken besetzt. Diese können, unabhängig vom Alter,
in der Größe variieren, und
bei einigen Männchen sind
sie so klein, daß Rücken und
Arm auf Abstand einfarbig
rotbraun erscheinen. Im Kontrast hierzu sind die Handschwingen überwiegend
schwarz, ebenso der äußere
Teil des Armes (B2). Oberkopf, Nacken und Bürzel sind
blaugrau.
Ad. Weibchen: Es ist deutlich
stärker gefleckt und gedämpfter in den Farben. Am ausgeprägtesten ist das auf der
Oberseite, die nicht die gleiche warme rotbraune Farbe
hat, sondern brauner ist und
auf den Deckfedern zahlreiche, kräftige, schwarzbraune
Flecken aufweist, die Querbinden bilden. Das Weibchen
hat ferner einen bräunlichen,
gebänderten, gestreiften
Scheitel, Nacken (D3) und
Schwanz (D4). Die Ge-
schlechter sind demnach
deutlich verschieden.

Jungvögel: 1. K.: Gleicht
sehr dem erwachsenen
Weibchen. Die Rückseite ist
jedoch aufgrund der hellen
Federränder gelbbrauner. Im
Felde wird man den Jung-
vogel am leichtesten an den
hellen Spitzen der großen
Deckfedern auf der Flügeloberseite erkennen. Sie bilden u. a. eine helle Binde
(G5) auf den Flügeln. Die
Unterseite ist in der Regel
gelber und hat eine verwa-
schene Längsstreifung. Sie
ferner grüngelbe Füße und
Wachshaut. Bei erwachsenen
Weibchen sind sie rein gelb.
Ca. 80 % der 1. K.-Vögel
können in diesem Kleid geschlechtsbestimmt werden:
Die jungen Weibchen haben
eine braune Schwanzwurzel
und Bürzel. Die jungen
Männchen sind hier grau.

Einige 1. K.-Männchen haben
auch einen grauen Kopf.
2. K.: Im Laufe des 1. Winters
mausern die Jungvögel viele
Körperfedern und können
daher vom Frühjahr an mit
Sicherheit geschlechtsbe-
stimmt werden. Die Männ-
chen bekommen eine braun-
rote Rückseite mit deutlich
weniger Flecken/Binden als
die Weibchen, die mehr rotbraun sind. 2. K.-Männchen
erkennt man bis August/Sep-
tember an deren noch nicht
gemauserten juv. Schwanz-
federn (F). Sind diese durch-
gemausert, kann man die Vögel im Felde nicht mehr von
ad. Männchen unterscheiden.
2. K.-Weibchen sind im Frühjahr im Felde sehr schwer
von ad. Weibchen zu unterscheiden.

Flugbild: Für einen Falken
fliegt der Turmfalke in seinem
Alltagsleben wenig kraftbetont. Oft wird ein etwas flat-
ternder Flug mit Auf-die-Sei-
te-Werfen angewandt. Die
Flügelschläge sind schnell,
etwas steif und nicht besonders tief. Der aktive Flug wird
häufig vom Gleitflug abgelöst.
Rüttelt oft mit schnellen,
schwirrenden Flügelschlägen
und einem nach unten ge-
fächerten Schwanz. Beson-
ders auf dem Zuge kann der
Turmfalke einen schnellen
gleitenden und eleganten
Flug anwenden, d. h. einen
mehr normalen und typi-
schen »Falkenflug«.

Typisches Verhalten: Sieht
man am meisten beim Rüt-
teln über offener Landschaft.
Sitzt gerne auf Pfählen, Leitungen oder der Spitze eines
kleineren Baumes. Unser
Autobahnfalke.

**Verwechslungsmöglich-
keiten:**
Turmfalke – Rötelfalke: Siehe
bei Rötelfalke.
Turmfalke – Rotfußfalke:
Siehe bei Rotfußfalke.

Turmfalke

A ♂ ad.

B ♂ ad.
1
2
3
4

C ♀ ad.

D ♀ ad.
4
3

F ♂ 2. K. Sommer

E juv. 1.–2. K.

G ♀ juv. 1.–2. K.
5

H ♂ juv. 1.–2. K.

I kreisend/gleitend

Rötelfalke

(Falco naumanni)

Artbeschreibung: Seite 279

S:	Rödfalk
DK:	Lille tårnfalk
N:	Rødfalk
GB:	Lesser Kestrel
F:	Faucon crécerellette
I:	Grillaio
ES:	Cernicalo primilla

Wichtigste Kennzeichen:
In der Gestalt sehr ähnlich dem Turmfalken. Das Männchen ist farbenreicher und ungefleckt. Das Weibchen ist sehr schwer vom Turmfalken-Weibchen zu unterscheiden.

Flügelspannweite:
60–74 cm.

Proportionen: Ein bißchen kleiner als Turmfalke, eine Spur schlanker, mit ein wenig schmalerer und spitzerer Hand und in der Regel mit zugespitzterem Schwanz (A1 und F1). Diese Merkmale erfordern große Erfahrung von dem, der sie nutzen will.

Gefieder: Ad. Männchen: Es hat eine auffallend helle Unterseite mit gelblichem Körper und grauen Unterflügeln. Diese können nahezu ohne dunkle Flecken sein (E). Häufig jedoch treten dunkle Flecken auf den Unterflügeldeckfedern auf (C). Artspezifisch sind die dunklen Spitzen der Handschwingenfedern auf der Unterseite (E2). Auffallend ist auch die breite schwarze, endständige Binde auf dem blaugrauen Schwanz (A1). Die Oberseite ist wie die des Turmfalken rostrot und kontrastierend zu den dunklen Schwungfedern. Aber im Gegensatz zum Turmfalken ist der Rötelfalke oberseits ungefleckt (A3).

Ferner sind die großen Flügeldecken blaugrau, aber das ist ein Merkmal, das man schwer erkennen kann. Im ganzen ist der Vogel kräftiger gefärbt als das Turmfalken-Männchen. Der Kopf ist z. B. kräftiger blaugrau. Auch fehlt der Bartstreif (im Gegensatz zum Turmfalken) oder ist nur angedeutet. Ad. Weibchen: Es gleicht sehr dem Turmfalken-Weibchen und wird nur unter optimalen Umständen von diesem unterscheidbar sein. Es hat einen spitzeren Schwanz, dunklere Spitzen auf der Unterseite der Handschwingen, grauweißere Unterflügel und im Durchschnitt weniger Flecken.

Jungvögel: 1. K.: Nicht von ad. Weibchen zu unterscheiden. In einigen Fällen zeigt die Oberseite eine kräftigere schwarzbraune Markierung, vielleicht auf mehr rötlichem Grund. 2. K.: Bereits im Spätwinter werden die jungen Männchen an ihrem Übergangskleid mit u. a. ungefleckter Schulter und kleinen Oberflügeldeckfedern samt blaugrauem Kopf erkennbar. Wie beim Turmfalken wird der Schwanz erst im Sommer (H) gemausert. 2. K.-Weibchen sind im Felde nicht von ad. unterscheidbar.

Flugbild: Sehr ähnlich dem des Turmfalken. Man sieht auch einen schnelleren, mehr schwirrenden Flug. Die Tendenz zum flatternden, seitenwerfenden Flug des Turmfalken ist beim Rötelfalken nicht so ausgeprägt. Er wirkt oft kräftiger und temperamentvoller. Rüttelt häufig, aber dieses Verhalten ist nicht so ausgeprägt wie beim Turmfalken.

Verwechslungsmöglichkeiten:
Turmfalke – Rötelfalke: Der Rötelfalke ist ein bißchen kleiner und schlanker, mit schmaleren, spitzeren Flügeln und oft mit einem zugespitzten Schwanz. Eine solche Schwanzform sieht man jedoch auch bei mausernden Turmfalken (August/September). Oft sieht man Rötelfalken deutlich hurtiger fliegen als den Turmfalken – ein Wink für die Bestimmung. Obwohl die Männchen deutlich unterscheidbare Kleider haben – der Rötelfalke ist stärker gefärbt und oberseits kontrastreicher – kann es als Folge der hastigen Bewegungsweisen beider, der gemeinsamen Gestalt und der großen Ähnlichkeit in Flug und Verhalten schwierig sein, die Arten zu trennen. Ist die Beleuchtung nicht perfekt, kann es schwer sein, die notwendigen Merkmale zu sehen. Sind aber die Verhältnisse gut, erkennt man das Rötelfalken-Männchen an seiner fast oder ganz ungefleckten Rückseite. Die blaugrauen, großen Flügeldecken sind ein gutes Merkmal – sofern man sie sehen kann. Die verlängerten Schwanzfedern sind (ausgenommen August/September) ein ausgezeichnetes Merkmal, wenn es vorhanden ist. Der Turmfalke hat einen deutlichen Bartstreif – der Rötelfalke nur schwach oder fehlend. Die Flügelunterseite ist beim Rötelfalken hell mit einer unausgeprägten, dunklen Hinterkante und dunklen Flügelspitzen, kontrastierend zum rostfarbenen Körper und einer weißen Kehle. Ist auch beim Turmfalken zu sehen, aber in abgeschwächter Form. Die Weibchen und Jungvögel man in der Praxis oft überhaupt nicht von denen des Turmfalken unterscheiden können (vgl. bei Gefieder, Weibchen). Für viele wird die Unterscheidung dieser 2 Falkenarten das größte Bestimmungsproblem unter Greifvögeln darstellen.

Rötelfalke

A ♂ ad.

3

1

4

B ♂ ad.

C ♂ ad.

2

D ♀ ad.

E ♂ ad.

F ♀ ad.

1

G juv. 1.–2. K.

H ♂ 2. K.

I kreisend/gleitend

403

Literaturnachweis für die Bestandszahlen

1. Rheinwald, G. (1993): Brutvogelatlas von Deutschland.
1a. Hauff, P. (1993): Seeadler in Mecklenburg-Vorpommern. Schwerin (Umweltmin.) 13 pp.
2. Bijlsma, R.G. (1993): Ecologische atlas van de roofvogels van Nederland. Haarlem.
2a. Zijlstra, M. & F. Hustings (1992): Teloorgang van de Grauwe Kiekendief Circus pygargus als broedvogel in Nederland. Limosa 65: 7–18.
3. Schmid, Hans (1993): in litt.
4. Magnin, G. & M. Yarar: in litt.
5. Shirihai, H. (1996): Birds in Israel. London.
6. Gamauf, K. (1992): Status und Verbreitung der Greifvögel in Österreich. Egretta 35: 82–84.
– Dvorak, M., A. Ranner & H.M. Berg (1993): Atlas der Brutvögel Österreichs. Wien.
6a. Gamauf, A. (1995): Schwarzmilan und Rotmilan in Österreich … Vogel u. Umwelt 8, Sonderh. p. 29–38.
7. Gorman, G. (1993): in litt.
8. Štastný, K. & V. Bejček (1993): Breeding bird populations size in the Czech Republic. Sylvia 29: 72–81.
9. Delgado, G. et al. (1990): Aves rapaces de Canarias. Garcilla 79.
– Carrillo, J. & G. Delgado (1991): Threats to and conservation of birds of prey in Canary Islands. Birds prey Bull. 4.
– Hernández, E. et al. (1991): A preliminary census and notes on the distribution of the Barbary Falcon (Falco pelegrinoides) in the Canary Islands. Bonn. zool. Beitr. 42: 27–34.
10a. Mečionis, R. & V. Jusys (1995): The White-tailed Eagle (Haliaeetus albicilla) in Lithuania. Ring 15: 363–367.
10b. Žalakevičius, M. et al. (1995): Birds of Lithuania. Acta ornithol. Lituan. 11: 26–33.
11. Tomialojc, T. (1990): Birds of Poland. Warschau.
– Stawarczyk, T. & J. Lontkowski (1993): in litt.
11a. Mizera, T. & J. Sielicki: The Peregrine Falcon … in Poland … Acta Ornithol. Warschau 30: 47–52.
– Wisniewski, G. (1995): Programme for reinstatement of Peregrine Falcon … in Poland. Acta Ornithol. Warschau 30: 73–78.
12. Gibbons, D.W. et al. (1993): New Atlas breeding birds GB & Irland 1988–91. London.
12a. NN (1995): Sea Eagle success in 1994. Scottish Bird News 37: 3.
13. Conzemius, T. & J. Weiss (1993) in litt. & data der AG Feldornithologie.
– Melchior, E, et al. (1993): Atlas Brutvögel Luxemburgs.
14. Nielsen, O.K. (1993): in litt.
– Skarphedinsson, K.H. (1993): in litt.
15. Geister, I. (1993): Ornitol. Atlas Slovenije.
16. Celmins, A. & J. Baumanis & A. Mednis (1993): List of Latvian birds. Riga.
– Priednieks, J. & M. Strazds (1989): Latvijas Ligzdojoso Putnu Atlants. Riga.
17. Herroelen, P. (1993): in litt.
18. Ivanowsky, W.W. & A.K. Tischechkin (1993): in litt.
19. Leibak, E., V. Lilleleht & H. Veromann (1994): Birds of Estonia. Tallinn.
20. Baumgart, W. (1991): Gegenw. Status Gefährdungsgrad Greifvögeln Eulen in Syrien. Birds prey Bull. 4: 119–131.
21a. Baumgart, W. (1993): in litt.
21b. Kouzmanov, G., G. Stoyanov, R. Todorov & S. Yotov (1993): in litt.
22. Rocamora, G. (1994): in D. Yeatmann-Berthelot & G. Jarry: Nouvel Atlas des oiseaux de France. Paris.
23. Wirdheim, A. (1993): Bivråken. Vår Fågelvärld 52 (5): 6–11.
– Risberg, L. (1990): Sveriges fåglar.
– Staav, R. (1993): in litt.
– Nilsson, S.G. (1981): De svenska rovfågelbeståndens storlek. Vår Fågelvärld 40: 249–262.
24. Koskimies, P. (1993): Population sizes a. recent trends of breeding a. wintering birds in Finland. Linnut 28 (2): 6–15.
– Wikman, M. (1990): Peregrine Falcon in Finland 1980–89. Lintumies 25: 54–58.
– Virolainen, E. & P. Rassi (1990): Population trends in Finnish Golden Eagles in 1970–1989. Lintumies 25: 59–64.
– Stjernberg, T., J. Koivusaari & I. Nuuja (1990): Population trends a. nesting success White-tailed Eagle in Finland 1970–89. Lintumies 25: 65–75.
– Saurola, P. (1990): The Osprey – symbol of bird protection a. monitoring. Lintumies 25: 80–86.
– Saurola, P. (1985): Finnish bird of prey: status a. population

changes. Ornis Fennica 62: 64–72.

– Forsmann, D. (1993): Suomen haukat ja kotkat. Helsinki.

25. British Birds 83: 10 (1990).

26. Palma, L., N. Onofre & E. Pombal (1993): Status in Portugal, in litt.

– Oliveira, L.F. & E. Cabral (1993): in litt. (u. a. wg. Madeira).

– Pombal, E. (1993): in litt. (Steinadler).

27. Grubac, B.R.: in litt.

28. Marinkovic, S.: in litt.

29. Jörgensen, H.E. (1989): Danmarks rovfugle. Frederikshus.

– Bomholt, P. (1993): in litt.

– Rasmussen, L.M. (1993): Hedehögens status i DK. Panurus 27: 4.

30. Susic, G. (1993): in litt.

31. Gorban, I. (1993): in litt.

32. Zubkov, N. (1993): in litt.

33. Tallone, G. LIPU/CIPR (1993): in litt.

– Brichetti, P., P. de Franceschi & N. Baccetti (1992): Fauna d'Italia 29: Aves.

– Meschini, E. & P. Brichetti (1993): Progetto Atlante Italiano.

– Massa, B. et al. (1991): Il Laniario (Falco biarmicus feldeggi) in Italia. Nat. sicil. Ser. 4 (15): 27–63.

34. WWGBP – Newsletter 8 (p. 12) (1988).

35. Meyburg, B.-U. (1984): Present status of diurnal birds of prey. countries bordering Mediterranean. – IV. Int. Conf. Medt. Birds prey.

36. Bruun, B. (1983): The Lappet-faced Vulture in Middle East. Sandgrouse 5: 91–92.

37. Cramp, S. K.E.I. Simmons (1980): Hb. Birds Europe, Middle East N. Africa. vol. 2.

38. Meyburg, B.-U. (1983): Distribution a. present status of the Black Vulture. WWGBP Bull. 1.

39. Thiede, W.: betr. Zypern.

40. Nörrevang, A. & J.C. den Hartog (1984): Birds Cap Verde Islands. Cour. Forsch. Inst. Senckenberg 68: 107–134.

41. Berthon, D. & S. (1984): Compte rendu de l'expedition Balbuzard. du Maroc. L'Oiseau 54: 201–213.

42. Naurois, R. de (1982): Remarques a propos des Buses (Buteo buteo ssp.) observes en Afrique occidentale. Malimbus 4: 5–8.

43. Pergantis, P. & G. Handrinos (1993): in litt.

44. Arroyo, B. & E. Ferreiro & C. Garza (1990): Il censo national de Buitre Leonado. Madrid (Icona).

– ibid. (1990): El Aguila Real (Aquila chrysaetos) en España. Madrid (Icona).

– ibid. (1992): Aves en la Lista Roja: el Aguila Perdicera. Garcilla 83: 8–9. Blanco, J.C. & J.M. Gonzales (ed.) (1992): Libro Rojo Vertebrados España. Madrid (Icona).

– Juana, F. De (1989): Situacion actual rapaces diurnas . . . en España. Ecologia 3: 237–292.

– Gonzales, G., J.M. Santiago & L. Fernandez (1992): Pandion haliaetus en España, Censo, reproduccion y conserv. Madrid (Icona).

– Gonzales, J.L. (1991): Aguilucho Lugonero Españna . . . Madrid (Icona).

– Gonzales, J.L. & M. Merino (ed.) (1990): Cernicalo primilla (Falco naumanni) en la Peninsula Iberica . . . Madrid (Icona).

– Gonzales, L.M. (1990):

Censo de las poblaciones reproductoras de Aguila Imperial y Buitre Negro en España. Quercus 58: 16–22.

– Heredia, B. et. al. (1988): Peregrine Falcon in Spain. in T. Cade et al.: Peregrine Falcon population . . . p. 210–214. Idaho Univ.

– Heredia, R. (1991): La poblacion reproductora de quebrantahuesos se incrementa en una pareja. Quercus 91: 20–21.

– Perea, J.L., M. Morales & J. Velasco (1990): Neophron percnopterus en España . . . Madrid (Icona).

45. Walter, H. (1979): Falco eleonorae in Greece. Nature Bull. Hell. Soc. Prot. Nat. 15: 30–32.

46. British Birds 80: 10–11, 323–324.

47. Cade, T.J. (1982): The Falcons of the World.

48. Kjöller, F.: in litt.

49. Flint, P.R. & P.F. Stewart (1992): Birds of Cyprus. London. 2nd edit.

50. Galuschin, V.M. (1994): in litt.

50 a. Galuschin, V.M. (1995): Recent population status of Peregrine Falcon . . . in European Russia. Acta Ornithol. 30: 43–46.

50 b. Galuschin, V.M. in: B.-U. Meyburg, T. Mizera & Th. Neumann (1992): See- und Schreiadlertagung in Polen. Ornithol. Mitt. 44: 148–149.

51. Sörensen, S. & D. Bloch (1990): Fugle i Nordatlanten. Kopenhagen.

52. Bijleveld, M. (1974): Birds of prey in Europa. London.

53. Abuladze, A. (1994/96): in litt. und persönlich.

55. Gjershaug, J.O. et al. (1994): Norsk Fugleatlas.

– Tömmerås, P.J. (1994): Jaktfalken, Ripjägare på vikande front. Vår Fågelvärld 53 (6): 20–24.

– Tömmerås, P.J. (1993): Status Falco rusticolus research . . . n. Fennoscandia 1992. Fauna norv. C. Cinclus 16: 75–82.

– Hogstad, O. (Red.) (1991): Norges Dyr. Oslo.

55 a. NN (1993): 25 år siden havörn og Kongeörn ble fredet i Norge. Vår Fuglefauna 16: 134.

56. Ferguson-Lees, J. (1994): Increase of Hobby Falco subbuteo in GB. Hobby 20: 92–99.

57. Welsh Ornithol. Soc. Newsletter 15: 5 (1995).

58. Wirth, H. (1996): Breeding record Aquila heliaca in Turkey. Zool. Middle East 12: 47–52.

58 a. Haraszty, L. & J. Bagyura (1993): Protection of birds of prey in Hungary in the last 100 years. Aquila 100: 105–121.

59. Cyprus Ornithol. (1957) Soc. (1995/96): Birds of Cyprus. – Check-lists. Larnaka.

– Cyprus Ornithol. (1957) Soc. Newsletter 1995 (11): 1–2.

60. Aquila 100: 296–298 (1994): Buteo rufinus.

61. Ardeola 41: 177–181 (1994).

62. Weber, P., D. Munteanu & A. Papadopol (1994): Atlasul provizoriu al Pasarilor clocitoare din Romania. Medias.

63. Nicolai, B. (1993): Atlas der Brutvögel Ostdeutschlands. Jena.

64. Kasparek, M. (1992): Die Vögel der Türkei. Heidelberg.

65. Köhler, W. (1995): Brutbestand des Fischadlers in Mecklenburg-Vorpommern. Ornithol. Rundbr. Meckl. Vorp. 36: 5.

66. Vortrag J. vers. Ver. Sächsischer Ornithol., Großenhain 13. 4. 1996.

67. Delič, A. & J. Mužinič (1995): Breeding Hieraaetus pennatus nw Croatia. Ornithol. Verh. 25: 219–222.

68. Parr, St. & Yarar (1993): . . . Lesser Kestrel survey Turkey, spring 1993. OSME-Bull. 31: 8–10.

69. Meyburg, B.-U., T. Mizera & Th. Neumann (1991): See- und Schreiadlertagung in Polen. Rundbr. Weltarbg. Greifvögel Eulen 15: 8–10.

70. Kjellén, N. (1996): Brun kärrhök. Riksinventeringen 1995. Vår Fågelvärld 55 (4): 6–15.

71. Martin, A. & M. Nogales (1993): Ornithol. importance of Alegranza (Canary Islands). Bol. Mus. Mun. Funchal, Suppl. 2: 167–179.

72. Stjernberg, T. & J. Koivusaari (1995): Havsörnens återkomst? stammens storlek, häckningsresultat i Finland 1970–1994. Linnut 30 (3): 5–14.

73. Ollila, T. (1995): Golden Eagle in Finland 1990–94. Linnut 70 (3): 24–26.

– Vasič, V.F. (1996): European news. British Birds 89: 250–251.

74. Koks, B. (1995): Circus pygargus in Nederland 1994–95. Takkeling 3 (3): 32–42.

75. Dennis, R. (1995): Ospreys in Scotland. Vogelwelt 116: 193–196.

76. European News. British Birds 89 (1996): 29–31.

77. Murray, R. (1996): Scottish Bird Report 1994: 21–24.

78. Broad, R. et al. (1996): Scottish Ospreys. Scottish Birds 18, Suppl.: 14.

79. Green, Rh. (1996): Status Golden Eagle in Britain 1992. Bird Study 43: 20–27.

80. Sibley, Ph. & B. (1996): Breeding records August 1996, Cyprus Ornithol. Soc. (1957) Newsl. 1996 (9): 2.

81. Grischtschenko, V.: mündl. Mitt. (Okt. 1996).

Weiterführende Literatur

Arlettaz, R. (1996): Ausgebürgerte Bartgeier im Wallis 1986–95. Nos Oiseaux 43: 369–388.

Balfour, E. (1957): Breeding biology Hen Harrier Orkneys. Bird Notes 1957: 177–183, 216–224.

– Nests a. eggs Hen Harrier Orkneys. Bird Notes 1962: 69–73.

– Hen Harrier in Orkney. Bird Notes 1962/3: 145–153.

– & M. Macdonald (1970): Food, feeding behaviour Hen Harrier in Orkney. Scottish Birds 6: 157–166.

Bangjord, G. & H. Dransfeld (1989): Fjellvåken Sör-Vanranger 1980-årene. Vår Fugelfauna 12: 127.

Baumgart, W. (1984): Falkenbörse von Ruhaybe. Falke 31: 294–305.

– (1991): Der Sakerfalke. Neue Brehm-Bücherei.

– (1989): Verbreitung, Existenzbedingungen … Gyps fulvus, Aegypius monachus, Gypaetus barbatus in Bulgarien … Acta ornithoecol. 2: 15–38.

– (1991): Geier Bulgariens: Neophron percnopterus. Beitr. Vogelk. 37: 1–48.

Becht, G. (1993): Pirmasens. Pollichia-Kurier 9 (1): 12.

Bednarek, W. et. al. (1975): chemische Umweltbelastung u. Greifvögel in Westfalen. J. Ornithol. 116: 181–194.

Bertel, B. (1976): Feltbestemmelse Hen Aftenfalk. Feltornithol. 18: 101–106.

Brown, L. (1979): Greifvögel. Hamburg.

– (1978): British Birds of prey. London.

Brüll, H. (1984). Leben europ. Greifvögel. 4. Aufl. Stuttgart.

Bylin, K. (1981): Circus aeruginosus Sverige 1979. Vår Fågelvärld 40: 455–460.

Cant, G. (1978): Eleonora's Falcon wintering southern Aegean. Bull. Hell. Soc. Prot. Nat. 1978: 28–29.

Carlon, J. (1992): Breeding Egyptian Vulture. WWGBP Newsl. 16/17: 12–13.

Christensen, S. (1970): Feltbestemmelse ung Aftenfalk. Feltornithol. 12: 154–155.

– (1977) Feltbestemmelse overgangsdragten hanner Hedehög og Steppehög. Dansk ornithol. For. Tidsskr. 71: 11–22.

– (1981): Spring migration raptors s. Israel a. Sinai. Sandgrouse 3: 1–42.

Cronert, H. (1978): Lärkfalken i Skåne. Anser 17: 101–108.

Davygora, A.V. & V.P. Belik (1994): Circus macrourus. In: Raptors conservation today.

Devrient, I. & R. Wohlgemuth (1993): Verhaltensbeob. Baumfalken Bruten Freileitungsmasten. Charadrius 28: 167–171.

Dyck, J. (1972): Miljögifte … fugle, in: Status Danske Dyreverden. Zool. Mus. Kopenhagen.

Eschholz, N. (1993): Nistkastenprogramm Turmfalke Kreis Belzig. Natursch. Landsch.pfl. Brandenburg 1993, Sonderh. 2: 19–23.

Ferdinand, J. (1923): Danske Dagrovfugles Föde. Dansk Ornithol. For. Tidsskr. 17: 97–112.

– & K. Paludan (1931): Danske Rovfugles og Uglers Föde. Dansk Ornithol. For. Tidsskr. 25: 89–103.

Fischer, W. (1967): Wanderfalke. Neue Brehm-Bücherei.

Forsman, D. (1984): Rovfågelguiden. Stockholm.

Galushin, V.M. (1974): Synchronous fluctuations in populations of raptors a. prey. Ibis 116: 127–134.

Glüer, B., F. & W. Prünte (1990): Brüten Baumfalken auf Freileitungsmasten. Charadrius 26: 146–150.

Gorban, I. & R. Danylevitch (1995): 4th visit of Buteo rufinus w. Ukraine. Troglodytes 3: 53–54.

Goslow, G.E. (1971): Attack a. strike of N. Am. raptors. Auk 88: 815–827.

Göransson, G. (1975): Dyvhökens betydelse för vinterdödligheten hos fasaner. Anser 14: 11–22.

Greifvögel-Arbeitsgruppe Ges. Rhein Ornithol. (1989): Bestandsentwicklung Accipiter gentilis NRW. Charadrius 25: 55–69.

Hantge, E. (1980): Jagderfolg europ. Greifvögel. J. Ornithol. 121: 200–207.

Höglund, N. (1964): Habicht in Fennoskandia. Viltrevy 2: 195–270.

– (1964): Ernährung d. Habichts in Schweden. Viltrevy 2: 271–328.

Högstedt, G. (1976): Födosöksteknik hos bivråken. Anser 15: 150–151.

Holstein, V. (1942): Duehögen. Kopenhagen.

– (1944): Hvepsevågen. Kopenhagen.

– (1956): Musvågen. Kopenhagen.

Huhtala, K., E. Pulliainen, P. Jussila & P.S. Tunkkari (1996): Food niche Falco rusticolus in far north Finland. Ornis Fennica 73: 78–87.

Hård, I. & A. Enemar (1980): Falco columbarius byteval under ungarnas botid. Vår Fågelvärld 39: 25–34.

Jörgensen, H.E. et al. (1982): Ynglebestanden Circus aeruginosus i DK. Dansk Ornithol. For. Tidsskr. 76: 3–14.

Kaatz, G. (1992–95): in Ornithol. Jber. Schleswig-Holst. 1990–93. Corax 15: 21, 130/1, 328; 16: 43.

Kenward, R.E. (1977): Predation on Pheasants by Goshawks. Viltrevy 10: 79–112.

– (1978): Success a. selection in Goshawk attacks on Woodpigeon. J. Animal Ecol. 47: 449–460.

– (1982): Goshawk hunting behaviour a. food availability. J. Animal Ecol. 51: 69–80.

– et al. (1981): Goshawk winter ecology Sweden. J. Wildl. Manage. 45: 397–408.

Kovács, G. (1992): Occurrence Buteo rufinus Hortobágy 1976–91. Aquila 99: 41–48.

Lindberg, P. (1981): Försök med „dubbla äggkullar" pilgrimsfalk. Vår Fågelvärld 40: 273–277.

– (1982): Förste falkarne utplanterade. Sveriges Natur 73 (7): 1–5.

Lütkepohl, M. (1992): Schlangenadler Lüneburger Heide. Vogelk. Ber. Niedersachsen 24: 110.

Marcström, V. & R.E. Kenward (1991): Movements wintering Goshawks in Sweden. Viltrevy 12: 3–35.

Mebs, T. (1964): Biologie Populationsdynamik Mäusebussards. J. Ornithol. 105: 247–306.

Messenger, A. & M. Roome (1995): Breeding Hobbies in Derbyshire. Derbyshire Bird Rep. 1994: 100–104.

Meyburg, B.-U. (1973): Lesser Spotted Eagle. British Birds 66: 439–447.

Möller, A.P. (1978): Nordjyllands Fugle. Kopenhagen.

Moll, T. (1979): Pilgrimsfalken i Finland. Sveriges Natur 70: 73–75.

Newton, I. (1979): Population ecol. raptors. Berkhamsted.

– & S. Marquis (1981): additional food and laying dates/clutch sizes of Sparrowhawks. Ornis Scan. 12: 224–229.

Nielsen, B.P. (1977): Danske B. buteo traekforhold. Dansk Ornithol. For. Tidsskr. 71: 1–10.

– (1983): Danske Falco tinnunculus traekforhold. Dansk Ornithol. For. Tidsskr. 77: 1–12.

Norderhaug, M. (1977): WWF sympos. White-tailed Eagle. WWF Norge.

Norriss, D.W. & H.J. Wilson (1983): Peregrine, Ireland. 1981. Bird Study 30: 91–101.

Odsjö, T. & J. Sondell (1977): Circus aeruginosus & pesticider. Vår Fågelvärld 36: 152–160.

– (1979): Fiskgjusen inventering 1978. Sveriges Natur 70: 16–18.

Österlöf, Sv. (1973): Fiskgjusen i Sverige 1971. Vår Fågelvärld 32: 100–106.

– (1977): Migration, wintering areas, site tenacity Pandion haliaetus. Ornis Scan. 6: 61–78.

Oliviera, L.F. (1991): Falco tinnunculus & naumanni breeding rocky coast of Portugal. 4th World Congr. Birds of Prey. Berlin.

Olsen, S.F. (1983): Artsbestemmelse vandre-og jaktfalk. Vår Fuglefauna 6: 15–19.

Olsson, V. (1972): Revir, biotop, boplatsval svenska havsörnar. Vår Fågelvärld 31: 89–95.

Pedersen, K. (1983): Rovfuglenes forårstraek Skagen. Fugle 1983 (1): 12–13, 30.

Pepler, D. & R. Martin (1991): Hunting Hobbys s.-w. Cape Province. Birding S. Africa 43: 70–72.

Porter, R.F. et al. (1981): Flight identification Europ. raptors. 3. Aufl. Berkhamsted.

Prokopenko, S.P. (1990): Brüten d. Sakerfalken auf E-Masten Ukraine. Falke 37: 125.

Reichholf, J. (1988): Circaetus gallicus in Bayern. Anz. ornithol. Ges. Bayern 27: 124.

Ritzel, L. (1980): Durchzug über Bosporus Frühjahr 1978. Vogelwarte 30: 149–162.

Rüppel, G. (1981): Beutefang des Fischadlers. J. Ornithol. 122: 285–305.

Rudebeck, G. (1976): Choice of prey. Contr. Falsterbo Bird Stat. 75.

Saurola, P. (1995): Finnish Osprey population in tailwind. Linnut 30 (3): 16–20.

Schelde, O. (1960): Danske spurvehöges traekforhold. Dansk Ornithol. For. Tidsskr. 54: 88–102.

Schilling, F. & C. König (1980): Biozidbelastung Wanderfalken. J. Ornithol. 121: 1–35.

Suetens, W. & P. van Groenendael (1966): Ecologia reproduct. Aegypius monachus. Ardeola 12: 19–44 (–115).

– (1967): Nidification Aegypius monachus. Gerfaut 57: 93–118.

Svensson, L. (1975): Aquila clanga & pomarina artbestämma. Vår Fågelvärld 34: 1–26.

– et al. (1978): Sveriges Fåglar. Stockholm.

– (1981): Bestämming av bivråk. Vår Fågelvärld 40: 1–12.

– (1982): Fjällvråkdräkter. Fåglar Stockholmstrakt. 11: 136–141.

Sylvén, M. (1975): Aquila clanga & pomarina i Sverige. Vår Fågelvärld 34: 27–36.

– (1977): Ålderskriterier glada, brun glada. Vår Fågelvärld 36: 33–37.

– (1983): Reproduction a. survival in B. buteo. Dissert. Univ. Lund.

Thiollay, J.M. (1975): Migration printemps Cap. Bon. Nos Oiseaux 33: 109–121.

Tjernberg, M. (1978): Presentation Projekt kungsörn. Anser suppl. 3: 235–238.

– (1981): Diet Aquila chrysaetos in Sweden. Ornis Scan. 12: 139.

– (1983): Breeding ecology Aquila chrysaetos. Dissert. Univ. Uppsala.

Tömmerås, P.J. (1989): Nest study Falco rusticolus pair. Fauna norv. Ser. C. Cinclus 12: 52–63.

– (1989): Carrion Feeding in Falco rusticolus. Fauna norv. Ser. C. Cinclus 12: 65–77.

Walter, H. (1979): Eleonora's Falcon adaptations to prey & habitat. Chicago & London.

Wegner, P. (1994): Wiederkehr des Wanderfalken NRW. Charadrius 30: 2–14.

Wille, F. (1979): Grönlandske Havörns födevalg. Dansk Ornithol. For. Tidsskr. 73: 165–170.

Willgous, J. (1961): Whitetailed Eagle in Norway. Bergen.

Yeatman, I. (1976): Atlas oiseaux nicheurs France. Paris.

Register

Danksagung

Ein Buch dieser Art kann nicht geschrieben werden, ohne daß das Wissen von einer sehr großen Anzahl Personen zusammengetragen wird. Und ich benutze hier gerne die Gelegenheit, meinen Kontaktpersonen in den einzelnen Staaten für ihre große Bereitschaft zur Zusammenarbeit bei diesem Projekt meinen herzlichen Dank auszudrücken. Es handelt sich um folgende:

Von Belgien: Paul Herroelen – Bulgarien: Gueorgiu Kouzmanow, Georgiu Stoyanow, Stoyan Yotov und Wolfgang Baumgart – Deutschland: Goetz Rheinwald – Estland: Eerik Leibak – Finnland: Pertti Saurola – Frankreich: Gérard Rocamora – Gibraltar: John Cortes – Griechenland: George Handrinos und Photis Pergantis – Großbritannien: Rowena Langston BTO – Island: Olafur K. Nielsen – Israel: Hadoram Shirihai – Italien: Guiliano Tallone – Kroatien: Goran Susic – Lettland: Janis Priednicks – Litauen: E. Drobelis – Luxemburg: Jan Weiss und Tom Conzemius – Mazedonien: Bratislav R. Grubac – Moldawien: Nicolai Zubcov – Norwegen: Per Tömmeräs – Österreich: Hans-Martin Berg – Polen: Tadeusz Stawarczyk – Portugal: Luis Palma und Luis Oliveira – Rumänien: Victor Ciochia – Rußland: Vladimir Galuschin – Schweiz: Hans Schmid – Schweden: Roland Staav – Serbien, Montenegro, Herzegowina: Sasa Marinkovic und Vojislav F. Vasic – Slowakei: Stefan Danko – Slowenien: Andrej Sovinc, Iztor Geister und Boris Kozine – Spanien: Eduardo de Juana und Jose Hidalgo – Syrien: Wolfgang Baumgart – Tschechien: Stefan Danko – Türkei: Gernant Magning und Murat Yarar – Ukraine: Igor Gorban – Ungarn: Gerard Gorman.

Ein ganz besonders herzliches Dankeschön gilt Bent Pors Nielsen für seine besonders gründlichen Korrekturen des gesamten Manuskripts zur 1. Auflage 1984 samt dieser 3. Auflage.

Benny Génsbøl

Bildnachweis

H. G. Arndt: 167; B. G. Backström: 217; I. Beames/Ardea: 41; U. Berggren/Ardea: 182; K. Bjerre: 70; R. J. C. Blewitt/Ardea: 151, 273; A. Brook/ Ardea: 164; G. K. Brown/Ardea: 175, 254; J. B. Brunn: 33, 169, 172; A. Christiansen/Biofoto: 53, 118, 134, 139, 163, 173, 221; E. Christophersen: 136, 137, 207; B. Eichhorn/Dieter Zingel: 71; J. Elmelid/N.: 73, 276; D. England/Ardea: 218; Y. Eshbol/ Bruce Coleman: 113, 252; B. Génsbøl/ Biofoto: 6, 21, 39, 62, 63, 81, 83, 88, 90, 92, 105, 111, 114, 119, 129, 133, 161, 162, 165, 190, 191, 193, 194, 195, 198, 199, 200, 204, 205, 212, 238, 240, 262, 263, 264, 280, 281, 282; D. Green/Bruce Coleman: 266, 267, 269; M. W. Grosnick/Ardea: 215; K. Halberg/Biofoto: 89, 159, 196; H. Fr. Hansen: 47, 116, 117; H. Fr. Hansen/Biofoto: 131; H. Hautala/Luonnonkuva-arkisto: 180; P. Helo: 143, 170, 184; P. Helo/ Bruce Coleman: 127; E. Hosking: 44; Jacana: 97, 112; L. Jonsson: 255, 261; K. Karel: 208; H. Ketola/Luonnonkuva-arkisto: 37; J. Larsen: 15, 150, 155,

257, 272; A. Limbrunner: 75, 82, 87, 103, 104, 145, 157, 177, 231, 248, 250, 259, 283; P. Lindberg/N.: 171; A. Linderheim/N.: 270; B. Lundberg/N.: 23, 141, 181; J. Madsen/Biofoto: 123; B.-U. Meyburg: 31, 188, 189, 203; M. Müller & H. Wohlmuth: 57, 64; R. Nardi: 213; D. Nill: 275; L. E. Nissen/Biofoto: 49; H. Okamoto: 243; Kj. Olesen/Biofoto: 69; J. B. - Olsen: 222, 223; J. Østeng Hov/NN: 149, 183; T. Pakarinen/Luonnonkuva-arkisto: 147; J. Pearson/Bruce Coleman: 16; R. Petäjämäki/Luonnonkuva-arkisto: 59; P. Petit: 99, 124, 132, 209; C. Pisavini/Jacana: 179; G. D. Plage/Bruce Coleman: 106, 109; M. Pöllänen/ Luonnonkuva-arkisto: 268; Robert/Jacana: 93, 138, 211; F. Sahier/Ardea: 95; Sailler/Jacana: 219; H. Shirihai: 9, 58, 158, 206, 245, 246; R. Staav: 100; P. Steyn/Ardea: 235; E. Thomsen/Biofoto: 278; R. Tidmann: 108; P. J. Tömmeraas: 142, 228, 229; A. Tvevad/Biofoto: 233; I. Trap-Lind/Ardea: 35; T. Väre: 153; A. S. Weaving/Ardea: 186; W. van Wijk: 50; F. Wille/Leica: 84, 226, 227; G. Ziesler: 18, 67, 77; G. Ziesler/ Jacana: 34

Vögel beobachten und bestimmen

Einhard Bezzel
BLV Handbuch Vögel
Ornithologisches Wissen auf aktuellem
Stand: alle Brutvögel Mitteleuropas mit
vielen Farbfotos, Farbzeichnungen und
Informationen zu Aussehen, Lebens-
weise, Biologie, Verbreitung, Gefähr-
dung und vielem mehr.

Walther Thiede
Wasservögel und Strandvögel
Arten der Küsten und Feuchtgebiete
Die europäischen Arten: Merkmale,
Verwechslungsmöglichkeiten, Vorkom-
men, Nahrung, Fortpflanzung.

Einhard Bezzel
Vögel
Sonderteil: Seltene Arten, Jungvögel,
Nester und Eier
Schnellbestimm-System für 150 heimi-
sche Arten; Gliederung nach Körper-
größe, Körperstrukturen, Gefiederkon-
trasten; Farbfotos und alle wichtigen
Kennzeichen.

James Ferguson-Lees/Ian Willis
Vögel Mitteleuropas
540 Brutvogelarten, Durchzügler,
Wintergäste
Erstklassige Farbillustrationen; alle
Gefiederunterschiede innerhalb einer
Art in bis zu 14 Einzeldarstellungen;
Flugbilder und/oder Darstellung des
sitzenden Vogels; Gefiedermerkmale,
Stimme, Nest, Nahrung, Vorkommen.

Bestimmen auf einen Blick
Michael Lohmann
Vögel
Heimische Vogelarten: Männchen,
Weibchen, Jungvögel, Nester, Eier;
Merkmale, Vorkommen, Verbreitung,
Lebensraum, Brut, Zugverhalten,
Nahrung. Mit Faltplan: die Arten auf
einen Blick, geordnet nach Ähnlich-
keit, mit Eiern und Jungvögeln.

Die Natur neu entdecken

Einhard Bezzel
Vögel beobachten
Praktische Tips, Vogelschutz, Nisthilfen
Das Praxisbuch für alle Vogelfreunde:
die heimischen Arten beobachten und
schützen – mit Farbfotos, fundierten
Informationen und praktischen Tips.

Vogelstimmen-Edition
auf 7 CD oder MC mit integrierten
Texten und Musik, Beschreibungen im
Beiheft und Farbfotos:
1. Vogelstimmen in Park und Garten
2. Vogelstimmen in Feld und Flur
3. Vogelstimmen am Wasser
4. Vogelstimmen im Wald
5. Vogelstimmen in Heide, Moor
   und Sumpf
6. Vogelstimmen am Meer
7. Vogelstimmen im Gebirge

Robert Burton
Unsere gefiederten Nachbarn
Vögel in Gärten und Parks.
Mit praktischen Tips für Nisthilfen,
Fütterung, Vogeltränken
Einzigartiger Ratgeber mit über
500 brillanten Farbfotos: heimische
Vögel in Gärten und Parks erkennen,
beobachten und schützen.

Roberto Cabo
Spanien
Erlebnisreiche Spanienreise für Natur-
freunde: außergewöhnliche Landschaften – von mediterranen Wälder
bis zu Steppengebieten – mit einer
vielfältigen Pflanzen- und Tierwelt.

Eckart Pott/Werner Küpker
Südliches Skandinavien
Norwegen, Schweden und Dänemark –
ein Dorado für naturinteressierte
Urlauber: spektakuläre Landschaften,
interessante Natursehenswürdigkeiten,
wichtige Reise- und Beobachtungstips.

Angelika Lang/Sven Halling/
Detlef Singer
**Nördliches Skandinavien
mit Finnland**
8 Hauptreiseziele in Norwegen,
11 in Schweden und 9 in Finnland:
grandiose Fjorde, Taiga mit Nadel-
wäldern und Mooren, zahllose Seen,
baumlose Tundra, Beobachtung der
Tierwelt – von Seevögeln bis zu Rentieren und Elchen – und vieles mehr.

Im BLV Verlag Garten und Zimmerpflanzen • Edition Galleria • Natur • Heimtiere • Jagd • Angeln •
finden Sie Bücher Pferde und Reiten • Sport und Fitneß • Tauchen • Reise • Wandern, Alpinismus,
zu folgenden Themen: Abenteuer • Essen und Trinken • Gesundheit und Wohlbefinden

 Wenn Sie ausführliche Informationen wünschen, schreiben Sie bitte an:
**BLV Verlagsgesellschaft mbH • Postfach 400320 • 80703 München
Telefon 089/12705-0 • Telefax 089/12705-543**